PREMIÈRE GUERRE MONDIALE

DANIEL WRINN

Rencontre avec le roi 251
De retour à la maison 255

TROISIÈME PARTIE

Introduction 259
Les volontaires s'engagent 261
Notre navire mystère 267
Sir Roger Casement 269
Bonjour Capitaine 273
L'Aud norvégien 279
Le long de la côte danoise 283
Un vent nouveau sur le Kattegat 287
À tribord toute 291
Le Méridien de Greenwich 297
La mer est calme 303
Ouvrez l'œil, et le bon 307
Un chaudron de sorcière 317
Enfin sortis de la tempête 323
Le rendez-vous à Tralee Bay 329
Whisky pour le capitaine anglais 333
Entouré par l'Océan Atlantique 343
Suivez-nous jusqu'à Queenstown 347
La destruction de l'Aud 357
Les lois de la guerre 363
Fusillé dans la tour 369
Ma tentative d'évasion 377
Des Tommies dans les environs 387
Échapper à notre piège 395
À la recherche de l'aérodrome 401
Les lumières de Nottingham 411
Deux ans de travail forcé 419
Note de l'auteur 423

TABLE DES MATIÈRES

PREMIÈRE PARTIE

Introduction	3
La légende des Anges de Mons	15
Noël dans les tranchées	23
Le raid des Zeppelins sur Londres	29
La bataille de Jutland	43
L'hécatombe dans la Somme	61
Mutinerie sur le front occidental	75
Le cauchemar du bois de Belleau	85
La guerre qui mettra fin à toutes les guerres	97

DEUXIÈME PARTIE

Gagner mes ailes	103
Prisonnier de guerre	113
Mon ami allemand	121
Banquet à Courtrai	133
La grande évasion	147
La traversée de l'Allemagne	153
Aventures au Luxembourg	159
Traqué comme un animal	167
L'errance en Belgique	177
Affrontement avec les soldats allemands	185
Mon faux passeport	193
Par le trou de la serrure	207
Spectacle de cinéma	215
L'attaque du village	221
L'approche de la frontière	225
Arrivée en Hollande	233
Dans les rues de Rotterdam	241

QUATRIÈME PARTIE

Introduction	427
En route pour la Mésopotamie	431
Arrivée à Bagdad	447
En patrouille à Babylone	467
Escarmouches sur le front kurde	481
Remontée de l'Euphrate	491
La poursuite du convoi d'or	505
Croquis de Bagdad	515
Attaque sur le front perse	525
Les Turcs refusent de se rendre	541
La traversée de la Palestine	551
L'armée américaine en France	565
L'Allemagne et le retour au pays	585
Note de l'auteur	597
À propos de l'auteur	599

INTRODUCTION

Les officiers de cavalerie, les chars d'assaut et les avions de fortune de la première guerre mondiale semblent aujourd'hui appartenir à une époque lointaine. Les pertes de cette grande guerre sont immenses. Il est facile d'oublier les individus qui ont se sont trouvés engagés dans ce conflit. La plupart d'entre eux étaient des civils - ouvriers agricoles et d'usine, fonctionnaires, enseignants - arrachés à leur vie quotidienne et plongés dans une épreuve terrifiante et mortelle. Cette guerre a été d'une trop grande ampleur pour être gérée par des armées professionnelles permanentes.

Les histoires de ce livre sont celles d'hommes et de femmes ordinaires : des soldats, des marins et des pilotes et équipages aériens pris dans les grandes batailles et campagnes. Ceux qui ont survécu sans lésions physiques ou psychologiques apparentes ont été tourmentés par ce qu'ils ont vu et fait. Un vétéran britannique se rappelle :

Introduction

Il nous a fallu des années pour nous en remettre. Des années ! Longtemps après, lorsque tu travaillais ou allongé dans ton lit avec ta femme, une fois marié, et après avoir eu des enfants, tu revivais tout ça. Impossible de dormir. Impossible de rester en place. Souvent, je me levais et j'arpentais les rues jusqu'au petit jour. J'ai souvent rencontré d'autres gars qui faisaient exactement la même chose. Ça a duré des années.

Pour ceux qui ont combattu, la grande guerre est restée l'expérience la plus intense et la plus mouvementée de leur vie. Au début du mois d'août 1914, les pays les plus puissants du monde se déclarent la guerre. Ils sont connus sous le nom de Puissances centrales : La Hongrie, l'Autriche et l'Allemagne s'alignent contre les puissances alliées : La France, la Grande-Bretagne et la Russie, ainsi que leurs empires coloniaux.

À mesure que la Grande Guerre progresse, d'autres nations sont entraînées dans le conflit. La Bulgarie et l'Empire ottoman rejoignent les Puissances centrales. En revanche, le Japon, la Chine, la Roumanie, les États-Unis et l'Italie se joignent aux Alliés.

C'est le début de la première véritable guerre mondiale. Elle impliquerait ultimement des pays de tous les continents. La plupart des combats se déroulèrent en France et sur les fronts est et ouest de l'Allemagne.

La population s'était assemblée à l'annonce du début de la guerre. Les foules avaient afflué vers les grandes places des villes majestueuses d'Europe. Chaque camp prévoyait de grandes marches et des batailles héroïques rapidement décidées. Le Kaiser avait déclaré que ses troupes seraient de retour chez elles avant la chute des feuilles en automne.

Introduction

Les Britanniques n'étaient pas aussi optimistes. On disait souvent que la guerre serait terminée à Noël. Seuls quelques politiciens clairvoyants avaient réalisé ce qui se préparait, notamment le ministre britannique des Affaires étrangères, Sir Edward Grey.

La Grande-Bretagne déclare alors la guerre à l'Allemagne le 4 août. Sir Edward Grey commente à un ami l'entrée de la Grande-Bretagne dans la Première Guerre mondiale :

> *Les lampes sont éteintes dans toute l'Europe. Nous ne les verrons pas se rallumer de notre vivant.*

Sa remarque avait une signification profonde. À l'époque, la Grande-Bretagne était un pays puissant et prospère, doté d'un énorme empire. Cette guerre prouvera la triste réalité de cette guerre du 20ème siècle et fera perdre à la Grande-Bretagne son statut de nation la plus puissante du monde.

Presque tous les autres pays ayant participé à la guerre ont également souffert. En France, la moitié des hommes âgés de 20 à 35 ans ont été tués ou gravement blessés. L'empire hongrois-autrichien se désintègre.

Les Allemands ayant perdu leur monarchie après la guerre, se trouvent au bord d'une révolution communiste. La guerre a éradiqué la monarchie russe et porté au pouvoir les bolchéviques communistes. Avec eux, 70 ans d'oppression brutale et totalitaire se prépare. Les Russes souffrent toujours des horribles conséquences de la première guerre mondiale.

Les États-Unis ont été l'une des rares nations à émerger plus forte. En 1919, les États-Unis sont devenus la nation la plus riche et la plus puissante du monde.

En dehors de ses conséquences, la première guerre mondiale a quelque chose de particulièrement obsédant. La foule qui s'assemble dans les centres-villes en ce mois d'août n'avait aucune idée de ce que les quatre années suivantes allaient lui réserver. Le gaspillage de la vie ou ce que l'homme d'état britannique Lloyd George a décrit comme :

L'effroyable boucherie des offenses vaines et insensées.

Après que le dernier obus a été tiré et que la dernière bonbonne de gaz a été vidée, il ne restera plus rien, sauf plus de 21 millions de morts.

Connue comme la guerre qui mettra fin à toutes les guerres. Ce fut un conflit incontestablement horrible et déchirant. Beaucoup espérèrent que l'humanité ne serait pas assez stupide pour recommencer. Après la signature du traité de paix de Versailles mettant officiellement fin à la guerre en 1919, l'un des principaux participants, le maréchal Foch, commandant français, a qualifié les procédures comme ressemblant à un cessez-le-feu qui durera 20 ans. Au début des années 1920, les gens commencent à parler de la guerre comme de la première guerre mondiale.

Les causes de la guerre furent multiples. Le système d'alliances rivales entre les différentes puissances européennes s'est édifié tout au long des précédentes décennies. Chaque pays a tenté de renforcer sa sécurité et ses ambitions en se liant à des alliés puissants. Si les alliances offraient une certaine sécurité, elles s'accompagnaient également d'obligations.

Les évènements qui ont conduit à la guerre ont été déclenchés en juin 1914, lorsque l'étudiant serbe Gavrilo Princip assassine l'héritier du trône austro-hongrois, l'archiduc Franz Ferdinand. En représailles, ils déclarent la guerre à la Serbie.

La Serbie était un allié de la Russie. La Russie rejoint donc la guerre contre l'Autriche-Hongrie et toutes les autres nations rivales liées à leurs alliances respectives. Elles ont été entraînées dans le conflit, qu'elles le voulaient ou non.

Pourquoi une querelle entre la Russie et l'Autriche-Hongrie au sujet d'un pays peu connu d'Europe de l'Est devrait-elle automatiquement impliquer la France, l'Allemagne et la Grande-Bretagne ?

C'est parce que chacun était obligé de soutenir l'autre en cas de guerre. Il y avait aussi d'autres rancœurs de longue date. La Grande-Bretagne maintenait son pouvoir du fait de sa flotte la plus large du monde. Aussi, lorsque l'Allemagne commença à construire une flotte capable de rivaliser avec la marine britannique, la Royal Navy, les relations entre ces deux pays se détériorèrent rapidement.

Les Britanniques et les Français possédaient de vastes empires coloniaux. L'Allemagne, également prospère et puissante, ne possède que quelques colonies et en veut davantage. Tour participèrent à la lutte pour maintenir ou améliorer leur pouvoir dans le monde.

La raison pour laquelle le conflit a été si horrible est plus facile à expliquer. La guerre s'est déroulée à un moment de l'évolution de la technologie militaire où les armes pour défendre une position étaient beaucoup plus efficaces que les armes disponibles pour l'attaquer. Le développement des tranchées fortifiées, des fils barbelés, des mitrailleuses et des fusils à tir rapide permettait à une armée de défendre son territoire de manière simple et directe. Une armée attaquant un territoire bien défendu devait compter sur ses fantassins, armés uniquement de fusils et de baïonnettes, et ils allaient être massacrés par millions.

Tous les généraux impliqués dans la guerre avaient été formés pour combattre par l'attaque, c'est donc ce qu'ils firent. Il leur avait été enseigné que la cavalerie était l'une des meilleures armes offensives. La cavalerie - toujours armée de lances, comme elle l'avait été pendant les deux mille ans précédents, participa à quelques batailles, notamment au début de la guerre.

Ces troupes d'élite furent rapidement massacrées. Les tactiques d'Alexandre le Grand, de Gengis Khan et de Napoléon, qui avaient utilisé très efficacement la cavalerie, n'étaient pas à la hauteur de la puissance meurtrière à l'échelle industrielle des mitrailleuses du XXème siècle.

La nouvelle technologie de guerre s'était enrichie d'autres éléments peu glorieux : gaz toxiques, avions de chasse et bombardiers, zeppelins, chars, sous-marins et, surtout, artillerie (canons de campagne, obusiers, etc.). Ces armes avaient atteint un nouveau sommet de sophistication. Elles étaient beaucoup plus précises et tiraient plus rapidement qu'auparavant. Plus de 70 % de toutes les pertes de la première guerre mondiale ont été causées par l'artillerie. L'artillerie pouvait être utilisée pour attaquer et défendre, ne donnait pas plus d'avantage à un camp qu'à l'autre et rendait les combats plus difficiles et dangereux.

La guerre commença par une attaque massive de l'Allemagne contre la France, connue sous le nom de plan Schlieffen, du nom de son initiateur, le Général Alfred Graf von Schlieffen. Le plan prévoyait la traversée de la Belgique neutre par l'armée allemande pour s'emparer de Paris. L'idée était d'éliminer la France de la guerre le plus rapidement possible. Outre la neutralisation de l'un des plus puissants rivaux de l'Allemagne, cela présenterait deux autres avantages. Premièrement, cela priverait la Grande-Bretagne d'une base sur le continent d'où elle pourrait attaquer l'Allemagne. Deuxièmement, ses ennemis de l'ouest étant gravement désavantagés, l'Allemagne pouvait alors se concentrer sur la défaite de l'armée russe, beaucoup plus importante, à l'est.

Les combats de la fin de l'été et du début de l'automne 1914 furent parmi les plus violents de la guerre. Les deux parties subirent d'énormes pertes. Lors de la bataille de la Marne, l'avancée allemande est stoppée à moins de 25 kilomètres de Paris. Au début de novembre, les armées s'étaient enlisées dans des rangées de tranchées opposées, qui s'étendaient de la Manche à la frontière suisse. À quelques kilomètres près, la ligne de front restera la même pendant les quatre années suivantes.

À la frontière orientale de l'Allemagne, ses armées remportent des victoires écrasantes contre de vastes hordes d'envahisseurs russes à la fin d'août et au début de septembre. Ils empêchent le rouleau compresseur russe d'envahir leur pays. À partir de là, l'armée allemande avance progressivement vers l'est. En 1915, les troupes des corps d'armée britanniques et australiens tentent d'attaquer les Puissances centrales par le sud en passant par Gallipoli en Turquie. Cette stratégie fut un désastre.

Entre avril et décembre 1915, environ 200 000 hommes furent tués en essayant de prendre pied dans cette péninsule étroite et vallonnée.

En 1916, la guerre qui était censée se terminer à Noël 1914, semblait devoir durer éternellement. Les Allemands lancèrent une attaque sur les forts de Verdun en février. Leur stratégie fut un succès à certains égards. L'armée française perdit 350 000 hommes et ne s'en remit jamais. Les Allemands subirent également plus de 300 000 pertes, et les Français tinrent les forts.

Le 31 mai 1916, la flotte allemande défia la Royal Navy britannique en mer du Nord, lors de la bataille du Jutland. Dans une confrontation totale, 14 navires britanniques et 11 navires allemands furent perdus. Si la marine britannique avait été détruite, l'Allemagne aurait sans aucun doute gagné la guerre.

La Grande-Bretagne insulaire aurait été affamée jusqu'à la soumission, car les cargos n'auraient pas pu naviguer dans les eaux britanniques sans être coulés. Les Britanniques ont peut-être perdu davantage de navires, mais la marine allemande ne s'est plus jamais aventurée en mer, et le blocus naval britannique de l'Allemagne est resté intact.

Le 1er juillet 1916, une autre grande bataille commence. Les Britanniques lancent une attaque totale sur la Somme, dans le nord de la France. Le commandant en chef britannique, le maréchal Haig, est convaincu qu'un assaut massif brisera la ligne de front allemande. Cela lui permettrait d'envoyer sa cavalerie et permettrait aux troupes de faire une avancée considérable en territoire ennemi.

L'attaque échoue dès les premières minutes et 20 000

hommes sont massacrés en une seule matinée. La bataille de la Somme continuera de s'éterniser pendant cinq autres misérables mois.

En 1917, un désespoir implacable s'installe sur les nations combattantes. Avec une obstination effroyable, le maréchal Haig lance une nouvelle attaque contre les lignes allemandes, cette fois en Belgique. Le mauvais temps a transformé le champ de bataille en un bain de boue impénétrable. Entre juillet et novembre, lorsque l'assaut est finalement annulé, les deux camps ont perdu un quart de million d'hommes.

Deux autres évènements survenus en 1917 ont eu des conséquences considérables sur l'issue de la guerre. Le peuple russe a terriblement souffert et, en mars, la révolution a contraint le tsar Nicolas II à abdiquer. En novembre, les bolchéviques radicaux prennent le pouvoir et imposent une dictature communiste à leur pays. L'une de leur première action est de faire la paix avec l'Allemagne.

Les bolchéviques supposaient que des révolutions similaires allaient balayer l'Europe, en particulier l'Allemagne. Ils pensaient que l'Allemagne deviendrait bientôt un autre régime communiste qui traiterait la Russie plus équitablement. Ils acceptèrent un traité de paix désavantageux en mars 1918. L'Allemagne s'empara de vastes étendues de terres de l'Empire russe - la Pologne, l'Ukraine, les États baltes et la Finlande. Pour l'Allemagne, c'est une grande victoire. Non seulement elle ajoutait une vaste portion de territoire à sa frontière orientale, mais elle pouvait désormais concentrer toutes ses forces pour vaincre les Britanniques et les Français.

Mais malgré ces succès, les évènements conspirent

contre l'Allemagne. Après l'échec de la bataille du Jutland, qui lui a empêchée de dominer les mers, l'Allemagne s'engagea dans une politique de guerre sous-marine sans réserve. Les sous-marins allemands attaquaient tout navire se dirigeant vers la Grande-Bretagne, même ceux appartenant à des nations neutres.

Cette stratégie fut efficace, mais elle se retourna contre eux. Les attaques sous-marines provoquèrent l'indignation à l'étranger, notamment aux États-Unis, et devinrent l'une des principales raisons pour lesquelles l'Amérique se retourna contre l'Allemagne. Le président américain Woodrow Wilson fit passer son pays du côté des Alliés le 6 avril 1917. Pourtant, ce n'est qu'à l'été 1918 que les troupes américaines commencent à arriver en grand nombre sur le front occidental.

Le moment ne pouvait pas être plus mal choisi pour l'armée allemande. L'offensive Ludendorff, nommée d'après le commandant allemand Erich Ludendorff, débute le 21 mars 1918. Vingt-six divisions percent les troupes britanniques et françaises épuisées sur la Somme et déferlent sur Paris. Pendant un certain temps, il semble que l'Allemagne soit en train de gagner la guerre sur le front occidental et sur le front oriental. Les Britanniques sont tellement alarmés que le maréchal Haig donne l'ordre à ses troupes, le 12 avril, de s'engager et de se battre jusqu'à la mort :

Dos au mur et convaincus de la justesse de notre cause, chacun d'entre nous a le devoir de se battre jusqu'au bout.

L'offensive de Ludendorff s'est avérée être le dernier coup désespéré de l'armée mourante. Face à une résistance britannique tenace et à des troupes américaines fraîches et enthousiastes, l'avancée allemande s'arrête net. L'armée allemande n'a plus rien à donner. Chez elle, la population allemande meurt de faim après quatre années de siège par la Royal Navy. En août 1918, l'Allemagne est au bord de la révolution.

Les Alliés font une percée massive à travers les lignes de front allemandes dans le nord de la France et commencent à pousser sans relâche vers la frontière allemande. Confronté à une mutinerie au sein de ses forces armées, à une révolution dans son pays et à l'invasion inévitable de son territoire, le Kaiser abdique. Le gouvernement allemand demande un armistice (un cessez-le-feu) le 11 novembre 1918.

Les combats se poursuivent cependant jusqu'au dernier jour. Dans ses mémoires, le Général Ludendorff se souvient de la situation :

Le 9 novembre, l'Allemagne, privée de toute direction ferme, privée de toute volonté, privée de ses princes, s'est effondrée comme un château de cartes. Tout ce pour quoi nous avions vécu, tout ce que nous avions maintenu par le sang pendant quatre longues années avait disparu.

Bien que les villes Alliées se livrent à des célébrations enthousiastes, de nombreux soldats sur le front occidental accueillent la nouvelle par un haussement d'épaules fatigué. Les armes se sont tues. Les mauvaises herbes et les plantes envahissent petit à petit les champs de bataille désolés, couvrant les arbres flétris et les terres ravagées, transformant la noirceur en verdure présomptueuse. Les lieux de sépulture rudimentaires et improvisés peuvent finalement être remplacés par des monuments imposants dans de magnifiques cimetières.

De nombreux morts ont trouvé leur dernière demeure au milieu de longues rangées de croix, chacune portant le nom, le grade et la date du décès gravé dans le marbre. D'autres, dont les restes déchirés étaient épars et méconnaissables, ont été enterrés sous des croix marquées de l'inscription « Connu de Dieu seul ».

Il faudra encore 10 ou 15 ans avant que les camions, les chariots à obus et les chars carbonisés ne soient emportés à la ferraille et que les trous d'obus ne soient rebouchés. Lorsque la guerre éclate à nouveau en 1939, la plupart des terres sont à nouveau cultivées. Mais la faible odeur de gaz persiste dans les recoins. Des fusils et des casques rouillés jonchent encore le sol cicatrisé et des douilles, des fragments d'éclats d'obus et des os humains peuvent encore être trouvés sur les champs de bataille du nord de la France.

LA LÉGENDE DES ANGES DE MONS

Nous sommes le 24 août 1914, en début d'après-midi. Ces deux dernières semaines à attendre pour intercepter la cavalerie allemande ont été un cauchemar. Je scrutais le ciel orageux et je me suis souvenu d'un verset de l'Apocalypse :

Et le grand dragon fut chassé... Et ses anges furent chassés avec lui.

Mon environnement actuel en rajoutait à cette humeur.

Je me trouvais dans la ville minière belge de Mons, une zone marécageuse entrecoupée de canaux, et jonchée d'immenses tas d'ordures.

J'étais le capitaine du 4ème régiment d'infanterie du CEB (Corps expéditionnaire britannique) et j'avais été envoyé en France au début de la guerre. Nous faisions face à plus d'un million de soldats allemands. Ils étaient déterminés à atteindre Paris dans le cadre de la stratégie du général Schlieffen visant à remporter une victoire rapide.

Entre deux marches de plusieurs jours, j'avais connu des moments de pure terreur lorsque j'avais été surpris par des unités allemandes avancées ou des tirs d'artillerie. Lorsque j'avais dû ordonner à mes hommes de se lever et de se battre, ils avaient affronté des hordes de soldats ennemis, avançant en rangs si épais qu'ils semblaient ressembler à des nuages sombres balayant les champs verts. Les soldats qui combattent dans de telles conditions souffrent d'un état d'épuisement qui serait inimaginable pour la plupart des gens. Dans cet état, certains déclaraient avoir vu des châteaux imaginaires à l'horizon, des géants imposants et des escadrons du cavalerie - tout cela n'était, bien sûr, que des hallucinations.

Nos pertes avaient été catastrophiques - un bataillon d'infanterie moyen de 850 hommes du CEB se retrouvait avec à peine 30 hommes au moment où l'avance allemande était stoppée, et les tranchées établies. J'avais l'impression de vivre des moments apocalyptiques. C'est au cours d'une retraite désespérée qu'est née l'une des histoires les plus étranges de mes aventures de guerre : on murmurait qu'une nuée d'anges était venue se porter au secours des troupes britanniques à Mons.

Non seulement les anges avaient sauvé nos soldats d'une mort certaine, mais ils avaient aussi terrassé les Allemands qui attaquaient. Aussi extraordinaire que soit cette histoire, elle a été largement crue pendant des décennies après la fin de la guerre.

Au début des combats, les autorités de l'armée n'ont autorisé aucune information réelle en provenance du champ de bataille et, par conséquent, des histoires folles et fantaisistes commencèrent à circuler. Le correspondant de guerre Philip Gibbs avait écrit que la presse et le public étaient si désespérés de savoir ce qui se passait que :

Toute bribe de description, toute lueur de vérité, et toute déclaration, rumeur, conte de fées ou mensonge délibéré, qui leur parvenait de Belgique ou de France était facilement accepté.

Les fabulistes ont dû passer un bon moment. Dans cette atmosphère fiévreuse, l'histoire des Anges de Mons se répand comme une traînée de poudre. Comme toutes les légendes urbaines, elle a toujours été racontée de bouche à oreille. Un ami avait eu connaissance d'une lettre du front qui en faisait état, ou un officier anonyme l'avait racontée - et la légende s'est développée à partir de là. Parfois, un nuage mystérieux et lumineux faisait partie de l'histoire. Parfois, il s'agissait d'une bande de cavaliers ou d'archers fantômes ou même une fois de Jeanne d'Arc elle-même. Mais la plupart du temps, il s'agissait d'une armée d'anges venue secourir les troupes britanniques assiégées.

De nombreuses histoires folles de cette époque sont le résultat de la propagande gouvernementale. Mais celle-ci était plus innocente. Il s'agissait d'un article paru dans l'édition du 29 septembre du London Evening News, écrit par un journaliste indépendant. Cette fiction mystérieuse racontait l'histoire d'un groupe de soldats britanniques à Mons, attaqués et largement dépassés par les troupes allemandes.

Alors que les Allemands avançaient et que la mort semblait proche, les soldats murmuraient la devise :

« Que Saint-Georges soit avec nous pour aider les Anglais ». Selon l'histoire :

> *Le rugissement de la bataille s'affaiblissait à ses oreilles, en un doux murmure. Puis, il entendit, ou sembla entendre, des milliers de personnes s'écrier St. George ! St. George ! Alors que le soldat entendit ces voix, il vit devant lui, au-delà de la tranchée, une longue ligne de formes auréolées d'une lumière éclatante. Elles ressemblaient à des archers et, alors qu'une clameur s'éleva, leur nuée de flèches s'envola en sifflant dans les airs vers l'armée allemande.*

L'histoire était un méli-mélo poétique assemblant le saint patron de l'Angleterre aux fantômes Bowmans, les esprits de ces archers, peut-être, qui avaient remporté une célèbre victoire anglaise contre les Français à Agincourt en 1415. On a peut-être cru que l'histoire était vraie parce qu'elle apparaissait dans la nouvelle section du journal - probablement en raison de problèmes d'insertion, ou d'un simple malentendu du concepteur du journal, plutôt que d'une tentative délibérée du journal du soir d'induire ses lecteurs en erreur.

Le récit original était déjà assez absurde mais, dans les semaines et les mois qui ont suivi sa publication, les récits sont devenus encore plus aberrants. Les journaux britanniques alimentèrent une étrange hystérie en reproduisant des illustrations montrant des troupes britanniques priant dans les tranchées, tandis que des rangs d'archers fantomatiques tiraient des flèches lumineuses sur les Allemands en approche. Elle s'est répandue dans tout le pays, et l'histoire a évolué : les archers sont devenus des archers angéliques.

Le journaliste n'a jamais prétendu que son histoire avait un grain de vérité. « Ce conte est une pure invention », a-t-il admis. « J'ai tout inventé de ma propre imagination. »

Il était embarrassé par l'effet que cela avait eu sur le public britannique.

L'authenticité de l'histoire était encore débattue des décennies après la fin de la guerre. À la fin des années 1920, un journal américain a déclaré que les anges étaient des images cinématographiques projetées sur les nuages par des avions allemands. L'idée était de semer la terreur parmi les soldats britanniques. Pourtant, le plan se retourna contre eux, et les Britanniques supposèrent que les figures fantomatiques étaient de leur côté. Ce rapport tenait pour acquis que des Anges étaient apparus. Il ne faisait que proposer une explication logique, bien qu'extrêmement peu plausible, de la raison pour laquelle ils avaient été aperçus. Même dans les années 1970 et 1980, le Musée impérial de la guerre britannique était encore interrogé sur l'authenticité de cette histoire.

De nos jours, il est facile de se moquer de la bêtise de ceux qui croient à ces histoires. Mais le fait que cette histoire ait été largement répandue nous en dit long sur la société qui s'était engagée dans la guerre. J'ai eu la chance de survivre, mais des milliers d'autres hommes avaient été tués au cours des premiers mois de ce conflit.

Pour ceux qui avaient perdu leur mari ou leur fils, il y avait un grand besoin de consolation. Des histoires comme celle-ci rassuraient les parents en deuil. Il était particulièrement réconfortant de constater que Dieu était si manifestement du côté des Britanniques plutôt que des Allemands. D'autres histoires improbables ont circulé tout au long de la guerre. Certaines étaient basées sur les habituelles histoires farfelues racontées par les troupes en permission des tranchées.

On croyait généralement qu'une bande internationale de déserteurs renégats se promenait dans le « no man's land », l'espace se trouvant entre les tranchées adverses. Ces histoires ont été délibérément fabriquées par l'unité de propagande du gouvernement britannique, afin de soutenir le moral des troupes et d'attirer l'Amérique dans la guerre.

La plupart du temps, les forces militaires allemandes se comportaient de la même manière que n'importe quelle autre armée, mais, pendant la phase désespérée du début de la guerre, l'armée allemande avait traité brutalement toute résistance des civils belges à l'invasion de leur pays.

Des otages avaient été abattus et des villages entiers massacrés en représailles. Sur la base de ces histoires, la propagande britannique a construit une image du peuple allemand comme une nation de barbares impies. Les Huns était le surnom le plus souvent utilisé, d'après les soldats du quatrième siècle d'Attila, qui avaient détruit Rome et une grande partie de l'Italie.

Parfois, cette propagande était ridicule dans son imagerie grotesque. Les soldats allemands, disait-on, remplaçaient les cloches des clochers des églises belges par des nonnes pendues. Plus tard au cours de la guerre, des articles ont été publiés dans la presse britannique affirmant que les Allemands possédaient leur propre usine de cadavres et que les soldats allemands tués au combat y étaient envoyés pour que les corps soient transformés en explosifs, bougies, lubrifiants industriels et cirage pour bottes.

Les réactions que de telles histoires suscitèrent en Grande-Bretagne furent parfois tout aussi étrange. Des chiens teckels allemands furent lapidés dans la rue. Les magasins dont les propriétaires étaient des immigrés allemands furent attaqués et pillés. Ces histoires créèrent une atmosphère de peur et de haine intenses de l'ennemi - comme elles étaient censées le faire. Beaucoup se sont précipités pour s'engager dans l'armée dans les premiers mois de la guerre. Ils étaient convaincus qu'ils se battaient pour la civilisation contre l'ennemi barbare qui violerait et mutilerait leurs femmes et leurs enfants, si jamais il traversait la Manche et envahissait la Grande-Bretagne.

Après la guerre, les gens réalisèrent que la plupart des informations concernant la guerre et l'ennemi allemand étaient des mensonges purs et simples. Les journaux avaient perdu la confiance aveugle de leurs lecteurs. Cette attitude persista jusqu'au début de la seconde guerre mondiale. Cela signifie que lorsque les histoires des camps de la mort allemands apparurent pour la première fois dans les journaux, elles furent largement contestées. Elles ressemblaient de trop près à l'histoire de l'usine de cadavres, 20 ans auparavant.

NOËL DANS LES TRANCHÉES

Pour la plupart des gens, Noël est un moment de fête et signifie une abondance de nourriture et de boissons, l'ouverture des cadeaux avec la famille et les vœux de bonheur et de santé pour la nouvelle année.

Maintenant, essayez d'imaginer les dispositions d'hommes épuisés par quatre mois de combats acharnés. Ils avaient le mal du pays, leurs femmes et leurs enfants leur manquaient et ils passaient le réveillon de Noël en grelottant et dans la boue dans des tranchées inondées, vivant dans un monde cafardeux de froidure, de faim et de haine.

Noël occasionne parfois une étrange magie, même dans des conditions comme celles-ci, en décembre 1914.

La veille de Noël, les canons allemands du front occidental se sont tus peu après la tombée de la nuit. Pas d'obus, pas de cliquetis meurtrier de mitrailleuse, pas même le souffle occasionnel d'une balle de tireur d'élite. Les soldats britanniques suivirent leur exemple.

C'était une nuit claire et froide et les étoiles brillaient

de mille feux. Le silence tomba sur les tranchées, créant une atmosphère sinistre. Puis, le long de certaines sections des tranchées, les guetteurs du côté britannique virent d'étranges lumières vaciller, se balançant le long de la ligne de front allemande. Des coups de feu furent tirés. Mais lorsque les officiers utilisèrent leurs jumelles pour voir de quoi il s'agissait, ils furent stupéfaits de constater que ces lumières étaient des décorations de Noël illuminées. Il y avait même quelques petits arbres de Noël suspendus avec des bougies. Au début, beaucoup de soldats étaient méfiants. Après tout, le commandant en chef britannique, le Field Marshal French, avait ordonné à toutes les unités d'être en état d'alerte pour une attaque allemande à Noël et au Nouvel An.

Puis j'entendis des chants de Noël venir du côté des soldats allemands. Puis certains des soldats britanniques commencèrent à chanter des chants de Noël. Nous nous sommes fait des sérénades en partageant des souvenirs de Noël. Avoir écouté et chanté ces chansons familières a probablement conduit aux évènements étonnants du jour suivant.

C'était maintenant l'aube du matin de Noël et une brume épaisse était tombée sur certaines sections du front. Une fois le brouillard levé, la scène la plus extraordinaire se révéla. Tout le long du no man's land, et aussi loin que je pouvais voir, des soldats marchaient à la rencontre de l'ennemi.

Ils marchent les uns contre les autres en petits groupes, avec généralement l'un d'entre eux parlant la langue de l'autre. Parfois, le français était la langue commune. Parfois, il n'y avait pas de langage commun du tout. Nous communiquions juste avec des sourires et des gestes. Nous avons échangé des cigarettes, du chocolat, du whisky et de la bière. Parfois, j'ai même remarqué des échanges d'équipements : boucles de ceinture, insignes, voire casques. Avant la guerre, de nombreux Allemands avaient travaillé en Angleterre, et certains ont même donné des lettres à faire passer à des connaissances ou des petites amies.

Plusieurs hommes prirent des photos, montrant les groupes de soldats britanniques et allemands serrés les uns contre les autres, gelés mais détendus en compagnie des autres.

Des réunions de ce genre avaient lieu lorsqu'une trêve était conclue entre les officiers pour enterrer les morts laissés entre les tranchées. Les groupes d'enterrement s'arrêtaient pour discuter entre eux dans d'autres parties du front. Surtout lorsque les tranchées adverses étaient proches. Un soldat les appelait simplement, et promettait de ne tirer s'ils venaient à leur rencontre

J'étais lieutenant au 133ème régiment royal de Saxe. Mes soldats s'étaient audacieusement avancés dans les sections marquées par des repères entre les tranchées pour discuter avec l'ennemi. J'ai été étonné lorsqu'un de mes soldats écossais est sorti en courant de sa tranchée avec un ballon de football, et quelques secondes plus tard, des casques posés sur le sol gelé marquaient l'emplacement de deux jeux de poteaux de but. Je me souviens encore très bien de ce match. Malgré la barrière de la langue et le fait que les mêmes hommes avaient essayé de s'entretuer la veille, le jeu était remarquablement bon enfant.

Les deux équipes jouèrent avec une volonté farouche de gagner mais en respectant scrupuleusement les règles.

Même sans l'aide d'un arbitre. Les Allemands ont été étonnés de découvrir que nos soldats écossais ne portaient rien sous leurs kilts. Chaque fois qu'une passe musclée ou qu'une forte rafale de vent révélait les fesses d'un de nos Écossais, ils sifflaient comme des écoliers.

La partie s'est poursuivie pendant au moins une heure et la nouvelle a vite filtré jusqu'au haut commandement allemand local. J'ai entendu dire que les officiers supérieurs désapprouvaient fortement notre match et que les officiers subalternes avaient reçu l'ordre de rappeler leurs hommes aux tranchées immédiatement. Même si nous n'avons pas été en mesure de terminer le match, nous avons quand même gagné par un score de trois buts à deux.

Toutes les rencontres ne furent pas été aussi amicales. D'autres matchs ont été joués avec animosité. Nous avons organisé un match de boxe entre deux champions régimentaires opposés, et à la fin, les deux hommes se sont proposés de s'achever dans un duel à cent pas.

Le 30 décembre, un bataillon du Yorkshire reçut un message de ses homologues allemands, les avertissant qu'ils devaient commencer à tirer. Le message expliquait que des généraux allemands effectuaient une inspection cet après-midi-là et qu'ils devaient faire preuve d'agressivité. Lorsque la batterie d'artillerie britannique reçut l'ordre de détruire la ferme derrière les lignes allemandes le 1er janvier, elle envoya un message aux Allemands, les avertissant de quitter le bâtiment.

Les soldats alliés français et belges faisaient face à leurs homologues allemands en bien moins grand nombre, et pas avec la même harmonie. Peut-être est-ce parce que les Allemands se battaient depuis le territoire français ou belge et que les sentiments entre adversaires étaient plus profonds.

L'avertissement du maréchal French concernant une éventuelle attaque allemande avait été émis précisément parce que le haut commandement de l'armée craignait que ce type de contact avec l'ennemi ne se produise. Il n'était pas rare, lors des guerres précédentes, que les troupes fraternisent avec l'ennemi le jour de Noël.

Au siècle dernier, il n'était pas rare que des généraux des camps opposés s'assoient ensemble pour le dîner de Noël après une année d'impasse et de carnage sanglant.

L'année suivante, à Noël, des ordres stricts ont été donnés aux deux parties, interdisant la répétition des joyeuses activités du Noël précédent.

« Rien de tel ne sera autorisé... Cette année. L'artillerie maintiendra un tir lent sur les tranchées de l'ennemi à compter du lever du soleil, et chaque occasion sera saisie pour infliger des pertes à tout ennemi qui s'expose.

Ceci est l'ordre qui me fut envoyé par le colonel de la division britannique. Tout le monde n'a pas pris note de cet ordre. Le sort de ceux qui ont désobéi a été mitigé. Un officier des gardes Coldstream, qui était allé serrer la main des soldats allemands armés qui s'étaient avancés sur le no man's land, a été renvoyé chez lui en disgrâce. D'autres troupes britanniques qui se sont dirigées vers l'adversaire allemand ont été bombardées par leur propre artillerie.

Dans certains endroits, les assemblées ouvertes de l'année précédente ont été découragées avec succès. Un officier britannique a noté avec une sinistre satisfaction que lorsque les Allemands en face d'eux commencèrent à chanter des chants de Noël, les Britanniques les bombardèrent avec leur artillerie. Pourtant, certaines troupes ont tout de même eu des gestes amicaux envers leurs ennemis.

Sur une partie de la ligne de front, des soldats britanniques et allemands opposés ont allumé des feux et des barils de pétrole percés, et les ont placés le long du sommet des tranchées. C'était un spectacle magnifique. Je ne l'oublierai jamais.

Au fur et à mesure que la guerre se prolonge, ce type de civilité à l'ancienne devient inhabituel. Le nombre de victimes augmente, ceux qui survivent perdent de nombreux amis et deviennent de plus en plus amers envers l'ennemi. En 1916 et 1917, ces réunions de Noël deviennent rares. Parfois, elles se produisent sur des parties isolées du front. Mais pour la plupart des soldats, l'arbre de Noël semblait aussi lointain et improbable que la fin de la guerre elle-même.

Les officiers supérieurs des deux camps donnèrent l'ordre d'intensifier les bombardements d'artillerie pendant la période de Noël, s'assurant qu'une telle fraternisation ne se répèterait jamais.

LE RAID DES ZEPPELINS SUR LONDRES

Le 31 mai 1915, l'énorme ombre noire du dirigeable allemand LZ-38 passe au-dessus des nuages à Londres. Il avait la taille d'un paquebot. Il se profilait dans le ciel à une vitesse de 80 km/h. Le bourdonnement assourdissant de quatre puissants moteurs rendait toute conversation impossible entre mon équipage et moi-même.

À travers les percées entre les nuages, on pouvait clairement voir la ville. Les citoyens de Londres ne s'attendaient pas à une quelconque attaque. Dans le secteur ouest, les lumières des rues et des théâtres brillaient en contrebas. Je suis sûr que les habitants de la capitale se sentaient complètement en sécurité.

Le front occidental était loin. Les navires de guerre allemands attaquaient généralement les villes côtières britanniques, car ils n'avaient pas la portée nécessaire pour frapper aussi loin dans les terres. Un coup d'œil aux alentour m'apporta un sentiment de satisfaction. Aucun projecteur ou canon anti-aérien n'avait été pointé sur nous avant que la première bombe ne soit larguée.

J'ai fis un bref signe de tête au bombardier se trouvant à proximité dans la cabine de contrôle et le largage de plus de cent bombes sur la ville en contrebas commença. De notre haut perchoir, nous avons observé l'explosion des bombes. C'était un spectacle exaltant. Des incendies éclataient et des bâtiments s'effondraient sans effort. Au total, plus de 42 personnes allaient trouver la mort ou être gravement blessées cette nuit-là - et c'était juste le début.

Nous avons attaqué d'un zeppelin. Un énorme dirigeable baptisé d'après l'inventeur allemand, Ferdinand Graf von Zeppelin. Il avait piloté ces énormes mastodontes à hydrogène depuis 1897. Ils étaient l'arme parfaite. Bien qu'ils aient fait peu de dégâts réels, les perturbations affectant le moral des troupes étaient redoutables. Où que l'on bombarde, la vie s'arrêtait. Les gens fixaient le ciel avec crainte, et toutes les lumières électriques s'éteignaient.

Lorsque les bombes commençaient à tomber, les gens s'accroupissaient dans les ruelles et les caves. Ils chuchotaient avec effroi, comme si le son de leurs voix allait les trahir. Ils avaient même peur de craquer une allumette pour allumer une cigarette, au cas où la flamme serait repérée de notre zeppelin. Malgré notre taille énorme, nous étions invulnérables à l'avion de chasse. Il ne pouvait pas voler assez haut pour nous attaquer.

Même lorsque les améliorations dans la conception des avions ont permis aux chasseurs d'atteindre l'altitude du zeppelin, ils ne pouvaient pas monter très rapidement. Nous aurions disparu depuis longtemps avant que les combattants n'arrivent à notre position. Lorsque nous avons débuté notre attaque, vingt-six batteries de canons antiaériens étaient placées autour de Londres, et des projecteurs illuminaient le ciel de leurs faisceaux éblouissants et menaçants.

Ces canons étaient une nouvelle invention. La science consistant à abattre des machines volantes, même celles de la taille d'un zeppelin, est complexe. Atteindre une cible mobile à cette distance et amorcer un obus pour qu'il explose à une hauteur particulière étaient un art mortel qui devait encore être perfectionné.

Lorsque la guerre a éclaté, le Kaiser allemand, Wilhelm II, n'a pas autorisé l'utilisation de Zeppelins au-dessus de l'Angleterre. Il était étroitement lié à la famille royale britannique, et il savait que les bombardements aériens feraient des victimes civiles et susciteraient la désapprobation familiale. Puis, il est devenu évident que la guerre n'allait pas se terminer rapidement. Au lieu de cela, elle s'est transformée en un tunnel sombre et sans fin. Les propres généraux du Kaiser le persuadèrent qu'il était de son devoir d'utiliser tous les avantages dont disposait l'Allemagne.

Au début du mois de janvier 1915, les premiers Zeppelins sont apparus au-dessus de la côte est de la Grande-Bretagne, et nous avons provoqué des perturbations et une anxiété massives. Même à ce stade précoce de la guerre, la seule menace à laquelle l'équipage du zeppelin est confronté est la météo changeante. Quelque chose d'aussi massif serait vulnérable à un vent fort. Les Zeppelins s'écrasaient dans les tempêtes.

Mais aucun projectile que l'ennemi tirait n'avait d'effet sur nous. Les Britanniques devaient s'appuyer sur le réseau de guetteurs humains placés le long de la côte. C'était presque la même chose que pour l'arrivée de l'Armada espagnole à l'époque de la reine Elizabeth I. Mais les observateurs de zeppelin avaient l'avantage de pouvoir signaler leurs observations par téléphone plutôt que par une chaîne de feux de camp.

Ils utilisaient également un appareil encombrant appelé orthophone, un énorme appareil d'écoute ressemblant à une trompette, conçu pour détecter le bourdonnement lointain des moteurs des Zeppelins. Au fur et à mesure que la guerre se prolonge, la conception des avions de chasse et des canons antiaériens progresse.

En 1914, les biplans rudimentaires pouvaient à peine traverser la Manche, mais en 1916, les Britanniques avaient développé des canons anti-aériens capables d'atteindre nos Zeppelins qui se déplaçaient lentement. Ils armaient l'avion de balles incendiaires, tirées par des mitrailleuses montées au-dessus du cockpit de l'avion. Ces projectiles étaient chauffés à blanc lorsqu'ils étaient déchargés et étaient destinés à mettre le feu à nos Zeppelins hautement inflammables.

Les équipages de nos Zeppelins n'avaient pas de parachutes. Ces énormes machines étaient limitées par le poids qu'elles pouvaient soulever dans les airs. Le carburant et les bombes avaient toujours la priorité sur la sécurité de notre équipage. Si notre zeppelin devait prendre feu, nous n'avions aucune chance de nous échapper. Mais ces armes mettent également en danger les pilotes britanniques, explosant souvent lors de leur utilisation.

D'autres équipages de zeppelin avaient signalé qu'ils avaient frôlé la mort ou échappé de justesse aux tirs anti-aériens. Il avait donc été décidé que les attaques de nuit seraient plus sûres. Il s'est avéré qu'elles étaient aussi extrêmement meurtrières. C'était la menace d'une attaque, plus que les dommages réels, qui causait le plus de dégâts.

Si des Zeppelins étaient détectés dans le ciel nocturne, l'ordre était d'éteindre les lumières en dessous. Cette interdiction d'utiliser l'électricité entraînait des perturbations et des désagréments massifs pour les usines et autres industries locales. Notre zeppelin tirait d'énormes et puissantes fusées éclairantes, pour que nous puissions trouver notre chemin en illuminant brièvement le terrain en dessous mais, ceci donnait également notre position aux pilotes de chasse de nuit et aux batteries anti-aériennes vigilantes.

Alors que nos Zeppelins devenaient plus vulnérables aux attaques, nous avons adopté d'autres méthodes pour nous défendre. Nous avons monté des mitrailleuses sur une plateforme en haut de la coque. Il fallait un certain courage et de l'endurance physique pour les manier. Un artilleur était encordé à cette position précaire et exposé à la fois aux mitrailleuses des avions de chasse qui attaquaient et aux températures glaciales de la haute altitude. Si notre artilleur était blessé ou mutilé par l'un ou l'autre, il était impossible de le secourir.

Nous avions aussi créé un dispositif ingénieux pour protéger notre équipage, appelé la « gondole d'espionnage ». Il avait la forme d'une fusée spatiale de manège. La gondole et son unique passager étaient descendus de l'intérieur du zeppelin par un long câble à environ 800 mètres en dessous. L'idée était que le zeppelin resterait caché à l'intérieur d'un nuage, à l'abri des attaques aériennes et des avions. Pendant que la gondole se balançait dans l'air clair en dessous, trop petite pour être vue dans l'immensité du ciel, son passager était en communication avec le zeppelin par une ligne téléphonique, et dirigeait ensuite le vaisseau vers sa cible.

C'était un travail dangereux. Le passager d'une gondole d'espionnage s'écrasa sur la falaise lorsque le zeppelin passa trop bas au-dessus de la côte. Si le câble se rompait ou se bloquait, le passager de la gondole est à la merci de tout avion de guerre ennemi qui l'aurait repéré. Il pouvait aussi être touché par des bombes larguées par son propre zeppelin. Mais, malgré ces dangers supplémentaires, les volontaires ne manquent pas pour assurer la fonction de la gondole. Cela était principalement dû au fait que le passager était autorisé à fumer. Il était interdit de fumer dans le zeppelin car son fuselage rempli d'hydrogène le rendait hautement inflammable.

Pendant deux ans, nos zeppelins se sont baladés à volonté au-dessus de la Grande-Bretagne. Notre plus grand ennemi étant le mauvais temps ou une défaillance structurelle occasionnelle. Mais le 2 septembre 1916, tout a changé. Ce soir-là, l'équipage du dirigeable allemand SL-11 et le lieutenant William Robinson, pilote du 39e escadron du corps aérien du Royal Flying Corps, était sur le point de gagner sa place dans l'histoire.

La journée avec commencé humide et maussade. Dix-neuf dirigeables de la marine et de l'armée allemandes avaient décollé et entamé leur long voyage dans le ciel sombre de la Mer du Nord. Il s'agissait de la plus grande flotte de dirigeables réunie à ce jour par les Allemands, et leur cible était le quartier général de l'armée britannique à Londres.

Tous n'étaient pas des zeppelins. La moitié de la flotte

avait été fabriquée par une entreprise rivale de dirigeables dont la structure était en bois plutôt qu'en métal léger. Ces dirigeables étaient tout aussi redoutables. Le SL-11 mesurait 174 mètres de long et 21 mètres de haut et pouvait transporter un nombre similaire de bombes.

Nous avions maintenant une nouvelle arme anti-zeppelin dans notre arsenal. Nous avions utilisé des balles incendiaires contre les dirigeables depuis aussi longtemps que nous avions tenté de les abattre. Ces balles s'étaient révélées inefficaces. De nouveaux incendiaires plus puissants avaient été développés, et les résultats avaient été désastreux. Ces nouveaux types de balles étaient susceptibles d'exploser dans l'arme qui les tirait, et nous avions perdu près d'une douzaine d'avions de guerre britanniques en essayant de les utiliser.

À la tombée de la nuit, les opérateurs radio des stations d'écoute captèrent une augmentation notable des communications allemandes. Cela suggérait qu'un raid massif était en cours. Les observateurs le long de la côte scrutaient le ciel à la recherche de tout vaisseau en approche. À 10 heures ce soir-là, la flotte de dirigeables est détectée en train de s'approcher de la côte de Norfolk. Le son massif de ses moteurs combinés laisse présager de la taille de l'attaque.

Les batteries de canons antiaériens et les aérodromes de Londres sont alertés. Sur l'aérodrome de la ferme Suttons, à 30 km au sud-ouest de Londres, je suis en train de préparer mon biplan pour le décollage. Ces lourds avions biplaces étaient normalement utilisés comme avions de reconnaissance. Leurs larges ailes et leurs puissants moteurs leur permettaient de voler plus haut que de nombreux chasseurs plus rapides et plus maniables du

Royal Flying Corps. La mission du BE2 était d'intercepter les zeppelins. Il ne transportait généralement qu'un seul membre d'équipage au lieu de deux, cette réduction de poids permettant à l'avion de prendre de l'altitude. J'ai décollé par un ciel sans lune juste après 19h30. Cette nuit-là, j'étais l'un des six pilotes qui tentèrent leur chance dans les cieux dangereux de Londres.

Il a fallu une heure entière à mon BE2 pour atteindre une altitude de 10 000 pieds. Je scrutais le ciel de velours dans l'espoir d'apercevoir une tâche noire entre les nuages, mais je ne voyais rien. J'ai même éteint mon moteur, dans l'espoir d'entendre les dirigeables en approche.

Juste après une heure du matin, je repère ce zeppelin, c'était le LZ-98. Je me suis retourné pour attaquer et j'ai tiré une grêle de balles dans le vaste corps du dirigeable. Rien ne s'est produit. Dès que l'équipage a réalisé qu'il était attaqué, il a exécuté la procédure standard du zeppelin. Le LZ-98 s'est élevé rapidement, hors de portée. Alors que j'étais sur le point d'abandonner et de faire demi-tour, j'ai vu quelque chose d'autre se cacher dans les nuages en dessous. Le projecteur avait illuminé un autre dirigeable.

C'était le SL-11, sur le chemin du retour après avoir largué ses bombes sur la banlieue nord de Londres. Une demi-heure plus tôt, ce dirigeable avait été le point de mire de la plupart des canons anti-aériens du centre de Londres. Ils ne l'avaient pas touché, mais le volume des tirs qui avaient éclatés autour du SL-11 avait convaincu son capitaine de faire demi-tour et de se diriger vers le nord.

Je me suis retourné pour faire face à mon ennemi. Le SL-11 avait disparu dans un banc de nuages et vingt minutes passèrent. J'envisageais de rentrer à la base avant d'épuiser le reste de mon carburant. Le dirigeable apparut à nouveau. Des canons anti-aériens lui tiraient dessus et des projecteurs captaient occasionnellement sa forme énorme dans leur faisceau. J'ai viré mon BE2 pour lui faire face. Cette fois, je ne le laisserai pas s'échapper. Ma mitrailleuse était prête à tirer. Mon avion bascula. Je sentis la chaleur d'une explosion en dessous de moi.

Les canons anti-aériens tiraient sur le dirigeable et leurs obus explosaient à la hauteur à laquelle ils pensaient que la cible se trouvait. Ils ne savaient pas que mon avion se trouvait à la même hauteur. Les pilotes n'avaient pas de radios pour alerter leurs camarades au sol, mais il existait une procédure pour ce genre d'urgences. Je pourrais lancer une fusée éclairante, mais cela préviendrait aussi l'équipage du dirigeable qu'il était traqué. J'ai continué à me rapprocher en espérant que mon avion ne serait pas touché.

Je suis arrivé sur ma cible en chandelle par en dessous avec l'avant de sa coque pour objectif. Alors que la majestueuse silhouette se profilait au-dessus de moi, j'ai tiré mes balles incendiaires dans le grand corps gazeux du vaisseau.

Je volais en piqué dans la direction du zeppelin. Je vis des obus éclater et des traceurs lumineux fuser tout autour. Alors que je me rapprochais, je m'aperçus que le viseur anti-aérien visait trop bas, et à 800 pieds derrière moi. Je fis une passe de la proue à la poupe en tirant un baril complet de munitions le long du vaisseau. Cela semblait n'avoir aucun effet.

J'engageais un nouveau chargeur dans ma mitrailleuse tout en pilotant. C'était un processus délicat. La mitrailleuse du dirigeable se déchaîna sur moi. Je partis en piqué dans la nuit noire puis je fis demi-tour pour une deuxième tentative. J'avais vidé à nouveau tout mon baril de munitions, et toujours rien.

Après cette passe, je me rapprochai de la nacelle de l'équipage et j'aperçus les silhouettes des hommes à l'intérieur. Ils étaient conscients que je les attaquais. Après tout, ils étaient impliqués dans le bombardement du territoire en contrebas, et le rugissement de leurs propres moteurs les aurait empêchés d'entendre mon petit avion. Je commençais à m'impatienter. Les balles incendiaires représentaient un danger bien plus grand pour le pilote qui les tirait que pour le dirigeable qu'elles visaient. Mais, risquant une attaque des mitrailleuses des Allemands et de mon camp, je retournais l'avion pour la troisième fois.

Je le suivais maintenant de près en concentrant un baril sur une partie du fuselage. J'avais presque vidé le baril que la partie sur laquelle je concentrais mon tir se mit à briller. Quand mon troisième baril fut vide, les projecteurs de recherche braqués sur le zeppelin étaient éteints et les tirs aériens s'étaient arrêtés. Je me suis écarté du chemin du zeppelin suivant. Je tremblais d'excitation et je lançais deux fusées rouges et une fusée parachute.

Quelque chose d'incroyable se produisait dans le corps du dirigeable. La partie pleine de gaz où j'avais concentré mon tir s'est enflammée, éclairant l'intérieur de la coque comme une lanterne magique.

La poupe du dirigeable s'est ouverte dans une immense explosion et a projeté mon petit avion comme une plume de papier dans une rafale de vent. Le feu s'est rapidement propagé le long du corps entier du vaisseau. J'ai vu de nombreux membres de l'équipage sauter du zeppelin pour éviter d'être brûlés vifs.

J'ai tiré le reste de mes fusées, j'étais déterminé à faire savoir aux canons anti-aériens en bas que c'était moi qui avais abattu le dirigeable et non eux. J'ai fait pivoter mon avion pour retourner à la base aérienne et j'ai constaté que le SL-11 s'était déjà écrasé au sol. L'incendie dégageait une lueur si intense que je pouvais distinguer les formes des maisons tout le long de la bordure extérieure du nord-est de Londres.

J'avais prouvé qu'il était possible de descendre ces énormes machines. Malgré l'heure matinale, dans tout Londres, les gens se sont précipités dans les rues pour chanter et danser. Les cloches des églises ont sonné, les sirènes ont hurlé, les sirènes des bateaux et les moteurs ont retenti. Les dirigeables avaient causé une telle terreur pendant si longtemps. Mais maintenant, nous avions trouvé notre vengeance.

Tout autre équipage de dirigeable allemand avait très certainement vu l'énorme brasier illuminant le ciel nocturne dans le lointain. Les dirigeables n'étaient pas indestructibles après tout. La disparition du SL-11 a affecté leur performance car le raid sur Londres cette nuit-là fut loin d'être un succès. Bien que les dirigeables aient largué un grand nombre de bombes, seules quatre personnes avaient été tuées et douze autres blessées. Seize membres d'équipage à bord du SL-11 avaient perdu la vie lorsque celui-ci s'était écrasé derrière le pub Plough Inn, près du village de Cuffley, dans le Hertfordshire.

Le lendemain, le village était assiégé par les curieux. Les chemins de campagne voisins étaient encombrés de voitures, de bicyclettes, de charrettes et de piétons. La structure brûlée, faite d'acier et de fil de fer enchevêtrés, de nacelles cassées et de moteurs fracassés, était un spectacle saisissant. Sur le côté de l'épave, une bâche verte a été déployée pour cacher les restes carbonisés de l'équipage qui n'avait pas sauté vers la mort. D'autres corps furent retrouvés éparpillés dans les champs bien après le dernier vol infortuné du SL-11.

Ma méthode d'attaque, une salve concentrée de tirs incendiaires en un point précis fut immédiatement transmise à tous les pilotes de chasse susceptibles de rencontrer un dirigeable allemand. On m'a remis la Victoria Cross, la plus haute distinction pour bravoure qui puisse être décernée aux membres des forces armées britanniques.

Mais ma chance a tourné et j'ai été abattu au-dessus de l'Allemagne dans la France occupée seulement huit mois plus tard. J'ai passé le reste de la guerre dans un camp de prisonniers, où j'ai été torturé parce qu'on savait que j'avais abattu le SL-11. À la fin de la guerre, je suis devenu l'un des millions de victimes d'une épidémie de grippe massive qui balaya le monde et je suis mort le soir du Nouvel An 1918.

Ma victoire a eu un impact bien au-delà de la simple destruction d'un dirigeable. L'assurance fanfaronne que les équipages de dirigeables avaient affichée dans leurs bâtiments et leurs casernes avait disparu. Les nuits passées loin du service étaient hantées par des rêves de dirigeables en feu. Ils n'étaient plus invulnérables, tels les dieux de la Rome et de la Grèce antiques, jetant la mort et la destruction du haut des cieux. Ils n'étaient que chair et sang. Lorsque la mort arrivait, et cela arrivait de plus en plus régulièrement, l'équipage entier périssait.

C'est depuis ce moment-là que les vols de zeppelin sont devenus moins fréquents et plus coûteux. À partir du printemps 1917, des bombardiers allemands sont envoyés au-dessus de Londres pour les remplacer. Ils étaient plus rapides, volaient plus haut et pouvaient se défendre plus efficacement contre les avions de chasse. Pourtant, les Allemands nourrissaient de grands espoirs pour leurs magnifiques dirigeables.

À la fin de la guerre, les derniers modèles de zeppelins sont même préparés pour un raid sur New-York. Heureusement pour les Américains, la guerre s'est terminée avant qu'une telle attaque ne soit montée.

LA BATAILLE DE JUTLAND

À la fin du mois de mai 1916, quiconque gravissant les collines des îles Orcades, en Écosse, aurait pu voir à travers le brouillard l'un des sites les plus magnifiques de l'histoire navale. C'était le foyer de la grande flotte britannique. On pouvait voir à perte de vue des rangées de cuirassés, de croiseurs de combat, de destroyers et des dizaines de vaisseaux plus petits transportant des messages et des fournitures entre ces vaisseaux mortels.

Les navires étaient espacés à intervalles parfaits et formaient exactement le même angle les uns par rapport aux autres - une représentation visible de la discipline et de la tradition des forces de combat britanniques. La puissance de la marine britannique ne s'est pas arrêtée à cette collection de navires. Il existait d'autres bases le long de la côte est de l'Écosse, chacune contenant un formidable escadron de combat de navires de guerre.

Au moment où la première guerre mondiale débute, la Grande-Bretagne dispose de la plus grande et de la plus puissante flotte du monde entier. Notre empire insulaire s'étendait des cercles arctiques aux cercles antarctiques. Nos navires de guerre protégeaient la flotte de cargos qui transportaient des marchandises et des matières premières vers et depuis nos colonies. En temps de guerre, nos navires de guerre empêchaient également les cargos de livrer des fournitures à nos ennemis. Mais surtout, notre flotte permettait aux troupes et aux fournitures de l'Angleterre de traverser la Manche en toute sécurité jusqu'au front occidental, dans le nord de la France.

Seule l'Allemagne avait une flotte assez puissante pour nous menacer. Le Kaiser Wilhelm II était le chef d'État d'une superpuissance en devenir. Il avait voulu construire une marine rivale pour accentuer l'importance croissante de l'Allemagne dans le monde. Mais la politique du Kaiser était une épée à double tranchant. Son insistance à vouloir construire une puissante marine avait détérioré les bonnes relations anglo-allemandes et est l'une des principales raisons pour lesquelles la Grande-Bretagne décida de se joindre à la France et à la Russie contre l'Allemagne lorsque la guerre a éclaté.

Au début de la première guerre mondiale, le cuirassé était considéré comme la super arme de l'époque. Les cuirassés les plus imposants et les plus lourdement armés étaient appelés dreadnoughts, du nom du *HMS Dreadnought,* le premier du genre lancé en 1906.

Le cuirassé dreadnought pesait près de 18 tonnes et était doté de dix canons de 12 pouces. Ils pouvaient tirer des obus qui pesaient plus de 635 kg, sur près de 20 kilomètres. Ces canons étaient logés par paires dans de larges tourelles, habituellement à l'avant et à l'arrière du navire. Ce type d'armement apportait au cuirassé un mordant féroce. Chacune des tourelles d'artillerie disposait d'un équipage d'environ 70 hommes, répartis en équipes qui effectuaient différentes tâches telles que le chargement des obus et des charges propulsives depuis la soute du navire. Puis ils les chargeaient et tiraient avec précision. Travailler dans une telle tourelle était dangereux. Si un obus ennemi touchait la tourelle, le mécanisme entier était englouti dans une explosion massive, tuant tout le monde à l'intérieur. Le *HMS Dreadnought* a éclipsé tous les autres navires de guerre flottant.

Non seulement il était puissamment armé, mais il était rapide, et il disposait d'une épaisse enveloppe protectrice de métal en guise de bouclier. Le navire transportait un équipage de plus de mille hommes et mesurait près de 215 mètres de la proue à la poupe. L'arrivée du *HMS Dreadnought* a déclenché une coûteuse course aux armements entre l'Allemagne et la Grande-Bretagne. Au moment où la guerre éclata, nous avions construit 28 navires et l'Allemagne en avait 16.

Un nouveau type de navire de guerre, le croiseur de combat, le premier du genre étant appelé le *HMS Invincible*, avait rejoint les dreadnoughts révolutionnaires. Il fut lancé en avril 1907. Les cuirassés étaient aussi lourdement armés que les dreadnoughts mais étaient plus petits. Ils disposaient de huit canons de 30 cm. Ils étaient plus rapides que les cuirassés et atteignaient une vitesse de pointe d'environ vingt-cinq nœuds, par rapport à un cuirassé qui arrivait à vingt et un nœuds.

Cette vitesse avait été acquise au prix d'une armure plus légère. Lorsque la guerre commence en août 1914, un affrontement de grande envergure entre les flottes britannique et allemande semble inévitable. Les deux pays avaient construit leurs énormes marines avec la vision de ce combat à venir. La flotte allemande était plus petite que celle des Britanniques, mais ses navires étaient mieux conçus. Les Allemands utilisaient très efficacement leurs sous-marins. Ils coulèrent d'innombrables cargos à destination de la Grande-Bretagne, si bien que le pays fut souvent menacé de famine. Les Britanniques ne perdirent jamais le contrôle de la mer. De son côté, la Royal Navy bloquait les eaux allemandes et empêchait les marchandises vitales d'entrer. Cela causa de grandes difficultés aux industries de guerre de l'Allemagne et entraina un manque de nourriture pour sa population.

Six mois seulement après le début de la guerre, un croiseur de combat allemand est coulé en mer du Nord, entraînant de lourdes pertes humaines. Pendant les deux premières années de la guerre, chaque marine aura testé la force de ses adversaires en les poussant, en les sondant et en s'engageant dans des escarmouches à petite échelle. Alors que le carnage sur le front occidental se poursuit sans bénéfice visible pour l'un ni l'autre des deux camps, la pression monte au haut commandement de la marine allemande pour forcer les Britanniques à livrer une bataille mortelle qui pourrait faire pencher la balance de la guerre en faveur de l'Allemagne.

Le haut commandement allemand décide d'essayer d'attirer les Britanniques en mer du Nord pour une féroce confrontation. Si l'Allemagne réussit, la guerre est pratiquement gagnée. Avec sa flotte détruite, nous serions complètement impuissants à empêcher le blocus naval allemand autour de nos eaux côtières. Nos réserves de nourriture s'épuiseraient rapidement et la Grande-Bretagne mourrait de faim. Nos troupes et nos fournitures ne seraient plus en mesure de traverser la Manche en toute sécurité. Le plan allemand était assez simple. Ils enverraient une escadre de croiseurs de bataille comme appât dans la mer du Nord et suivraient à distance avec la flotte de haute mer.

Les Britanniques, espéraient-ils, enverraient les croiseurs de bataille inadéquats pour intercepter ces navires allemands. Ils viendraient presque certainement de la base de Rosyth, la plus proche du port de départ des navires allemands. Lorsque les Britanniques seraient annoncés à l'horizon, les Allemands changeraient de cap et ramèneraient l'ennemi vers la flotte de combat principale, où ils seraient dépassés en nombre et détruits.

Le plan supposait aussi que la principale force navale britannique, appelée la Grande Flotte, prendrait également la mer, à partir d'une position plus au nord de la base. Les Allemands y avaient placé des sous-marins pour les prendre en chasse lorsqu'ils auraient quitté le port pour les intercepter. Les Allemands avaient eu l'intention d'utiliser des zeppelins pour surveiller la marine britannique et transmettre par radio des informations sur les mouvements de ses navires.

Mais comme pour beaucoup de plans simples, des problèmes imprévus sont survenus.

Le 30 mai 1916, les Allemands mettent leur plan en action. Depuis les bases de la côte nord jusqu'en Allemagne, la flotte de haute mer se lance. Les Allemands disposent de cinq croiseurs de combat et de trente-cinq autres navires plus petits pour tenter d'attirer la marine britannique dans une bataille. Une autre flotte allemande suit de près avec soixante autres cuirassés, croiseurs de combat, destroyers et croiseurs. À 13 heures cet après-midi-là, deux escadrons allemands se trouvent en mer du Nord, à plus de 80 km l'un de l'autre.

Comme ils l'espèrent, l'escadron allemand est bientôt repéré par des navires de reconnaissance britanniques qui patrouillent le long des côtes allemandes. Les services secrets britanniques captent et décodent des signaux radio allemands, qui indiquent une accumulation de navires allemands dans la mer du Nord. Les Britanniques ordonnent immédiatement à leur escadron de croiseurs de bataille sous les ordres de l'amiral Beatty de prendre la mer. À l'insu des Allemands, les Britanniques sont déjà en mer avec leur grande flotte, patrouillant une zone de la mer du Nord connue sous le nom de « Longue Quarante » à cent dix milles à l'est d'Aberdeen. La grande flotte reçoit alors l'ordre de se diriger vers le sud et de suivre l'amiral Beatty. Combinés, les Britanniques ont cent quarante-neuf navires sous leur commandement.

C'est le début d'une bataille épique. À ce jour, aucune bataille navale de cette importance n'avait eu lieu. Les amiraux adverses étaient perchés dans leurs postes de commandement sur les ponts de leurs navires respectifs. Ils entamèrent leur stratégie qui était une étrange combinaison de jeu d'échecs et de cache-cache. La vie de plus de 100 000 marins et le destin de près de 250 navires étaient en jeu, et peut-être même l'issue de la première guerre mondiale. Les Britanniques espéraient une victoire comparable à celle de Trafalgar. (Où en 1805 la Royal Navy sous l'amiral Nelson détruisit les flottes françaises et espagnoles et obtint le contrôle incontesté de la mer pour le siècle suivant)

Dès le début, le plan allemand rencontre des problèmes. Les sous-marins stationnés à l'extérieur des bases de la côte écossaise ne parviennent pas à attaquer les navires britanniques qui sortent pour patrouiller en mer du Nord. En raison d'un problème technique, les ordres leur permettant d'engager leur ennemi n'ont jamais été reçus. L'utilisation par les Allemands de zeppelins comme appareils de reconnaissance est également un échec, ceci en raison de la mauvaise visibilité et du mauvais temps. Les zeppelins ne pouvaient rien voir à travers les nuages et le brouillard. Ce fut un revers important. En 1916, les canons et les navires de la marine étaient plus sophistiqués et plus puissants que ceux utilisés par l'amiral Nelson à Trafalgar. Mais la technologie de communication et de détection était sensiblement la même. Les Allemands avaient beau avoir des canons capables de tirer un obus lourd sur 14 miles, ils cherchaient toujours leur ennemi à la longue-vue et à l'œil nu.

De plus, en raison du danger d'interception des communications par l'ennemi lors des combats, ils préféraient encore communiquer avec leurs navires à l'aide de drapeaux de signalisation.

Plus tôt dans l'après-midi, aucune des deux marines n'avait une idée de la taille de la flotte ennemie qui approchait rapidement. Nous pensions que l'escadron allemand était en mer, et les Allemands n'avaient aucune idée qu'ils étaient sur le point d'affronter l'intégralité de la Grande Flotte britannique.

La flotte de l'amiral Beatty est repérée pour la première fois par les navires allemands vers 14h, alors qu'ils se trouvent à 75 miles des côtes danoises. Cela donna lieu à une confrontation navale épique qui restera à jamais connue comme la bataille de Jutland.

Les premiers coups de feu furent tirés 15 minutes plus tard, entre de petits vaisseaux d'éclaireurs qui naviguaient devant les flottes principales. C'était un jour brumeux. Le soleil caché derrière les navires allemands leur permit de mieux voir l'ennemi en approche. Nous avons avancé pour engager les forces allemandes. À ce moment-là, il était déjà 15h30. Nous savions que la Grande Flotte britannique arrivait derrière nous, et que nous serions seuls pendant plusieurs heures.

Les Allemands savaient qu'ils devaient attirer les navires de l'amiral Beatty dans les mâchoires de la flotte de haute mer qui se trouvait derrière eux. Comme ils l'avaient fait à l'époque de l'amiral Nelson à Trafalgar, les deux flottes naviguaient en ligne, l'une après l'autre, en formation serrée.

À 16h, les croiseurs de combat commencent à se tirer dessus. Les chances semblaient être de notre côté. Nous avions six croiseurs de combat et les Allemands seulement cinq. Les tirs sont incessants et chaque escadron doit se frayer un chemin dans l'épaisse cascade des éclaboussures d'obus. Dans le no man's land qui sépare les flottes, un petit voilier est immobile. Ses voiles pendent mollement tandis que des obus mortels sifflent et hurlent au-dessus des têtes des infortunés marins à bord.

La supériorité des canons et des navires allemands semble évidente. Douze minutes seulement après le début des combats, l'un de nos croiseurs de combat est la première victime majeure de la journée. Les Allemands avaient tiré simultanément trois obus sur le navire. Le *HMS Indefatigable* disparut dans un vaste nuage de fumée noire, deux fois la hauteur de son mât. Il était sorti de l'alignement lorsque deux autres obus avaient explosé sur son pont. Quelque chose de terrible était en train de se produire, je regardais les flammes brûlantes engloutir ses munitions. Trente secondes après le deuxième obus, le vaisseau entier explosa, projetant d'énormes fragments de métal dans les airs.

Le navire se retourna et coula un moment plus tard.

Plusieurs autres navires britanniques avaient été touchés, dont celui de l'amiral Beatty, le croiseur de combat *HMS Lion*. Un obus avait explosé sur la tourelle centrale et avait soufflé la moitié du toit, tuant tout l'équipage en charge du canon. Les canons rugissaient et les obus sifflaient autour d'eux, c'était suffisant pour distraire quiconque de ce qui se passait aux alentours. Nous avions à peine remarqué la perte du *HMS Indefatigable*. Nous avions assez de problèmes comme ça. Six autres obus des Allemands touchèrent notre navire à quatre minutes d'intervalle, et les incendies faisaient rage sur le pont et en dessous. Trente minutes plus tard, une autre explosion provoquée par les feux à combustion lente s'est élevée jusqu'à la tête de mât. Mais nous avions survécu et nous continuions à nous battre.

D'autres navires britanniques participant aux combats faisaient face à des problèmes similaires. En moins d'une heure, le croiseur cuirassé Queen Mary explosa, se brisant en deux et coulant en moins de deux minutes. Les réserves de munitions avaient explosé. Les énormes tourelles de canon avaient été soufflées à 30 mètres dans les airs. Seuls huit hommes de tout l'équipage avaient survécu.

Je voyais le Queen Mary couler, et je sentais au plus

profond de mes entrailles que je devais m'échapper. Je plongeais dans l'eau glacée et huileuse et nageais aussi vite que possible pour m'éloigner du navire. Une minute plus tard, il y eu une énorme explosion, et des morceaux de métal se mirent à tomber autour de moi. Je plongeais profondément sous les vagues pour éviter d'être touché par les retombées. Je refis surface en haletant. Je fus à nouveau aspiré sous l'eau par le navire qui coulait.

Sous l'eau, je me sentais impuissant et résigné à mon propre sort. Mais quelque chose me poussa à remonter vers la surface. Au moment où je pensais que j'allais perdre conscience, j'ai surgi des vagues. Je vis un morceau de débris flottant et j'enroulais mon poignet autour de la corde qui en dépassait avant de perdre conscience. J'ai fini par être secouru, mais pas avant qu'un autre navire qui m'avait laissé pour mort n'ait recueilli d'autres survivants.

Par la suite, l'amiral Beatty a commenté la destruction du Queen Mary. À la manière prétentieuse de la classe supérieure britannique en guerre, il a déclaré : « Il semble y avoir un problème avec nos fichus navires aujourd'hui. »

Il y avait un problème avec les navires britanniques. Ils étaient mal conçus. Les navires de guerre allemands avaient des cloisons solides que l'on ne pouvait traverser qu'en se rendant au pont supérieur, puis en descendant dans la section suivante. Les navires britanniques avaient des cloisons avec des portes qui permettaient le passage entre les sections. C'était beaucoup plus pratique, mais une sérieuse faiblesse quand une explosion massive déchirait le vaisseau. Les Britanniques avaient également une attitude beaucoup plus négligente à l'égard de leurs munitions. Les Allemands entreposaient leurs munitions et leurs obus dans des conteneurs à l'épreuve des explosions jusqu'à ce qu'ils soient prêts à être tirés tandis que les artilleurs britanniques empilaient les obus à côté des canons. Il était donc beaucoup plus facile de les amorcer et de les faire exploser accidentellement si le navire était touché.

Peu après le naufrage du Queen Mary, la flotte allemande de haute mer fut repérée à l'horizon, se dirigeant vers nous pour rejoindre l'escadron de cuirassés. Le reste de la Grande Flotte britannique était encore à une bonne douzaine de miles. C'était le moment de tester les limites du sang-froid de l'amiral Beatty. Il avait en face de lui toute la puissance de la marine allemande et avait déjà perdu deux croiseurs cuirassés. L'amiral Beatty donna le signal de virer à 180 degrés.

Le plan allemand était d'attirer les Britanniques dans les mâchoires de leur machine de guerre. Les navires allemands nous suivirent. L'amiral Beatty les avait attirés vers la puissance de feu de la Grande Flotte britannique. Peu après 17h, les Allemands s'étaient suffisamment rapprochés des navires en retraite de Beatty pour commencer à attaquer les traînards. Mais une heure plus tard, la Grande Flotte britannique de vingt-quatre cuirassés se montra à l'horizon.

Peu importe la capacité des navires allemands, ils étaient maintenant largement inférieurs en nombre. Les Allemands, alors en grande difficulté donnèrent l'ordre de la retraite vers le nord. Les Allemands essayaient-ils de nous faire tomber dans un piège, en espérant attirer les

Britanniques à travers un champ de mines ou dans un couloir avec des sous-marins les attendant plus loin ? Il y avait trop d'éléments en jeu. Les Britanniques décidèrent de ne pas les suivre. Au lieu de cela, ils ordonnèrent à leurs navires de se diriger vers le sud dans l'espoir de reprendre contact avec la flotte allemande plus tard.

Un autre navire britannique, le *HMS Invincible*, devint la troisième victime majeure de la journée. Une de ses tourelles touchées par un obus, se désintégra dans une énorme explosion qui brisa le navire en deux. Seuls six hommes allaient survivre sur un équipage de plus de mille personnes. Pendant un moment, la proue et la poupe de cet énorme croiseur de combat furent comme figées sur l'eau, tels des clochers d'un village englouti. Puis, la poupe sombra dans les remous. La proue resta dressée jusqu'au lendemain, puis s'enfonça également dans les flots glacés. L'équipage piégé à l'intérieur a dû passer une nuit angoissante, se demandant ce qui pouvait bien leur arriver dans ce monde inversé. Ils s'attendaient sûrement à être engloutis par la mer lorsque le navire s'est retrouvé à la verticale. Leur mort inévitable avait été prolongée de plusieurs heures misérables.

Au fil de la soirée, l'intuition des Britanniques selon laquelle les navires allemands se dirigeraient vers le sud s'est avérée exacte. Juste après 19h, les deux flottes s'affrontent à nouveau. Les Allemands effectuent plusieurs mouvements pour tenter de prendre l'avantage sur la flotte britannique. Les deux camps suivirent une tactique connue sous le nom de « faire le T ». Cette idée consistait à aligner la flotte de navires de guerre à angle droit par rapport à l'adversaire, alors qu'il s'approche en ligne droite. Donc, votre flotte représente le haut du T et la flotte ennemie la barre descendante. De cette façon, le capitaine pouvait tirer avec tous les canons à bord des navires, tant à la proue qu'à la poupe, tandis que l'ennemi ne pouvait utiliser que ses canons avant.

Mais les Allemands échouent et leurs navires se retrouvent désastreusement éparpillés en biais par rapport à la flotte britannique qui approche. Pire, le soleil est maintenant derrière les Britanniques et il n'est possible de les voir qu'à la lueur de leurs canons. À ce stade de la bataille, ce sont les obus britanniques qui tombent avec plus de précision et les navires allemands qui mordent la poussière.

C'est à ce moment précis que les Allemands prirent la décision la plus infernale de la journée. Pour éviter que toute leur flotte ne soit réduite à l'état d'épave par la force britannique beaucoup plus importante, les Allemands prirent quatre de leurs croiseurs de combat et les lancèrent directement vers la flotte britannique. Leur signal indiqua : « Croiseurs de combat sur l'ennemi ». Pas de quartier. Il y avait une logique cruelle dans cette décision. Les Allemands utilisaient de cette façon leurs navires de guerre plus anciens et moins puissants. Cette action était connue sous le nom de « course au suicide ». Les Allemands voulaient que la flotte britannique concentre son feu sur cet escadron d'attaque tout en permettant au reste de la flotte de haute mer de faire demi-tour et de s'échapper.

Ces quatre navires allemands avaient été au cœur de l'action depuis le début de la bataille. Ils avaient tous subi de sérieux dommages. Alors qu'ils se dirigeaient vers la lumière déclinante, le capitaine de chaque navire était convaincu qu'il ne vivrait pas jusqu'au petit matin. Mais dans une guerre, rien n'est prévisible. Devant eux, la Grande Flotte britannique s'étendait en un demi-cercle aussi loin qu'ils pouvaient voir. Chacun de ces navires britanniques tirait sur les cuirassés allemands qui approchaient. Le premier croiseur de combat reçu des impacts directs sur ses tourelles arrière, explosant avec des conséquences horribles pour ceux qui se trouvaient à l'intérieur. Grâce à une bonne conception, le reste du navire survécu. Les autres cuirassés allemands subirent des coups similaires. Bien qu'ils aient reçu de nombreux impacts d'obus britanniques, les navires ne furent pas mis en pièces.

Le commandant allemand était courageux, mais il n'avait pas l'intention de se suicider. Une fois qu'il a été sûr que le reste de la flotte allemande s'était échappé, il a détourné ses navires pour rejoindre l'arrière de l'escadron en fuite. Les Britanniques sont devenus méfiants. Plutôt que de suivre directement les navires allemands, ils ont décidé de se diriger vers le sud et ont fait la course pour les contourner en empruntant une route plus indirecte. C'est au moment où le soleil se couche à l'horizon que l'escadron allemand est rattrapé par les Britanniques. Cette fois, ils n'ont pas été aussi chanceux. L'un des croiseurs de combat allemand a subi plus de dommages et a coulé plus tard dans la nuit, alors que les trois autres croiseurs de combat ont été sévèrement endommagés.

Dans l'obscurité, les adversaires échangent des tirs, mais l'action principale est terminée. Un autre cuirassé allemand est coulé. Des torpilles lancées par des destroyers britanniques l'ont touché lors de sa retraite, et les 866 hommes à bord ont été tués.

À l'aube du matin le 1er juin, vers 3h, les Britanniques espèrent reprendre le contact avec la flotte allemande aux premières lueurs du jour, mais les vigies ont les yeux rivés sur une mer désertée. Les navires allemands étaient en déjà vue de leur port d'attache. Cette bataille était terminée.

Les deux plus grandes marines du monde ont pris part à une grande bataille navale de la Première Guerre mondiale. Elle devait également être la dernière grande bataille navale de l'histoire contemporaine. Les cuirassés ne se rencontreront plus jamais en si grand nombre. Au fil du siècle, des armes navales encore plus mortelles que celles que portaient les cuirassés - sous-marins, bombardiers en piqué, etc. seront élaborées. Les progrès technologiques ont rendu les cuirassés trop vulnérables pour être des armes utiles.

Le pari allemand a échoué. Les événements de la journée montrent qu'ils avaient tout à fait le droit d'être confiants. Les navires allemands étaient meilleurs que ceux de la Grande-Bretagne et ils l'avaient prouvé en coulant une plus grande partie de la flotte ennemie. Les Britanniques avaient perdu 14 navires et plus de 6 000 hommes. Les Allemands avaient perdu 11 navires et plus de 1 500 hommes. Le lendemain de la bataille, la victoire allemande semblait acquise.

Mais pour finir, la puissance de la Royal Navy l'a emporté une fois de plus. Nous contrôlions toujours la mer. Comme les autres grandes batailles de 1916 à Verdun et dans la Somme, ce gigantesque choc de forces opposées a eu lieu, et rien n'a changé. Les Britanniques n'avaient pas perdu la guerre en un après-midi, après tout. Nous ne l'avions pas gagné non plus, mais nous avions veillé à ce que l'Allemagne ne la gagnerait pas.

Après la bataille, les tactiques employées par les Britanniques ont été discutées et disséquées dans les moindres détails. La communication entre les navires britanniques avait été très mauvaise et l'amiral Beatty avait été critiqué pour ne pas avoir attaqué la flotte allemande avec plus d'enthousiasme. Rétrospectivement, les Britanniques s'en étaient quand même sortis en bien meilleure position que les Allemands. Il ne nous a fallu qu'une journée pour nous remettre de la bataille, avant de pouvoir annoncer que notre flotte était à nouveau prête à faire face à toute menace.

La flotte allemande de haute mer n'a plus navigué.

L'issue de la bataille de Jutland fut lourde de conséquences. La flotte de haute mer s'étant révélée incapable de saper le contrôle britannique sur les mers, le haut commandement allemand décide d'adopter à la place une politique de guerre sans restriction par les sous-marins. Leurs sous-marins sont autorisés à attaquer tout navire, y compris les navires neutres, qui pénètre dans les eaux britanniques.

Ce changement de tactique entraînera le naufrage de navires américains, ce qui fut l'une des principales raisons de l'entrée en guerre des États-Unis contre l'Allemagne - une décision qui a scellé son destin.

La flotte allemande de haute mer restera au port pour le reste de la guerre. L'ennui et les mauvaises rations conduisent à des mutineries à la fin de la guerre, et finalement à une insurrection révolutionnaire. Après l'armistice de novembre 1918, la flotte reçoit l'ordre de prendre la mer pendant que les termes de la paix sont discutés à Paris.

Juste avant la signature du traité de paix à l'été 1919,

la flotte de haute mer reçoit l'ordre de se diviser et de remettre ses navires aux nations victorieuses. Mais c'était trop dur à supporter pour les équipages squelettiques des marins allemands restés à bord des navires. Ils sabordèrent et coulèrent délibérément leur flotte. La plupart de ces vastes et magnifiques navires de guerre ont finalement été repêchés du fond de la mer et remorqués pour être mis à la ferraille.

Mais certains subsistent à ce jour sur le plancher marin et sont une source de fascination pour les plongeurs.

L'HÉCATOMBE DANS LA SOMME

Mon aventure commence dans les premiers jours qui suivent le début de la guerre. La plupart des soldats qui ont pris part à cette grande bataille étaient pour la plupart des volontaires qui se sont engagés dès le début. Nous étions surnommés l'armée de Kitchener, d'après le secrétaire d'État britannique, Lord Kitchener, qui était sur des affiches de recrutement enrôlant des volontaires dans toute la Grande-Bretagne.

Des millions d'hommes ont afflué pour le rejoindre. Nous avons été séduits par la promesse de pouvoir servir aux côtés de nos amis dans ce que l'on appelait les bataillons « *Pal* » (copains). C'était une excellente idée en théorie. Les soldats au sein du régiment étaient composés d'hommes originaires du même village, de la même ville ou du même lieu de travail. Nous avions été entraînés et avions travaillé ensemble, et quand le moment serait venu, nous allions aussi combattre ensemble.

Je venais de la ville industrielle brumeuse de Lancashire. Nous avons fourni un bataillon de copains pour le

Régiment East Lincolnshire. Lorsque la guerre a éclaté, la ville connut des temps difficiles. Il y eu une grève à l'usine locale de machines textiles dans l'usine de coton qui avait licencié plus de 500 hommes. La plupart des hommes s'empressèrent de s'engager pour le bénéfice de la solde des soldats ainsi que pour tout autre motif patriotique. Après tout, le salaire était le double de ce que nous recevions à l'usine. Si nous n'étions pas tentés par l'aspect financier, nous faisions face à des pressions plus subtiles. Je me souviens d'une affiche de recrutement qui disait :

> « Te battras-tu pour ton roi et ton pays, ou te cachera-tu dans la sécurité que tes pères et tes frères ont lutté pour maintenir ? »

Une autre affiche de recrutement portait un message beaucoup plus personnel ; il s'agissait d'un jeune homme qui se faisait humilier par le père de sa petite amie. Il disait :

> « Si tu es assez vieux pour sortir avec ma fille, tu es assez vieux pour te battre pour elle et ton pays. »

Quelles que soient les autres raisons qui nous ont poussés à nous engager, beaucoup d'autres hommes l'ont fait aussi juste pour jouer la corde du patriotisme - c'était un sentiment de devoir et d'amour pour la patrie. Le Lancashire était très pauvre, et un bon nombre de ceux qui affluaient pour s'enrôler étaient chétifs et mal nourris. De nombreux hommes échouèrent à l'examen médical et furent rejetés comme recrues, à leur grande humiliation et déception. Après des protestations dans la région, l'armée britannique décida d'abandonner les normes. Au lieu d'exiger des recrues qu'elles aient au moins 18 ans, qu'elles mesurent plus d'un mètre soixante-cinq avec un tour de poitrine de 88 centimètres, les règles ont été assouplies pour qu'elles ne mesurent plus qu'un mètre soixante et qu'elles aient un tour de poitrine de 85 centimètres. L'âge n'a jamais été un problème ; il était toujours assez facile pour un jeune de 16 ans de se faire passer pour un soldat, et cela était rarement vérifié.

Lorsque l'heure du départ a sonné, nous nous sommes alignés sur la place du marché et avons défilé jusqu'à la gare en granit, sous les yeux de toute la ville. Nous nous tenions sur les quais bondés et attendions le train à vapeur qui allait nous arracher à notre monde familier. Je me souviens et je vois des photos de moi et d'autres hommes souriant pour l'appareil photo. En réalité, nous n'avions aucune idée dans quoi nous nous embarquions.

Alors que l'année 1915 s'achève, les commandements militaires britannique et français sont convaincus que la fin de la guerre passe par une seule grande poussée. Cela serait une attaque massive, sur un large front, qui suffirait à percer les lignes allemandes et à former une brèche dans laquelle la cavalerie pourrait s'engouffrer. Cette tactique rétablirait une guerre de mouvement au lieu de l'impasse des tranchées.

L'endroit choisi pour cette grande poussée était la Somme, une région calcaire du nord de la France près de la frontière belge, nommée d'après le fleuve qui la traverse. La Somme n'avait en elle-même aucune valeur stratégique. Elle avait été choisie simplement parce que c'était la zone du front occidental où se rencontraient les lignes britanniques et françaises. C'était l'endroit le plus pratique pour une attaque combinée

Au début de l'année 1916, les Allemands ont leurs propres plans : ils ont l'intention d'épuiser l'armée française par des attaques constantes. Les Allemands lancent un siège sur la forteresse française de Verdun. Elle débute en février 1916 et ne réussit que trop bien, mais à un coût terrible pour leur armée.

L'armée française ne s'est jamais remise des combats de Verdun. Elle ne fut certainement pas en mesure de nous offrir plus qu'un soutien symbolique lorsque leur propre grande poussée a commencé en été.

Notre commandant, le maréchal britannique Haig, commandait les troupes britanniques dans cette section du front, et il devait décider du plan final de la bataille de la Somme. Le maréchal Haig avait la responsabilité du commandement général des armées, soit 58 divisions. La plupart de ces hommes étaient des recrues de l'armée de Kitchener qui s'étaient engagés en 1914. Nous étions entraînés et prêts à nous battre et nous avions envie de montrer ce dont nous étions capables.

Dès le début, il y avait quelque chose de peu imaginatif dans la tactique du maréchal Haig. Le maréchal Haig était convaincu que Dieu l'avait aidé dans ses plans de bataille. La date de notre première attaque fut le 1er juillet à 7h30 du matin, après une période de cinq jours de bombardements par plus de mille pièces d'artillerie. C'était bien trop évident pour l'ennemi. Le bombardement de cinq jours indiquait une attaque dans ce secteur aussi clairement que si vous l'aviez écrit à la plume. Ceux qui, comme moi, se sont précipités pour s'engager dans un premier élan d'enthousiasme pour la guerre, étaient sur le point de découvrir la véritable nature de la guerre du 20ème siècle.

Le soir avant l'attaque, nous avons été emmenés dans les tranchées de la ligne de front. On nous fit passer devant des fosses communes ouvertes, fraîchement creusées en prévision des lourdes pertes à venir.

J'étais plus proche de l'ennemi que je ne l'avais jamais été, et j'ai essayé de m'installer dans ma position inconfortable et de me préparer pour le lendemain matin. Il était impossible de dormir pendant le bombardement d'artillerie.

La veille de l'offensive, les commandants nous ont informés de la tâche à accomplir. On nous a dit que les tranchées que nous allions attaquer seraient sans défense (les ordonnances s'en seraient assurés) et qu'ils auraient aussi coupé les barbelés devant les tranchées allemandes. Les généraux étaient tellement convaincus que nous n'aurions aucun problème à prendre la ligne de front allemande, que les troupes furent envoyées au combat avec plus de 30 kilos d'équipement supplémentaire. C'était comme porter deux lourdes valises au combat. Ils s'attendaient à ce que nous occupions les lignes de front allemandes et que nous repoussions les contre-attaques.

La Somme n'était pas un bon endroit pour lancer une attaque. La principale raison de son emplacement (le point de jonction des lignes de front britannique et française) avait été réduite à une considération mineure après Verdun. Seulement cinq divisions françaises allaient prendre part à cette bataille, alors que nous avions quatorze divisions britanniques. Tout au long du front, les Allemands occupaient les terrains les plus élevés. Nous avons dû avancer en montant.

Le sol crayeux avait permis aux Allemands de creuser beaucoup plus facilement. Ils se trouvaient à 12 mètres sous terre et avaient construit des positions lourdement fortifiées qui avaient pratiquement été à l'abri des cinq jours de bombardement. Les cinq jours de bombardements n'avaient pas non plus été aussi impressionnants qu'il n'y parut. Les 1,5 million d'obus tirés avaient été produits à la hâte et le contrôle de qualité avait été inexistant. La plupart des obus étaient des ratés et n'avaient pas explosé.

Ceux qui avaient explosé avaient remué le sol devant les tranchées allemandes et avaient rendu plus difficile le passage de notre attaque. Lorsque le bombardement d'artillerie prend fin à 7h30 du matin, plusieurs énormes explosions secouent les tranchées allemandes. Ces explosifs avaient été placés par des mines déposées à intervalles sous les positions allemandes le long des 30 kilomètres du front désigné pour l'attaque.

Après cette formidable explosion projetant de la terre à des dizaines de mètres de hauteur, un étrange silence s'est installé sur le champ de bataille. Faisant suite au rugissement constant des cinq derniers jours, cela semblait anormal. J'imagine que les soldats allemands ont su immédiatement que quelque chose allait se passer. Ils sortirent rapidement de leurs bunkers et installèrent leurs mitrailleuses.

Tout le long du front de bataille, des sifflets ont retenti. C'était le signal de l'attaque. Nous grimpâmes sur des échelles en bois placées le long du bord extérieur des tranchées de la ligne de front. Nous nous sommes disposés en lignes nettes tel que nous l'avions appris lors de notre entraînement et nous avons marché dans le no man's land par vagues successives.

Certains d'entre nous avaient des disques en fer-blanc dans le dos, ils étaient censés réfléchir la lumière. L'idée était de montrer à l'artillerie où nous étions pour que nous ne soyons pas touchés par nos propres obus. C'était un matin d'été lumineux, déjà si chaud que les hommes sentaient la chaleur du soleil sur leur nuque. C'est le plan d'action du maréchal Haig qui prévoyait que les soldats devaient avancer en ligne droite selon un ordre précis. Ils avaient décidé de ne pas envoyer de détachement éclaireur pour vérifier que les barbelés avaient été détruit. L'idée était que nous étions si inexpérimentés que nous aurions été incapables de suivre autre chose que le plan le plus simple. Il ne devait pas y avoir de flexibilité ni d'initiative, juste un élan. Nous étions une vaste marée d'hommes destinés à balayer les Allemands de leurs positions.

J'étais dans la première vague de l'avancée.

Alors que nous approchions des lignes allemandes je vis avec horreur que les barbelés n'avaient pas du tout été détruits. Nos obus d'artillerie les avaient simplement fait sauter en l'air, puis ils étaient retombés à l'endroit d'où ils se trouvaient précédemment. Il y avait des ouvertures dans le barbelé mais nous allions rapidement comprendre qu'ils avaient été délibérément coupés par les Allemands pour nous faire tomber dans des zones de combat où ils concentreraient leurs tirs de mitrailleuses.

Selon le commandement militaire britannique, tout Allemand qui survivait au bombardement était censé être désorienté et submergé par l'ampleur de la force qui s'opposait à lui. Mais au lieu de cela, ils ont juste commencé à nous massacrer. Nous faisions face aux mitrailleuses (des armes efficaces qui tiraient 600 balles par minute) qui nous fauchaient comme si nous étions des épis de maïs dans un champ. Un capitaine du huitième bataillon donna le signal de l'attaque en montant sur le rebord de sa tranchée. Il botta un ballon de football en direction des lignes ennemies. Je suis sûr qu'il essayait d'apaiser les craintes de ses hommes par une démonstration de bravade, mais il fut tué instantanément d'une balle dans la tête, sapant l'effet qu'il essayait de créer.

Je continuais à avancer dans un délire brumeux. Tout autour de moi, je voyais des hommes tomber au sol, certains mollement, d'autres en roulant et hurlant. Je continuais et je restais indemne alors que mes amis et camarades étaient abattus. Trois autres vagues arrivèrent derrière moi et subirent le même sort. Je regardai le long de la ligne et réalisai que nous n'étions plus que quelques-uns.

Conformément au plan, notre attaque se poursuivit toute la matinée, avec quatre vagues d'hommes affrontant le même sort sinistre. Notre armée britannique était probablement la force de combat la plus rigide et la plus inflexible de la guerre. Dans le feu de l'action, les officiers subalternes devaient suivre leurs ordres à la lettre. À n'importe quel prix. Même s'ils se trouvaient dans des circonstances impossibles.

Les communications entre les officiers du front et les généraux de l'arrière étaient mauvaises. Ils dépendaient des lignes téléphoniques, qui étaient brisées par les tirs d'obus, et des messagers devant transmettre les messages du front à l'arrière, qui étaient souvent tués. Les officiers avaient reçu des instructions d'ordonner aux soldats d'avancer à tout prix et ils suivent les ordres, malgré l'évidente absurdité. Le maréchal Haig aurait aussi bien pu nous ordonner de sauter d'une falaise.

En début d'après-midi, la nouvelle de notre massacre est remontée jusqu'au quartier général de l'armée et les autres attaques de la journée ont été annulées. Le nombre de victimes fut le plus élevé jamais enregistré en un seul jour dans l'histoire de l'armée britannique, et les pires chiffres pour une journée, dans n'importe quelle armée, pendant toute la guerre.

Je me suis arrêté un instant dans la confusion de la débâcle lors de mon retour aux postes d'évacuation des blessés à l'arrière, pour juger du carnage et pour trouver un visage familier revenu du no man's land. Nous avions notre rituel d'appel, qui établissait qui était revenu de l'attaque et qui ne l'était pas. Tant de mes amis avaient disparu qui avaient dû être tués ou blessés. Toutes ces balles, toutes ces balles et pas une seule marquée de mon nom. J'avais l'impression d'être l'homme le plus chanceux du monde.

Des cent vingt mille hommes qui ont pris part aux premiers combats du matin, la moitié d'entre eux avait été touchés. Il y eu plus de 20 000 hommes tués, et 40 000 autres gravement blessés. Cette nuit-là, une file d'hommes qui avaient été blessés dans le no man's land et qui avaient passé la journée à se cacher dans les cratères sous le soleil brûlant retournèrent dans leurs tranchées sous couvert de l'obscurité.

J'ai découvert plus tard que la presse britannique avait rapporté l'attaque en disant que la bataille était une grande victoire et avait décrit le désastre comme un jour de gloire pour l'Angleterre. On pouvait lire dans le journal :

Une poussée lente, continue et méthodique, a épargné les vies.

Je suis sûr que ces rapports visaient à rassurer les familles anxieuses au pays, mais moi et les autres soldats qui avions participé à cette attaque, nous étions en colère. Certains bataillons s'en sortaient avec juste quelques pertes, mais d'autres avaient terriblement souffert.

Un autre bataillon avait commencé la journée avec 24 officiers et 650 hommes. À l'appel du soir, il ne restait plus qu'un seul officier et 50 hommes. Le bataillon du Lancashire, qui était parmi les premiers à attaquer la ligne allemande ce matin-là, avait perdu 584 hommes sur 720, tués, blessés ou disparus dans la première demi-heure de la bataille. Malgré l'absence totale de nouvelles fiables en provenance du front, nos familles du Lancashire commençaient à soupçonner que quelque chose de terrible nous était arrivé. Le flux régulier de lettres en provenance de France s'était arrêté.

Une semaine après le début de la bataille, un train rempli de soldats blessés de la Somme s'était brièvement arrêté à la gare de Lancashire en route vers un hôpital militaire plus au nord. Un passager du train avait interpellé un groupe de femmes sur le quai les informant que ses copains de Lancashire avaient été massacrés.

L'affreuse nouvelle s'est rapidement répandue et créa une atmosphère insoutenable, comme l'air lourd et suffocant avant l'orage qui plane sur la ville. Des lettres d'hommes blessés assurant leurs familles qu'ils avaient survécu à l'horreur commencèrent à affluer. Les lettres arrivaient en si grand nombre qu'il était évident que quelque chose de très grave s'était produit. Ceux qui avaient reçu des nouvelles se retrouvaient dans un terrible calvaire : devaient-ils espérer le meilleur ou craindre le pire ?

Il y a quelque chose d'encore pire avec la Somme et ses 60 000 victimes en une seule matinée. Malgré les pertes, le maréchal Haig restait convaincu que son échec était dû au fait qu'il n'avait pas envoyé assez d'hommes. Il pensait que la grande poussée n'avait pas été assez importante. Ainsi, pendant les cinq mois suivants, les volontaires de l'armée de Kitchener allaient alimenter l'hideuse machine à broyer pour être massacrés par milliers, pris dans les barbelés et criblés de balles de mitrailleuses.

Il y a eu malgré tout quelques réussites en dépit du carnage. L'attaque de nuit du 4 juillet prend les Allemands par surprise et les tranchées allemandes de la ligne de front sont envahies sur 8 kilomètres. Le lendemain matin, cette percée est suivie d'une charge de cavalerie - la tactique standard utilisée dans les guerres du XIXème siècle - lorsque la ligne de front de l'ennemi est percée. Les cavaliers n'avaient pas l'air aussi fringants qu'auparavant. Les vestes rouges avaient été remplacées par du kaki fadasse. Le clairon sonnait pourtant toujours et les lances scintillaient sous le chaud soleil d'été. Comme toutes les charges de cavalerie, c'était un spectacle magnifique, jusqu'à ce qu'il se termine dans une grêle de balles de mitrailleuses, de chevaux qui se débattent et de corps qui tremblent.

Même les troupes australiennes étaient arrivées le front occidental et combattaient avec un grand courage.

Trois semaines après le début de la bataille, un village local fut repris, mais à un prix terrible pour cette maigre victoire. Tant d'hommes avaient été tués qu'un soldat australien m'a décrit l'opération comme :

La plus sanglante, la plus lourde et la plus pourrie des histoires dans lesquelles les Australiens avaient jamais été impliqués.

Le 15 septembre 1916, les chars d'assaut sont utilisés pour la première fois dans l'histoire. Nous avions fondé de grands espoirs sur ces nouvelles armes, des « mitrailleuses destructrices » comme on les appelait à l'époque. En effet, le plus terrifiant pour un mitrailleur allemand dans sa tranchée, était de se trouver nez à nez à un énorme char, ses chenilles métalliques cliquetant et grinçant avançant lentement pour écraser la défense de barbelés, et les balles rebondissant sur son lourd flanc d'acier. Le char d'assaut s'est finalement révélé être l'une des armes les plus efficaces du siècle, malheureusement pas lors de la bataille de la Somme. La plupart tombaient en panne avant même d'avoir pu atteindre la ligne de front.

Après cent quarante jours, lorsque la bataille s'arrête finalement en novembre 1916, plus d'un million d'hommes ont été tués ou blessés. Au total, il y eu plus de 400 000 pertes britanniques, 200 000 pertes françaises et un demi-million de pertes allemandes. Les adversaires, pour la plupart des soldats de la deuxième armée allemande, avaient subi d'énormes pertes à cause de leurs propres généraux, qui avaient donné l'ordre que tout terrain gagné par les Britanniques ou les Français devait être repris à tout prix. Le haut commandement allemand avait également interdit l'évacuation volontaire des tranchées. Les soldats avaient l'ordre de maintenir fermement leurs positions dans les tranchées, et lorsqu'ils pouvaient en sortir, ils devaient se frayer un chemin en piétinant les cadavres qui les jonchaient.

Après que nos troupes avaient été fauchées par milliers lors de l'attaque des tranchées allemandes de première ligne, les soldats britanniques prenaient finalement une sinistre revanche alors que nos ennemis s'exposaient à un carnage similaire pour regagner le terrain perdu. Je me souviens avoir pensé : « Vous nous en avez fait voir, maintenant c'est vous qui allez prendre ». Les mitrailleurs fauchaient impitoyablement et sans relâche les soldats allemands qui se précipitaient aveuglément vers nos balles. Tout avantage militaire positif de cette destruction était imperceptible.

Dans certaines zones le long de la ligne de front de 30 kilomètres avait été redessinée de quelques kilomètres ici et là mais, comme tant d'autres batailles de la première guerre mondiale, la mort à une telle échelle industrielle n'avait servi à rien. Les soldats de l'armée britannique ne montreront plus jamais un tel enthousiasme pour la bataille. À partir de ce moment-là, les simples soldats évoqueront la campagne sur la Somme avec un dégoût sincère et amer. Aujourd'hui encore, l'horreur et le carnage des premières heures de ce samedi matin me choquent lorsque je pense à la guerre.

Pour ceux qui ont participé et ont survécu, il s'agissait du moment déterminant de leur vie. Je me souviens de la façon dont le premier jour a fusionné avec le second, j'étais sinistrement planté dans une tranchée endommagée et je voyais jour après jour mes camarades soldats vieillir et subissait des grêles de bombardements qui duraient des jours entiers. Pendant des heures, nous avons prié, transpiré et juré en travaillant sur les tas de craie boueuse et les corps mutilés.

À l'aube du lendemain matin, nous étions de retour dans la verdure. Je m'appuie pensivement sur mon fusil et je regarde bêtement les hommes épuisés et sales qui dorment autour de moi.

Il ne me vient pas à l'esprit de m'allonger jusqu'à ce que quelqu'un me pousse dans les fougères. Il y avait des fleurs parmi les fougères, et l'une de mes dernières pensées fut de me demander si les fleurs allaient un jour repousser dans les champs du carnage.

MUTINERIE SUR LE FRONT OCCIDENTAL

Le mot « mutinerie » évoque des images de violence alcoolique et de descente dans l'anarchie. C'est un mot qui ferait tourner le sang des officiers en bloc de glace. Sans ordre et sans obéissance, un homme ne peut pas donner d'ordres à un autre homme pour effectuer des actions qui entraîneront la mort et des blessures d'autres êtres humains. La mutinerie rend une armée inefficace plus rapidement qu'un barrage de mitrailleuses ou même d'artillerie. Elle peut conduire à une défaite totale en quelques jours, c'est pourquoi ils elle est généralement punie avec une grande sévérité.

Dans la Rome antique, les mutins de l'armée qui revenaient au régime militaire étaient soumis à la décimation : un homme sur dix était arraché des rangs et exécuté publiquement. Qui aurait pu deviner que cette réaction antique et barbare serait à nouveau employée au XXème siècle pour rétablir l'ordre dans l'armée française.

Les mutineries françaises de 1917 trouvent leur origine dans la décision de l'armée allemande de mener la guerre en prenant des vies françaises plutôt que des territoires français. En février 1916, les Allemands avaient choisi la forteresse française de Verdun pour mettre leurs plans en action. Pendant 10 mois d'horreur, les Français et les Allemands s'affrontèrent pour le contrôle de la forteresse. La plupart des combats s'étaient déroulés dans des forts de béton humides, éclaboussés de sang, et respirant la terreur des hommes devant affronter le combat au corps à corps.

Lorsque la bataille se termine en décembre de la même année, plus de 350 000 soldats français et 330 000 soldats allemands auront été tués ou blessés.

Il n'y avait rien de satisfaisant dans ce massacre.

Aucun territoire n'avait été gagné ni perdu. Chaque camp avait perdu un nombre presque égal de troupes. Le commandement et les tactiques des Allemands avaient été quelque peu modifiés, mais leur stratégie qui consistait à saigner à blanc l'armée française avait eu plus d'effet qu'ils ne l'avaient réalisé.

Le peuple français est immensément fier du succès de son armée dans la défense de Verdun, et le cri de guerre des soldats « On ne passe pas » devient le slogan de l'estime nationale. Les généraux français deviennent des héros nationaux. Mais, après la bataille de Verdun, de nombreux soldats français ont l'impression qu'ils n'ont plus rien à donner.

Une autre grande offensive française est prévue au début du printemps 1917. Le haut commandement français promet à ses troupes une victoire rapide au Chemin des

Dames sur l'Aisne. On proclame aux soldats français que ce sera la bataille qui leur permettra de gagner la guerre. Le moral est au beau fixe, surtout que les soldats français ont appris que leurs généraux allaient essayer une nouvelle tactique pour épargner leurs vies. Ils marcheraient vers les tranchées allemandes sous la protection du barrage rampant, une grêle d'obus tombant devant eux, avançant comme un mur de feu protecteur.

Des chars seraient également utilisés, un nouveau type d'arme prometteur pour écraser la défense des barbelés et détruire les nids mortels des mitrailleuses, qui sans cela, balayerait des dizaines d'hommes d'une seule rafale.

Un million d'hommes participèrent à l'attaque du 16 avril. Elle échoua. Ce fut un autre massacre insensé. Les chars tombèrent en panne et les bombardements de l'artillerie ne réussirent pas à détruire les points forts de l'ennemi. Le temps n'avait pas aidé non plus. Les soldats français avaient dû avancer sous une pluie battante. Après 10 jours, plus de 30 000 hommes avaient été tués, et plus de 20 000 avaient disparus, presque certainement morts. 90 000 autres survivants avaient été blessés. Mais pourtant, les attaques continuèrent.

Tous les soldats ne croyaient pas aux promesses des généraux français d'une victoire facile lors d'une percée décisive. De nombreuses compagnies de soldats, y compris la mienne, marchaient au front en bêlant comme des moutons, criant à qui voulait l'entendre que nous étions des viandes de boucherie sur pied destinées à l'abattoir. C'était un signal d'alarme qui fut ignoré. Le Chemin des Dames devint le lieu où le moral de l'armée française s'effondra définitivement.

La première mutinerie eu lieu avec le deuxième

bataillon du 18ème régiment d'infanterie. Sur 600 hommes, seulement 200 avaient survécu à l'offensive. Après un bref répit derrière les lignes de front françaises, ils reçurent à nouveau l'ordre de retourner dans les tranchées. C'était le 29 avril 1917, en début de soirée. De nombreux hommes étaient ivres du vin rouge bon marché qui était toujours fourni gratuitement aux troupes françaises. Presque tous les hommes refusèrent d'y retourner et se rassemblèrent en groupes protestant contre la guerre, mais tôt le lendemain matin, une fois dessoûlés, les soldats repartirent vers la ligne de front.

Alors que nous marchions, les officiers du bataillon décidèrent que cette insurrection devait être immédiatement punie. Au hasard, une douzaine d'hommes furent extirpés des rangs et accusés de mutinerie. Ils abattirent cinq d'entre eux. Un autre s'échappa miraculeusement. Alors qu'il était conduit au peloton d'exécution par un groupe de gardes, un bombardement d'artillerie allemand se mit à tomber autour d'eux. Il s'élança dans les bois voisins et ne fut jamais retrouvé.

Quelques jours plus tard, une autre mutinerie éclata. Cette fois, beaucoup plus importante car elle concernait l'intégralité de la deuxième division. Des milliers d'hommes, presque tous ivres, refusèrent de porter les armes et de se diriger vers les tranchées. Quand l'effet de la boisson se fut dissipé, la plupart des hommes cédèrent et repartirent au front. Ceux qui refusèrent toujours de partir furent rapidement arrêtés et les punitions n'épargnèrent personne d'autre dans la division.

Ce n'était que le début. Au début du mois de mai, cette rébellion alcoolique s'était répandue dans l'armée, c'était un autre genre de mutinerie. C'était une étrange sorte de mutinerie. Il n'y eu aucun rapport d'attaques ou de meurtres d'officiers ni de revendications politiques. Lorsque les officiers négocièrent avec l'homme qui avait été élu par ses camarades pour les représenter, il leur déclara que les soldats continueraient à défendre leurs tranchées des attaques des Allemands, mais qu'ils refusaient toute avancée vers l'ennemi.

Alors qu'une mutinerie à grande échelle balayait les rangs de l'armée française, des évènements extraordinaires se produisaient en Russie. Une mutinerie de même ampleur avait conduit au renversement du gouvernement tsariste, alarmant profondément les autres alliés. Les autorités françaises avaient de la chance de ne pas avoir d'équivalents de Lénine et de Trotsky parmi leurs troupes. S'il y en avait eu, l'histoire de la France au cours du XXème siècle, aurait pu être très différente. La rébellion française n'avait pas de chefs évidents, elle n'était dirigée par personne. Mais, malgré cela, la situation se dégradait si rapidement qu'en juin, 54 divisions, soit plus de la moitié de l'ensemble de l'armée française sur le front occidental, sont touchées. Plus de 30 000 hommes quittent leurs postes sur la ligne de front et essayent de rentrer chez eux à pied.

Les causes de la mutinerie étaient simples. Le simple soldat français avait perdu la foi en ses généraux. Il n'était plus d'accord pour donner sa vie en suivant des ordres auxquels il ne croyait plus. Il y avait également d'autres causes, et celles-ci étaient suffisamment sérieuses pour que l'on se demande pourquoi la mutinerie n'avait pas pris naissance plus tôt.

Par rapport à leurs homologues britanniques, les soldats français devaient supporter des conditions plus dures en matière de discipline militaire. Leur solde était une misère. La nourriture qui leur était offerte était souvent froide et de mauvaise qualité, ce qui était particulièrement troublant compte tenu de la réputation de gourmets de cette nation. L'armée britannique avait produit un grand effort logistique pour que ses soldats de métier soient approvisionnés en nourriture chaude de qualité raisonnable. Les soldats britanniques traversaient également régulièrement la Manche pour passer du temps avec leurs familles, loin des tranchées.

C'était particulièrement douloureux pour les Français, car beaucoup se battaient à moins d'une journée de voyage de leurs foyers et ils n'avaient pas le droit de quitter leurs bases. Il était rare qu'on leur propose des congés. Tous les camps avaient subi d'horribles pertes, mais de tous les alliés, ce sont les Français qui avaient perdu le plus d'hommes. Plus d'un jeune soldat sur quatre, entre 18 et 30 ans, allait mourir dans cette guerre. Plus d'un million et demi en tout. Avec des millions d'autres blessés et mutilés à vie.

Dans le haut commandement français, la mutinerie provoqua une panique. La France avait déjà tant souffert. Tant d'hommes avaient été sacrifiés pour empêcher l'armée allemande d'envahir ce beau pays. Comme ce serait terrible si les Français perdaient la guerre parce que ses soldats déprimés avaient tout laissé tomber pour rentrer chez eux. Pour ces raisons, le haut commandement français décida de répondre aux plaintes de ses soldats plutôt que de simplement réprimer brutalement la révolte.

Les dirigeants français devaient faire face à trois problèmes majeurs.

D'abord, ils devaient prendre des mesures immédiates pour introduire des réformes afin de rendre la vie de leurs hommes plus supportable. La plupart d'entre eux étaient des conscrits qui s'étaient engagés pour la durée de la guerre et n'étaient pas des soldats de carrière.

Ensuite, pour faire respecter ce plan, l'armée devait punir les responsables. Cette tâche se révélait difficile car les mutineries semblaient être spontanées et n'avaient pas de meneurs réels.

Troisièmement, et ce point était le plus important, il ne fallait pas que les Allemands sachent ce qui se passait dans les rangs Français. S'ils avaient vent des mutineries, ils pourraient percer les lignes françaises et être à Paris en une semaine. Alors la guerre serait perdue à coup sûr.

Plusieurs généraux plus âgés furent remplacés. La qualité de la nourriture distribuée aux troupes de première ligne fut considérablement améliorée. Un système de visites au foyer fut introduit, et les camps de repos derrière les lignes de front furent réaménagés pour être plus habitables. Les hauts gradés Français comprirent le message et donnèrent leurs ordres aux officiers subalternes et aux sous-officiers pour que la vie du troufion ne soit plus mise en danger par des attaques inutiles.

La punition pour mutinerie était cependant toujours aléatoire et injuste. Au début du mois de juin, 700 hommes d'un bataillon disparurent dans la forêt en bord de route alors qu'ils rentraient du front. Plus tôt dans la journée, la rumeur s'était répandue parmi les troupes qu'une grotte se trouvant dans la forêt était assez vaste pour qu'ils puissent tous s'y cacher. Un commandant voulant faire preuve de bravoure, se rendit à l'emplacement de la grotte pour négocier avec les mutins. Il leur dit de retourner au front avant l'aube ou bien, ils seraient tous massacrés. Les hommes sortirent de leur cachette. Une fois de retour au commandement de l'armée, 20 d'entre eux furent retirés des rangs et fusillés.

Le commandant français avait négligé de leur mentionner que cela se produirait. Mais, pour d'autres divisions, une fois l'ordre rétabli, la mutinerie momentanée était rapidement oubliée et personne n'était puni.

Au total, plus de 24 000 hommes avaient été arrêtés et traduits devant des tribunaux militaires. Parmi eux, 551 avaient été jugés comme étant des chefs de la révolte et condamnés à mort. Mais seulement 40 furent fusillés. Les autres furent envoyés au bagne de la Guyane française, un sort misérable pour des soldats conscrits qui s'étaient battus courageusement jusqu'à ce qu'ils n'en puissent plus. Les exécutés étaient abattus devant leurs camarades, qui devaient alors passer en file indienne devant les morts.

De nombreux autres soldats français avaient été fusillés au hasard et sans procès, mais le nombre de ces décès restait difficile à estimer. La mutinerie était un sujet sensible. Mais derrière la façade de la magnanimité, il y avait une main de fer déterminée à ce qu'une telle désobéissance généralisée ne puisse plus jamais se reproduire.

Parmi les divisions rebelles se trouvait un régiment de soldats russes, qui avait été envoyé sur le front occidental par le régime tsariste, comme un gage de bonne volonté, avant qu'il ne se trouve lui-même en difficulté et soit renversé. Ces soldats avaient enduré des conditions encore pires et un commandement encore plus incompétent que chez nos alliés français et britanniques. Ils n'étaient que trop prêts à suivre la mutinerie des camarades français rebelles. Leur sort fut pitoyable. Le commandement français avait dû traiter ses propres soldats avec une certaine indulgence, car il était impossible de tous les punir. Ils étaient trop nombreux à être réprimés. Une discipline sévère aurait pu provoquer de pires rébellions voire une révolution. Les Russes étaient remplaçables. Le régiment fut encerclé et mis en pièces par l'artillerie française.

La mutinerie avait duré six semaines. L'armée française avait échappé de justesse à une défaite cuisante. Mais les soldats avaient envoyé un message clair à leurs généraux. Désormais, il n'y aura plus d'attaques massives et les soldats français ne participeront qu'à des assauts de petite envergure sur les lignes allemandes. Ainsi l'horrible boucherie des trois années précédentes pris fin. Pour le reste de la guerre, la majeure partie des combats contre les puissances centrales sera laissée à la Grande-Bretagne et au Commonwealth, ainsi qu'aux troupes américaines fraîches et enthousiastes qui vont entrer en guerre juste à temps pour sauver les alliés d'une défaite presque certaine.

Derrière les lignes du front, le gouvernement réagit par la censure dans les journaux français et emprisonne ceux qui faisaient campagne pour la fin de la guerre par capitulation. De nos jours, ces personnes seraient appelées des militants de la paix. En 1917, ils étaient surnommés « agitateurs de guerre ».

Aujourd'hui encore, la mutinerie reste un sujet honteux et sensible en France. Lors de son 80ème anniversaire, en 1997, le Premier ministre français a suggéré que les mutins devaient être compris et pardonnés. Cette décision a été sévèrement dénoncée par le président français de l'époque, Jacques Chirac. Le simple fait d'exprimer sa sympathie pour ces hommes fatigués par la guerre était encore considéré comme un outrage.

Mais de nos jours, la plupart des gens s'accordent à dire que les mutins auraient mérité la pitié plutôt que la condamnation.

Ils étaient simplement des hommes comme les autres qui s'étaient trouvés perdus dans un enfer de feu et de sang.

LE CAUCHEMAR DU BOIS DE BELLEAU

L'année précédant notre entrée en guerre, les États-Unis disposaient d'une petite armée d'à peine 100 000 hommes. Le président, Woodrow Wilson, avait des sentiments mitigés quant à l'engagement de notre pays dans ce conflit. De nombreux citoyens américains étaient des immigrants européens qui avaient fui vers le Nouveau Monde, en partie pour éviter des guerres telles que celle-ci. Sans compter qu'une proportion non négligeable des immigrants américains étaient originaires d'Allemagne. Cela rendait toute décision sur le choix du camp à soutenir extrêmement compliquée.

En janvier 1917, les commandants militaires allemands décident d'autoriser leurs sous-marins à couler tout vaisseau naviguant dans les eaux britanniques. Cela provoqua l'attaque et la destruction de cargos américains et d'occasionnels paquebots transportant leurs passagers outre-Atlantique. L'opinion publique passa ainsi presque d'un jour à l'autre, d'une neutralité prudente à une attitude totalement anti-allemande.

Le président Wilson estima que le moment était venu. Ainsi, le 17 avril, les États-Unis s'engageaient finalement dans la guerre aux côtés des Alliés. Une fois que nous avons rejoint le conflit, nous avons entrepris de prouver au monde entier que nous étions à la hauteur de la tâche.

Nous étions une nation enthousiaste, prospère et en progrès. Après la guerre en 1918, nous allions avoir plus de quatre millions de citoyens américains dans les forces armées et trois millions et demi d'entre eux auraient été transportés en Europe. Ils arrivaient entassés comme des sardines sur des paquebots transatlantiques transformés à la hâte en navires de transport de troupes.

Nous dormions dans des lits superposés faits d'acier et de fil de fer, empilés les uns au-dessus des autres sur quatre niveaux. Le voyage était si inconfortable que de nombreux soldats, dont moi, trouvèrent les tranchées plus confortables.

Les Allemands savaient que l'adhésion de l'Amérique aux Alliés rendrait leur propre victoire presque impossible. Mais en 1917, la guerre est en faveur de l'Allemagne, la Russie est en pleine révolution et cherche désespérément à faire la paix et à mettre fin aux combats sur le front oriental.

L'Allemagne veut anéantir les soldats français et britanniques épuisés avec toute la force de son armée. Au début de 1918, des navires de troupes américaines avec des soldats nouvellement formés commencent à arriver en France. Il y avait pourtant à cette époque, juste quelques milliers de troupes américaines en Europe.

Il fallait du temps pour lever et préparer une force de combat pratiquement de zéro, puis transporter les considérables armées d'hommes à travers l'Atlantique. Les généraux allemands savaient que pour gagner la guerre à l'ouest, ils devaient frapper vite et fort avant que les Américains n'arrivent en nombre écrasant. Ainsi, à la fin du mois de mars, les Allemands lancent une attaque soigneusement planifiée, connue sous le nom d'offensive Ludendorff.

Les troupes allemandes utilisent une nouvelle tactique et percent les lignes de front alliées. Ils avaient recours à des attaques surprises pour découvrir les points faibles et utilisaient une force écrasante lorsqu'ils les avaient trouvés.

Tout au long du printemps, les troupes allemandes effectuent une série d'avancées remarquables qui provoquent la panique dans l'Empire britannique et parmi les forces françaises. En avril, le commandant en chef britannique, le maréchal Haig, donne l'ordre désespéré :

Dos au mur et convaincus de la justesse de notre cause, chacun d'entre nous a le devoir de se battre jusqu'au bout.

Le commandement allié craint la perte des ports de la Manche, à partir desquels les troupes et les fournitures sont acheminées vers le front occidental depuis la Grande-Bretagne. Le danger pour les Français était beaucoup plus grave. Au début du mois de juin, l'armée allemande avait atteint la Marne et se trouvait à moins de 60 kilomètres de Paris. Les routes sont encombrées de civils français fuyant les combats.

Les troupes françaises sont épuisées et découragées, incapables de trouver la volonté de combattre la gigantesque armée allemande leur faisant face. Dans ces circonstances désespérées, les généraux britanniques et français se tournent vers le Corps expéditionnaire américain (l'AEF). Ils firent partie de la première vague de troupes américaines qui arriva en Europe pour sauver la situation.

Le commandement de l'AEF est assuré par John J. Perishing. Il comprend que les alliés britanniques et français ont pratiquement perdu la volonté de faire la guerre. Cela signifie que la charge de gagner la guerre repose désormais sur ses épaules et celles de ses troupes fraîches et enthousiastes. Il trouve frustrant de commander son armée en Europe, car nous n'avions pas été accueillis comme des partenaires égaux. Les généraux alliés ont pris de haut Pershing et son état-major. Ils pensaient que les Américains étaient inexpérimentés et naïfs, ce que nous étions bien sûr dans une certaine mesure.

Les Européens en particulier, pensaient que les soldats américains n'avaient pas la volonté ou la motivation de se battre. Je me souviens d'avoir entendu l'histoire du commandant en chef, le général Pershing, frappant du poing sur la table de rage en s'écriant :

Je vais certainement sauter à la gorge du prochain qui me demandera si les Américains sont vraiment là pour se battre.

La faute de ce manque de compréhension et de confiance entre les trois parties n'incombe pas entièrement aux Européens. Tout au long de la guerre, les Britanniques et les Français ont combattu ensemble en tant qu'alliés. Les Américains, sur l'insistance du président Wilson, ne souhaitaient pas être considérés comme des alliés. Ils préféraient le terme de co-belligérants. Nous sommes venus nous battre aux côtés des alliés français et britanniques, pas sous leurs ordres.

Pendant l'offensive de Ludendorff, une action combinée drastique était nécessaire. Pendant toute la durée de la crise, les forces alliées sont alors placées sous le commandement de l'un des anciens commandants français.

C'est en mai 1918 que nous avons engagé pour la première fois l'armée allemande et que les combats violents ont commencé. C'était dans un petit village près du fleuve de la Somme. Plus d'un tiers des forces américaines furent tuées ou blessées en seulement trois jours de combat intense. C'était plus que suffisant pour prouver que nous étions capables de nous battre avec autant de détermination que n'importe qui.

À la fin du mois de mai, on demande au général Pershing d'envoyer des soldats pour colmater les points faibles des lignes de front alliées à l'approche de l'armée allemande. Les troupes françaises fuient en même temps qu'un flot désespéré de civils terrifiés qui encombrent les routes en s'éloignant des villes et villages. Les soldats américains les plus proches, les deuxième et troisième divisions, sont encore à plus de 160 km. Nous avons dû faire un voyage de nuit épuisant, puis nous devions commencer à nous battre dès notre arrivée. Alors que nous approchions de notre destination, les routes s'engorgeaient de troupes et de civils français en fuite. Ils nous criaient sans cesse : « you're too late ». Vous arrivez trop tard. Cela n'aidait pas vraiment à renforcer ma confiance. Lorsque nous sommes arrivés le 1er juin dans la ville presque déserte, nous avons trouvé un petit nombre de troupes africaines qui la défendaient. Ils avaient été abandonnés par leurs maîtres coloniaux français pour se battre et mourir dans une situation impossible.

Ils étaient rejoints par nos 17 000 soldats de l'armée et des Marines. La bataille pour la ville fut intense, mais nous avons tenu bon, et les combats se sont étendus aux petites villes voisines proches du Bois de Belleau. C'était une zone dense, presque imprenable, faite de taillis et de rochers, sur environ 1,5 km de long. Le Bois de Belleau n'avait aucune valeur stratégique. Les troupes allemandes s'y étaient retranchées et y avaient installé des positions défensives au début du mois de juin. Cette position en faisait une base efficace pour nous harceler. Les commandants alliés décidèrent que les Allemands devaient être éliminés et chassés, notamment en raison de leurs tirs de mitrailleuses provenant de positions habilement dissimulées dans l'épais sous-bois.

Pendant tout le temps où nous étions dans le Bois de Belleau, il n'avait cessé de pleuvoir. Les tirs d'artillerie nous tombaient dessus en permanence. Les avions allemands descendaient du ciel en piqué et nous mitraillaient. Il était difficile de se défaire du sentiment que nous faisions face à un ennemi supérieur en force et en expérience.

Nous voulions faire nos preuves.

Nous nous battions fraîchement, bien armés et déterminés à gagner. Lorsqu'un officier supérieur français suggéra à un colonel des cinquièmes Marines que nous devrions nous retirer, il cracha et lança « Retraite ? » « On vient juste d'arriver. »

Le voyage vers le front avait été particulièrement difficile et, pour beaucoup d'entre nous, c'était la première fois que nous allions au combat. Nous avions été déposés à environ 30 kilomètres des combats et devions marcher en grimpant pendant plus de deux heures. Tout autour de nous, l'artillerie française tirait un barrage constant sur les lignes allemandes et le sol tremblait constamment.

Nos hommes étaient épuisés, trempés et n'avaient pas pu se laver ou se raser depuis au moins cinq jours. Nous sommes finalement arrivés au point de rendez-vous et avons été transférés dans des camions, qui nous ont transportés au front. Une fois sur le front, nous avons été envoyés dans une petite ville juste à côté du Bois de Belleau. Au-dessus des bois, nous avons aperçu des ballons d'observation allemands, que nous avions surnommés « saucisses » en raison de leur forme.

Ce n'était pas une bonne nouvelle.

Certainement, nous avions été repérés, et ils nous attendaient. Les Allemands commencèrent à nous bombarder durement et détruisirent pratiquement toute la ville. Un bâtiment sur ma droite brûlait, et les flammes illuminaient le sol autour de moi. Tout ce que je pouvais voir, c'étaient des Marines morts gisant sur cette route étroite.

Puis ils ont ordonné à mon bataillon d'aller dans le Bois de Belleau. À trois heures, nous sommes partis pour les tranchées du front. Nous étions censés atteindre les lignes de front avant le petit-jour. Les bois étaient si denses qu'il semblait presque impossible de se frayer un chemin. Les branches des arbres nous frappaient incessamment au visage. Les hommes juraient. Après une nuit de marche forcée déprimante, nous avons atteint les tranchées de la ligne de front. Les Allemands continuaient à nous bombarder. Un obus tomba de près notre abri et tua l'un de mes amis du nom de Burke.

Le morceau de shrapnel l'avait décapité.

Les tranchées dans lesquelles je me suis retrouvé arrivaient à peine à la taille. Après une journée épuisante, nous avons dû essayer de dormir en étant accroupis dans l'eau jusqu'aux chevilles. Au cours des jours suivants, les Allemands lancèrent des attaques nocturnes sur nos positions. Une fois, un soldat lança une grenade sur des Allemands qui approchaient. Elle rebondit sur un arbre et atterrit dans sa tranchée. Je la vis juste à temps pour plonger au fond de ma tranchée et éviter d'être tué. Je me mis à rire comme un idiot alors que le soldat à côté de moi jurait comme un marin, à l'idée que nous avions failli être tués par l'un de nos propres hommes.

Le 6 juin, nous avons été impliqués dans un assaut particulièrement lourd dans les bois. On nous a ordonné de charger contre des positions allemandes bien défendues dans un champ ouvert. Nous étions bloqués par un feu nourri pendant cette attaque. Un vétéran des Marines, le sergent Dan Daly, a inventé sa phrase gagnante : « Allez, fils de pute, vous pensez être éternels ? »

Heureusement, il y avait un journaliste sur place pour capturer le moment. la légende d'immortalité de Daly et la bravoure des Marines furent assurées à partir de ce moment. C'était ce type d'héroïsme face à l'adversité que les Marines étaient censés incarner. Le sergent Daly a survécu à l'attaque et à la guerre, bien qu'il ait été blessé lors des combats du Bois de Belleau.

La journée de combat qui a suivi cette bataille a été la pire de l'histoire du corps des Marines. Il y eu plus de 1 080 hommes tués ou blessés. La lutte pour la possession du bois avait pris des allures de grisaille claustrophobique. À l'intérieur du champ de bataille combiné, un sous-bois dense obscurcissait le sol entre les arbres avec d'énormes rochers ayant leurs propres petits coins et recoins. Toute la bataille s'est déroulée dans une atmosphère de chaos. Ces bois étaient si denses.

Les ennemis passaient à quelques centimètres les uns des autres. Nous ne pouvions pas voir nos camarades soldats et devions faire attention à ne pas tirer sur nos propres hommes. Les Allemands et les Américains s'entassaient dans cet endroit confiné. Le sol entre les arbres était jonché de corps tombés. On pouvait voir les débris personnels de ces soldats morts, sacs à dos, lettres, uniformes en lambeaux, tout cela flottait dans le vent. C'étaient les restes pathétiques de leurs jeunes vies et de sombres présages pour ceux qui leur survivaient. Les grenades à main, mitrailleuses, obus explosifs, gaz... avaient dépouillé les arbres de leurs feuilles.

Lorsque nous rencontrions l'ennemi, c'était souvent sous la forme la plus redoutée du combat au corps à corps. Nous nous battions avec des baïonnettes à poing américain dans un dispositif hideux que nous appelions « toad sticker », le crève-crapaud. Il s'agissait d'une longue lame triangulaire attachée à un poing américain. Un de mes amis, un Marine, qui avait été au cœur des combats au corps à corps pendant plus de 15 minutes avant de survivre à tous ses adversaires allemands, raconta dans une lettre à sa famille, les problèmes que la terrible tension psychologique de ce combat avait causé chez lui. Après la fin du combat, il s'était assis pour pleurer. Devoir s'accrocher à la vie un espace aussi confiné était une expérience démoralisante.

Les obus tombaient régulièrement sur nos positions. Les tirs de mitrailleuses et de fusils fusaient continuellement à travers les arbres, faisant éclater autour de nous des morceaux de roche, de terre et de bois. Les Allemands nous tiraient dessus avec des mortiers de tranchée aux projectiles noirs de plus d'un mètre de long remplis d'explosifs puissants. On les appelait des torpilles aériennes. Des obus à gaz atterrissaient également dans les bois, dégageant des poches de fumées formant un brouillard dense stagnant au ras du sol. Le gaz était souvent inoffensif sur le moment, mais il s'abattait sur les Marines endormis, au repos, couchés dans des tranchées peu profondes, et les faisait étouffer et leur donnait des nausées.

Un jour, au beau milieu d'une attaque au gaz, un sergent artilleur donna son masque à gaz à un marine blessé. Ce sergent artilleur mourut d'une mort douloureuse quelques jours plus tard, ses poumons ayant été détruits par le gaz. Les explosions d'obus martelaient nos tympans dans les bois jusqu'à ce que mes oreilles chantent dans un bourdonnement constant et désorientant. Mais souvent, les tirs d'obus étaient inefficaces. La concentration d'arbres et de végétation étouffait le souffle des obus. La visibilité était mauvaise, et nous étions à l'orée des bois.

Nous avons suivi le déroulement de la bataille en suivant l'effroyable cortège de bruits. De temps en temps, il y avait une salve rapide de tirs de mitrailleuses. Cela pouvait signifier que les Marines attaquaient un nid de mitrailleuses. Ils allaient sûrement mourir en s'y précipitant, et l'attaque était suivie d'une pause inquiétante. Ensuite, les mitrailleurs seraient tués par les baïonnettes et les couteaux de tranchées, les armes silencieuses du combat au corps à corps.

Le 11 juin, nous avions capturé les deux tiers des bois, mais nous étions maintenant proches de l'épuisement physique. Les Allemands contre-attaquèrent et les combats intenses se poursuivirent. Les cadavres s'empilaient dans les bois, et les Marines se frayaient un chemin parmi les corps de l'ennemi.

De temps à autres, un soldat allemand se cachait dans les tas de morts et se levait par derrière notre groupe pour tirer dans le dos d'un de nos hommes. Le Bois de Belleau était aussi rempli de tireurs d'élite, cachés dans les hauts arbres et les sous-bois. Ces hommes courageux avaient été triés sur le volet pour un travail qui promettait une mort presque certaine, ou un danger toujours présent. Quand les mitrailleuses et les bombardements se taisaient dans les bois, il y régnait un silence sinistre. Comme si cela ne suffisait pas, il était facile de se perdre dans des bois aussi épais. Il y avait peu de points de repère et un homme pouvait perdre tout sens de l'orientation. Les soldats devaient porter une boussole pour s'assurer qu'ils retournaient à leurs propres lignes plutôt qu'à l'ennemi.

Le 23 juin, nous avons retiré nos troupes et bombardé la forêt pendant 14 heures sans relâche. Puis nous sommes entrés à nouveau en force et avons combattu pendant deux jours de plus pour essayer de débarrasser le Bois de Belleau des troupes allemandes. Les combats étaient si intenses que plus de 200 ambulances ont été nécessaires pour transporter les blessés.

Finalement, le 26 juin, le Bois de Belleau est tombé entre nos mains.

Cela avait pris 25 jours angoissants, mais le Bois de Belleau fut l'une des batailles les plus importantes de la guerre. Si nous n'avions pas arrêté l'avance allemande, ils auraient pu continuer jusqu'à Paris.

Mais nous avons payé un prix terrible pour cette victoire.

Un tiers de tous les hommes qui avaient pris part à cette bataille avaient été tués ou blessés. Une compagnie avait perdu 235 de ses 240 hommes. Le Bois de Belleau a montré que l'armée américaine était sérieuse. Nous mènerions une guerre difficile et les pertes seraient élevées. À la fin de la guerre, plus de 150 000 soldats et Marines américains étaient morts, et plus d'un quart de million avaient été blessés. Nos Marines étaient immensément fiers de leur victoire au Bois de Belleau.

Aujourd'hui, plus d'un siècle plus tard, la bataille est toujours une cause de ressentiment. Certains historiens pensent que les Marines n'auraient jamais dû être envoyés dans les bois. Des combats similaires entre soldats britanniques et allemands dans des zones fortement boisées avaient entraîné des pertes élevées.

Aujourd'hui, cette forêt est magnifique et constitue un endroit populaire pour les pique-niques en famille. Le soleil brille à travers les branches, faisant resplendir la mousse verte qui pousse sur les arbres. Et pourtant, un soupçon de chaleur fugace s'attarde encore sur le tapis de feuilles brun foncé qui recouvre le sol.

LA GUERRE QUI METTRA FIN À TOUTES LES GUERRES

Un an à peine après la fin du conflit, un journaliste du London Times invente le terme :

Première Guerre mondiale.

Comme beaucoup d'autres, il avait réalisé que la guerre qui mettrait fin à la guerre deviendrait en fait la cause principale d'une autre guerre mondiale dans le futur. Même lorsque les nations belligérantes menaient des négociations de paix à Paris en 1919, leurs dirigeants savaient que la paix qu'ils établissaient n'allait pas durer. Le Commandant suprême français avait rejeté la procédure d'un cessez-le-feu de vingt ans. Le Premier ministre britannique Lloyd George avait déclaré :

Nous allons devoir encore tout recommencer dans vingt-cinq ans et à un coût trois fois supérieur.

Il avait raison. La deuxième guerre mondiale a éclaté près de vingt ans plus tard et a coûté non pas trois fois plus de vies, mais quatre fois plus. La guerre la plus terrible de l'histoire de l'humanité avait donc une conclusion appropriée, elle n'avait été que l'introduction d'une autre plus dévastatrice.

La décision prise à Paris de faire payer l'Allemagne était insensée. L'Allemagne fut contrainte de verser des milliards de dollars en réparation aux nations victorieuses. Les délégués américains n'acceptèrent jamais cette idée, mais la France, en particulier, avait insisté pour un paiement rapide.

À la fin de la guerre, l'Allemagne est au bord d'une révolution communiste. Elle subit ensuite la honte de la défaite des territoires perdus dans une économie ruinée par la guerre et les réparations. La population allemande est indignée. Ils pensaient avoir gagné la guerre à l'est, et la guerre à l'ouest s'était terminée avant que les soldats alliés n'envahissent l'Allemagne.

Comment pourrait-on prétendre qu'ils avaient perdu la guerre ?

Leur perplexité était d'autant plus grande que les journaux allemands n'avaient pas rendu compte de l'ampleur de l'effondrement de l'armée allemande. Dans les années 30, un ancien soldat de première ligne du nom d'Adolf Hitler, capitalise sur la source du ressentiment. Son parti Nazi arrive au pouvoir en 1933 et entraîne les évènements provoquant la Seconde Guerre mondiale.

Pour certains, c'était par devoir, par patriotisme, ou par conviction qu'ils se battaient pour un monde meilleur. Pour d'autres, c'était le simple fait qu'ils seraient emprisonnés ou fusillés, au déshonneur de leur famille, s'ils ne participaient pas.

Les hommes qui avaient survécu à la guerre s'attendaient à être récompensés pour leurs efforts. La plupart furent déçus. L'après-guerre avait laissé la Russie aux prises d'un gouvernement bolchevique, infligeant à sa population la famine, des purges meurtrières et une oppression sévère qui dureront pendant plus de 70 ans.

La France avait gagné, mais elle n'était pas glorieuse. Elle ne retrouvera jamais sa place de grande puissance dans le monde. La guerre laissa la Grande-Bretagne et l'Empire britannique avec plus de 940 000 morts et une économie proche de l'effondrement à gérer.

Seule l'Amérique avait réussi à s'imposer comme la nation la plus forte et la plus riche du monde. Autre coup du sort, juste au moment où le conflit pris fin, une colossale épidémie de grippe balaya le monde. Le stress et les privations de quatre années de guerre y étaient pour quelque chose.

Ceux qui étaient revenus de la guerre en subiront les conséquences pour le reste de leur vie. Les soldats dont les poumons ont été brûlés par les gaz, ou auxquels il manque deux, trois ou même quatre membres, s'éteignent lentement dans des hospices. Dans toute l'Europe, les asiles sont remplis d'hommes souffrant du choc des obus. Aujourd'hui, il s'agit d'un état psychologique, reconnu chez les soldats de combat comme le TSPT. Mais en 1918, dans la tradition militaire et dans la société dans son ensemble, nous ne sommes qu'à quelques années de croire que ces hommes devraient être fusillés pour lâcheté.

Il y a encore aujourd'hui des hommes et des femmes

dont les parents ont été fusillés pendant la guerre parce qu'ils souffraient de troubles mentaux dus à la tension des combats dans les tranchées. Même ceux qui ont survécu sans lésions physiques ou psychologiques apparentes ont été tourmentés par ce qu'ils ont vu et fait. Un homme sur huit ayant participé à la guerre a été tué. La plupart avaient moins de 30 ans, et beaucoup étaient encore adolescents.

Des centaines de milliers de femmes du même âge n'ont pas pu se marier parce qu'il n'y avait tout simplement pas assez d'hommes. La guerre fait désormais partie de notre histoire et fait encore partie d'une mémoire vivante. En 1998, lors du 18ème anniversaire de l'armistice, la Grande-Bretagne comptait 160 hommes encore en vie qui avaient combattu pendant la Grande Guerre. Des chiffres similaires existent peut-être en Allemagne, en France, en Amérique et en Russie.

À l'heure actuelle, en 2021, je suis sûr qu'ils sont tous morts. La Première Guerre mondiale est toujours un sujet fréquent de romans, de films et de documentaires télévisés. Il est difficile de trouver quelque chose de positif à raconter à son sujet. Mais peut-être que cette génération malchanceuse née à la fin du XIXème siècle pourra se consoler en se disant que le massacre qu'elle a subi nous hante encore aujourd'hui,

comme un rappel brutal de l'horreur de la guerre.

DEUXIÈME PARTIE

AILES BRISÉES

L'histoire de l'évasion et de la survie d'un as de la chasse de la Première Guerre mondiale

GAGNER MES AILES

J'ai commencé à voler à Chicago en 1912. J'avais 18 ans et j'avais toujours voulu être pilote. Quand j'étais plus jeune, j'avais suivi les exploits des frères Wright avec beaucoup d'intérêt. Je dois admettre que j'avais parfois espéré qu'ils n'auraient pas conquis les airs jusqu'à ce que j'aie moi-même une chance de le faire.

J'ai eu ma chance plus tard dans la vie. Mes parents étaient opposés à ce que je risque ma vie dans ce qu'ils considéraient comme le passe-temps le plus dangereux qu'un jeune homme puisse choisir. Chaque fois que j'avais un accident ou une collision, on m'ordonnait de ne plus jamais m'approcher du terrain d'aviation. Alors je suis allé en Californie.

J'ai fait équipe avec un ami, et nous avons construit notre propre avion. Nous avons volé dans tout l'état. Au début de l'année 1916, des troubles se préparaient au Mexique. J'ai rejoint l'American Flying Corps et j'ai été envoyé à San Diego, où se trouvait à l'époque l'école de pilotage de l'armée. J'y ai passé huit mois, mais j'étais impatient d'entrer en service actif. Il ne semblait pas que l'Amérique ait beaucoup de chances de s'impliquer dans la guerre. J'ai décidé de démissionner et de passer au Canada. J'ai rejoint le RFC (Royal Flying Corps) à Victoria, en Colombie-Britannique. J'ai été envoyé à Toronto pour recevoir des instructions.

Quand j'étais cadet, j'ai fait la première boucle jamais faite par un cadet au Canada. Après avoir fait cette cascade, j'ai pensé que j'allais sûrement être viré du service pour ça. À ma grande surprise, ils m'ont permis d'enseigner la boucle dans le cadre d'un cours régulier d'instructions pour les cadets du Royal Flying Corps.

En moins de neuf mois, dix-huit de nos officiers sont partis en Angleterre. Si l'un d'entre nous avait plus de vingt-cinq ans, il s'était bien caché. Le RFC n'acceptait pas les hommes plus âgés comme pilotes. Nous étions composés de neuf Anglais et de neuf Américains. La plupart de mes compatriotes américains étaient fatigués d'attendre que notre pays se joigne à la guerre, et nous avons pu rejoindre les couleurs britanniques depuis le Canada.

En mai 1917, nous sommes partis pour gagner nos ailes. C'était une qualification que nous devions obtenir avant d'être autorisés à chasser les Allemands sur le front occidental. Quelques semaines après notre arrivée en France, nous avions gagné nos ailes. Nous portions notre insigne avec fierté sur notre poitrine gauche. En août, la majorité d'entre nous étaient des pilotes à part entière et engageaient activement l'ennemi dans des conflits quotidiens.

En France, on nous a envoyés dans un endroit appelé le Mess des pilotes. C'est là que nous nous réunissions avec les escadrons d'entraînement du Canada et de l'Angleterre pour attendre les affectations aux escadrons particuliers que nous devions rejoindre. Le Mess des pilotes était situé à quelques kilomètres à l'arrière des lignes. Chaque fois qu'un pilote était abattu ou tué, le Mess des pilotes était informé pour envoyer un autre pilote à sa place.

Le taux de pertes dans le RFC était atroce. La demande de nouveaux pilotes était exigeante. Tous les nouveaux pilotes avaient envie de se battre autant que moi. Nous devenions impatients. Nous avons réalisé que chaque fois qu'ils appelaient un nouvel homme, cela signifiait que quelqu'un d'autre avait probablement été tué, capturé ou blessé. Tôt un matin, un ordre est arrivé pour un pilote éclaireur, et un de mes amis a été affecté. Je me souviens à quel point je l'enviais. À l'époque, j'avais l'impression que c'était la dernière chance pour chacun d'entre nous d'aller au front.

Trois heures seulement s'étaient écoulées lorsqu'un télégramme arriva au Mess. On m'ordonnait de suivre mon ami. J'ai appris par la suite que dès son arrivée à l'escadron, il avait demandé au commandant de me télégraphier pour que je le rejoigne. Au Mess des pilotes, les officiers avaient l'habitude de porter des shorts. Ils étaient très court, comme ceux que portaient les scouts. Cela laissait une vingtaine de centimètres de peau entre le haut des chaussettes et le bas du short.

Les Australiens en portaient aux Dardanelles. Je portais ce short lorsque l'ordre est arrivé, et je n'ai pas eu le temps de me changer. J'avais hâte d'être sur le front. Si j'avais été en pyjama, j'y serai allée de la même façon. Il pleuvait, et j'ai enfilé un long pardessus.

Je suis arrivé en un temps record à l'aérodrome où l'on m'avait ordonné de me présenter. J'ai sauté de ma voiture, et mon pardessus s'est ouvert, montrant mon short, au lieu des pantalons de vol réglementaires que j'étais censé porter. Cela a fait un peu de bruit dans le camp.

« Ça doit être un Yankee. » Un officier a dit à un autre alors que j'arrivais : « Seul un Yankee aurait le culot de se pointer comme ça. » Ils souriaient et gloussaient lorsque je me suis approché d'eux. Ils m'ont accueilli dans leur escadron. Ils m'ont fait me sentir chez moi. Mon escadron était l'un des quatre stationnés à environ 30 kilomètres en arrière de la ligne d'Ypres. Notre escadron était composé de 18 pilotes. Nous n'avions qu'une seule mission. Voler et nous battre. On attendait de nous que nous les engagions et de ne pas attendre qu'ils viennent à nous. Lorsque les bombardiers passaient au-dessus des lignes pendant la journée, l'escadron de scouts les accompagnait en convoi. Les largueurs de bombes volaient à 12 000 pieds, et nous étions à 1 000 pieds au-dessus pour les protéger.

Nous les protégions et repoussions les avions ennemis. Si, à un moment ou à un autre, les largueurs de bombes étaient attaqués, il était du devoir de l'escadron de scouts de combat de plonger et de combattre. Les ordres des bombardiers étaient de continuer à larguer des bombes, et de ne pas s'engager ni se battre, sauf s'il le fallait absolument. Il y avait rarement un moment où les largueurs de bombes n'étaient pas attaqués lorsqu'ils arrivaient en territoire ennemi. Notre escadron était très occupé. En plus des combats aériens, notre escadron subissait des bombardements constants depuis le sol. Nous étions bien entraînés et savions comment éviter d'être touchés depuis le sol.

Pour mon premier vol dans l'escadron, j'ai été emmené au-dessus des lignes en tant qu'observateur. J'avais besoin de localiser mon emplacement au cas où je me perdrais. J'ai dû mapper les lacs, les forêts et d'autres points de repère pour obtenir la configuration du terrain. D'autres pilotes ont insisté pour que je note aussi l'emplacement des hôpitaux. Si jamais j'étais blessé et que je pouvais choisir mon atterrissage, je devais atterrir le plus près possible d'un hôpital. Ce sont les premières choses qu'un nouveau pilote apprenait pendant les deux ou trois premiers jours de son entrée dans l'escadron.

Nos vols réguliers étaient au nombre de deux par jour. Chaque vol durait deux heures. Après notre patrouille de routine, c'était à nous de décider si nous voulions sortir seuls avant de passer à l'escadron. J'ai vite compris que mon escadron était un groupe d'élite. Nos pilotes étaient toujours affectés à des tâches spéciales, comme tirer sur les tranchées ennemies, parfois à seulement 20 mètres du sol.

C'est ainsi que j'ai reçu mon baptême du feu. C'était la troisième fois que je sortais au-dessus des lignes. J'étais excité pour un combat. L'idée d'être attaqué par un avion hostile dans les airs et d'être balayé par des tirs de mitrailleuses depuis le sol me captivait. Certains de nos avions revenaient tellement criblés de balles que je me demandais comment ils avaient pu tenir. Avant de voler, nous devions prendre soin de nous assurer que nos moteurs étaient en parfait état. Parce qu'on nous avait dit que le *pain de guerre* était affreux en Allemagne.

C'était un matin après mon entrée dans l'escadron, et

trois d'entre nous avaient franchi la ligne de démarcation de leur propre chef. Nous avions repéré quatre avions ennemis venir vers nous. Ces avions biplaces étaient utilisés par les Allemands pour l'artillerie et le largage de bombes. Nous savions qu'ils étaient n'étaient pas là pour s'amuser. Chaque avion avait une mitrailleuse à l'avant, actionnée par le pilote. L'observateur avait aussi une mitrailleuse qui pouvait tirer tout autour. Quand on les a remarqués, nos avions étaient à 10 km derrière les lignes allemandes. Nous volions haut, gardant le soleil derrière nous pour que l'ennemi ne puisse pas nous voir. Nous avons repéré trois avions allemands ennemis et nous avons plongé sur eux. Je me rapprochais de celui que j'avais choisi. Son observateur à l'arrière me tirait dessus sans relâche. Aucun de mes tirs n'atteignait sa cible, et je suis passé sous son ventre, mais je me suis retourné et lui ai tiré une autre rafale de balles. Il est tombé en piqué. Une de ses ailes s'était tordue dans un sens puis dans l'autre. Je l'ai regardé s'écraser sur le sol. Je savais que j'avais confirmé ma première victoire sur un avion ennemi.

Un de mes camarades avait également touché l'ennemi, mais les deux autres avions allemands s'étaient enfuis. Nous les avons poursuivis jusqu'à ce que les choses deviennent trop chaudes pour nous, et nous avons dû nous arrêter là. Cette première expérience avait aiguisé mon appétit pour la suite. Je n'ai pas eu à attendre longtemps.

Quelques années plus tôt, un piqué en vrille était considéré comme l'une des choses les plus dangereuses qu'un pilote puisse tenter. De nombreux hommes étaient tués en entrant dans la vrille et en ne sachant pas comment en sortir. Plusieurs pilotes pensaient qu'une fois que l'on était en piqué en vrille, il n'y avait pas moyen d'en sortir. Elle est maintenant utilisée couramment. Les avions que nous utilisions en France étaient contrôlés de deux manières, par les mains et par les pieds. Les pieds travaillent le palonnier, cela contrôle le gouvernail qui dirige l'avion. Les commandes latérales et d'avant en arrière, qui font monter et descendre l'avion, sont contrôlées par le manche à balais.

En vol, un pilote doit s'accrocher au manche, afin qu'il revienne progressivement vers lui. Dans cette position, l'avion monte. Cela signifie que si un pilote est touché et perd le contrôle de son manche, son avion montera jusqu'à ce que l'angle formé devienne trop important pour que le moteur puisse tirer l'avion. En une fraction de seconde, ça s'arrête. Le moteur étant le plus lourd, le nez de l'avion tombe vers l'avant et pique du nez à une vitesse effroyable, tout en tournant. Si le moteur continue à tourner, il augmente la vitesse et les ailes pourraient se dédoubler, entraînant la rupture de l'avion.

Ces rotations sont généralement effectuées avec le moteur en marche. Tu descendrais comme une balle qu'on laisse tomber du ciel. Cela permettait d'augmenter la vitesse grâce à la puissance du moteur et au nez qui tourne, fréquemment utilisé dans les vols acrobatiques. C'était maintenant une technique pratiquée par des pilotes pour s'éloigner d'un avion hostile. Quand un avion vrille, c'est presque impossible de le toucher. Cela fait aussi croire à l'attaquant que son ennemi tombe en une pirouette mortelle. Si le pilote faisait cela sur ses propres lignes, il pouvait redresser sa machine et s'en sortir. Mais si cela se passait en territoire allemand, ils le suivaient, et ils étaient dessus au moment où il sortait de la vrille, donc en position d'avantage et l'abattaient rapidement.

C'était un bon moyen d'entrer dans un nuage et c'était utilisé très souvent. Le courage et l'habileté requis par le pilote faisait qu'il était difficile d'en sortir vivant. Il était difficile de dire si c'était par choix ou intentionnel jusqu'à ce que le pilote redresse son appareil et s'en sorte ou s'écrase.

Une autre technique similaire à celle-ci est simplement connue sous le nom de « piqué ». C'est lorsqu'un pilote vole à une hauteur de plusieurs milliers de pieds, se fait tirer dessus et perd le contrôle de son appareil. Le nez de l'avion se dirige vers le bas avec le moteur à pleine puissance à grande vitesse. Il va vite et droit à une vitesse trop rapide pour l'avion. Les avions n'ont pas été construits pour résister à l'énorme pression exercée sur leurs ailes, et ils se désintègrent. Si vous essayez de redresser l'avion, les gouvernes sont affectées. Cela se produit lorsque vous essayez de sortir votre avion d'un piqué. Cette contrainte est trop forte pour les ailes, et les résultats sont désastreux. Si un réservoir de carburant est perforé par une balle traçante provenant d'un autre avion, l'avion prend feu et plonge en ligne droite à des centaines de kilomètres à l'heure dans une boule de flammes.

Le piqué en vrille était utilisé par les Allemands de façon plus avantageuse que nos pilotes. La raison est que si un combat devenait trop dangereux pour un Allemand, il mettait son avion en vrille, et comme on se battait généralement au-dessus du territoire allemand. il descendait en piqué hors de notre portée et se redressait avant d'atteindre le sol. Il était insensé de le suivre à l'intérieur des lignes allemandes, car vous seriez probablement abattu avant de pouvoir atteindre une altitude suffisante pour franchir à nouveau la ligne.

Il arrivait souvent qu'un pilote soit en train de poursuivre un autre avion quand soudain ce dernier se mette en vrille. Parfois, ils étaient à quinze ou dix-huit mille pieds dans les airs, et l'avion hostile descendait en vrille dans la zone des mille pieds. Le pilote pensait avoir touché l'autre avion et rentrait chez lui, heureux d'avoir abattu un autre Allemand. Il rapportait ce qui s'était passé à l'escadron, leur racontant comment il avait abattu l'avion ennemi. Mais quand le reste de l'escadron arrivait ou qu'un ballon d'observation d'artillerie faisait son rapport, il arrivait souvent que le pilote allemand, situé à quelques centaines de pieds du sol, sorte de la vrille fatale et s'envole avec enthousiasme pour ses propres lignes.

PRISONNIER DE GUERRE

C'était le matin du 17 août 1917. Notre escadron avait franchi la ligne lors d'une patrouille matinale. La première chose que j'ai vue, c'était deux ballons allemands. Je n'avais jamais vu un ballon de cette distance. Après ma patrouille, j'ai décidé de partir seul pour voir de près à quoi ressemblaient ces ballons allemands.

Ces ballons d'observation étaient utilisés des deux côtés. Les équipages étaient assis dans des ballons et dirigeaient les tirs d'artillerie depuis leur point d'observation. Ils suivaient les bombardements d'artillerie et rendaient compte des mouvements de l'ennemi. L'une de nos missions principales était d'abattre ces ballons.

Il y avait deux façons d'attaquer un ballon. L'une d'entre elles consistait à voler près du sol, afin que les canons anti-aériens ne puissent pas nous tirer dessus. On continuait à voler jusqu'à ce que l'on arrive au niveau du ballon. Si on n'avait pas encore descendu le ballon, on ouvrait le feu, et au fur et à mesure qu'on le touchait, les balles mettaient le feu au ballon. La deuxième façon était de s'approcher du ballon, puis de mettre son avion en vrille. Une fois au-dessus d'eux, on virait au-dessus du ballon et on ouvrait le feu. Ensuite, on repassait rapidement sur la ligne à 100 pieds. C'était l'une des tâches les plus difficiles que j'avais eu à effectuer pendant la guerre. C'était beaucoup plus dangereux que d'attaquer des avions ennemis.

Donc, je décidais d'attaquer ces ballons ou de les faire descendre. J'espérais qu'ils étaient toujours là à m'attendre pour que je puisse les canarder. Après mes deux heures de service, je quittais la formation et je fis demi-tour. J'étais à 15 000 pieds, bien plus haut que les ballons. Je coupais mon moteur et je me laissais tomber à travers les nuages, espérant trouver les dirigeables à environ huit ou neuf kilomètres derrière les lignes allemandes.

Je suis sorti du banc de nuages et j'ai vu un avion allemand biplace qui semblait faire de l'observation d'artillerie et diriger les canons allemands à mille pieds au-dessous de moi. J'étais à 6 km derrière les lignes allemandes. L'artillerie me repère. Ils émettent des signaux au sol pour attirer l'attention du pilote ennemi. Je vis l'observateur saisir sa mitrailleuse et le pilote enfoncer le nez de son avion. Ils n'étaient pas assez rapides pour m'échapper. Je plongeais vers eux à deux cents miles à l'heure, en leur tirant dessus à fond. Leur seule chance était que la vitesse de mon plongeon brise mes ailes. Je savais que c'était dangereux, et que dès que je sortirais de mon piqué, les Allemands auraient leur chance de m'avoir. Je devais les atteindre en premier et tenter ma chance. Heureusement, certaines de mes premières balles atteignirent leur cible. Je suis sorti de mon piqué à 4 000 pieds.

L'avion allemand n'est jamais sorti. Puis vint la situation la plus difficile que j'aie jamais vécue en vol. La profondeur de mon piqué m'avait mis à portée de leurs mitrailleuses au sol. Ils ont tiré un barrage de shrapnels sur moi avec leurs canons anti-aériens. J'ai pu *surfer le barrage* comme on dit dans le Royal Flying Corps. Ensuite, ils m'ont tiré dessus avec des « Flaming Onions ». Les « oignons de feu » ou boules de feu, étaient des obus tirés par un canon rotatif utilisés pour frapper les avions volant à basse altitude. Leur portée effective n'était que de 4 500 pieds.

La plupart du temps, ils les tiraient l'un après l'autre par séries de huit. S'ils touchaient l'avion, il prenait feu, et c'était fini. J'ai aussi été attaqué par des tirs anti-aériens « *Archie* ». J'avais échappé aux oignons de feu, mais Archie m'avait touché cinq fois. Chaque fois que j'étais touché par une balle, celle-ci explosait avec un bruit sourd à cause de la tension du tissu recouvrant les ailes. J'ai été sérieusement touché que lorsque j'étais à plus d'un kilomètre de nos lignes, et qu'ils ont touché mon moteur. J'avais encore assez d'altitude pour dériver de notre côté des lignes, mais mon moteur était complètement hors service.

Ils me tirèrent dessus pendant toute la durée de ma descente. Je pensais que j'allais m'écraser avant de franchir la ligne, mais un léger vent en ma faveur me porta à quelques kilomètres derrière nos lignes. Ces fichus ballons pour lesquels j'avais fait tout ce travail indiquaient maintenant ma position exacte à l'artillerie. Il y a deux hommes postés dans chaque ballon. Ils s'élevaient généralement à plusieurs milliers de pieds à environ 8 kilomètres derrière leurs propres lignes et étaient équipés d'un appareil de signalisation. Ils observaient leurs tirs d'artillerie, vérifiaient à nouveau leur position, déterminaient la portée, puis dirigeaient le tir suivant. Si les conditions étaient favorables, ils étaient capables de diriger des tirs d'artillerie et détruisaient presque toujours la cible visée. Ce type de ballon nota obtenu ma position, demanda un bombardement d'artillerie et bombarda mon avion. Si j'avais détruit les deux ballons au lieu de l'avion, je n'aurais probablement pas perdu mon avion et je serais rentré à la maison.

J'avais atterri sur un terrain couvert de trous d'obus larges et béants. Même si j'avais fait un atterrissage forcé, mon avion n'avait pas été gravement endommagé. Je sautais et fis le tour pour voir exactement où étaient les dégâts. Il pourrait facilement être réparé. Je pourrais décoller d'ici, si je pouvais trouver un espace suffisamment long entre les deux trous d'obus et prendre de l'avance avant de quitter le sol. J'examinais mon avion et réfléchissais à la manière de procéder aux quelques réparations. Je ne pensais pas à ma propre sécurité dans cet endroit non protégé. Un obus siffla dans l'air. Il me fit tomber à terre et atterrit quelques mètres plus loin. Je me relevais et couru pour me mettre à l'abri. Si je n'avais pas trébuché et n'étais pas tombé dans un trou d'obus, j'aurais pris le large. Je n'avais aucune idée de l'endroit où le prochain obus allait éclater. Je me suis accroupi, je me suis mis à couvert et je les ai laissés tirer.

Les seules choses m'ayant atteintes étaient les projections de boue m'éclaboussant le visage par-dessus mes vêtements. C'était ma première introduction aux d'obus. J'ai décidé à ce moment-là que l'infanterie pouvait avoir tous les combats de tranchées et de trous d'obus qu'elle voulait. Ce n'était pas pour moi. L'infanterie y vivait de longues nuits, et je ne m'y étais abrité que quelques minutes.

Les Allemands avaient complètement démoli mon avion et les tirs cessèrent. J'ai attendu un court moment. J'avais peur qu'ils tirent à nouveau et qu'ils m'aient par chance. Mais apparemment, ils décidèrent qu'ils avaient gaspillé assez d'obus sur un seul homme.

Je me suis prudemment glissé hors du trou et j'ai essuyé la boue. J'ai regardé l'endroit où se trouvait mon avion, il n'en restait même pas assez pour un souvenir. Je suis reparti en direction du quartier général de l'infanterie, où j'ai pu téléphoner pour faire mon rapport. Peu de temps après, une de nos automobiles est venue me chercher et m'a ramené à notre aérodrome. La plupart de mon escadron pensait que j'avais été tué ou capturé. Ils ne s'attendaient pas à me revoir, sauf mon seul ami, Owen Wrinn. Il n'avait pas cessé de croire que j'allais m'en sortir.

J'ai appris plus tard qu'il avait dit à l'officier commandant de ne pas envoyer un autre pilote. Il lui avait dit : « Cet Américain reviendra à pied s'il le faut. » Je n'étais pas rentré à pied grâce à notre propre voiture qui était là pour me ramener. J'ai appris beaucoup de choses et j'ai eu beaucoup à penser ce jour-là. Je n'aurais pas dû être si sûr de mes capacités. Un des pilotes de mon escadron m'a dit que je ne devais pas prendre ce genre de risques ; la guerre allait être longue. J'aurais beaucoup d'occasions de me faire tuer sans me forcer. Plus tard, j'apprendrai la vérité littérale de sa remarque.

Plus tard dans la nuit, mon escadron (chaque escadron est divisé en trois groupes de six hommes) a été chargé de sortir à nouveau. Je me suis habillé et j'ai remarqué que je n'étais pas marqué pour le service. J'ai trouvé le commandant, un major, et lui ai demandé pourquoi. Il me dit que j'en avais assez fait pour la journée. Mais je savais que si je n'y allais pas, quelqu'un d'une autre équipe prendrait ma place. J'insistais pour pouvoir y aller. Le major accepta à contrecœur. Si j'avais su ce qui m'attendait, je serais resté au chaud.

Nous avions juste passé la ligne. Et l'un de nos avions était déjà rentré à la base à cause d'un problème de moteur. Nous n'avions que cinq avions pour cette patrouille. À 19h50, nous volions à quinze mille pieds et trois autres avions britanniques, à mille pieds en dessous de nous, se battaient avec huit avions allemands. À ce moment précis, j'ai compris que nous étions dans le pétrin. Vers l'océan, il y avait toute une flopée d'avions allemands, que nos camarades en dessous de nous n'avaient pas vus. Nous plongeâmes sur ces Allemands.

Au début, le combat était équilibré. C'était du huit contre huit. Mais d'autres avions au loin qui nous survolaient à une altitude plus élevée sont arrivés sur les lieux. Ils ont piqué sur nous. Nous étions maintenant huit contre vingt. J'ai regardé par-dessus mon épaule et j'ai remarqué que quatre d'entre eux m'avaient pris pour cible. Je partis en piqué. Ils plongèrent juste derrière moi, en tirant en même temps. Les balles traçantes se rapprochaient de moi à chaque seconde. Mon estomac se serrait et mon front était couvert de sueur.

Ces balles traçantes étaient comme des boules de feu qui permettaient au tireur de suivre leur parcours et de corriger la visée. Elles ne faisaient pas plus de mal à un pilote qu'une balle ordinaire, mais si elles touchaient le réservoir d'essence, c'en était fini. Lorsqu'un avion prenait feu en vol, il n'y avait aucun moyen de l'éteindre. Il fallait moins de trente secondes pour que le tissu brûle sur les ailes, puis que l'avion tombe comme une flèche laissant une traînée de fumée comme une comète.

Quelques jours avant de franchir la ligne, j'observais un combat au-dessus de moi. Un avion allemand avait pris feu et plongeait en flammes vers le sol à travers notre formation. L'Allemand piquait à un angle si aigu que ses deux ailes se s'arrachèrent. Il passa à quelques mètres de nous. Je n'oublierai jamais l'expression de pure terreur sur son visage. Chaque seconde, je m'attendais à subir un sort similaire. Les balles traçantes se rapprochaient. J'ai réalisé que mes chances de m'échapper étaient nulles. Je fus touché à l'attaque suivante. Le regard de terreur de l'Allemand me revint en mémoire. Je n'avais qu'une seule chance. J'avais besoin de faire une manœuvre d'Immelmann.

Cette manœuvre avait été inventée par l'un des plus grands pilotes allemands, qui a finalement été tué au combat. J'avais effectué ce virage magnifiquement et j'avais amené un de leurs avions juste devant moi. J'avais l'avantage sur lui. Quand je ferme les yeux, je vois encore ses yeux effarés et son visage blême. Il devait savoir que sa dernière heure était arrivée. Sa position l'empêchait de me viser alors que mes armes étaient pointées droit sur lui.

Ma première balle traçante passa à quelques centimètres de sa tête. La seconde semblait avoir touché son épaule. Le troisième le frappa au cou. Je lui ai laissais une ouverture, et il descendit en piqué. Pendant tout ce temps, trois autres avions allemands me tiraient dessus.

J'avais entendu des balles frapper mon avion l'une après l'autre. Je savais que je ne pourrais pas vaincre les trois Allemands restants, mais je ne pouvais rien faire d'autre que me battre. J'étais débordé. Je jetais un coup d'œil à mes instruments et à mon altitude. J'étais à 8 500 pieds. Une rafale de balles pénétra le tableau de bord et le réduisit en miettes.

Une autre balle déchira ma lèvre supérieure. Elle traversa mon palais et se logea dans ma gorge. Je tombais en vrille. Je n'avais pas eu le temps de ressentir la douleur. Tout s'était passé si vite. Je tirais sur le manche aussi fort que je le pouvais. L'avion commença à se stabiliser. Il y avait des arbres partout. Je ne pouvais pas empêcher mon corps de se pencher en avant et mes yeux de se fermer, j'étais si fatigué. La chaleur du sang chaud dégoulinait sur mon menton. Le sol vint à ma rencontre si rapidement que je fermai les yeux et tirai sur le manche avec toute la force dont je pouvais faire preuve. Mes mains étaient gluantes et glissantes de sang.

Je me suis réveillé dans un hôpital allemand à cinq heures du matin le lendemain. J'étais un prisonnier de guerre.

MON AMI ALLEMAND

L'hôpital de fortune dans lequel je me suis retrouvé était sale. Il n'aurait pas dû être utilisé comme hôpital. On aurait dit qu'il n'avait été utilisé que depuis quelques jours en raison de la grande campagne qui avait lieu. Ils l'abandonneraient probablement dès que les Allemands auraient trouvé un meilleur emplacement. La demeure comptait cinq pièces et une écurie, le plus grand espace de la propriété. Je n'ai jamais exploré cette aile particulière de l'hôpital.

On m'avait dit qu'elle était déjà surchargée de patients couchés sur des ballots de paille à même le sol. Je ne savais pas s'ils étaient officiers ou simples soldats. Je me suis retrouvé dans une pièce qui comptait huit autres lits, dont quatre étaient occupés par des officiers allemands blessés. J'imaginais que dans les autres pièces, il y avait le même nombre de lits que dans la mienne.

Je n'avais pas repéré d'infirmières de la Croix-Rouge, seulement des aides-soignants. Probablement parce que c'était un hôpital d'urgence et qu'il était trop près du front pour les infirmières. Les aides-soignants n'étaient pas des vieillards ni des jeunes garçons. Il s'agissait de jeunes hommes forts, dans la force de l'âge, qui avaient probablement été étudiants en médecine. Il y avait même un couple qui pouvait parler anglais. Ils refusaient de me parler pour une raison quelconque, très probablement interdite par l'officier en charge.

La blessure par balle dans ma bouche me faisait mal. Mon front était enflé, et l'arrière de ma tête était aussi gros que ma chaussure. Le moindre de mes mouvements était accompagné d'un éclair de douleur intense. Le docteur m'avait dit que je n'avais pas d'os cassés. Je me suis demandé à quel point la douleur serait pire si c'était le cas. Deux officiers allemands me rendirent visite ce matin-là. Ils m'informèrent que mon avion s'était écrasé dans un piqué en vrille d'une hauteur de huit mille pieds. Ils avaient été choqués lorsqu'ils avaient découvert que je n'avais pas été mis en pièces. Ils m'avaient extrait de mon avion, qui était criblé de balles et brisé en morceaux. Le médecin allemand qui avait retiré la balle de ma gorge m'avait demandé à mon réveil si j'étais américain.

Je ne pouvais pas le nier car je portais au poignet le disque d'identification en métal portant l'inscription Lieutenant Ryan, USA, Royal Flying Corps. La douleur était intense. Le médecin parlait un anglais parfait et insistait pour discuter. « Tu ne vaux pas mieux qu'un meurtrier ordinaire », me dit-il. « Tous les Américains qui se sont engagés dans cette guerre alors que leur pays n'en fait pas partie sont des criminels et doivent être traités comme tels. »

Je ne pouvais pas lui répondre à cause de la blessure dans ma bouche. Je souffrais déjà d'une douleur trop intense, pour être blessé par ce qu'il pouvait dire. Il me demanda si je voulais une pomme. Je pensais que j'aurai pu tout aussi bien manger une brique.

« Tu n'auras plus à t'inquiéter », continua-t-il, « La guerre est terminée pour toi. » Il s'éloigna lorsqu'il vit qu'il n'aurait pas de réponse de ma part. Ils me donnèrent un petit bouillon plus tard dans l'après-midi. Je rassemblais mes pensées et je me demandais ce qui était arrivé à mes camarades dans la bataille, qui avait fort mal tourné pour moi. Je pris conscience de ma situation et je me préoccupais moins de ma condition physique. J'étais engagé depuis peu de temps. Et maintenant, j'allais être un prisonnier pour le restant de la guerre.

Le lendemain matin, d'autres officiers allemands vinrent me rendre visite. Ils me traitaient assez bien. Ils me parlèrent de l'homme que j'avais abattu, m'informant qu'il était un bon pilote et un Bavarois. Ils me donnèrent sa veste en souvenir et me complimentèrent sur mes talents de pilote. Mon casque en cuir souple a été fendu d'avant en arrière par une balle de mitrailleuse. Ils l'examinèrent avec curiosité et m'apportèrent mon uniforme. L'étoile de grade de lieutenant sur mon épaulette droite avait été proprement arrachée. Ils me demandèrent s'ils pouvaient la garder en souvenir. Je la leur donnai.

Ils me permirent de garder mes ailes. Même les Allemands étaient conscients que cet insigne était la possession la plus glorieuse d'un officier de l'air britannique. Je crois avoir raison quand je dis que la seule chevalerie de cette guerre, du côté allemand des tranchées, a été affichée par les officiers du German Flying Corps. Ils étaient l'élite de l'armée de leur pays. Ils m'ont fait remarquer que moi et mes camarades ne nous battions que pour l'amour de la bagarre, là où eux se battaient pour défendre leur pays. J'ai envisagé de leur demander si le fait de bombarder Londres et de tuer tous ces innocents était une façon de défendre leur pays. Mais je n'étais pas en état d'argumenter.

Un autre officier allemand avait été déposé à l'hôpital et placé dans le lit à côté du mien. J'avais vaguement jeté un coup d'œil, mais je ne lui avais pas accordé d'intérêt particulier à ce moment-là. Il était resté là, silencieux, pendant plus de quatre heures avant que je ne me retourne et que je le regarde vraiment bien. J'étais certain qu'il ne pouvait pas parler anglais, alors je ne lui parlais pas. Je tournais à nouveau la tête dans sa direction et ses yeux étaient sur moi.

« Qu'est-ce que tu regardes, bon sang ? » dit-il, puis il sourit et fit un clin d'œil.

J'essayais de balbutier quelques mots, mais ma blessure rendait la conversation difficile. Je lui racontai comment je me m'étais retrouvé là. Il avait déjà entendu mon histoire par d'autres officiers allemands. Il me dit que c'était dommage que je ne me sois pas cassé le cou. Apparemment, il n'avait pas beaucoup de sympathie pour le Royal Flying Corps.

Il me demanda d'où je venais en Amérique. Quand je lui dis, San Francisco, il demanda : « Ça te dirait de prendre le brunch du dimanche au Cliff House ? »

Je lui ai dit que ma bouche n'était pas en état de manger quoi que ce soit en ce moment. Puis je lui demandai comment il connaissait e la Cliff House, et il me répondit : « J'ai été lié à cet endroit pendant de nombreuses années, je devrais tout savoir sur l'endroit. »

Après ça, nous sommes devenus de très bons amis. Nous avons passé des heures à parler des jours que nous avions passés à San Francisco. Parfois, nous discutions des incidents californiens ou autres dont nous avions connaissance. Il me dit qu'il était un vrai patriote. Quand la guerre avait commencé, il avait choisi de retourner dans son pays et de le défendre.

Il n'avait pu partir directement de San Francisco car la mer était trop bien gardée par les Anglais, il avait donc embarqué sur un bateau pour l'Amérique du Sud. Il avait trouvé un faux passeport au nom d'un Montevidéen et avait fait la route par New York. De là, il s'était envolé pour l'Angleterre. Il était arrivé facilement en Angleterre avec son faux passeport mais avait décidé de ne pas prendre le risque de passer par la Hollande. Il ne voulait pas éveiller la suspicion.

Il traversa ensuite le détroit de Gibraltar pour se rendre en Italie, pays neutre à l'époque, puis en Autriche et en Allemagne. Lorsque son navire arriva au port de Gibraltar après avoir quitté l'Angleterre, deux hommes furent sortis du navire, dont il était sûr qu'ils étaient neutres. Son passeport et ses accréditations avait été examinés et il était passé sans problème. Il parlait de son voyage d'Amérique en Angleterre comme d'un voyage agréable. Il s'était beaucoup amusé car il s'était lié avec les passagers anglais à bord. Son anglais courant l'avait entraîné dans plusieurs disputes sur le sujet de la guerre. Il avait fait un tabac un soir où les passagers s'était rassemblés pour un peu de musique. Il avait suggéré qu'ils chantent *God Save the King*. Après cela, sa popularité était montée en flèche. Un officier anglais s'était approché de lui pour lui dire : « C'est dommage que nous n'ayons pas d'hommes comme vous dans notre armée. »

Il a convenu que c'était dommage car il aurait pu faire plus pour l'Allemagne s'il avait été dans l'armée anglaise. En dépit de toute sa loyauté apparente. Mon ami allemand ne semblait pas très enthousiaste à propos de la guerre. Il avait admis que les batailles politiques menées en Californie étaient beaucoup plus à son goût que celles qu'il avait connues ici. Et puis à la réflexion, il était parti comme si c'était une bonne blague. Il voulait me faire comprendre qu'il s'intéressait de près à la politique de San Francisco. Lorsque mon ami allemand avait entamé cette conversation, le médecin allemand responsable l'avait réprimandé pour m'avoir parlé. Mais il n'avait pas prêté attention au docteur. Il avait montré qu'un véritable américanisme s'était imprégné dans son système depuis qu'il était aux États-Unis.

Un jour, ils me donnèrent une pomme. Je pense que c'était pour me tourmenter parce qu'ils savaient que je ne pourrais pas la manger, ou pour une autre raison que j'ignore. Quoi qu'il en soit, un aviateur allemand en avait plusieurs dans sa poche et m'en avait donné une belle. Alors qu'il n'y avait aucune chance que je puisse la manger. Je remarquai que mon ami allemand de San Francisco la regardait avec envie. Je la ramassais, et j'allais la lui lancer, mais il a secoué la tête en disant, « si nous étions à San Francisco, je pourrais la prendre, mais ici, je ne peux pas. » Je n'ai jamais pu comprendre pourquoi il avait refusé la pomme. D'habitude, il avait été un homme sociable et agréable, mais il ne pouvait pas oublier que j'étais son ennemi. Un jour, je lui ai demandé ce qu'il pensait que le peuple allemand ferait après la guerre ? L'Allemagne deviendrait-elle une république ? À ma grande surprise, il répondit : « Si ça ne tenait qu'à moi, je créerais une république aujourd'hui et je pendrais ce satané Kaiser. »

Je croyais qu'il était un socialiste allemand, mais il ne me l'avait jamais confirmé. Quand je lui ai demandé comment il s'appelait, il m'a répondu que je ne le reverrais probablement jamais et que son nom importait peu. Je ne savais pas s'il voulait dire que les Allemands allaient me faire mourir de faim, ou simplement ce qu'il avait en tête. À l'époque, je suis sûr qu'il ne pensait pas mourir. Les trois premiers jours à l'hôpital, je pensais qu'il serait sur pied et partirait bien avant moi. Mais il eut un empoisonnement du sang quelques heures avant mon départ. Il mourut pendant l'un de ces jours où ma blessure était encore gênante.

J'avais remarqué à l'hôpital que si un soldat allemand n'avait pas beaucoup de chances de se rétablir pour retourner à la guerre, les médecins ne faisaient pas beaucoup d'efforts pour le soigner. Si un homme pouvait se remettre de ses blessures et qu'ils pensaient qu'il pourrait encore être utile, ils utilisaient toutes leurs compétences médicales pour le soigner. Je ne sais pas si c'était l'ordre officiel ou si les médecins suivaient simplement leurs propres consignes.

Mes dents avaient été sévèrement ébranlées par la balle. J'espérais avoir une chance de les faire réparer quand j'arriverais à la prison de Courtrai. J'avais demandé au médecin s'il me serait possible d'y faire des travaux dentaires. Il m'avait dit qu'il y avait plusieurs dentistes à Courtrai, ils seraient occupés à réparer les dents de leurs propres hommes et ne s'inquiéteraient pas des miennes. Il m'avait dit que je n'aurais pas à m'inquiéter pour mes dents parce que je ne n'aurai pas tant de nourriture. J'aurai voulu lui faire sauter ses dents.

Mon état s'améliora au cours des jours suivants, et j'écrivis un message à mon escadron. Je rapportais que j'étais un prisonnier de guerre et que j'étais bien traité. Je leur avais écrit que j'étais déprimé parce que je ne participais plus aux combats. J'avais demandé s'ils pourraient transmettre ce message à ma mère dans l'Illinois. Je ne voulais pas qu'elle s'inquiète plus qu'elle ne l'était déjà. Il lui suffisait de savoir que j'étais prisonnier, elle n'avait pas besoin de savoir que j'étais aussi blessé. J'espérais que mon message serait acheminé au-delà des lignes et déposé par l'un des officiers allemands. C'était une courtoisie que nous pratiquions des deux côtés.

Je me souviens de la patience avec laquelle nous avions attendu dans notre aérodrome des nouvelles de nos hommes qui n'étaient pas revenus. Je pouvais imaginer comment mon escadron spéculerait sur mon sort. Dans le Royal Flying Corps, vous ne vous souciez pas tant de ce qui vous arrive que des pertes constantes parmi vos amis. Cela peut être déprimant. Lorsque vous sortez avec votre équipe et que vous vous battez, vous êtes dispersés et votre formation est brisée. Quand vous parvenez à rentrer chez vous, vous êtes seul. Parfois, vous êtes le premier à atterrir. Puis, autre avion apparaît dans le ciel, puis un autre. Vous attendez patiemment pendant l'heure qui suit, que le reste de l'équipe revienne. Tout votre escadron a maintenant atterri, sauf un, et vous spéculez sur ce qui lui est arrivé. Il s'est perdu ? A-t-il atterri ailleurs, sur un autre aérodrome ? Les Allemands l'ont descendu ? Capturé ? À la tombée de la nuit, vous réalisez qu'il ne reviendra pas ce soir-là. Vous espérez un appel téléphonique, ou un message sur ce qui lui est arrivé ou sur l'endroit où il se trouve. Si la nuit passe sans aucun signe ou mot de sa part, ou s'il est porté disparu, vous attendez que son nom apparaisse sur les listes du ministère de la Guerre. Peut-être un mois plus tard, des messages sont largués au-delà de la ligne par les Allemands. Ils comportent les noms des pilotes tués ou capturés. Maintenant vous savez pourquoi votre camarade n'est pas revenu le jour où il était sorti avec son escadron pour la dernière fois.

Un officier allemand m'avait parlé d'une bataille féroce qui se déroulait dans les airs à l'extérieur de l'hôpital. Il avait accepté de m'aider à me relever pour que je puisse la regarder. Je l'avais remercié et j'avais accepté son aide. J'ai assisté ce jour-là à l'une des meilleures batailles aériennes que je n'aie jamais vues. Il y avait seize avions allemands contre six de nos avions. Le type d'avion britannique les identifiait comme venant de mon aérodrome. Deux de nos avions combattaient six avions allemands. Le combat était si inégal que la victoire de nos pilotes semblait impossible. Pourtant, ils surpassaient visiblement les Allemands. Peut-être que grâce à une compétence supérieure, ils survivraient et gagneraient, même en étant en infériorité numérique. Une chose dont j'étais sûr : ils n'abandonneraient pas.

Cela aurait pu se finir simplement pour nos pilotes. Une fois qu'ils avaient vu comment les choses se passaient, ils auraient pu tourner le dos et atterrir derrière les lignes allemandes et se rendre. Mais ce n'était pas la façon d'agir du Royal Flying Corps.

Ces types d'affrontements duraient rarement longtemps, mais une seconde semblait durer une heure pour ceux qui se battaient. Même les spectateurs éprouvaient plus de sensations fortes au cours d'une bataille que ce qu'ils vivaient normalement dans une vie. Il devenait évident que le destin des perdants était la mort certaine. Les Allemands autour de l'hôpital regardaient et encourageaient leurs camarades. Les Anglais aussi avaient un sympathisant dans le groupe qui ne faisait aucun effort pour étouffer son admiration pour la bravoure de ses camarades dans le ciel.

La fin arriva rapidement. Quatre avions s'écrasèrent au sol simultanément. C'était maintenant un combat d'égal à égal. Deux des nôtres contre deux des leurs. Les autres s'étaient envolés vers leurs lignes respectives. La blessure dans ma bouche me brûlait et me gênait considérablement. Je demandais un crayon et du papier et remis une note à l'un des officiers allemands. Je lui demandais s'ils pouvaient trouver pour moi qui étaient les officiers anglais qui avaient été abattus. Il me tendit une photo du corps qui avait été trouvée sur l'une des victimes. C'était une photo d'Owen Wrinn et de moi-même. Owen était le meilleur ami que j'avais et l'un des meilleurs pilotes qui aient jamais volé en France.

J'ai appris plus tard que c'était Owen qui avait renvoyé mes affaires en Angleterre avec une lettre signée qui est maintenant en ma possession. Il ne savait pas qu'un jour ou deux plus tard il serait engagé dans son dernier combat héroïque avec moi comme spectateur impuissant. Le même officier allemand qui m'avait apporté la photo avait également dessiné une carte de l'endroit exact où Owen avait été enterré dans les Flandres. Je l'ai gardée précieusement tout au long de mes aventures. Je la remettrais plus tard à ses parents lors de ma visite à Toronto. C'était le devoir le plus triste et le plus tragique que j'aie jamais été appelé à exécuter.

Je leur racontai en personne ce qui était arrivé à Owen. L'autre pilote britannique qui est tombé était aussi de mon escadron. C'était un homme que je connaissais bien. Le lieutenant Renner d'Australie. Je lui avais donné une photo de moi quelques heures seulement avant de commencer mon propre vol désastreux. Il était le pilote vedette de notre escadron et avait déjà participé à des batailles importantes et désespérées, mais cette fois, les circonstances étaient pessimistes. Il s'était brillamment battu, et il avait donné autant qu'il avait encaissé.

On m'avait emmené au département des renseignements de l'armée de l'air allemande. C'était à une heure de l'hôpital. Ils me gardèrent là-bas pendant deux jours. Ils me posèrent des centaines de questions. J'avais remis le message que j'avais écrit à l'hôpital et j'avais demandé qu'un de leurs avions le largue de mon côté de la ligne. Ils m'ont demandé où je voulais qu'ils le déposent, pensant que je donnerais les coordonnées de mon aérodrome. J'ai souri et j'ai secoué la tête.

« Je vais le déposer moi-même. » dit l'un de ceux qui avaient nommé mon aérodrome. J'ai alors compris que l'armée de l'air allemande était aussi efficace que toutes les autres branches du service pour obtenir des informations précieuses. C'est ici que je veux dire que plus je connaissais l'ennemi, plus je me rendais compte de la difficulté que nous aurions à le vaincre.

Je savais que nous finirions par gagner la guerre, à condition de ne pas croire aux idées fausses selon lesquelles les Allemands étaient prêts à abandonner. Les officiers qui m'interrogeaient étaient impatients d'apprendre tout ce qu'ils pouvaient sur le rôle que l'Amérique allait jouer dans la guerre. Il ne leur a pas fallu longtemps pour conclure que l'Amérique ne m'avait pas mis dans la confidence. N'ayant reçu aucune information utile, ils ont abandonné. Je fus envoyé à la prison des officiers à Courtrai, en Belgique.

BANQUET À COURTRAI

Après avoir été interrogé par le service des renseignements, j'ai été emmené dans l'aile des officiers du camp de prisonniers de Courtrai. Un trajet d'une heure en automobile accompagné par l'un des pilotes les plus célèbres du monde. Il serait ensuite tué au combat. Mais un autre aviateur anglais, témoin du dernier combat, m'avait dit qu'il avait livré une bataille féroce et qu'il était mort en héros.

La prison de Courtrai était une prison civile avant la guerre. Située en plein cœur de la ville. Le premier bâtiment que nous avons approché était immense, et devant l'arcade se trouvait l'entrée principale. Un garde nous a interpella et frappa à la portière de notre voiture avant de tourner la clé dans la serrure et de nous admettre. Nous passâmes sous l'arcade pour arriver directement dans la cour faisant face aux bâtiments de la prison. Toutes les fenêtres étaient lourdement barrées de fer.

Après avoir donné mon nom, mon âge, mon adresse et mon immatriculation, on m'a emmené dans une cellule aux barreaux de fer donnant sur la cour. Ils m'informèrent que pendant la nuit, je devrais rester dans cette cellule. J'avais déjà observé mon environnement et compté le nombre de gardes. Une porte verrouillée à l'extérieur m'indiquait que mes chances de m'échapper ne pouvaient pas être pires que dans cette cellule particulière. Je n'avais pas de chapeau. Mon casque était la seule chose que j'avais portée au-delà des lignes. Je devais choisir entre sortir tête nue ou porter la casquette du Bavarois, que j'avais abattu ce jour-là. Je peux seulement imaginer à quoi je devais ressembler dans un uniforme britannique avec un chapeau rouge vif. Ma tenue a dû éveiller la curiosité des Allemands et des soldats belges ce jour-là. Je sortis quand même la casquette.

J'étais entré dans la cour. Mon pardessus couvrait le reste de mon uniforme. Les officiers britanniques s'étaient installés au soleil dans la cour et regardaient fixement la casquette rouge. Ils me dirent par la suite qu'ils se demandaient qui était ce grand Allemand avec un bandage sur la bouche. J'ai gardé avec moi la casquette du Bavarois mort. Mais on me dit que je n'avais pas le droit de la porter lors des promenades que nous faisions. Je devais soit sortir tête nue, soit emprunter un couvre-chef à un autre prisonnier quelques heures chaque jour. Les prisonniers pouvaient se mêler les uns aux autres dans la cour. C'est là que j'appris pour la première fois qu'il y avait douze autres officiers dans la prison en plus de moi.

Il y avait des interprètes qui pouvaient parler toutes les langues. L'un d'eux était un garçon de Newark, New Jersey. Il avait passé toute sa vie en Amérique jusqu'au début de 1914. Il avait déménagé avec ses parents en

Allemagne, et quand il eut l'âge militaire, il fut forcé à s'engager dans l'armée. Après avoir appris à le connaître un peu, je pense que la vérité est qu'il aurait préféré se battre pour l'Amérique plutôt que contre elle. J'ai appris aussi que la plupart des prisonniers ne restaient à Courtrai que quelques jours. Ensuite, ils étaient emmenés dans d'autres prisons à l'intérieur de l'Allemagne. Je ne sais pas si c'était parce que j'étais un Américain ou un pilote, mais cette règle ne s'était pas appliquée à moi. J'y suis resté deux semaines. Pendant ce temps, la prison de Courtrai a été bombardée par nos aviateurs. Il n'y avait pas un jour qui passait sans un raid aérien.

Les villes belges environnantes souffraient beaucoup. Les Allemands avaient de nombreuses troupes concentrées à Courtrai ainsi que l'état-major qui y était stationné. J'ai entendu dire que le Kaiser lui-même y avait rendu visite quand j'étais en prison. La cour était l'endroit le moins fréquenté pendant un raid aérien. Quand nos aviateurs attaquaient la prison dans la journée, je sortais et je regardais les obus éclater. Les Allemands ne se pressaient pas pour sortir. Leurs canons anti-aériens martelaient nos avions aussi haut dans le ciel que possible. Il était possible que des douilles tombent dans la cour de la prison à tout moment. Nous avions compris que nous regardions ces batailles à nos propres risques.

La nuit, de la fenêtre de ma prison, je regardais les raids aériens se poursuivre. Quel spectacle merveilleux, les projecteurs allemands illuminant le ciel, les oignons de feu tirant en hauteur, les rafales incessantes des canons anti-aériens... La peur s'insinua en moi lorsque je réalisai qu'à tout moment, une bombe pouvait être larguée sur le bâtiment dans lequel je me trouvais. Mais c'était la seule excitation que j'avais à ce moment. La vie en prison était incroyablement ennuyeuse. L'une des choses les plus difficiles que j'ai dû endurer était le survol de Courtrai par des avions allemands. Je réalisais que je n'aurais peut-être plus jamais l'occasion de voler.

Je m'asseyais et regardais pendant des heures les avions allemands manœuvrer au-dessus de la prison. Il devait y avoir un aérodrome non loin de là. Je pensais que c'étaient des étudiants parce qu'ils volaient maladroitement. Un pilote allemand semblait aimer voler à basse altitude au-dessus de la prison chaque nuit. Il devait savoir qu'il y avait un aviateur ennemi en prison et attendait impatiemment d'essayer ses ailes au-dessus des lignes.

Cela ne m'inquiétait pas et je savais que son jour viendrait. Avec un peu de chance, plus tôt que tard. Une nuit, un raid aérien d'une intensité inhabituelle eut lieu. Plusieurs officiers allemands entrèrent dans ma cellule et, à voir leurs visages, ils semblaient effrayés. Je leur dis que ce serait fantastique si nos pilotes frappaient directement la prison. Le pourcentage de dommages serait acceptable. Un seul officier anglais pour une dizaine d'Allemands. Ils n'apprécièrent pas ma contribution. Ils étaient trop alarmés par ce qui se passait. Ces raids nocturnes sapaient le courage des Allemands. Les officiers discutaient du raid avec des intonations de colère et de peur.

Il y avait des milliers de soldats à Courtrai. Notre idée de pouvoir gagner la guerre en les affamant était ridicule. La nourriture n'était pas bonne, mais elle était abondante. Les Allemands semblent être bien approvisionnés en équipements, vêtements, armes et munitions. Ces conditions ne signalaient pas une fin rapide de la guerre.

À moins que les Allemands n'aient une récolte absolument nulle, ils pouvaient continuer pendant des années. Cette guerre devait être gagnée en combattant. Plus vite nous combattrions et conquerrions notre ennemi, plus vite elle serait finie.

Nous étions réveillés chaque jour à 7 heures du matin pour le petit-déjeuner. Une tasse de café noir, c'était tout. Si un prisonnier était assez intelligent pour avoir gardé un morceau de pain de la veille, il avait aussi du pain avec son café pour le petit-déjeuner. Certains jours, nous avions la chance d'avoir deux tasses de café. Je suppose qu'on pouvait appeler ça du café. C'était vraiment une sorte de racine de chicorée grillée, sans lait ni sucre. Le déjeuner était un menu de betteraves à sucre bouillies ou d'un autre légume du même genre. De temps en temps, de la viande marinée surnageait dans le ragoût de légumes, mais c'était rare. Nous recevions une petite boule de pain de guerre. Elle était censée durer toute la journée, avec une soupe occasionnelle.

Un autre repas était servi à 17h. La plupart du temps, il s'agissait d'un peu de confiture faite à partir des mêmes betteraves à sucre, avec quelque chose qu'ils appelaient thé, qu'on secouait vigoureusement, sinon il se déposait au fond de la tasse. C'était vraiment juste de l'eau chaude et des feuilles séchées. Ce triste thé était un coup direct pour l'Anglais. Ce qu'ils appelaient thé était affreux. Parfois, nous avions du beurre à la place de la confiture, et de temps en temps, il y avait une sorte de viande en conserve. C'était notre menu pour la journée. J'aurai pu manger plus que tout cela juste au petit-déjeuner.

Nous avions le droit d'acheter des choses. La plupart des prisonniers n'avaient pas d'argent, donc c'était un privilège inutile. J'avais envoyé mes chaussures à un cordonnier belge pour les faire ressemeler. J'avais dû payer 20 marks - 5 dollars. Parfois, une œuvre de charité (Belgian Ladies Relief Society) visitait la prison et nous apportait du savon américain, des mouchoirs, du dentifrice et d'autres petits articles de fabrication américaine. Ces cadeaux étaient utiles, et nous les appréciions beaucoup. J'avais offert un bouton de mon uniforme à une femme belge en guise de souvenir. Un garde allemand l'avait vu, et par la suite, on m'avait interdit de m'approcher à nouveau des visiteurs.

Les conditions sanitaires dans le camp de prisonniers étaient exceptionnelles. Mais une nuit, j'ai découvert que j'avais été infesté par des *poux*. C'était une nouvelle expérience pour moi, une expérience que j'aimerai ne pas avoir eue. Nos aérodromes étaient à plusieurs kilomètres derrière les lignes. Nos logements étaient propres et confortables. Les parasites tels que les poux et autres visiteurs indésirables étaient rares.

Je criai et essayai de les secouer. Le garde entra en courant. À ce moment précis, j'eu un autre excellent exemple de l'efficacité allemande. Le garde était plus contrarié que moi par ma plainte. Il pensait qu'on lui reprocherait les poux. Ils convoquèrent le commandant, et il se mit colère. Quelqu'un allait certainement être réprimandé et puni pour cela. Ce garde me poussa hors de la cellule avec la crosse de son fusil. Il m'emmena à quelques centaines de mètres de la prison. Nous arrivâmes dans un ancien bâtiment d'usine converti en usine de fumigation.

Ils me donnèrent un bain au vinaigre. Je lavai mes draps, mes vêtements et tout ce qui se trouvait dans ma cellule. Ils fumigèrent le tout. Cela prit plus d'une heure pour que mes affaires sèchent. J'observais une autre centaine de victimes de poux. Des soldats allemands infestés depuis les tranchées. Nous étions tous nus. Il n'était pas difficile pour eux de voir que j'étais un étranger, même sans mon uniforme. Aucun d'entre eux ne m'adressa la parole, non pas que je puisse les comprendre de toute façon. Je devais être la cible de leurs blagues. Ils ne cachaient pas le fait que j'étais le sujet de leur conversation. Quand je fus renvoyé dans ma cellule, je vis qu'elle avait été soigneusement fumigée. À partir de ce moment, il n'y eu plus aucun problème de poux.

Nous n'avions pas le droit d'écrire autre chose que sur des cartes de prison. L'écriture était interdite. Nous n'avions rien à lire non plus. Absolument aucune lecture. Nous n'avions rien à faire pour passer le temps. Les jeux de cartes étaient devenus notre principale distraction. Et heureusement pour nous, nous en avions obtenu quelques-uns.

Il n'y avait pas beaucoup d'argent qui circulait dans le camp. J'avais gagné quelques jeux, mais ce n'était pas dû à une capacité particulière de jouer aux cartes de ma part. J'avais plusieurs centaines de francs dans mes poches lorsque j'avais été abattu. Nous organisions une loterie quotidienne. Je ne pense pas qu'il n'y ait jamais eu une loterie suivie avec autant d'intérêt que celle-là. Le tirage au sort avait lieu la veille de la remise du prix. Nous savions la veille, qui serait l'heureux élu. Il y avait toujours un tas de spéculations quant à l'identité du gagnant du prix. Le premier prix était une petite miche de pain.

Notre loterie était toujours jouée à la loyale. Si un

homme était pris en train de tricher, les autres officiers l'évitaient tant qu'il était en prison. J'avais gagné deux fois. Un homme qui, ironiquement, était celui du camp qui mangeait le moins, avait gagné trois jours d'affilée. Heureusement pour lui, sa chance tourna au quatrième jour, car nous aurions eu des soupçons, même si nous nous occupions de la tombola nous-mêmes et que nous savions qu'il n'y avait rien de tordu. Il fut heureusement épargné.

Nous pouvions acheter des poires qui étaient petites et dures. Nous les utilisions comme prix dans nos jeux. Ces minuscules petites poires faméliques valaient plus qu'un tas de pièces de monnaie. Les hommes n'étaient pas aussi téméraires pour parier leurs propres rations. Malgré toutes mes manigances, j'avais réussi à mettre de côté deux morceaux de pain. Je les gardais pour le jour où je m'échapperais, au cas où. Ce n'était pas un sacrifice facile. J'avais survécu en mangeant des poires jusqu'à ce que j'aie enfin un morceau de pain de plus, et alors je me suis forcé à nouveau à reprendre le régime des poires.

Quand un nouveau prisonnier arrivait, il était immédiatement encerclé. Nous étions avides de toute nouvelle ou information qu'il pourrait donner. Il était aussi impatient de nous dire ce qu'il savait. S'il avait été détenu et interrogé par les Allemands pendant un certain temps, il était heureux de voir des visages amicaux. Un malheureux soldat arriva un jour avec d'horribles douleurs. Il avait été blessé par des éclats d'obus à l'estomac et au dos. Nous avons supplié les Allemands de l'envoyer dans un hôpital, mais les médecins refusèrent. Ils nous dirent que c'était contre leurs ordres. Je vis ce pauvre soldat souffrir chaque jour jusqu'à mon départ. Une autre victime de cette terrible guerre.

À un moment donné, dans notre camp de prisonniers, nous avions un marine et aviateur français, un autre pilote du Royal Flying Corps du Canada, deux soldats belges, et quelques autres d'Irlande, d'Écosse et du Pays de Galles. L'un des hommes était de mon propre escadron. Je pensais qu'il avait été tué. Il fut choqué de me voir là. Nous étions un groupe assez diversifié. Un Anglais dit un jour : « Les seules nations civilisées qui comptent sont réunies ici. » Ils n'ont jamais traduit ça aux Allemands. Et il ne l'avait pas crié sur les toits. Dans ce cas, nous n'aurions probablement pas eu un groupe aussi cosmopolite.

Chaque homme défendait vigoureusement son propre pays dans n'importe quelle discussion. Je n'ai jamais pris mes distances dans mon éloge de l'Amérique. Les Canadiens s'exprimaient bien aussi de leur côté. Nous avions des discussions amicales, mais nous étions tous d'accord pour dire que cette prison n'était pas l'endroit pour se chamailler.

Un matin sur deux, on nous emmenait dans une grande piscine et on nous permettait de nous baigner. Il y avait deux piscines, une pour les officiers allemands et une pour nos hommes. Même si nous étions officiers, nous devions utiliser la piscine occupée par les troufions. Pendant que nous nagions, des gardes allemands étaient assis avec un fusil sur les genoux à chaque coin de la piscine. Ils nous regardaient attentivement pendant que nous nous habillions et nous déshabillions. Il y avait toujours des interprètes anglais qui nous accompagnaient lors de ces sorties. Nous ne pouvions pas discuter de sujets privés. Chaque sujet de conversation était rapporté. Chaque fois qu'on nous sortait de la prison pour une raison quelconque, on nous faisait défiler dans les rues les plus bondées.

Les Allemands voulaient faire croire à la population locale qu'ils avaient reçu des centaines de prisonniers. Les soldats allemands ne cachaient jamais leurs sourires et leur mépris. Les Belges étaient curieux de nous voir. Ils sortaient en grand nombre lorsque nous étions hors de la prison. Les gardes allemands frappaient quiconque s'approchait trop près de nous, femmes et enfants compris. Un jour, j'avais souri et salué une jolie fille belge. Elle m'avait répondu en allemand avec un sourire. Un garde s'était rué vers elle. Heureusement pour elle, elle s'était glissée dans sa maison avant qu'il ne l'atteigne. Je crains que mon salut innocent aurait entraîné de graves répercussions pour elle. Je n'aurais pas été capable de l'aider. Chaque fois que nous passions devant une maison belge ou un autre bâtiment détruit par les bombes, nos gardes allemands s'arrêtaient. Nous devions écouter leurs remarques moqueuses et sarcastiques.

J'ai acquis un souvenir lors de mon séjour à Courtrai. C'était une photo prise dans la cour de la prison. Un garde avait pris une photo et la vendait à ceux qui pouvaient payer. Elle coûtait un Mark. Nous avions tous fait face à la caméra. Nous avions essayé d'avoir l'air aussi heureux que possible. Mais la majorité d'entre nous était trop dégoûtée pour sourire. Un de nos gardes allemands sur la photo était assis à une table au centre. Dans toutes mes futures aventures, j'ai conservé sur moi une copie de cette photo. Même maintenant, quand je la regarde, elle me rappelle la chance que j'ai eue de m'échapper. Cela me remplit de regret de penser à mes compagnons de détention qui n'ont pas eu cette chance. La plupart d'entre eux, à cette époque, souffraient dans des camps de prisonniers au fin fond de l'Allemagne. Pauvres compères.

Malgré le peu de nourriture et les autres restrictions auxquelles nous étions soumis en prison, nous réussîmes à organiser sporadiquement un banquet. Ce genre de planification nous permettait de passer le temps. Nous étions maintenant huit, et nous avions décidé que la chose la plus importante pour que ce soit un succès était d'obtenir des pommes de terre. J'eus une idée. L'après-midi, les gardes nous promenaient dans la campagne. Et si l'on faisait semblant d'être fatigué et de s'asseoir lorsqu'on arrivait à un champ de pommes de terre ? Cela fonctionna merveilleusement.

Lorsque nous sommes arrivâmes au premier champ de pommes de terre, nous demandâmes aux gardes de faire une pause, et ils nous le permirent. En moins de cinq minutes, nous avions réussi à récupérer au moins deux pommes de terre chacun, moi-même étant un Américain irlandais, j'en avais ramassé sept. Une fois de retour à la prison, je volais un mouchoir plein de sucre. J'achetai quelques pommes qu'on avait le droit d'acheter, et nous firent de la compote. Nous avions besoin de pain. Nous avions trouvé un Allemand qui était un bon musicien. Il n'était pas difficile de lui demander de jouer de la musique pour nous pendant que nous nous faufilions dans le garde-manger pour voler une miche de pain. Certains d'entre nous avaient gardé du beurre de la veille. Nous allions l'utiliser pour faire frire nos pommes de terre. Nous avions soudoyé des gardes pour qu'ils nous achètent des œufs. Les œufs coûtaient vingt-cinq centimes pièce. Ce banquet sera un succès quoi qu'il arrive.

Nous avions aussi soudoyé le cuisinier de la prison pour qu'il fasse la cuisine pour nous. Lorsque notre banquet fut prêt, nous avions des pommes de terre frites, du pain et de la compote, des œufs brouillés et un pichet de bière que nous avions pu acheter. Si j'avais su que c'était le dernier vrai repas que j'allais avoir pendant plusieurs semaines, je l'aurais apprécié plus que je ne l'ai fait, mais il était incontestablement délicieux. Nous avions préparé assez de nourriture pour notre équipe de huit, mais pendant que nous mangions, un autre homme nous rejoignit. C'était un officier anglais qui avait été amené sur une civière. Pendant plus d'une semaine, il était resté allongé dans un trou d'obus, blessé et affamé. Nous fûmes heureux de partager notre banquet avec lui.

Chacun d'entre nous porta un toast ce jour-là. C'était la dernière fois que j'allais voir ces hommes. Il y avait un sujet dont nous parlions continuellement : quelles étaient nos chances de nous échapper ? Chacun avait une idée différente. Je suppose qu'elles étaient tous aussi peu pratiques les unes que les autres. Nous ne nous attendions pas à avoir l'occasion de mettre nos idées en pratique. C'était amusant de spéculer, et nous ne pouvions jamais savoir quelles opportunités pouvaient se présenter. L'une des meilleures suggestions était de nous déguiser en femmes.

Je leur avais dit que j'aurais sûrement plus de chances déguisé en cheval. Comme je mesurais 1,80 m, je me voyais plus comme un cheval que comme une femme. Un autre avait suggéré de subtiliser un Gotha allemand.

C'était un type d'avion utilisé pour les bombardements à longue distance qui avaient été utilisés dans l'attaque de Londres. Ils étaient pilotés par trois hommes. L'un d'eux était assis à l'avant avec la mitrailleuse, le pilote était assis derrière lui, et l'observateur était assis à l'arrière avec une autre mitrailleuse. Nous avions imaginé qu'en cas d'urgence, sept ou huit d'entre nous pourraient s'échapper dans un seul avion. Ils disposaient de deux moteurs et d'une bonne puissance, ils volaient haut et pouvaient aller vite. Nous n'avons jamais été en mesure de tester cette idée.

J'avais pensé que si je pouvais me faufiler dans un des aérodromes allemands, j'aurai pu attendre dans le hangar, et quand un avion allemand aurait été prêt à décoller, je me serai précipité en criant et en pointant sur ses roues, en espérant que cela amènerait le pilote à s'arrêter et à voir ce qui n'allait pas. À ce moment-là, je lui aurai sauté dessus lorsqu'il serait descendu pour inspecter son avion. J'aurai pu l'assommer, sauter dans son avion et franchir les lignes avant que les Allemands ne comprennent ce qui s'est passé. C'était un beau rêve, mais ça n'allait pas se produire. Nous avions envisagé des douzaines d'autres moyens comme celui-là.

Un homme pensait pouvoir essayer de se frayer un chemin à travers les lignes. Un autre pensait que le moyen le plus sûr était de nager dans une rivière traversant les lignes. On s'était mis d'accord sur un plan pour aller en Hollande. Mais il y avait un énorme obstacle sur notre chemin. Une immense barrière de barbelés et de fils électriques protégeait chaque mètre de la frontière entre la Belgique et la Hollande. Elle était surveillée de près par des soldats allemands. Cette barrière consistait en un mur de barbelés de deux mètres de haut. Deux mètres plus loin, un autre mur de trois mètres comprenait des fils barbelés et une clôture électrique. Si vous la touchiez, vous étiez grillé.

Après ça, il y avait un encore un autre mur de deux mètres de fil barbelé. Si vous arriviez à passer ces trois obstacles, vous arriveriez libre en Hollande. S'y rendre était un problème que nous ne pouvions pas résoudre, et nous ne pensions pas avoir l'occasion d'essayer.

Mon occasion arriva plus tôt que je ne le pensais.

LA GRANDE ÉVASION

Je n'oublierai jamais le matin du 9 septembre. C'était le jour où j'appris que je devais être transféré dans un camp de prisonniers à l'intérieur de l'Allemagne. L'un des gardes s'esclaffa et ricana en me disant que notre destination pourrait être Strasbourg. Ils nous enverraient là-bas pour que nos pilotes ne bombardent pas la prison. Il ajouta que les Britanniques transportaient des officiers allemands sur des navires-hôpitaux pour les mêmes raisons.

Quelques jours plus tôt, j'avais décidé que ce serait une bonne idée de quitter l'Allemagne. Un des interprètes avait une carte. Quand j'ai appris que j'allais être transféré au centre de l'Allemagne, j'ai compris qu'il était temps pour moi de me procurer cette carte. Si j'avais la chance de m'échapper, cette carte n'aurait pas de prix. J'ai demandé à un collègue pilote de m'aider à faire sortir l'interprète. Il acquiesça, et nous avons organisé une discussion houleuse pour savoir si Heidelberg était proche du Rhin ou non. L'interprète allemand sortit de son bureau en brandissant la carte, impatient de régler la dispute. Une fois l'affaire réglée, il retourna dans son bureau. J'avais observé à quel endroit il avait rangé la carte.

J'attendis que l'interprète quitte la pièce pour une raison ou une autre. Une fois dehors, je m'y faufilais et subtilisais la carte du livre où il l'avait cachée. Je la cachai dans ma chaussette. Moins d'une demi-heure plus tard, nous étions en route pour la gare. Nous étions un groupe de six officiers britanniques et d'un officier français. Nous avons attendu pendant plusieurs heures un autre train qui devait nous emmener directement à la prison en Allemagne. Pendant notre arrêt, nous avions été enfermés dans une chambre d'hôtel. Un garde était assis à la porte avec un fusil. J'aurais aimé pouvoir m'enfuir à ce moment-là, mais ça n'avait pas été possible.

Ensuite, nous avons été conduits au train qui devait nous emmener à l'intérieur de l'Allemagne. Il y avait douze wagons. Beaucoup d'entre eux contenaient des troupes rentrant chez elles en congé. Le dernier wagon nous avait été réservé. On nous avait mis dans un compartiment de troisième classe avec de vieux sièges en bois durs. Le sol était sale, et il n'y avait pas de lumière, seulement une faible bougie placée là par le garde. J'avais compté huit prisonniers et quatre gardes. Nous avions été poussés dans le wagon pendant que les autres soldats allemands se rassemblaient à la gare.

Un soldat s'écria « Hope you have a nice trip ! » (J'espère que vous ferez bon voyage !), sarcastiquement, dans un anglais approximatif.

Un autre continua « Écrivez-moi quand vous serez à Berlin », en riant.

Un troisième ajouta « On se reverra bientôt. »

Les officiers allemands n'avaient fait aucun effort pour arrêter les commentaires. En fait, ils en rajoutaient. J'ai interpellé un Allemand qui passait devant notre fenêtre. Je lui ai demandé s'il était un officier. Il a hoché la tête d'un air agacé. J'ai dit : « En Angleterre, nous laissons nos officiers prisonniers voyager en première classe. N'y a-t-il pas moyen d'arranger ça pour que nous soyons traités de la même façon ? Au moins dans un compartiment de seconde classe ? » L'officier cracha au sol, me regarda droit dans les yeux et me dit que s'il pouvait faire ce qu'il voulait, il nous aurait abattus.

Puis il rapporta à la foule ce que j'avais demandé, et ils se mirent à rire hystériquement. Je sentis mon sang bouillir, et mon estomac se raidir. Quand notre train fut prêt à partir, nos gardes présentèrent leurs armes pour inspection. Ils en firent un grand spectacle, chargeant leurs fusils pour nous faire savoir qu'ils pourraient nous tirer dessus. Le moment où le train a démarré lentement en direction de l'Allemagne, la pensée s'est insinuée dans mon esprit que si je ne pouvais pas m'échapper avant d'atteindre ce camp, la guerre serait terminée pour moi. J'ai réalisé que si les huit personnes dans le wagon pouvaient sauter à un signal donné et prendre les quatre gardes allemands par surprise, nous aurions une chance de les maîtriser et de sauter du train dès qu'il ralentirait.

Quand je chuchotai l'idée à mes camarades, ils refusèrent catégoriquement. Ils me dirent que même si le plan fonctionnait aussi bien que je l'avais imaginé, le fait que nous soyons si nombreux à nous échapper entraînerait sans aucun doute une recherche et nous serions à nouveau capturés. La pensée collective était que les Allemands allaient parcourir la Belgique jusqu'à ce qu'ils nous trouvent, et que nous serions tous fusillés. Peut-être qu'ils avaient raison. Mais je devais essayer.

J'étais déterminé à tenter de reprendre ma liberté, quelles qu'en soient les conséquences. Nous traversions d'autres villages belges. Nous nous rapprochions de Strasbourg et du nouveau camp de prisonniers. J'avais décidé que ma seule et unique chance de me libérer avant d'arriver, était la fenêtre. Je plongerai par cette fenêtre en pleine vitesse si nécessaire. Si j'attendais que le train ralentisse ou s'arrête, il serait trop facile pour les gardes de me tirer dessus. Je glissais le pêne de la fenêtre pour l'ouvrir. J'observais le garde qui était assis en face de moi. Il était si proche que ses pieds me touchaient, et la crosse du fusil qu'il tenait entre ses genoux heurtait mon pied de temps en temps. La fenêtre était ouverte, et le bruit du train était de plus en plus sourd. Il semblait presque dire : *Tu es un idiot si tu le fais et un idiot si tu ne le fais pas*. Je fermais la fenêtre. Le bruit du train s'atténua, la vitesse semblait ralentir.

Mon plan m'a semblait être à nouveau la bonne chose à faire. J'étais sûr que le garde en face de moi ne comprenait pas l'anglais. Je murmurais à l'officier anglais à côté de moi ce que je comptais faire. Il me répondit : « Ne fais pas le con. Cette voie ferrée est à double voie des deux côtés. Tu n'as aucune chance de t'en sortir. Tu vas probablement t'exploser la tête contre les rails ou heurter un pont. » Il se pencha en avant et murmura : « Et si tu parviens à t'en sortir, tu vas probablement te faire écraser par un autre train. Tu as moins d'une chance sur mille de t'en sortir vivant. »

Il avait raison. Sa logique résonnait en moi. Mais je

me disais que dès que nous serions dans la nouvelle prison, nous aurions moins d'une chance sur dix mille de nous échapper. L'idée de rester un prisonnier de guerre était contre mes convictions. Je regardai à nouveau le garde. C'était un homme plus âgé, probablement en congé, qui avait l'air de rêver à ce qu'il allait faire, plutôt que de me prêter attention.

    Je lui souris et fit un signe de tête. J'étais sûr qu'il n'avait pas la moindre idée de ce qui me passait par la tête. Je fis semblant de tousser comme si ma gorge était irritée par la fumée. J'ouvris une fois encore la fenêtre. Cette fois, le garde leva les yeux et montra sa désapprobation, mais il ne dit rien.

    Il était 4 heures du matin, bientôt ce serait l'aube. C'était maintenant ou jamais. Je n'aurai aucune chance d'essayer ça dans la journée. Je portais un trench-coat et j'avais un sac à dos. J'avais un morceau de saucisse, deux morceaux de pain, et une paire de gants de vol. Tout cela devrait passer avec moi à travers cette foutue fenêtre. Le train roulait à environ 50 kilomètres à l'heure. J'écoutais le bruit du cliquetis sur les traverses. Une voix dans ma tête répétait : *Tu es un idiot si tu fais ça, tu es un idiot si tu fais ça, tu es un idiot si tu fais ça. Tu es un idiot si tu ne fais pas ça.*

    Je m'assis sur le banc comme si j'allais mettre mon sac sur le rack. Je tenais la barre de ma main gauche. Je soulevai mon corps en tirant sur mon bras, je jetai mes pieds et mes jambes par la fenêtre et je lâchai prise. Je m'attendais à recevoir une balle entre les épaules. C'était fini en un instant. J'avais atterri avec le côté gauche de mon visage dans les rochers. Je me suis évanoui. Je repris mes esprits et je secouai la tête. Je ne pouvais pas ouvrir mon œil gauche. Mes mains et mes tibias était éraflés. Ma cheville était complètement engourdie.

S'ils avaient tiré par la fenêtre dans les premiers instants après ma fuite, je n'avais aucun moyen de le savoir. S'ils avaient arrêté le train à ce moment-là, ils auraient pu me recapturer rapidement. Mais à la vitesse à laquelle nous allions et dans la confusion qui a dû suivre ma fuite, ils ne se sont probablement pas arrêtés avant un kilomètre. J'étais étourdi. Il me fallut plusieurs minutes pour reprendre pleinement conscience. Je m'examinai et je constatai que je n'avais pas d'os cassés. Je ne souciais pas de mes coupures et de mes bleus. Je me levai d'un bond. Tout ce qui me trottait dans la tête était de savoir quelle distance je pouvais mettre entre moi et l'endroit de ma chute avant le lever du jour.

J'avais perdu l'un de mes deux précieux morceaux de pain de mon sac à dos. Pas le temps de le chercher. J'étais libre. C'était à moi de tirer le meilleur parti de mon évasion.

LA TRAVERSÉE DE L'ALLEMAGNE

Je ne savais pas exactement où j'avais sauté. Peut-être qu'après la fin de la guerre, quelqu'un me le dirait, pour que je puisse retourner chercher l'impression que j'avais faite dans ce gros caillou avec mon visage. Je ne me suis pas arrêté longtemps ce matin-là, après avoir repris mes esprits. Je saignais abondamment de mes nouvelles blessures. Je maintenais un mouchoir sur mon visage pour arrêter l'hémorragie.

J'avais utilisé le bas de mon manteau pour empêcher le sang de laisser des traces sur le sol. J'avais marché près d'un kilomètre avant de m'arrêter pour me reposer. Je suivais les étoiles. J'avais remarqué que j'avais pris la mauvaise direction, mais je n'étais pas prêt à faire marche arrière. J'ai continué vers l'ouest pendant quelques heures. La perte de sang m'affaiblissait et m'étourdissait. Au petit jour, je me trouvais devant un canal à traverser. Je sautai dans l'eau et traversai à la nage. Cette baignade fut une erreur qui m'apprit deux ou trois choses.

La première chose que j'avais oubliée, c'était d'enlever ma montre. Bien que ma montre ait été cassée lors du saut en train - je l'avait fait réparer à Courtrai - j'avais encore cassé le cristal. Elle aurait pu vraiment m'aider dans cette évasion. La traversée du canal lui donna le coup de grâce. Je n'avais pas non plus sorti la carte de ma chaussette. L'eau avait également détrempé la carte. À l'avenir, je prendrai toutes ces questions en considération. Si je devais à nouveau traverser n'importe quelle pièce d'eau, je ferais plus attention et j'attacherais mes trésors sur ma tête.

Le jour s'était levé. Il serait suicidaire de voyager avec mon uniforme britannique en territoire ennemi. Je devais me cacher le jour et ne voyager que la nuit. Depuis le canal, j'ai vu un terrain invitant à se reposer pour la journée. Je boitais à cause de la douleur lancinante de ma cheville gauche. La blessure dans ma bouche s'était réouverte. J'avalais difficilement le seul morceau de pain qui allait être mon petit-déjeuner. Heureusement, il avait été ramolli par l'eau du canal. Mon bout de terrain s'était avéré être un endroit confortable et sûr pour la journée. Une bruine pluvieuse continue rendait impossible le séchage de mes vêtements.

Je savais que je devais dormir. Surtout que je devrais voyager toute la nuit. J'avais tellement mal. Le sang et la boue étaient étalés sur mes vêtements trempés. Je ne pouvais pas dormir car mon estomac grondait et réclamait de la nourriture. Cela semblait déjà être le jour le plus long et le plus terrible de ma vie. Mais il y avait encore beaucoup plus à venir.

Lorsque la nuit tomba, je me suis ressaisi et j'ai pris la direction du nord-est. J'avais deux t-shirts, des leggings en cuir, des chaussures lourdes, une paire de chaussettes en laine, et cette casquette rouge du pilote bavarois. J'avais encore quelques centaines de francs et un petit couteau que j'avais réussi à subtiliser dans la salle des biens des prisonniers à Courtrai. Je me débarrassai de mon sac à dos car je n'avais plus rien à y mettre. Je voyageais rapidement, compte tenu de toutes mes blessures et difficultés. J'avais traversé plusieurs canaux à la nage. J'avais parcouru au moins quinze kilomètres avant que le soleil ne se lève. Je trouvai des buissons loin de la route et je m'y allongeai. Je repêchai ma dernière saucisse dans mes vêtements mouillés et je mangeai la dernière de mes rations.

La nuit suivante, je parcourus la même distance, mais la faim et la soif étaient accablantes. Pendant les six jours suivants, je voyageais comme ça. Je pensais que j'étais toujours en Allemagne. Je vivais de betteraves à sucre, de choux, et occasionnellement d'une carotte crue si j'avais de la chance. Une nuit, je m'étais allongé dans un champ de choux pendant deux heures et j'avais lapé les feuilles avec ma langue.

Je devais éviter tout danger. J'étais dans un pays ennemi dans mon uniforme britannique. Si quelqu'un m'avait capturé ou avait fourni des informations pour ma capture, ils auraient sûrement été généreusement récompensés. Je devais me déplacer aussi vite que possible, et rester hors de vue. Même si cela allait me prendre une année pour arriver en Hollande. Je devais le faire. D'après ma carte, j'étais à 50 km de Strasbourg lorsque j'avais sauté du train. Si j'avais voyagé en ligne droite, il aurait eu environ 280 kilomètres jusqu'à la Hollande. Maintenant, avec tous les détours que j'avais dû faire, ce voyage était plus proche des 360 kilomètres.

Ce pays était plein de forêts de jeunes pins. Les arbres étaient hauts de plus de quatre mètres et proches les uns des autres. C'était un obstacle sérieux car ils bloquaient les étoiles. Je ne suis pas astronome, mais même moi je peux trouver l'étoile polaire. Si je ne l'avais pas trouvée, je serais mort depuis longtemps.

Il avait plu toutes les nuits pendant ma traversée de l'Allemagne jusqu'au Luxembourg. Je continuais mon plan de voyager toute la nuit jusqu'à 6 heures du matin. À l'aube, Je faisais des pieds et des mains pour dénicher un endroit où me cacher pour le reste de la journée. Des bois clairs en retrait du chemin avec des buissons bas étaient mes meilleurs amis. Dès que je trouvais un endroit, je m'asseyais et je dormais. Mon pardessus mouillé me servait de couverture. Le seul vrai sommeil que je pouvais avoir était dû à l'épuisement. C'est généralement à l'approche du crépuscule que je devais repartir.

J'avais de la chance de ne pas fumer. Je n'avais jamais consommé de tabac sous quelque forme que ce soit. C'était tout bénéfices. Si j'avais dû supporter des envies de tabac en plus du manque de nourriture, cela aurait été encore plus insupportable. La cinquième nuit, j'étais vraiment fatigué et épuisé. Après avoir parcouru environ cinq kilomètres dans les bois humides, je m'asseyais sur une souche et fit une petite pause. Je fermai les yeux, juste pour un moment. En les ouvrant, je réalisai que j'étais assis dans le jardin d'un Allemand en plein jour. Je couru à toutes jambes pour me cacher comme un lapin poursuivi par un renard. Après avoir trouvé un abri pour la journée, je décidai sur le champ de ne plus jamais laisser cela se reproduire.

J'avais passé des heures à la lumière du jour à étudier

la carte. Très vite, je l'avais apprise par cœur. Je me suis vite rendu compte qu'elle ne comprenait pas tous les canaux et rivières que j'avais rencontrés, et pour la plupart, cela m'avait complètement égaré.

Je suis arrivé au Luxembourg le dixième jour. Alors qu'ils étaient censés être neutres, ils n'étaient pas plus sûrs que n'importe quel coin de Belgique. Les Allemands ne respectaient pas leur neutralité, et si j'étais trouvé et attrapé là-bas, je subirais le même sort qu'en Allemagne.

Pendant ces dix jours, j'avais parcouru quatre-vingts kilomètres. J'étais plus près de la liberté. Le manque constant de nourriture, la perte de sommeil et les vêtements mouillés m'avaient affaibli. Je doutais de pouvoir continuer longtemps. Je continuai. Rien n'allait m'arrêter. Rien n'allait m'empêcher d'atteindre la Hollande. Rien ne m'empêcherait d'atteindre la liberté.

AVENTURES AU LUXEMBOURG

Je me dirigeais vers le nord-ouest. En gardant ce cap, je quitterais le Luxembourg pour entrer en Belgique, où je serais mieux loti. Le Luxembourg était pratiquement identique à l'Allemagne. Le premier jour que passé au Luxembourg, je voyageais toute la nuit. J'étais faible. J'arrivai dans un petit bois avec beaucoup de broussailles. Je trouvai une belle touffe épaisse de buissons qui n'était pas visible du chemin. Je m'y glissai et j'y passai la journée.

Le soleil pouvait à peine m'atteindre à travers une ouverture dans les arbres. J'enlevai mes vêtements et les accrochai pour les faire sécher sur un buisson proche. J'entendis la voix d'un homme et je me levai d'un bond. Plusieurs pensées se précipitèrent dans mon esprit. Ma première impulsion avait été de les charger et de défendre ma vie aussi bien que possible. Cette fois, je me retenais et je décidais de regarder avant de sauter.

J'étais content de l'avoir fait. C'était juste deux hommes qui coupaient tranquillement un arbre. Ils parlaient et plaisantaient pendant qu'ils travaillaient. Un sentiment de soulagement m'envahit. Je pensais que tant que je restais allongé ici paisiblement, je serais en sécurité.

Mais je me rendis compte que si l'arbre qu'ils abattaient tombait sur moi, je serai écrasé. C'était un gros arbre et ses branches me réduiraient en bouillie s'il atterrissait dans ma direction. Je ne voyais que le haut des têtes des hommes qui travaillaient. Je n'avais aucune idée de la façon dont cet arbre allait atterrir.

J'ai pensé que j'étais paranoïaque. Les chances que cet arbre me tombe dessus et me tue étaient aux mieux infimes. Les hommes qui l'abattaient s'étaient éloignés des buissons, car la taille des branches rendait l'abattage plus difficile.

Il n'y avait rien d'autre à faire que d'attendre et de voir ce que le destin me réservait. Je croisais mes mains derrière ma tête et je fixais la cime de l'arbre. Il se balançait de gauche à droite. Au moment où je pensais qu'il penchait dans ma direction, il s'arrêtait et changeait de cap. J'entendais le *bruit sourd de* la hache de l'homme contre l'arbre et je savais que mon imagination me jouait des tours.

Un fort *craquement* me sortis de ma rêverie où je m'apitoyais sur mon sort. J'étais là, fugitif dans un pays hostile, allongé nu dans les buissons, attendant de voir si l'arbre qui tombait allait m'écraser comme un insecte. Il tomba dans la direction totalement opposée. J'avais deviné juste.

Plus tard dans l'après-midi, j'entendis des voix d'enfants. Je sortis de ma cachette et je vis que les hommes recevaient leur repas. J'avais vraiment faim. Je pouvais juste les regarder manger. Je pensai à les approcher hardiment et à leur demander de la nourriture. J'avais déjà trop sacrifié, même pour un peu de nourriture. Je ravalerais ma faim.

Juste après 17 heures, il commença à pleuvoir. Quand les hommes partirent, je rampai sur mes coudes et mes genoux. Je fouillai le sol, à la recherche de restes. Je ne trouvai rien, pas même une trace de miettes. A la nuit tombée, j'étais de nouveau en route.

Cette nuit-là, j'arrivai à une rivière. Je m'arrêtai et soupirai. Mes vêtements étaient enfin secs pour la première fois depuis que j'avais commencé cette évasion. J'étais déterminé à les garder ainsi le plus longtemps possible. Je décidai de me déshabiller à nouveau et de faire deux ballots et deux traversées. C'était une large rivière, mais j'étais un bon nageur. Je pourrais me reposer de l'autre côté si j'en avais besoin par la suite.

Je traversai facilement la rivière à la nage la première fois. Lorsque j'atteignis la rive opposée, je bus jusqu'à ce que ma soif soit enfin étanchée, puis je retraversai à la nage. Pour ma troisième traversée, j'avais fixé mes chaussures et mes autres biens à ma tête. Une de mes chaussures glissa et coula dans au moins trois mètres d'eau.

Je devais retourner chercher la chaussure manquante. Il était hors de question que je continue avec une seule chaussure. Plonger dans mon état était difficile, mais rien n'allait m'empêcher de récupérer cette chaussure. Après une heure, je la retrouvai. C'est la dernière fois que j'enlèverais mes chaussures. J'avais peur de ne pas pouvoir les renfiler avec mes pieds enflés. Cette plongée à répétitions m'avait coûté plus de trois heures. Je me reposais pendant vingt minutes, puis repris mon chemin.

Moins d'un kilomètre plus tard, j'arrivais à une autre rivière, à peu près de la même taille que celle que je venais de traverser. Je marchai le long de la rive à la recherche d'un pont ou d'un bateau, mais je ne trouvai qu'un autre fait décevant. J'étais de retour à la rivière, je venais de la traverser à la nage. J'avais traversé à la nage dans une courbe de la rivière et j'étais à nouveau du mauvais côté. J'étais furieux contre moi-même. Pourquoi n'avais-je pas fait plus attention du cours de la rivière avant de décider de la traverser ? Je vérifiais à nouveau la carte et je constatais que le cours d'eau n'y figurait pas. Je n'avais eu aucun moyen de le savoir.

Maintenant, je devais traverser à nouveau. J'entrais dans l'eau et acceptais mon destin. Je ne m'étais pas déshabillé cette fois-ci, et je ne le ferai pas non plus à l'avenir lors de traversées de rivières et de canaux. J'avais accepté le fait qu'il était impossible de maintenir mes vêtements au sec, donc je pourrais aussi bien nager avec.

Je passais le jour suivant dans une forêt. À 5 heures du matin, je me frayais un chemin dans les bois jusqu'à ce que le jour se lève et que je trouve un endroit où me dissimuler jusqu'à la tombée de la nuit. J'étais épuisé et résigné à un bon sommeil réparateur. Au moment où un petit rayon de soleil aurait dû me sourire, j'ai reçu une nouvelle pluie fine. J'avais abandonné tout espoir de trouver un endroit sec pour dormir. Les feuilles humides me tombaient dessus. L'humidité pénétrait dans les moindres recoins.

Je décidais de me promener dans les bois dans l'espoir de trouver un abri sec. Les arbres étaient grands, mais la forêt n'était pas dense. Il n'y avait pas d'arbustes ni de buissons aux alentours. Je me rapprochais de la lisière des bois quand j'entendis des voix dans un chariot qui approchait. Je ne pouvais pas savoir d'où ils venaient. Mon instinct me disait de rester dans les bois. De petits fossés avaient été creusés un peu partout. En saison sèche, ils auraient offert un abri à un fugitif fatigué. Mais pas aujourd'hui. Ils étaient pleins d'eau.

J'ai choisi un endroit moins mouillé que les autres et je me suis allongé pour faire une sieste. Je sentais l'anxiété envahir mon corps à l'idée d'être découvert, mais l'épuisement pris le dessus et je me suis endormi en position fœtale.

Quand la nuit arriva enfin, le tonnerre crépitant et les éclairs lointains me réveillèrent. Les nuages bas annonçaient une nouvelle grosse pluie. Il n'y avait pas une seule étoile dans le ciel. Je n'avais aucun moyen de savoir dans quelle direction je devais aller. Je pris un risque et commençais à marcher dans la direction que j'espérais être le nord. J'aurais dû rester sur place jusqu'à ce que le temps s'améliore mais ma nature impatiente l'avait encore emporté.

Je n'étais pas du tout sûr de mes repères. Je croyais que j'étais dans la bonne direction. Je devais faire confiance à la chance. Cette nuit-là, j'ai trouvé plus de marécages, de canaux et de rivières que je n'en avais jamais vus de ma vie. J'avais réussi à tomber sur du céleri. Après un régime régulier de betteraves à sucre, le céleri semblait être un cadeau du ciel. Je pris un peu de céleri avec moi. Je devais avoir l'air d'une vache ruminante, perdue dans les bois.

Quand je trouvai mon prochain point de repos au matin, je calculai que j'avais parcouru au moins douze kilomètres. Les points de repère me semblaient familiers. Je n'étais pas sûr de délirer, mais je jurais d'avoir reconnu certaines marques dans les bois. Je me suis allongé là où j'espérais que le soleil brillerait. Je rêvais que mes vêtements séchaient. Peut-être même que je pourrais dormir tranquillement. J'avais une grosse betterave et un gros morceau de céleri. Je n'allais pas mourir de faim aujourd'hui.

Alors que le soleil se levait le lendemain matin, la colère monta en moi. Je sentis mes joues rougir et mon cœur battre contre ma poitrine. J'étais à l'endroit exact que j'avais quitté la nuit précédente. J'ai fait le tour des bois pendant toute la nuit. Je n'avais rien accompli.

En guise de consolation, le soleil sorti des nuages et brilla sur moi toute la journée. J'accueillais ses rayons chauds comme un vieil ami. J'étais encore si fatigué. Mais ce jour s'était écoulé mieux que les autres. Lorsque les étoiles brillèrent cette nuit-là, je trouvai l'étoile polaire et essaya de rattraper le temps perdu autant que possible. Je pensais aux nombreuses erreurs stupides que j'avais faites jusqu'à présent et je me mis à rire. Peut-être qu'il y avait un côté comique à tout ça après tout. Je riais aux éclats comme un fou, qui se termina en un hurlement. J'avais commencé à me parler à moi-même ; je me sentais seul et j'avais besoin de quelqu'un à qui parler. J'aurais bien aimé avoir un serpent comme compagnon.

Je passai ma langue sur le dos de mes dents, j'avais une fringale de lait. Les vaches étaient peu nombreuses et bien gardées dans ce pays. Elles étaient généralement logées dans des granges à côté des maisons et surveillées de près par leurs propriétaires. Peut-être que je pourrais trouver une chèvre ? Le lait de chèvre est délicieux. Les chèvres étaient habituellement parquées dans les champs, loin d'être aussi bien gardées que les vaches. Mais je ne trouvai aucun cochon, vache ou chèvre. Chaque fois que je tombais sur un nid, je cherchais des œufs, et le nid était vide.

Je pensai à m'introduire dans une maison et à intimider les occupants pour avoir de la nourriture. Mais je savais au Luxembourg que les jeunes hommes n'étaient pas forcés de s'engager dans l'armée et que beaucoup étaient restés à la maison. Ils étaient pour la plupart pro-allemands, et je n'avais ni la force ni les armes pour leur tenir tête. Si je tombais sur des hommes et des femmes âgés, j'aurais peut-être tenté ma chance, mais pas comme ça. Les temps étaient peut-être durs pour moi, mais j'avais beaucoup de légumes à manger et je survivrais. Je continuais à avancer.

Si j'avais été un meilleur homme des bois, je n'aurais pas fait autant d'erreurs et j'aurais pu éviter certains de mes pièges et profiter de choses qui auraient été évidentes pour un gars de la campagne expérimenté. Je n'avais pas choisi cette aventure. J'avais été choisi par le destin pour l'endurer.

À présent, mes genoux étaient enflés et le nombre des ampoules sur mes pieds et mes jambes augmentait. Je suis sûr que j'avais perdu la vue de mon œil gauche. Je n'avais rien pu voir de ce côté depuis le saut du train. Je ne pouvais qu'imaginer à quoi je devais ressembler pour tout passant malchanceux. Des blessures sanglantes, suintantes, non cicatrisées. Plus de deux semaines de barbe sale et de vêtements déchirés.

J'avais presque fini de traverser le Luxembourg avant de rencontrer quelqu'un. Je marchais sur un sentier lorsque j'entendis des bruits de pas venant vers moi. Je m'arrêtais. Je me mis à genoux et fit semblant de nouer mes lacets. J'espérais que l'étranger passerait à côté de moi. Ma chance avait tenu un jour de plus. Il est passé devant moi sans même me remarquer.

Après cette rencontre, j'apercevais régulièrement des paysans au loin, mais lorsque je les voyais en premier, je faisais tout pour les éviter. Cela faisait maintenant dix-neuf jours que j'avais sauté de ce train, et je passais enfin en Belgique. Il m'avait fallu huit jours de marche pour traverser le Luxembourg. Un homme ordinaire pourrait le traverser en moins de deux jours. Compte tenu de ma situation, j'étais satisfait de mes progrès.

TRAQUÉ COMME UN ANIMAL

J'étais en Belgique depuis trois jours déjà. Il me restait un canal à traverser avant l'aube. J'y entrais en pataugeant lentement, comme si j'étais sur le point de prendre un bain. J'entendis un soldat allemand crier. Je regardai par-dessus mon épaule et je vis qu'il me pointait du doigt. *Merde.*

Je couru sur la rive aussi vite que possible et je plongeai dans le canal, nageant pour sauver ma vie. J'atteignis l'autre côté et je repérai un petit groupe de buissons. Je me glissais dans mon nouvel abri et je m'y installai aussi confortablement que possible. J'attendais. Mon cœur battait contre ma poitrine à un rythme rapide. J'essayais de contrôler ma respiration. J'avais décidé de camper ici et d'attendre que ça passe. J'avais entendu les Allemands passer plusieurs fois, mais ils ne s'étaient pas approchés pas de ma cachette. J'étais en sécurité pour le moment.

Je compris que je devais changer de cap, même si cela allait me faire faire un large détour. Si je continuais vers le nord, ils me rattraperaient sans aucun doute. Je marchai vers l'ouest pendant quatre jours. J'étais encore faible et je faisais à peine 8 kilomètres par jour. J'avais évité les routes et traversais les marécages, les bois, les champs de choux et de blé. Ma priorité était la dissimulation. La nourriture était ma seconde.

J'étais arrivé au bord de la Meuse, quelque part entre Huy et Namur. Je m'étais assis dans l'herbe et j'avais croisé mes jambes. Je regardais l'autre rive et pour la première fois, j'envisageai d'abandonner. Cette rivière était large d'au moins 800 mètres. Si j'avais été en bonne santé, je l'aurais traversée à la nage sans problème. En regardant cette rivière, j'avais l'impression de devoir traverser l'Atlantique à la nage. Je regardais autour de moi pour trouver un morceau de bois. Quelque chose qui pourrait supporter mon poids. Peut-être que je pourrais flotter dessus ?

Il n'y avait de bois nulle part. Je n'avais pas d'autre choix que de la traverser à la nage. Je pataugeais aussi loin que je pu jusqu'à ce que je sois obligé de nager. Il semblait qu'une heure s'était écoulée et j'étais toujours en train de nager. Je vis que la rive opposée était à moins d'une centaine de mètres. Je haletais, je m'étouffais. Mon corps entier était épuisé. Je coulais, j'essayais de sentir le fond avec mes pieds. L'eau était encore trop profonde.

Je fermai les yeux et priai. Je rassemblai toute la force intérieure que je encore avoir. Je frappai l'eau de mes bras, l'un après l'autre, tirant, nageant comme un chien. Je sentis la boue sous mes chaussures. Je trainais mon corps endolori et tremblant sur la rive opposée de la rivière. Mes mains tremblaient si violemment que je n'arrivais pas à m'agripper à l'herbe pour m'extraire de l'eau.

Je poussais, poussais et rampais frénétiquement. J'étais sur la terre ferme. Et là, je tombais dans les pommes.

Je ne sais pas combien de temps je suis resté allongé là. Peut-être deux heures, peut-être plus. La pluie battant contre mon visage me réveilla. Il faisait jour maintenant, et j'étais étendu sur la rive, comme mort. J'étais exposé à la vue de tous. Je devais me lever et m'éloigner. À tout moment, un bateau pouvait passer et me découvrir. C'était tout aussi dangereux d'essayer de voyager. Je trouvai un abri et une cachette dans des arbustes à proximité. J'y passais toute la journée au soleil, sans boire ni manger.

Cette nuit-là, j'ai réalisé que j'avais de la fièvre. Je délirais et j'avais recommencé à me parler à moi-même. Quand je me réveillais dans un intervalle de lucidité, j'avais des frissons dans tout le corps. Je pensais que ma fin arriverait bientôt. Après ce qui m'a semblé être des heures de débat intérieur, dans la campagne belge silencieuse, mon bon sens est revenu. Je marchais sans rien dire.

J'avais besoin de nourriture. J'étais au bout du rouleau et j'avais envisagé de m'allonger, de rester là et d'abandonner. Pourquoi les choses empiraient-elles au fur et à mesure que j'avançais ? De toute façon, comment allais-je traverser ces barbelés électriques lorsque je serais entre la Belgique et la Hollande ? N'allaient-ils pas juste me capturer à nouveau ?

J'essaierais encore une chose avant d'abandonner. C'était un geste audacieux et dangereux. J'allais marcher jusqu'à une maison et trouver de la nourriture ou mourir en essayant. Je repérai une maison plus petite. J'espérai que comme elle était anodine, il y aurait moins de chance que des soldats allemands y soient logés.

Je ramassai une pierre lisse et lourde et l'entourai de mon mouchoir. Cela devrait faire l'affaire pour une arme en cas de besoin. Je pompai au puits dans la cour, mais il ne fonctionnait pas. Je marchai jusqu'à la maison et je frappai à la porte. Une vieille dame regarda par la fenêtre. Il était minuit passé, son regard et son visage exprimaient la terreur. Elle cria et se couvrit la bouche. Un vieil homme et un garçon ouvrirent la porte.

Je montrais mon pardessus, puis le ciel. Ils ne comprenaient pas l'anglais et je ne parlais pas le flamand. Je me suis rappelé le mot pour pilote, et je répétais *fleger* encore et encore. Je ne sais pas s'ils comprenaient ou s'ils étaient simplement terrifiés pour leur vie, mais ils me laissèrent entrer.

Il devait être un vieil homme courageux pour me laisser entrer dans sa maison. Je suis sûr que j'étais la créature la plus hagarde et la plus dégoûtante qu'ils aient jamais vue. Mes vêtements étaient ensanglantés, mouillés et déchirés. La doublure de mon pantalon était déchirée, et je ne m'étais pas rasé depuis plus d'un mois. Je toussais, j'avais de la fièvre et dans ma main pendait la pierre enveloppée dans mon mouchoir.

Ils me donnèrent pourtant le premier repas chaud depuis le camp de prisonniers de Courtrai. C'était un mélange de pommes de terre chaudes dans du lait. C'était le repas le plus délicieux que j'aie jamais mangé. Cette soupe au lait avait été cuite dans le pot le plus sale que j'ai jamais vu. Je demandai du pain par des signes de la main, mais la vieille femme secoua la tête. Je ne sais pas si c'est parce qu'elle ne voulait pas partager ou s'ils n'en avaient pas. J'avalais les pommes de terre sans les mâcher et je buvais bruyamment verre d'eau sur verre d'eau.

La vieille femme me regardait avec curiosité. Elle avait plus de soixante-dix ans et avait probablement porté des sabots de bois toute sa vie. Elle avait une callosité sur son pied de la taille d'un franc. Elle semblait si dure qu'elle devait résister à un marteau et à un clou.

Je restais assis là pour me sécher. Je n'étais pas pressé de partir. C'était le premier contact humain que j'avais eu en quatre semaines. Je pensais à la façon dont la nature avait habillé ces créatures moins fortunées mieux que moi. J'étais un animal traqué. Les choses ne feraient qu'empirer à partir de là. Je crois que c'est la première nourriture chaude depuis plus d'un mois qui m'avait donné cet élan de philosophie.

Je montrai mes vêtements mouillés et en lambeaux dans l'espoir qu'ils auraient un vieux costume ou au moins quelque chose de sec que je pourrais porter. Il semblait qu'ils étaient trop pauvres pour avoir plus que ce dont ils avaient besoin pour eux-mêmes. Je n'ai pas insisté sur la question. Je me suis levé pour partir. Je suis passé devant un miroir et je m'arrêtai. J'étais un spectacle terrifiant. Je me faisais plus peur que si j'avais vu un casque allemand à pointes. Mon œil gauche guérissait et ma vue, bien que floue, revenait. Mais le reste de mon corps ressemblait à un Père Noël ivre et meurtrier.

Je les remerciai en sortant et leur indiquai la direction opposée à celle que je comptais prendre - au cas où. Je partis dans cette direction et fis demi-tour pour m'assurer qu'il n'y avait aucune chance de poursuite.

Le lendemain, en raison de l'exposition et de l'épuisement, je décidai de me débarrasser de mon manteau. Je me suis dit que moins j'aurais à porter, mieux je me porterais. Quand la nuit froide arriva, je réalisai que j'avais fait une erreur. J'ai pensé me lever et revenir sur mes pas pour aller le chercher, mais je changeai d'avis.

Je me débarrassai de tout ce qui était dans mes poches. Je jetai ma montre-bracelet dans le canal. Elle n'ajoutait pas de poids supplémentaire, mais après un mois de trajets sans nourriture suffisante, elle était devenue lourde. Après ça, je jetai mes moufles. Mes amis s'étaient moqués de moi en appelant mes moufles des *raquettes à neige* parce qu'elles avaient l'air si ridicules. Que diraient mes amis maintenant que je les avais enterrées dans un trou de boue. Je portais mes deux chemises qui restaient humides et qui ne réussissaient pas à me tenir chaud. Elles étaient toutes les deux kaki, mais j'en avais acheté une en France et l'autre aux États-Unis. Je jetais la chemise française car elle avait plus de chances de me faire remarquer comme un combattant ennemi en territoire hostile.

J'avais toujours ma casquette rouge du bavarois. Je la gardais dans ma poche et la portais occasionnellement la nuit. J'avais fait attention à ce que personne ne puisse la voir. Ça marchait bien quand je traversais des canaux et des rivières. Je pouvais y mettre ma carte et d'autres petites choses pendant que je traversais la rivière à la nage. J'avais prévu de la ramener chez moi comme souvenir. Mais j'étais déterminé à me débarrasser de tout ce qui représentait un poids supplémentaire. Je l'enterrai donc dans un trou boueux, avec beaucoup moins de cérémonie que mes moufles.

Mon expérience de la nourriture chaude m'a ouvert

l'appétit pour plus. Je me disais que ce serait facile de réessayer. Je savais que tôt ou tard, je tomberais sur un Allemand au lieu d'un Belge et que je devrais me battre pour m'en sortir. Mais j'avais besoin de nourriture. Je tuerais pour ça s'il le fallait. Heureusement pour moi, la plupart des Belges que auprès de qui j'avais mendié après avoir frappé à leur porte m'avaient donné quelque chose à manger. Je ne sais pas si leur motivation était due à la peur de ce que je leur ferais ou si les Allemands les abattraient pour leurs actions.

Le cinquième jour après mon entrée en Belgique, je me reposais dans un massif d'arbustes, comme d'habitude, en attendant la nuit. Au loin, je voyais quelque chose en train de sécher sur un fil à linge. J'attendis toute la journée, en écarquillant les yeux pour voir ce que ça pouvait être. J'espérais que ce serait encore là quand la nuit tomberait.

Cette nuit-là, je rampai vers le fil à linge. Je fus récompensé par une paire de salopettes. Je les enfilais immédiatement et elles m'allaient comme si elles avaient été faites sur mesure pour moi. Je décidais de trouver d'autres vêtements au cours de mon voyage en Belgique. S'introduire dans des maisons la nuit et chercher de la nourriture et des vêtements était une idée dangereuse. J'étais désespéré. Je tenterais ma chance et ferais face aux conséquences. Les foyers belges comprenaient des familles nombreuses. Il pouvait y avoir neuf ou dix personnes endormies dans une pièce. Les granges étaient généralement reliées d'une manière ou d'une autre à la maison principale. Sans compter que je courais le risque de surprendre un animal stupide qui pourrait faire du bruit et réveiller toute la maisonnée.

Ma recherche de nourriture consistait à parcourir les arrière-cours la nuit dans l'espoir de trouver des restes de nourriture. J'avais rarement du succès. Je décidai qu'il valait mieux vivre de légumes crus dans la sécurité des champs. Ainsi que tout ce que je pouvais subtiliser aux paysans belges pendant la journée.

En plus de nourriture, j'avais besoin de vêtements. La nuit suivante, je choisi une maison qui pourrait me convenir. Le clair de lune illuminait une grange et une allée. Cette grange était reliée à la maison principale. J'y entrai et je tâtonnai dans le noir. Je senti quelque chose d'accroché à un clou. Je le sorti à la lueur du clair de lune pour l'examiner. C'était un vieux manteau. Il était un peu serré aux épaules et beaucoup plus court que mon précédent pardessus, mais il dissimulait entièrement mon uniforme britannique.

Je décidai qu'il était temps de me séparer de mon uniforme du Royal Flying Corps. Je l'avais littéralement porté contre vents et marées. J'avais l'impression d'abandonner un vieil ami mais je creusai un trou pour l'enterrer. J'avais pensé à garder mes ailes, mais si j'étais recapturé, ce serait le seul signe évident que j'étais suis un pilote. Je décidai alors d'enterrer mes ailes dans la tombe avec mon uniforme.

J'avais remarqué qu'il y avait peu de chiens lors de mes randonnées en Belgique. Les Allemands ont enlevé la plupart d'entre eux, et ceux qu'ils avaient laissés derrière eux étaient trop vieux pour aboyer ou être dérangés par des intrus. Cela jouait en ma faveur, car j'aurais fait du bruit en traversant les jardins.

La nuit suivante, je sorti d'une cour. Il faisait si sombre, je ne pouvais pas voir mes mains devant mon visage. Je ne le savais pas à l'époque, mais j'étais dans un petit village. Je me laissai tomber sur le sol pour ramper. J'espérais éviter les sentinelles allemandes. J'avançais à la vitesse d'un escargot sur mes coudes et mes genoux. En moins de cinq mètres, j'aperçus ce redoutable casque à pointe sur la tête d'un garde allemand assis devant un petit magasin. Je ne pouvais pas traverser la rue. J'ai dû ramper et revenir sur mes pas. Cela m'avait coûté plus de deux heures de temps et d'efforts. Je faisais marche arrière dans la nuit, en maudissant les Allemands à chaque pas.

La nuit suivante, en traversant un champ, j'arrivai à une route. La route était pavée de pierres et semblait être une voie de circulation principale. On pouvait entendre un cheval ou un chariot à des kilomètres à la ronde sur ce genre de routes. J'écoutai un peu et je n'entendais rien. Je décidais que la voie était libre et j'ai continué. Quand j'ai atteint la fin du champ, je me suis arrêté net. Le souffle quitta mon corps comme un coup de poing à l'estomac, et mon cœur s'emballa. Je pouvais voir des hordes de soldats allemands dans toutes les directions.

Je me suis accroupi et j'ai reculé lentement. Je me demandais pourquoi il y avait tant de soldats allemands dans cette partie de la Belgique. Je n'ai pas perdu de temps à essayer de comprendre. Je suis vite sorti de là. Je changeais à nouveau changer de cap et je perdis un temps précieux sur un autre détour. J'étais désormais habitué à ces revirements de situation. Je l'avais accepté comme un fait et je continuais à avancer. Je m'étais habitué à la stimulation. Si une nuit se passait sans danger immédiat, j'étais déçu.

La nuit suivante, j'arrivais à un autre canal. Je me

préparais à le traverser à la nage lorsque je remarquai un petit bateau amarré sur le côté. C'était un endroit isolé, et je ne comprenais pas pourquoi un bateau se trouvait là. Je rampai autour d'un arbre pour avoir une meilleure vue. Je vis cinq hommes traverser les champs. Je les suivi à bonne distance. Il ne m'avait pas fallu longtemps pour comprendre ce qu'ils cherchaient. Ils volaient des pommes de terre.

Les pommes de terre sans moyen de les cuire ne m'étaient d'aucune utilité. Mais le bateau me servirait très bien. J'attendis que les hommes soient au bout du champ et je me rendis à l'arrière du bateau. Je n'essayais même pas de me cacher. Je savais que les hommes seraient occupés dans les champs pendant un bon moment.

Je m'éloignais de la rive dans le petit bateau et la silhouette d'un soldat allemand se détacha sur le ciel étoilé. Un sentiment d'effroi m'arrêta net. Je me baissai et continuai sans me faire remarquer. Soit le soldat ne m'avait pas vu, soit il pensait que j'étais un des voleurs de pomme de terre. J'avais compté sur ma bonne étoile et je pris la résolution à l'avenir de ne rien tenir pour acquis.

L'ERRANCE EN BELGIQUE

J'avais maintenant pris l'habitude de traverser des canaux, des rivières et des marécages. Le pire, c'étaient les petits fossés qui avaient été creusés partout. Ces fossés étaient trop larges pour être traversés en sautant et trop étroits pour nager. Je n'avais pas d'autre choix que de la traverser en pataugeant. Ils étaient généralement du même acabit. Un mètre d'eau sur de la boue. J'aurais pu essayer de les sauter si ma cheville ne me faisait pas mal et si j'avais été en meilleure santé.

Une nuit, je suis arrivé devant un fossé qui faisait facilement 3 mètres de large. J'ai rassemblé la force de le sauter. La boue et l'eau froide des fossés devenaient insupportables. Je reculai pour me donner de l'élan et je me lançais. Je sautai avec tout ce que je pouvais rassembler d'énergie, mais je n'ai pas réussi. J'ai manqué l'autre côté d'au moins 15 cm. J'ai atterri durement dans la boue et l'eau. J'étais couvert de cette boue crasseuse et j'ai dû attendre qu'elle sèche pour la gratter.

La partie de la Belgique que j'ai traversée était pleine

de marais et de terrains marécageux. Au lieu d'essayer de trouver un chemin plus propre et meilleur, je me suis contenté d'avancer. Cela m'a considérablement ralenti et, au vu du bruit que je faisais en marchant, je suis sûr que j'avais alerté la plupart des habitants de la campagne belge de ma présence.

J'avais remarqué plusieurs fois une vache et un âne attelés ensemble pour tirer un chariot. La première fois que j'avais vu cela, j'étais confus et je pensais que c'était un âne et un taureau ou un bœuf. Mais ils utilisaient vraiment des vaches pour tirer les chariots. Les Allemands avaient pris presque tous les chevaux et c'était maintenant aux vaches et aux ânes de faire le travail des mules et des chevaux. Pendant les presque deux mois passés à errer en Belgique, je n'ai vu qu'une poignée de chevaux.

Le caoutchouc était aussi rare en Allemagne. J'ai remarqué que leurs camions n'avaient pas de pneus en caoutchouc. Ils utilisaient des bandes de fer lourdes à la place. Cela me permettait de les entendre gronder sur les routes pavées des kilomètres à l'avance. Ces routes pavées étaient bien construites et allaient durer des siècles. Je compris soudainement. C'est ainsi que les Allemands avaient pu avancer si rapidement en Belgique au début de la guerre.

J'avais imaginé d'essayer de trouver un chien comme compagnon. Peut-être que je pourrais voler l'un des rares qui restaient ? Le chien pourrait aussi m'aider si je me battais. Mais je ne pourrais pas le nourrir, et il mourrait probablement de faim. Je pouvais vivre des légumes des champs qui étaient maintenant abondants. Un chien ne pourrait pas. J'abandonnai cette idée stupide et je continuai seul.

J'avais lu quelque part qu'on pouvait faire du feu en frottant deux morceaux de bois sec. Je n'avais jamais mis cette idée en pratique. Je décidai que l'idée était stupide. Même si j'avais des allumettes, je n'avais rien à cuisiner ni aucun ustensile pour le faire. L'air était frais la nuit. Je marchais à un rythme soutenu et, bien que je me reposasse pendant la journée, le soleil était généralement présent. Sans compter que faire un feu en Belgique, l'un des pays les plus peuplés d'Europe, ne pouvait qu'attirer l'attention.

Je traversai un village après l'autre. Ils étaient si proches les uns des autres qu'une heure à peine s'écoulait avant que j'entende les cloches sonner. Chaque village semblait avoir sa propre église. J'avais même pu entendre deux cloches sonner en même temps dans deux villages différents.

Je ne me souciais pas de l'heure. Mon plan était de voyager aussi vite que possible de l'aube au crépuscule et de couvrir autant de terrain que possible du soir au matin. Pendant la journée, j'avais deux préoccupations : rester hors de vue et me reposer autant que possible.

Ma principale source de nourriture était les petites têtes de choux que les paysans n'avaient pas récoltées. Toute ma force et mon endurance étaient puisées dans ces légumes denses et amers. Si je me sortais de ce pétrin, je ne poserais jamais plus les yeux sur les choux. Il en était de même pour les betteraves à sucre, les navets et les carottes. Auparavant, l'odeur du chou me donnait la nausée. Maintenant, ma vie dépendait d'eux.

Chaque nuit, je cherchais de la nourriture comme un animal sauvage. Je rêvais de trouver du céleri ou des tomates. Je n'ai jamais été aussi chanceux, sauf une fois.

J'avais trouvé un champ plein de céleri et je m'étais assis pour manger. Mes poches débordaient de branches de céleri. Cela m'a rendu malade pendant des jours, mais ça en valait la peine.

Je restais attentif à la recherche d'arbres fruitiers. Il était déjà trop tard dans la saison pour les fruits, mais j'avais tout de même trouvé une seule fois deux poires dodues dans un arbre, attendant d'être cueillies. Les étangs que je passais grouillaient de poissons de toutes sortes. Je les voyais sauter au clair de lune ou nager lorsque l'eau était claire au petit matin avant de trouver ma cachette pour la journée. Il serait simple d'installer un hameçon et une ligne. Mais comment les cuisiner ? C'était inutile. Peut-être que si j'avais été un meilleur homme des bois...

Lors d'une nuit particulièrement désolée, je traversai une partie de la Belgique qui n'était pas cultivée et qui était à ciel ouvert. Je dirais que ça représentait environ 20 kilomètres sans passer par un champ ou une maison. Ma ration de choux était presque épuisée, et il m'en fallait plus. L'étoile polaire brillait et ouvrait la voie vers la Hollande et la liberté, mais le chemin passait par des pâturages secs. Un faible tintement de cloches venant de l'ouest et de l'est annonçait des villages, des fermes et des légumes. L'étoile polaire semblait me supplier de la suivre. Ce que je fis.

À l'aube, je n'avais plus de navets, de choux ni de carottes. Rien à manger. Je devais me trouver une cachette de repos pour la journée. Je songeais à demander de la nourriture au premier paysan que j'allais rencontrer, mais mon instinct me mis en garde. Je suis resté sans nourriture pendant toute la journée.

C'était une chose stupide à faire. Les grondements d'estomac et les douleurs de la faim m'empêchaient de dormir profondément. Je fermais les yeux et m'assoupissais pendant une demi-heure en rêvant de liberté. Puis je me réveillais à la triste réalité de mon environnement. Le sol dur sous mes pieds. La faim qui me tenaillait et l'idée que je ne reverrai jamais la maison. Je forçais mes yeux à se fermer et je m'allongeais, les bras croisés sur ma poitrine. Les rêves arrivaient rapidement, comme si je revoyais ma vie dans un film muet.

Le visage de ce pilote bavarois que j'avais renvoyé à son créateur défilait devant moi. Je pouvais voir mes balles traçantes se rapprocher lentement de sa tête. Je me réveillai en sursaut et m'asseyais en transpirant. Je serrais et desserrais les poings. Je me disais que c'était juste un mauvais rêve. Je me demandais si j'étais déjà mort. Était-ce cela l'enfer ?

Cette nuit-là, je me suis levai plus tôt. La faim était insupportable. J'avais besoin de nourriture, et les légumes n'allaient pas suffire ce soir. Je décidai de trouver une maison et de la nourriture chaude. Je tenterais ma chance.

Je suis arrivé dans une petite maison belge. Une fois de plus, je ramassai une pierre lourde et l'enveloppai dans mon mouchoir. Je n'aurais aucun problème à l'utiliser comme une arme, si c'était ce que la situation exigeait. Après tout ce que j'avais traversé, ma liberté valait n'importe quel prix.

Je frappai doucement. Un homme d'une quarantaine d'années ouvrit la porte et me demanda ce que je voulais en flamand. Je secouai la tête et montrai ma bouche et mes oreilles. J'essayai de lui faire croire que j'étais sourd et muet. J'ouvris et ferma ma bouche plusieurs fois, en mâchant l'air pour faire passer mon message que j'avais besoin de nourriture.

Il me fit entrer et me fit asseoir dans la pièce qui n'avait qu'une seule chaise. Il plaça une assiette avec un couteau et une fourchette devant moi. Il remplit mon assiette de pain rassis et de pommes de terre froides. Il utilisa son petit poêle à pétrole pour faire chauffer du lait. Je mangeai comme un homme désespéré qui n'avait jamais vu de nourriture avant. L'homme me regardait avec curiosité. Avant que je n'aie fini, il me toucha l'épaule et, dans un anglais approximatif, il me dit : « Vous êtes anglais, je le sais. Vous me comprenez ? » Son visage affichait un sourire authentique et digne de confiance. Je sentais que je pouvais lui faire confiance.

« Oui, mais je suis un Américain », lui répondis-je.

Il me jeta un regard compatissant et remplit ma tasse de lait. J'ai été bouleversé par sa gentillesse et sa volonté de m'aider. Je savais que les Allemands le tortureraient et le tueraient s'il était pris à aider un prisonnier de guerre américain en fuite.

Après avoir terminé mon repas, je lui ai parlai de mon évasion et de mes projets pour l'avenir.

« Tu ne sortiras jamais de Hollande », affirma-t-il. « Tu vas avoir besoin d'un passeport. Plus tu te rapprocheras du front, plus tu rencontreras d'Allemands. »

Je lui demandai s'il avait une idée sur la façon dont je pourrais obtenir un faux passeport. Il se frotta le menton avec la paume de sa main et m'étudia pendant plusieurs minutes. Je pense qu'il voulait s'assurer que je n'étais pas un espion allemand. Ses yeux s'éclairèrent, et on aurait dit qu'il avait décidé en ma faveur.

« Contacte cet homme - Johannes Depoortere. » Il me montra sur ma carte où se trouvait le village de l'individu. « Quand tu arrives dans son village, va chez le boucher. Il n'aime pas les Allemands et il t'aidera à sortir de Belgique. »

Il me conduisit à la porte de sa petite maison, et je le remerciai une fois de plus. Je lui ai dit que je le rembourserai un jour pour sa gentillesse et son aide. Il répondit qu'il ne voulait rien en retour. Il me donna son nom, que je gravai dans ma mémoire - André Desramaults. Je n'oublierai jamais le courage et la compassion dont André fit preuve ce soir-là. J'étais déterminé à le retrouver et à lui rendre sa gentillesse à la fin de la guerre.

AFFRONTEMENT AVEC LES SOLDATS ALLEMANDS

Avoir besoin d'un passeport compliquait une situation déjà compliquée. Les engrenages de mon cerveau travaillaient pour comprendre comment cela devait fonctionner. Que ferais-je si je rencontrais un soldat allemand sans passeport ?

Je décidai d'être plus prudent. Même si j'avais maintenant des vêtements civils, j'avais pris l'habitude de commencer quelques heures avant le crépuscule et de marcher un peu plus longtemps que je ne le devrais pendant la journée. À partir de maintenant, plus de risques inutiles.

Cette nuit-là, j'arrivai à une rivière. Elle faisait environ 60 mètres de large. Je me préparais à traverser à la nage quand je vis une barque attachée à la rive. Elle était plantée dans la berge molle. Je la dégageai et je grimpai dedans. Je m'arrêtai net. Cette rivière n'était pas sur ma carte. Je n'avais aucune idée de l'endroit où cette rivière allait me mener. Je sautai de la barcasse et décidai de continuer à pied.

Je fis plusieurs kilomètres cette nuit-là. Avant le jour, j'avais trouvé un endroit sûr dans des buissons pour passer la journée. De ma cachette, je pouvais voir un bois épais et dense à une courte distance. Même si j'avais décidé d'être plus prudent, je pouvais gagner plusieurs kilomètres en prenant de l'avance. Je me rassurais que voyager dans ces bois serait sûr.

Après avoir passé quelques heures à déambuler dans les bois, je suis arrivé à un passage à niveau. Je scrutai dans les deux directions pour repérer toute menace possible. Je ne voyais ni soldats, ni trains. Je traversai hardiment les voies ferrées et je continuai mon chemin.

J'arrivai dans une clairière avec une petite maison. Un vieil homme était à quatre pattes et travaillait dans un jardin. Je décidai de lui demander de la nourriture. Je me suis dit que tous les autres habitants de la maison étaient probablement aussi vieux et ne feraient pas le poids face à moi. Je frappai à la porte. Une vieille femme qui avait l'air d'une centenaire, ouvrit la porte.

Nous ne pouvions pas nous comprendre, comme d'habitude. Je fis de mon mieux, par des gestes, pour lui faire comprendre que je voulais manger. Elle sortit et appela son mari avec la voix d'une sirène de police. Le vieil homme se précipita vers nous et me fit entrer. Ils me donnèrent un morceau de pain rassis - un tout petit morceau - et je leur en fut reconnaissant.

Ils vivaient dans une petite maison qui n'avait que deux pièces. Une cuisine et une chambre. Si je n'ai pas regardé dans la chambre, j'avais remarqué que la petite cuisine était dominée par une grande cheminée. J'ai essayé de faire comprendre au vieux couple que je souhaitais passer la nuit dans leur maison. Mais ils ne voulaient pas. Le vieil homme secoua la tête et désigna la porte. Je comprenais et je les remerciai pour leur hospitalité avant de disparaître dans les bois.

Je rencontrais de plus en plus de gens alors que la densité de la population augmentait. Selon les indications d'André, je me rapprochais de Johannes et de la boucherie du village où je pourrais obtenir mon passeport. Je rencontrais village après village. J'essayais de les éviter, mais je ne ferais jamais de progrès si je les contournais tous. Pour faire un kilomètre, je devais en faire trois à cause des détours. J'avais décidé de tenter ma chance en traversant le village suivant.

En m'approchant, j'avais croisé une douzaine de paysans qui se promenaient. Je n'avais pas essayé de me mêler à eux de peur d'éveiller les soupçons. Non seulement je ne pouvais pas communiquer avec eux, mais l'un d'eux pouvait être assez perfide pour me livrer aux Allemands dans l'espoir d'une récompense.

Selon l'horloge de l'église, il était 21 heures. Devant moi se trouvait un poste de police belge. Je pouvais le reconnaître grâce à ses lumières rouges. Juste en face, il y avait deux soldats allemands appuyés sur un vélo.

Je m'arrêtai dans mon élan. Ma gorge se serra, et l'adrénaline pulsait dans mes veines. Je savais que si je faisais demi-tour, ils auraient des soupçons. Si je traversais la rue pour les éviter, ils se méfieraient. J'étais piégé. Je n'avais pas le choix. Je devais passer devant eux comme s'ils étaient invisibles. Je rassemblai tout le courage que je pouvais et continuais à marcher en me rapprochant d'eux. Mon cœur battait comme un tambour dans ma poitrine. Chaque pas semblait être au ralenti. Mes sens étaient en alerte. J'avalai douloureusement et je crus entendre l'écho de ma déglutition.

J'étais à trois mètres. Un mètre cinquante. Quelques pas de plus.

Ils ne me regardaient pas. Je passai juste à côté d'eux. J'entendais leurs voix et leurs conversations, même si je ne les comprenais pas. Je marchai plus vite en les laissant derrière moi. J'essayai de faire un effort conscient pour ralentir et maintenir une vitesse régulière afin de ne pas attirer une attention non désirée. J'étais exalté. J'avais une fois de plus déjoué l'ennemi.

Ma confiance montait en flèche. Mon déguisement de paysan belge avait fonctionné. Je pourrai peut-être passer à côté des troupes allemandes en Hollande et retrouver la liberté. Si seulement je pouvais trouver un moyen d'éviter toute question et de ne pas avoir à donner ma nationalité, je serais en sécurité. En marchant, je fredonnais l'un de mes airs préférés de notre aérodrome d'Ypres.

J'étais capable de faire plus de 4 kilomètres à l'heure dans mon nouvel état d'esprit invincible. J'arrivai dans un autre village. J'essayais généralement de contourner tous les villages que je rencontrais. J'utilisais les champs, les bois, les arrière-cours et tout ce qui pourrait me permettre de me déplacer en toute sécurité. Mais j'étais en pleine forme. Je décidai de tenter à nouveau ma chance. Je veux dire, qu'est-ce qui pourrait arriver ? J'avais déjà été plus malin qu'un trio de soldats allemands aujourd'hui.

J'arrêtai de fredonner mais je marchais hardiment vers le centre du village. J'avais fait quelques centaines de mètres lorsque je vis un autre trio de soldats allemands se tenant sur le trottoir. Mon cœur battait la chamade, et un frisson parcouru mon corps. Je continuai à marcher. J'allais faire exactement ce que j'avais fait plus tôt, et tout fonctionnerait bien. J'avais tort.

J'étais à quelques mètres d'eux quand l'un des soldats descendit du trottoir et cria « Halte ! »

Je me figeais sur place. Je ne sentais plus aucune partie de mon corps. Une vague d'effroi me traversa. J'étais pris. Tout ce que j'avais enduré jusqu'à présent n'avait servi à rien. J'étais dégoûté. Quel risque stupide j'avais pris en traversant ce village. Pourquoi n'ai-je pas fait le tour ?

Le soldat marchait vers moi. J'avais un morceau de pain dans une poche et une gourde d'eau dans une autre. Je lui montrai les deux pour qu'il puisse voir que c'était tout ce que j'avais. Il me fouilla. Qu'allait-il faire ? Me mettre en état d'arrestation et me conduire au poste de garde ? Me tirer dessus juste là au milieu de la rue ?

C'était mon devoir de résister. Qu'est-ce que je pouvais faire ? Je n'étais pas armé et il y avait deux autres soldats allemands à quelques mètres de moi. Puis une pensée brillante m'apparut. Ce soldat croyait que j'étais un paysan belge. Il me fouillait pour voir si j'ai volé ou passé des pommes de terre en contrebande.

Les civils belges n'avaient droit qu'à un certain nombre de pommes de terre. Il était contraire à la loi allemande de faire du troc avec des légumes de toute sorte sans supervision allemande. Certains Belges courageux achetaient ou volaient des pommes de terre dans les campagnes et les introduisaient en douce dans les villes pour un bon prix. Juste sous le nez de leurs supérieurs allemands.

Afin de mettre un terme au piratage des pommes de terre, les soldats allemands fouillaient régulièrement les Belges à la moindre occasion. Ces trois Allemands devaient penser que j'étais un voleur de pommes de terre. Le soldat m'avait fouillé à fond. Il n'avait rien trouvé. Pas de pommes de terre. Il m'a dit quelque chose en allemand que je ne compris pas. D'autres paysans belges s'approchaient, et il marcha vers eux. Je tentais ma chance en espérant qu'il m'avait dit que je pouvais y aller.

Je fis deux pas en avant. Je jetai un coup d'œil rapide par-dessus mon épaule. Le soldat qui m'avait fouillé avait rejoint ses camarades sur le trottoir. Je fis un autre pas en avant, puis un autre et je disparu finalement dans l'obscurité des bois.

L'aplomb que j'avais ressenti plus tôt avait disparu. Je m'en étais bien sorti. Mais à peine. Et si ce soldat m'avait interrogé ? Et si ma ruse de sourd-muet n'avait pas fonctionné pas avec lui ? S'il avait fouillé mes vêtements, il y aurait eu une douzaine de choses qui auraient pu établir mon identité.

Je continuais, en pensant à l'importance du passeport maintenant. J'avais besoin de quelque chose pour passer tous les points de contrôle allemands que j'étais certain de rencontrer plus tard. Je me suis demandé si je devais essayer d'entrer dans le village suivant cette nuit-là. Je décidai de continuer et de me rendre chez ce « boucher » le plus tôt possible pour ce passeport.

Au loin, il y avait un lampadaire. En dessous, je pouvais voir les contours de trois soldats allemands. Je ne pouvais pas me tromper, c'étaient des casques à pointes. *Merde ! Pas encore.* Que devais-je faire ? Je ralentis mon rythme. Je me creusais la tête pour trouver le meilleur plan d'action. Aurais-je encore de la chance ? Pourrais-je passer pour un voleur de pommes de terre ou un paysan banal ?

Un groupe de femmes belges me dépassa, et je les rejoignis. Je me mêlai à elles dans l'espoir de faire croire que je faisais partie de leur groupe. Nous nous sommes approchâmes des soldats allemands. J'avais l'impression d'entrer dans la gueule du loup. J'essayai de ne pas regarder leurs casques à pointes. Je préférais tenter ma chance contre ces Allemands dans le ciel plutôt que sur terre. Au moins là-haut, j'avais une chance. D'en bas, j'étais condamné. Je ne pouvais compter que sur une chance aveugle pour m'aider maintenant.

Nous avions commencé à passer les gardes. Je portai mon mouchoir à mon visage. J'essayai d'imiter la démarche d'un paysan belge. Ça avait marché. On était passé devant les gardes. Ils n'avaient pas fait attention à nous. J'ai eu soudain envie de m'agenouiller pour montrer ma gratitude aux cieux pour cette chance inouïe.

Quelques heures plus tard, j'entrais dans le village où j'allais pouvoir trouver Johannes et obtenir mon passeport. J'avais besoin de localiser cette boucherie. André m'avait donné de bonnes indications et une description claire de la rue. Je suivi ses instructions de près. En dix minutes, j'avais trouvé un des points de repère qu'il m'avait décrits.

Je me tenais devant la boucherie. C'est ici que je trouverais de l'aide. Ce passeport me guiderait à travers les épreuves qui m'attendaient encore. Grâce à cette connexion, j'atteindrais la Hollande et la liberté.

Je frappai à la porte.

MON FAUX PASSEPORT

Je me présentai à Johannes. Je lui racontai mon histoire, comment j'avais rencontré André et comment j'avais trouvé le chemin vers sa boutique. Il sourit et m'invita à entrer. Ça semblait trop facile. Mon estomac se tortillait de façon désagréable. Quelque chose allait de travers ? Ou étais-je si fatigué que je ne pouvais pas penser clairement ?

Johannes parlait couramment anglais. Je pouvais enfin converser avec quelqu'un sans faire de signes de la main et de ridicules gestes. Sa boucherie était pleine de morceaux de choix et la vitrine était remplie de spécialités locales. J'en avais l'eau à la bouche. Il me dit de choisir ce que je voulais. Il revint avec une chemise de nuit, une bouteille de vin et un morceau de viande rôtie. Il m'écouta attentivement et m'interrompit à plusieurs reprises pour exprimer sa sympathie. Je louchai sur la bouteille de vin, mis la blouse sur mon épaule et me ruai sur la viande comme un homme possédé. J'engouffrais des morceaux de viande dans ma bouche, que je faisais couler avec des gorgées de vin, tandis que je continuais à raconter mon histoire.

« Je vais t'aider », dit Johannes. « Ça va prendre du temps. Peut-être juste quelques jours ou même deux semaines. On trouvera un moyen de te faire entrer en Hollande. »

Je le remerciai encore et encore. L'incroyable gentillesse du peuple belge ne cesserait jamais de m'étonner. Je lui ai dit que je ne savais pas comment je pourrais lui rendre la pareille.

« N'y pense même pas », dit-il. « Le simple fait de savoir que j'ai aidé une autre victime de cette guerre à s'échapper est suffisant pour moi. » Johannes s'était levé et avait ramassé mon assiette vide. « Tu ferais mieux d'aller te reposer lieutenant, demain matin nous discuterons du plan. »

Il me conduisit à une chambre, petite mais confortable, au deuxième étage. Il me serra la main, et je me préparais à la première vraie nuit de repos que j'avais eue en deux mois. Je m'assis sur le bord du lit et j'enlevai mes vieux vêtements collés à mon corps. Mes genoux étaient gonflés au double de leur taille habituelle. Ma cheville était violette et douloureuse au toucher. Je passai mon doigt sur mes côtes saillantes. Combien pèserais-je maintenant ? J'étais fort de quatre-vingt-dix kilos quand j'avais rejoint mon escadron en France.

Au moment où l'arrière de ma tête toucha le lit, j'étais dans les vapes. Ce fut un sommeil lourd et sans rêve et il se termina bien trop vite. Un coup léger à la porte et le grincement des gonds me réveillèrent. Johannes se tenait dans l'embrasure de la porte. Il m'annonça que j'avais dormi pendant douze heures. J'avais retrouvé un peu d'énergie et de force. La paranoïa me traversa. Et s'il avait débarqué avec des soldats allemands ? Je chassais ces pensées de ma tête. Comment pourrais-je douter de la sincérité de cet homme après tout ce qu'il avait fait pour moi ? Même s'il me trahissait, j'étais impuissant et à sa merci.

Il me demanda si j'avais faim et revint avec un plateau de petit-déjeuner chargé. Je n'oublierai jamais ce repas. Il contenait du café, du vrai café, pas la racine de chicorée de Courtrai. Plusieurs tranches de pain fraîchement cuit, des pommes de terre chaudes et des œufs durs. J'en savourai chaque bouchée. Johannes s'était assis sur le bord du lit et exposait les plans de mon évasion vers la Hollande.

Il suggérait de me cacher dans un couvent jusqu'à ce que l'occasion se présente de me rendre à la frontière. En attendant, je ferais semblant d'être un marin espagnol. Je pouvais parler un peu d'espagnol. Si j'avais essayé de continuer ma routine de paysan belge, j'aurais fini par devoir parler. Il m'a assuré que ce serait désastreux. Johannes me dit qu'il me donnerait assez d'argent pour soudoyer les gardes à la frontière hollandaise.

« Vous n'êtes pas la première personne qu'on fait entrer en Hollande », dit Johannes. « Il y a trois semaines, j'ai eu la confirmation d'un officier d'artillerie britannique qu'on a aidé à passer en Hollande. »

Je hochai la tête et souri. Avais-je vraiment pensé que j'étais le premier évadé de cette guerre à traverser les lignes ennemies sans être détecté ?

Johannes poursuivi : « Il s'était également échappé d'un camp de détention allemand et était parvenu jusqu'à moi. Son message disait qu'il était entré en Hollande sans problème. Nous serons en mesure de faire la même chose pour toi. »

Je lui tendis la main pour serrer la sienne et lui dit que je suivrais ses instructions et ferais tout ce qu'il me suggérerait. « Je veux rejoindre mon escadron et retourner au combat », ai-je dit. « Je comprends que ça va prendre du temps pour arranger ça. Je vais essayer d'être patient. »

Johannes m'informa que la première chose à faire était de préparer un passeport. Il en avait un vierge et d'après lui « qu'il suffisait de remplir ». Il utilisait un passeport authentique pour imiter le style de l'employé d'état civil. Il indiquait que j'étais marin, que j'étais né en Espagne et que j'avais trente-cinq ans. Peut-être qu'avec un peu plus de repos et de vraie nourriture, je retrouverais mon apparence normale.

Le premier défi qui se posait était le timbre. Chaque passeport avait un timbre officiel estampillé par un tampon en caoutchouc. C'était comme un cachet postal unique et élaboré. Johannes avait trouvé la moitié d'un tampon en caoutchouc, qu'il pensait avoir été jeté par les Allemands. Il sorti un canif et rassembla une poignée de bouchons de liège. Cela lui a pris plusieurs minutes et plus d'une poignée de bouchons. Le tampon fini était impressionnant. Nous étions convaincus que notre faux timbre résisterait à n'importe quelle inspection, à l'exception d'un examen à la loupe.

Johannes pris une photo de moi pour le passeport. Il colla la photo dessus comme un professionnel. Il avait fallu deux jours pour terminer le faux passeport. Pendant ce temps, Johannes annonça qu'il avait changé d'avis sur le fait d'attendre dans le couvent. A la place, il connaissait une maison vide où je pourrai me cacher. Il me suggéra d'y attendre jusqu'au moment venu de passer la frontière.

Ça m'allait très bien. Je n'avais pas été très enthousiaste à l'idée de me faire passer pour un prêtre. Moins j'avais de contact avec de gens, mieux c'était. Cette nuit-là, je suivi Johannes dans une partie opulente du village. La maison était gigantesque. Une maison en briques de quatre étages qui appartenait à un riche Belge avant la guerre. Lorsque la guerre avait éclaté, le propriétaire de la maison avait ramassé tout ce qu'il pouvait emporter et s'est également dirigé vers la Hollande. Cette maison était maintenant utilisée pour les réfugiés. Johannes ouvrit la porte avec sa clé et me dit qu'il serait de retour dans la matinée.

J'explorai ma nouvelle maison du mieux que je pu sans lumière. C'était une maison magnifiquement meublée, mais il y avait un centimètre de poussière partout. Je comptais dix-huit pièces. Deux au sous-sol, quatre à chaque étage, jusqu'au toit. Ma découverte la plus précieuse fut la cave à vin. J'avais devant les yeux plus de mille bouteilles de vin. Je décidai du vin que je choisirais pour célébrer ma nouvelle chance.

Je m'arrêtai dans mon élan. J'ai pensé à la vieille histoire de vendre la peau de l'ours avant de l'avoir tué. Je décidai d'attendre d'avoir passé la frontière et d'être libre avant de célébrer. Me reposer sur un lit confortable serait un choix plus judicieux. Je me rendis dans chaque chambre à la recherche du meilleur coin pour dormir et je fus déçu à chaque fois. Tous les matelas avaient disparu, et les Allemands avaient arraché tous les tissus de soie, de coton et de laine. C'était toujours un cran de plus par rapport à ma situation précédente. Je m'installai aussi confortablement que possible et je ravalai ma au mieux ma déception.

Johannes revint le lendemain matin avec un petit-déjeuner. Après avoir terminé, il me demanda si j'avais des relations en Angleterre ou en France auprès desquelles je pourrais obtenir de l'argent. Je lui ai dit que j'avais un compte à Londres chez Cox & Cox, mais que je ne savais pas comment effectuer de transactions d'ici.

« Ne t'inquiète pas pour ça », dit Johannes. « Nous trouverons un moyen. J'ai besoin de savoir comment tu comptes payer pour mes services. Comment tu vas me dédommager pour les risques que je prends pour t'aider ? »

J'étais stupéfait. Son changement d'attitude était choquant. « Je. . . Je paierai, bien sûr, pour toute ton aide. » Je trébuchais sur les mots. « Pensez-vous que c'est le bon moment pour parler de ça ? J'ai juste les quelques centaines de francs que vous pouvez avoir. Quand je reviendrai, je vous assure que vous serez dédommagé. »

« Bien », dit-il. « Tu peux toujours dire que tu me dédommageras après. Qu'est-ce qui me dit que tu le feras ? Je veux de l'argent maintenant. Je ne vais pas attendre. »

Je grinçais des dents. Mon estomac s'était resserré et mon souffle s'était accéléré. « Que veux-tu que je fasse ? Comment suis-je censé organiser quoi que ce soit d'ici ? Dis-moi juste combien tu veux et je te le donnerai quand je m'échapperai. »

« Je veux 800 livres », dit Johannes.

Ma mâchoire se décrocha. Je secouai la tête et j'écartai mes mains, paumes vers l'extérieur. « Pour qui tu me prend ? Lord Kitchener ? » Je mis une minute à rassembler mes pensées. Peut-être qu'il plaisantait. Je changeai d'attitude et me mis à rire. « Tu ne le penses pas vraiment, hein ? »

Johannes fit un pas vers moi. D'après l'expression de son visage, il ne plaisantait pas. Il sortit un morceau de papier de sa veste. « Je me suis mis en danger pour t'aider. Je veux être payé pour le dérangement. »

Il me tendit un ordre de paiement.

Johannes poursuivi : « Je veux recevoir chaque centime pour mon problème. Et tu vas m'aider ! »

Je lui rendis le morceau de papier. « J'apprécie toute ton aide. J'ai besoin de ton aide pour sortir d'ici. Je vois que ton motif n'est pas celui que je pensais. » Je pris une profonde inspiration. « Je refuse qu'on me fasse chanter. C'est un truc que je ne supporte pas. Tu comprends ? »

« Tu devrais peut-être reconsidérer ta décision », répondit-il. « Avant que tu ne fasses une terrible erreur. Je te donne quelques heures pour y réfléchir. » Johannes descendit les escaliers et sortit de la maison.

Est-ce que je devais partir de cette maison maintenant ? J'avais déjà le passeport. Je pourrais aller jusqu'à la frontière et tenter ma chance. Il faudrait que je sois créatif pour la traversée finale. *Attendre. Attendre juste un peu.* Je ne ferai rien d'insensé avant sa deuxième visite. Il avait encore certains de mes papiers, photos et identification. J'avais besoin de les récupérer.

Ce soir-là, Johannes revint et a monta les escaliers pour me rejoindre. « Eh bien, as-tu reconsidéré la question ? » demanda-t-il. « Vas-tu me signer cet ordre de paiement ou non ? »

J'avais passé les dernières heures à réfléchir à ce que

j'allais faire. Sa demande était tellement scandaleuse que je pouvais signer ce papier sans jamais le payer. Ce qui me dérangeait, c'était cet homme : qui s'était lié d'amitié avec moi. Il m'avait nourri, logé et caché des Allemands et maintenant il voulait m'extorquer. Cette pensée me fit tourner l'estomac comme un tour de manège. Je ne voulais pas être exploité par qui que ce soit. Je me fichais de savoir si je mettais ma sécurité en danger ou non.

« Non », m'écriais-je. « Je vais suivre mon propre chemin sans plus d'aide de ta part. Je veillerai à ce que tu sois payé correctement pour l'aide que tu m'as apportée. » Je pointai mon doigt sur sa poitrine et je continuai : « Je veux tous mes papiers, mes photos et tous les autres biens que tu as gardé. »

Johannes secoua la tête. « Je suis désolé d'entendre ça, Lieutenant. Mais je ne te les rendrai pas tant que je ne serai pas payé en totalité. »

Je poussais plus fort dans la poitrine avec mon doigt. Rends-moi ces foutus papiers. Je te les prendrai si je le dois. »

Johannes fit un pas en arrière et écarta les bras dans un geste de fausse sincérité. « Je ne sais pas comment tu pourrais faire cela. Tes effets personnels sont déjà hors du pays. Je ne pourrais pas les récupérer pour toi même si je le voulais. »

Menteur. Quelle crapule. Je fis un pas de plus jusqu'à ce que nous soyions nez à nez. « Je veux mes effets personnels. Et je les veux avant minuit. »

« Sinon quoi ? »

« J'attendrais l'aube et j'irai me rendre ensuite aux autorités allemandes. Je leur montrerai le passeport que tu as fait pour moi. Je leur dirais comment il a été fait. Je leur dirai tout. Tu partageras le même sort que moi. Le tiens sera bien pire. Les Allemands n'ont aucune patience pour les gars de ton genre. »

La couleur s'était vidée du visage de Johannes. Nous n'avions pas de lumière dans la maison, mais le clair de lune venant de la fenêtre montrait sa terreur. Il tourna les talons et commença à descendre les escaliers pour partir.

Je lui rappelai, « Tu as jusqu'à l'aube. Si tu ne reviens pas avec mes affaires d'ici là, la prochaine fois qu'on se verra, ce sera devant des soldats allemands. Je suis un homme désespéré. J'ai bien réfléchi, je n'ai plus rien à perdre. »

Il claqua la porte derrière lui. Je m'assis sur la dernière marche. Qu'allait-il faire ? Que ferais-je à sa place ? Il irait peut-être d'abord voir les Allemands et inventerait une histoire pour me discréditer. Est-ce qu'il allait me prendre au mot ? Je ne me rendrais jamais volontairement aux Allemands. Je serais exécuté sur le champ. Abattu comme un espion au minimum, probablement bien pire. Mais Johannes ne le savait pas.

J'avais senti un brin de lâcheté chez Johannes. Je pariais qu'il ne prendrait pas le risque que je mette ma menace à exécution. Il devait croire qu'il y avait une petite chance que j'aille jusqu'au bout. Pourquoi voudrait-il garder mes photos et mes papiers ? Y avait-il un type d'information dans ces documents qui expliquerait son changement complet d'attitude ? Voulait-il mes effets personnels comme preuve ou témoignage ?

Deux autres heures s'écoulèrent et j'étais encore assis sur le haut de l'escalier et je réfléchissais à ma situation actuelle. La porte d'entrée s'ouvrit en grinçant. Johannes monta lentement les escaliers. Il dit : « J'ai apporté les affaires que j'avais gardées. Comme je l'ai déjà dit, le reste n'est plus en ma possession. »

Je pris le paquet de sa main et je le feuilletai. Il y avait la moitié des photos, mon bracelet avec ma plaque d'identification, et la plupart des papiers. « Je ne sais pas pourquoi tu veux garder la moitié de mes photos », lui dis-je. « Les photos manquantes n'ont qu'une valeur sentimentale pour moi. »

Johannes s'était assis à côté de moi sur la dernière marche. « Je suis désolé que les choses se soient passées ainsi. Je suis désolé pour toi et je veux t'aider. L'ordre de paiement n'est pas de mon fait. »

« Qui a eu l'idée alors ? » Demandais-je.

« Ce n'est pas important », poursuivi-t-il. « Une proposition a été faite, et tu l'as rejetée. C'est la fin de l'histoire. Je déteste l'idée que tu continues avec tes seules ressources. J'ai une suggestion à faire. Si tu me suis dans une autre maison, je peux te présenter à un homme qui t'aidera à entrer en Hollande. Il est mieux placé que moi pour t'aider. »

« Combien de millions de livres voudra-t-il pour le dérangement ? »

Johannes rit et répondit : « tu peux arranger ça avec lui. Tu veux venir ? »

Quelque chose ne me convenait pas dans cette proposition. La curiosité me poussait à en savoir plus et à aller jusqu'au bout. Je savais que j'étais à l'abri des autorités car Johannes n'aurait pas osé me livrer. Nos destins étaient liés. Je lui dis que j'irai quand il sera prêt.

Une fois que nous étions calmés, je lui demandais de me préparer de la nourriture. Je lui dis que je n'avais plus rien à manger depuis ce matin et que je commençais à avoir faim. Il me dit de me débrouiller. Après m'avoir apporté le petit-déjeuner du matin, il s'était rendu compte du risque terrible qu'il prenait en apportant de la nourriture dans une maison vide. Si les Allemands découvraient ce qu'il faisait, il n'aurait pas à s'inquiéter que je le dénonce. Il me suggéra d'aller au village par moi-même et d'acheter ma propre nourriture. Il m'a rappelé que je devrais emporter quelque chose à manger pour mon voyage en Hollande.

Il y avait une part de vérité dans ce qu'il disait. Je ne pouvais pas entièrement lui reprocher de ne plus vouloir prendre de gros risques pour notre association. Je lui ai dit que j'avais déjà passé des jours sans manger et que ça irait bien.

Il me retrouva devant la maison le soir suivant. Je l'ai suivi jusqu'à une maison similaire, non loin de celle où je logeais. Johannes ouvrit la porte et me fit entrer dans une pièce au premier étage. Deux hommes attendaient à l'intérieur. D'après la ressemblance, l'un était son frère et l'autre un étranger.

Ils m'expliquèrent qu'ils avaient un autre passeport pour moi. Ce dernier était authentique. Je n'aurai pas besoin de s'inquiéter du faux que j'avais dans ma poche. Avec ce passeport, il n'y avait aucune chance que je me fasse prendre en traversant la frontière.

Je vis clair dans leur jeu dès le début. J'écoutai patiemment ce qu'ils me racontaient.

« Rends-nous le passeport que tu as et nous te donnerons le vrai », dit le frère de Johann.

Je tapotais le passeport dans ma poche de poitrine. « Ok, laissez-moi juste voir le nouveau passeport d'abord. »

Les trois hommes hésitèrent. Le frère répondit : « Pas nécessaire, lieutenant. Donnez-nous juste l'ancien et je vous l'échangerai contre le nouveau. C'est d'accord? »

Je me lassai de ce jeu. Je fis un pas vers la porte. « Laissez-moi être clair, mes amis. Vous n'aurez ce passeport qu'en me passant sur le corps. »

J'attendais que l'un d'entre eux ou les trois fassent un geste. J'étais en infériorité numérique et ils auraient pu me maitriser rapidement s'ils avaient voulu insister. J'avais déjà traversé tellement de choses. Je pouvais goûter à la liberté. Je me battrais jusqu'à la mort dans cette pièce si la situation l'exigeait.

J'avais remarqué une rangée de grosses poteries contre le mur. Je me suis dirigé vers ce mur. Je les regardais l'un après l'autre avec le sourire le plus diabolique que je puisse afficher. La pièce était silencieuse. Je dis : « Je vais garder le passeport que j'ai déjà. Si vous croyez, messieurs, que vous pouvez me le prendre, » je tapotais à nouveau ma poche, « vous pouvez toujours essayer. »

J'étais prêt à me battre. N'est-ce pas la raison pour laquelle je m'étais engagé dans cette guerre en premier lieu ? J'étais arrivé en France pour combattre les Allemands et piloter des avions. Maintenant, j'étais coincé dans cette pièce, attendant de me faire dépouiller par des hommes qui prétendaient m'aider mais ne voulaient que m'extorquer. Ces poteries avaient l'air lourdes. Je décidai de frapper le frère en premier. Un seul coup d'un de ces vases suffirait à assommer un homme. Peut-être que les deux autres s'enfuiraient. Je tenterai ma chance. C'est ici que j'allais prendre position et me battre.

Les trois hommes se concertèrent en flamand. Ils ne voulaient pas se battre. Ils me faisaient clairement comprendre qu'ils voulaient négocier jusqu'à la mort. Le troisième homme parlait un excellent anglais. Il se présenta comme Nathanaël et continua à essayer de me convaincre de remettre le passeport.

« Mon brave homme », dit Nathanaël. « Nous n'avons pas l'intention de vous priver de votre passeport. Grands dieux ! Si ça vous aidait à sortir du pays, je vous en donnerais cinq. C'est pour votre propre protection et la nôtre que vous continuez votre voyage. Sans ce passeport. Ne croyez-vous pas que vous devriez risquer votre sécurité avant de mettre également en danger la vie innocente de trois hommes ? »

J'en avais assez. Je me dirigeai vers la porte. Cela leur pris une longue seconde, mais ils s'écartèrent pour me laisser passer. Je me retournais pour leur faire face. « C'est une époque dangereuse », dis-je. « Vous m'avez montré votre vrai visage et je suis heureux que vous reconnaissiez le danger que vous courez. » Je continuais « N'oubliez pas que si je suis capturé dans cette partie du pays, ils prendront aussi mon passeport. Si ça arrive, vos vies ne vaudront plus rien. Je vous impliquerai tous les trois. Ma parole d'officier sera crue plutôt que la vôtre. Passez une bonne nuit, messieurs. »

Je sorti de la maison dans l'air frais de la nuit du village. Ma fourberie semblait avoir fonctionné. Je passai cette nuit à penser à ces hommes et à ce que je voulais leur faire. Je pensai aux Belges que j'avais rencontrés au cours de mes voyages. Les gentils paysans, prêts à partager le peu de nourriture qu'ils avaient avec un étranger grisonnant. Comment André m'avait donné de la nourriture, un abri et de l'aide. Aurait-il finalement essayé de m'extorquer s'il en avait eu l'occasion ? Je m'en fichais.

De nombreux Belges avaient été pendus, fusillés et torturés pour avoir aidé des fugitifs pendant la guerre. Je ne les jugeais pas pour avoir pris le moins de risques possible. Je décidai de ne pas garder de rancune envers Johannes. La guerre pousse les gens à faire des choses terribles pour survivre.

Je retournai à la première maison pour planifier mon prochain mouvement.

PAR LE TROU DE LA SERRURE

Les cinq jours suivants m'avaient paru des années. Ma situation alimentaire était pire maintenant qu'elle ne l'avait été dans les champs. J'avais un bon endroit pour dormir mais j'avais toujours faim. J'avais plus de temps pour penser et planifier tandis que la faim constante me rongeait. J'avais souvent pensé à commettre un meurtre.

Des soldats allemands passaient devant la maison tout au long de la journée. Je les observais pendant des heures par le trou de la serrure. Je n'osais pas m'approcher trop près de la fenêtre de peur de me révéler à l'ennemi.

Je ne savais pas parler l'allemand ni le flamand. Si j'avais essayé de sortir et d'acheter de la nourriture - même si j'avais assez de francs en poche - je me serais mis en danger. J'attendais la nuit pour parcourir les rues à la recherche de restes. Les magasins étaient alors fermés, et moins de gens parcouraient les rues. Je trouvais parfois le courage de demander de la nourriture à un paysan belge dans les rues sombres et désertes. Les Belges des villes étaient beaucoup plus craintifs que ceux des campagnes.

Je n'éveillais leur inquiétude et leur suspicion que lorsque je les abordais dans la rue.

J'aurai été mieux dans les champs et les buissons que coincé dans cette ville. Il était temps de partir et de poursuivre mon voyage. Je devais m'assurer que Johannes et sa famille n'allaient rien tenter contre moi. Juste quelques jours de plus et je serais de nouveau sur en route.

Lorsque je ne passais pas chaque minute les yeux rivés sur le trou de la serrure, je passais mon temps dans une chambre au dernier étage qui donnait sur la rue. Je me tenais loin de la fenêtre, dans l'ombre. De mon point de vue, j'observais la vie quotidienne dans le village. Je faisais les cent pas dans la pièce. J'essayais de trouver des moyens de m'amuser. Je me rendis compte que j'avais fait plusieurs kilomètres à faire les cent pas dans cette pièce. Si seulement j'avais pu les soustraire à mon voyage vers la frontière.

J'avais observé un matou sur le rebord de la fenêtre d'une maison de l'autre côté de la rue. J'avais utilisé un morceau de ce miroir brisé que j'avais trouvé pour me divertir. Je l'avais dirigé vers les yeux du chat. Au début, le chat avait eu l'air ennuyé et était parti. Il était revenu quelques minutes plus tard s'installer à la fenêtre, et s'était habitué au reflet de lumière. C'est ainsi que je passais des heures - à faire n'importe quoi pour me faire oublier les circonstances actuelles. Surtout ma faim insupportable.

Quelques heures plus tard, je me tenais à nouveau près de la fenêtre. J'étais caché de telle sorte que les passants ne pouvaient pas me voir, mais j'avais une vue sur tout ce qui se passait dehors. Mon ami le matou patrouillait la rue avec quelque chose pendant de sa bouche. J'ouvris la porte et descendis les marches en courant. Je traversai la rue en courant et sautai sur ce chat avant qu'il ne sache ce qui lui arrivait. J'arrachai le morceau de ragoût de lapin de sa bouche. Il poussa un miaulement à glacer le sang quand je lui arrachai son repas et retournai chez moi en courant.

Un sentiment de culpabilité m'envahit brièvement, mais je n'eus aucun problème à manger le dîner du matou. La faim avait pris le dessus sur tout sens de la logique et de la raison. Je mangeais avec empressement.

De retour à mon trou de serrure, d'énormes chariots circulaient dans les rues. Les paysans ramassaient les épluchures de pommes de terre, les restes de choux et tout ce qui pouvait ressembler à de la nourriture. Aux États-Unis, nous considérerions ces déchets comme des ordures et ils étaient détruits. Les Belges en faisaient du pain. Les Allemands avait fait une science du recyclage. J'avais eu la chance d'essayer ce « pain de guerre » et il n'était en fait pas trop mauvais. Dans ma situation actuelle, j'aurais volontiers mangé les restes jonchant les ruelles.

Je suivais le va et vient des soldats allemands dans la rue. J'avais remarqué qu'ils s'arrêtaient et regardaient tous avec intérêt un magasin particulier. Neuf sur dix s'arrêtaient et se plantaient là pendant au moins une minute. Parfois plus longtemps. Il semblait que seuls les Allemands étaient intéressés, mais pas les Belges. C'était peut-être une librairie avec des magazines allemands en vitrine ? Je devais savoir ce que c'était.

J'ai attendu jusqu'au soir. J'ai monté les escaliers. J'ai trouvé une fenêtre dans une pièce avec une vue plus directe. Je me suis mis à rire si fort que je suis sûr d'avoir attiré l'attention. Je ne pouvais pas m'en empêcher. C'était une autre boucherie, similaire à Johannes, mais beaucoup plus grande et mieux exposée. La vitrine était remplie de douzaines de paquets de saucisses empilés jusqu'en haut des étalages. Cela stoppait presque tous les Allemands dans leur élan, pendant trois ou quatre minutes à la fois. Je secouai la tête et couvrit ma bouche, en essayant de ne pas rire à nouveau.

J'avais perfectionné l'art d'attraper les mouches. Après avoir capturé la malheureuse mouche, je la mettais dans une toile d'araignée - pas de pénurie dans cette vieille maison vide. Je m'asseyais, je croisais les jambes et j'attendais patiemment que l'araignée vienne le chercher. J'observai la capture et la destruction lente et méthodique de la mouche et je comparais cela à mes propres circonstances.

De nombreux livres garnissaient les étagères de la maison. Une des bibliothèques les plus riches que j'ai rencontrées dans mes voyages. Le problème est qu'ils étaient écrits en français ou en flamand. Je ne comprenais pas le flamand, et mon français était au mieux inférieur à la moyenne. J'avais trouvé un journal du New York Herald, qui avait dû arriver avant la guerre. Je l'avais lu et relu plusieurs fois. Les commentaires sur le baseball avaient captivé mon attention pendant des heures. L'histoire de Zimmerman des Cubs se faisant exclure pour s'être disputé avec l'arbitre était tout aussi intéressante que si elle s'était produite hier.

Des soldats allemands marchaient en file dans la rue. Ils étaient arrivés à la maison voisine. J'attendais qu'ils passent devant le trou de la serrure.

« Halte ! »

Une escouade d'Allemands s'est mise au garde-à-vous devant la maison. J'avais les mains moites. La peur de ma vie me poussa à bouger. Je couru dans les escaliers. J'allai me cacher dans la cave à vin dans le noir. Un éclat de lumière clignota par les trous d'une grille qui menait à l'arrière-cour. Je rampai plus profondément dans le fond de la cave et trouvai une cachette. Je me faufilai entre deux énormes caisses de vin. Le crissement des bottes montait les marches de l'entrée, et la porte d'entrée avait été ouverte.

Des ordres étaient aboyés en allemand. Le bruit du *piétinement* des hommes allant d'une pièce à l'autre me donnait des fourmis dans les jambes. Des bruits assourdissants, des fracas, et des coups de marteau. Que se passait-il ?

Avais-je été trahi ? Johannes et ses associés avaient-ils décidé de me dénoncer ? Ma cachette n'était pas très sure. Les Allemands fouilleraient cette maison de fond en comble. Ce n'était qu'une question de temps avant qu'on me trouve. Je pourrais faire sauter la grille et m'échapper par l'arrière-cour. Les Allemands avaient-ils bouclé le quartier avant d'envoyer les soldats dans la maison ?

Devais-je rester en place ? Peut-être que les Allemands ne fouilleraient pas la cave. Peut-être qu'ils penseraient que j'étais déjà parti. Les grincements et le bruit des souris et des rats affolés m'inquiétaient. Les bruits de coups et de fracas provenant de l'étage s'intensifiaient. Pensaient-ils que je me cachais dans les murs ? On aurait dit qu'ils allaient démolir la maison.

Que feraient-ils après avoir terminé leur recherche à l'étage supérieur ? Allaient-ils démanteler le sous-sol ? Et le vin ? Peut-être que par chance, ils seraient juste intéressés par le vin. Je pris une bouteille de vin dans chaque main. J'étais prêt à me défendre. Mes yeux s'étaient adaptés à l'obscurité. Ils seraient temporairement aveuglés quand ils entreraient dans la cave.

Vingt autres minutes passèrent. Le bruit des bottes dans les escaliers retentit à nouveau. Ils arrivaient. J'entendais bien le *bruit sourd* des escaliers alors qu'ils approchaient de la cave. Mon cœur me faisait mal, il pompait si vite. Je sentais l'adrénaline courir dans mes veines. Une souris courut sur mon pied. D'une seconde à l'autre...

« Halte ! »

Plus d'allemands. Les soldats s'étaient arrêtés. On aurait dit qu'ils remontaient les escaliers par le hall et la porte d'entrée. Impossible. Comment pouvaient-ils faire demi-tour et s'en aller ? Est-ce que je délirais ? Mes oreilles me jouaient-elles des tours ? C'était peut-être une ruse allemande pour que je m'expose. Je restais dans la cave pendant une heure de plus. Je retenais ma respiration et comptais jusqu'à dix, encore et encore.

J'enlevai mes chaussures et je rampai jusqu'aux marches de la cave. Avaient-ils abandonné ? Cet officier allemand essaierait-il vraiment de me piéger plutôt que de fouiller la cave ? Je répartissais mon poids sur chaque marche progressivement. J'étais arrivé jusqu'à la dernière marche. Pas de grincement dans les escaliers. Ce que je vis dans la cuisine répondit à toutes mes questions.

Les robinets avaient été arrachés des éviers. Les tuyaux d'eau avaient été arrachés du mur. Les tuyaux de gaz, les ustensiles de cuisine avaient disparu. Tout ce qui était en cuivre ou en laiton avait été volé. Tout ce qui contenait ne serait-ce qu'un tout petit peu de métal avait disparu. Je renfilais mes chaussures et j'entrais dans la cuisine avec confiance. Les soldats allemands n'étaient pas venus pour moi. Ils pillaient les maisons qui avaient l'air plus riches, sûres de contenir des métaux et des matériaux pour l'effort de guerre.

Les Allemands avaient volé chaque once de laine, de cuivre et de laiton en Belgique. Ils arrachaient le cuivre des pianos. Ils endommageaient sérieusement des héritages familiaux et des biens précieux pour la plus infime quantité de métal.

Tous les chiens de plus de 40 centimètres étaient confisqués. L'hypothèse était que ces pauvres animaux étaient utilisés comme source de nourriture. Une autre théorie populaire était que ces chiens étaient des « chiens coursiers », des chiens portant un harnais spécial sur leur dos pour apporter de la nourriture aux soldats allemands dans les tranchées.

Je retournai à mon poste d'observation devant le trou de serrure. Je regardais les escouades de soldats allemands continuer leur travail. Ils défilaient dans la rue sans chanter, sans rire ni plaisanter. La guerre devait leur faire payer un tel tribut.

Il était temps de poursuivre mon voyage en Belgique. La nuit venue, je devenais plus audacieux et marchais dans les rues, même avec les soldats allemands aux alentours. J'avais étudié les manières des paysans belges. Ils marchaient la tête basse, les épaules tombantes. Dans ma condition hagarde, j'étais à ma place. Ma taille était un problème. J'étais plus grand de cinq centimètres que tous les paysans belges que je croisais. Mes cheveux roux me faisaient également remarquer comme étant un étranger.

J'ai appris après la guerre que les Allemands piégeaient les Belges sans méfiance en se faisant passer pour des fugitifs anglais ou français. Ils faisaient semblant de demander de l'aide. Si le Belge tombait dans le panneau, il est arrêté et la police allemande se déchaînait sur lui. C'était remarquable d'avoir eu autant d'aide de la part des Belges.

Je passai mon doigt sur mes côtes saillantes. Il m'avait décrit comme un marin espagnol. Peut-être que si je pouvais parler couramment l'espagnol... Je ne connaissais que quelques mots et phrases. Si j'étais interrogé, et qu'ils utilisaient un interprète espagnol, j'étais mort. Je n'allais utiliser ce passeport qu'en dernier recours.

J'allais tenter ma chance en tant que paysan belge sourd et muet.

SPECTACLE DE CINÉMA

Lorsque j'étais arrivé dans le village, Johannes m'avait parlé de l'attraction du moment : un spectacle de cinéma gratuit tous les soirs de la semaine, sauf le samedi. Il disait qu'une fois à l'intérieur, personne ne me dérangerait sauf pour prendre ma commande de boisson. L'entrée étant gratuite, mais les clients devaient acheter de la nourriture ou des boissons.

Une nuit, alors que je cherchais de la nourriture dans la rue, je passais devant cet endroit. Peut-être que je devais y aller et y passer quelques heures ? Je pouvais acheter quelque chose à manger - mais je ne parlais pas la langue. Et si ma mauvaise prononciation me faisait passer pour un espion ?

Je marchais dans la rue, plongé dans mes pensées, quand je butais sur un officier allemand. Les yeux exorbités, je fis un geste d'excuse, je baissai la tête en marmonnant. Il sembla apaisé et continua son chemin sans un second regard.

Le lendemain, j'étais allongé sur le sol de la maison à

réfléchir. Je me redressais à la verticale. J'avais besoin de confiance, et c'était le moyen de l'obtenir. Avant de passer en Hollande, j'ai dû affronter beaucoup d'autres soldats allemands. Pour passer en toute sécurité, je devais être calme et confiant. J'avais besoin de réduire ma peur, mon anxiété et ma panique lorsque je tombais sur un casque à pointes.

J'avais remarqué que les Belges obéissaient scrupuleusement aux ordres des Allemands, mais qu'ils ne montraient pas de crainte franche à leur égard. Je devais forger ces mêmes sentiments d'indifférence si je voulais jouer ce rôle avec succès.

J'irais au spectacle ce soir. Soldats et officiers allemands ou non, je resterais assis pendant tout le spectacle, quoi qu'il arrive. Le théâtre était peut-être l'endroit le plus sûr pour moi. Qui chercherait un officier anglais fugitif dans un endroit pareil ?

Quand la nuit s'installa, je me préparais à aller au cinéma. J'avais un pantalon décent, grâce à Johannes. J'avais brossé mes cheveux du mieux que je pouvais et avec une paire de ciseaux rouillés, j'avais taillé ma barbe odieuse. Je n'étais pas un Beau Brummel, mais je m'intégrais parfaitement au paysan belge moyen.

L'entrée du cinéma se faisait par un jardin à bière. Elle se trouvait sur le côté du bâtiment, qui communiquait par une ruelle. La cabine vide d'un vendeur de billets marquait l'entrée. J'y entrais comme si j'y étais déjà allé plusieurs fois. J'étais là de bonne heure et seule une poignée de Belges étaient déjà à l'intérieur.

Je me tenais sur une plateforme surélevée. Elle était haute de trente centimètres et entourée de murs, sauf à l'extrémité où se trouvait la scène. L'endroit le plus sûr pour moi était d'aller aussi loin que possible à l'arrière. Je voulais être hors du champ de vision de ceux qui regardaient. Je pris une table sur le côté opposé du mur de la scène. Je m'appuyai contre le mur. L'endroit entier s'ouvrait devant moi. Je voyais tous ceux qui entraient et personne ne me remarquerait à moins de s'asseoir à ma table ou de se tourner délibérément vers moi.

La salle se remplissait rapidement. Chaque personne qui passait la porte était un soldat allemand. J'avais compté plus d'une centaine de soldats allemands et le même nombre de civils belges. Les premières personnes à rejoindre ma table furent un couple de Belges. L'homme s'assit à côté de moi. Il restait deux places à ma table. J'espérais qu'un autre couple belge les occuperait. L'idée de devoir partager ma table avec des soldats allemands à quelques mètres de moi me tordait les tripes. Chaque uniforme allemand qui entrait augmentait mon anxiété.

Juste avant qu'ils éteignent les lumières, deux officiers allemands entrèrent. Ils se levèrent et regardèrent l'endroit avant de se diriger vers ma table. Mon cœur battait dans ma poitrine. Ils se rapprochaient. Des frissons parcoururent mon corps lorsque je réalisai qu'ils se dirigeaient vers ma table.

Les deux sièges devant la table faisaient face à la scène. Sauf pour manger et boire, ils me tourneraient le dos. Je pouvais tendre le bras et toucher l'un d'eux sur sa tête chauve. Ça aurait été plus qu'une petite tape si j'avais pu m'en sortir.

Après que les officiers allemands eurent pris place, le serveur s'approcha. Il nous apportait un programme et un menu. Il s'occupa d'abord des Belges, et j'écoutais leurs commandes. Les officiers commandèrent du vin tandis que le Belge commanda un *Bock* pour lui et sa femme. J'aurais préféré commander de la nourriture, mais *Bock* était facile à prononcer et la seule chose que je pouvais dire. Je n'allais pas tenter ma chance et me tromper dans la prononciation, me démarquant comme un étranger.

J'allais imiter le Belge, et quand mon tour de commander arriva, je dis *Bock* aussi simplement que possible. Le serveur fit un signe de tête et continua. Le soulagement m'avait envahi. Je savais que si j'avais essayé de prononcer autre chose, j'aurais aussi bien pu me lever et me présenter aux officiers allemands par mon nom et mon grade.

Je regardai le menu et je réalisai qu'une chope de bière coûtait quatre-vingts centimes. Le plus petit billet que j'avais était un billet de papier de deux marks. Lorsque les Allemands remirent un billet de deux marks au serveur, celui-ci le leur rendit en disant quelque chose que j'ai compris comme signifiant : pas de monnaie.

Merde ! Qu'est-ce que j'allais faire ? Je ne pouvais pas remettre au serveur le même billet que les Allemands et m'attendre à un résultat différent. Je ne pouvais pas lui expliquer qu'il devait revenir plus tard quand il aurait de la monnaie. Je lui tendis le billet et fit semblant de ne pas avoir suivi la conversation qu'il avait eue avec les Allemands. Il me répéta la même chose qu'aux officiers allemands. Je remarquai un peu plus de hargne dans sa voix à mon égard. Je haussais les épaules en lui lançant un regard candide. Le serveur resta immobile pendant quelques secondes, attendant une réponse. Quand rien ne vint, il s'en alla.

Je fus sur des charbons ardents pendant la première

demi-heure. Les vagues de peur et de terreur me traversaient comme une lumière de phare. Je n'avais jamais eu aussi peur de ma vie. Chaque minute du spectacle se trainait pour ce qui semblait être une heure. J'avais combattu l'envie de me lever et de partir au moins une douzaine de fois. Seul le nombre de soldats allemands avait suffi à gâcher ma soirée. Une fois la lumière éteinte, c'était devenu beaucoup plus facile.

Une fois le premier film terminé, alors que les lumières se rallumaient, j'étudiais la foule. De ma chaise contre le mur, je pouvais voir presque tout le monde. À une table, il y avait un officier du corps médical allemand avec deux infirmières de la Croix-Rouge. C'est la seule et unique fois que je verrai une infirmière allemande. Il n'y avait jamais que les aides-soignants masculins. Les infirmières s'approchaient rarement des tranchées de première ligne.

Les soldats allemands étaient ordonnés et calmes. Ils buvaient des verres de bière et parlaient entre eux à voix basse. Je n'entendais pas de rire, je ne voyais pas de disputes. Je me suis demandé ce que ces deux officiers allemands auraient donné pour savoir qu'ils étaient assis en face d'un officier fugitif du Royal Flying Corps. J'essayais de me retenir de sourire. Puis je pensais à l'énorme risque que j'avais pris en venant ici. Je me suis demandé si ça valait le coup ou si c'était un acte d'orgueil et de stupidité.

À la fin du spectacle, je me suis mêlé à la foule et j'ai disparu. J'étais fier de moi, et j'avais pris un peu plus confiance en moi. Je pourrais le faire. Je pourrais me mêler aux Belges et passer la frontière. Je m'en rapprochais chaque jour un peu plus.

L'ATTAQUE DU VILLAGE

Je me suis réveillé au son des bombes qui tombaient sur le village. Et si l'un de nos aviateurs ciblait cette maison ? Je secouais la tête et allais me recoucher. *On verra ce qui se passera.* Je n'ai pas osé m'aventurer hors de la maison cette nuit-là.

La nuit suivante, la curiosité pris le dessus. Je me mélangeais à la foule dans les rues. Je me rendis à chaque endroit du village qui avait été durement touché pour voir les effets de nos bombardements et de nos mitraillages. La foule dehors était principalement allemande. J'évitais de parler à qui que ce soit. Si quelqu'un avait l'air de vouloir parler, je tournais la tête et partais dans l'autre direction. J'avais dû passer pour un grossier personnage plus d'une fois. Heureusement, je n'avais jamais croisé la même personne plus d'une fois, sinon j'aurais pu éveiller les soupçons.

J'examinais les dommages causés par nos bombes avec un œil technique. Une bombe avait atterri près de la gare ferroviaire. Si elle n'avait été vingt mètres plus près, elle l'aurait détruite. La précision du pilote m'impressionnait. La gare était sûrement sa cible. Voler à plus de cent cinquante kilomètres à l'heure et se faire tirer dessus par des dizaines de canons anti-aériens est une tâche difficile.

La foule à l'entrée de la gare était dense. Les Allemands ne faisaient pas attention à moi. Finalement, j'avais l'air d'un vrai Belge. Il est vrai que toutes les lumières étaient éteintes dans le village et que la nuit était noire. J'errais d'un bout à l'autre du village. Je passais devant le quartier général de l'état-major allemand. Un énorme drapeau allemand flottait à l'avant. Et si je pouvais le voler ? Quel souvenir ce serait ? Je chassais cette idée de ma tête. Comment pourrais-je le cacher ?

Une vieille femme qui se tenait au coin de la rue s'approcha de moi. Mon réflexe était de lui expliquer que je n'avais aucune idée de ce qu'elle avait dit. Je secouai la tête et montrai ma bouche et mes oreilles. Je secouais la tête et faisais comprendre aussi clairement que possible que j'étais sourd et muet. Elle s'était éloignée, mais un Allemand suspicieux serait-il aussi facilement dupé ?

Je jetais un coup d'œil dans les vitrines des magasins et me tenais à côté de soldats allemands. On regardait les mêmes choses. Et si j'étais découvert ? Je serais exécuté sur le champ. Pas seulement pour le faux passeport, mais pour le fait que je m'étais promené librement derrière les lignes allemandes pendant presque deux mois. Ils ne m'auraient jamais laissé vivre avec les informations que j'avais récupérées. Les enjeux étaient élevés.

Je me promenais dans un parc. J'entendis des bruits de pas derrière moi. D'après le son de leurs bottes, il n'y avait aucun doute sur leur identité. Je ralentis un peu pour les laisser me dépasser. Même s'il faisait nuit, on ne pouvait pas se tromper sur l'uniforme brillant et net d'un officier allemand. Les deux hommes passèrent devant moi et disparurent dans la nuit noire. C'était comme si j'étais de retour au cinéma.

Je continuais à errer dans les rues. Je remarquais que d'autres officiers allemands dînaient dans les cafés qui bordaient la rue. Je m'étais arrêté pour les regarder interagir entre eux. Ils n'avaient pas la gaieté et la légèreté que les officiers alliés affichaient lorsqu'ils étaient à Paris et à Londres. Ils semblaient sérieux et tristes. Même ici, dans cette partie de la Belgique, loin des restrictions rigides de Berlin.

Pourquoi devrais-je retarder mon départ pour la frontière et la liberté ? J'étais plus fort maintenant. Ma cheville était seulement noire et bleue, au lieu d'un violet flamboyant. Mes genoux étaient beaucoup moins enflés qu'à mon arrivée. J'avais un abri où dormir, pour le moment. Mes vêtements n'étaient pas constamment trempés. Mais j'avais faim. Je m'en sortais beaucoup mieux à la campagne pour la nourriture.

J'étais dans la meilleure forme depuis mon saut du train. J'étais prêt. Je ferais face à tout ce que le destin me réservait. Je me dirigerais vers la frontière et la liberté.

L'APPROCHE DE LA FRONTIÈRE

Je devais passer devant deux gardes pour pouvoir quitter le village. Je l'avais prévu lors de mes promenades du soir. Mes observations au cours de mes interminables promenades dans le village m'avaient permis de dresser un plan. Les gardes étaient toujours postés au même endroit et restaient toute la nuit. Ils étaient relevés au petit matin par un autre couple de sentinelles.

L'uniforme d'un officier ou d'un soldat allemand ne me terrifiait plus. Je m'étais mêlé à eux si souvent que je m'étais persuadé d'être vraiment un paysan belge sourd et muet. J'avais prévu de passer audacieusement devant les gardes en plein jour.

Je passais devant eux. Ils ne m'avaient pas retenu, ni même jeté un second regard. Les sentinelles avaient dû croire que j'étais juste un autre paysan belge sur le chemin du travail. Je couvrais plus de distance et me déplaçais plus rapidement que jamais auparavant dans ma fuite. J'étais dans la campagne belge. Je m'approchais du premier paysan belge que je croisais et lui demandais de la nourriture.

Cet homme partagea son déjeuner avec moi. Nous restâmes assis l'un à côté de l'autre pour manger. Il essaya de me parler, mais ma routine polie d'être sourd et muet avait semblé le convaincre. Il essayait de communiquer en faisant des pantomimes et des gestes, mais je ne pouvais rien comprendre de ce qu'il essayait de dire. Il a dû penser que j'étais un idiot en plus d'être à moitié affamé, sourd et muet.

La nuit venue, je cherchais un endroit où me reposer. J'avais inversé ma stratégie et décidé de voyager le jour et de me reposer la nuit. J'étais si près de la frontière. L'adrénaline m'envahissait. J'avais hâte de surmonter ce dernier obstacle et d'arriver le plus vite possible. Je devais relever le plus grand défi de toute cette aventure. Comment pourrais-je passer à travers une clôture de barbelés électrifiée et lourdement gardée ? J'avais passé des heures à réfléchir à cette question dans le village, et je n'arrivais pas à trouver une solution. Qu'est-ce que je pouvais faire ?

Je pensais à la possibilité de sauter par-dessus la barrière. Si la clôture n'était que de trois mètres de haut, ça pourrait être possible. Je me souvenais qu'à l'université, c'était un accomplissement facile. Deux problèmes se dressèrent sur mon chemin. Comment pourrais-je obtenir une perche dont le poids, la longueur et la résistance seraient corrects ? La clôture du milieu était chargée électriquement avec deux barrières de barbelés de trois mètres devant et derrière. Même si je sautais par-dessus la première barrière et que je ne m'électrocutais pas, quelles étaient les chances de passer par-dessus la seconde ? Cela ne s'annonçait pas facile à faire. Même un athlète en pleine forme ne pourrait pas faire ça.

Et si je construisais des échasses de six mètres de haut et que je franchissais les barrières une par une ? J'avais utilisé des échasses dans ma jeunesse. Si j'avais eu le bon équipement, j'aurais pu franchir les barrières et entrer en Hollande. Quelles étaient les chances de trouver l'équipement dont j'aurais besoin pour construire des échasses ici ? Zéro.

Les soldats allemands utilisaient des bicyclettes en Belgique. Et si je pouvais en voler une ? Les pneus feraient une excellente paire de gants. Je pourrais utiliser cette protection isolante pour mes pieds si j'avais besoin d'escalader la clôture électrique. Je chercherais un vélo en me dirigeant vers la barrière. Si je n'en voyais pas sur le chemin, j'attendrais de me retrouver face à face avec la barrière et je déciderais à ce moment-là.

J'avais besoin de me reposer une nuit de plus. Je vis une clôture de barbelés et je pensais que ça pouvait mener à un champ. Je rampai en dessous, et une des barbes s'accrocha à mon manteau. Je tirai, arrachais mon manteau, mais l'ondulation de la clôture trembla sur plusieurs mètres.

« Halte ! » Le mot que je craignais le plus résonna dans la nuit.

J'étais pris Qu'est-ce que je pouvais faire ? Je me suis accroupi puis à plat ventre sur le sol. L'obscurité me protégerait-elle ? Et si je sautais et courais ? Il y avait du brouillard et il faisait noir. Peut-être que ça serait suffisant pour couvrir ma course. L'Allemand se rapprochait. Il était à quelques mètres seulement...

Je restais allongé. Je retenais mon souffle. Mon cœur

battait contre ma poitrine faisant plus de bruit maintenant que le cliquetis du fil barbelé. Les secondes défilaient au ralenti. Le soldat allemand marmonna quelque chose. Il faisait des bruits comme s'il appelait un chien.

Une vague d'effroi me traversa. Il pensait qu'un chien avait frôlé le fil et avait causé le bruit. Je ne bougeais pas pendant cinq autres minutes. Quand j'ai été sûr que l'Allemand était parti, je me suis glissai aussi furtivement que possible sous les barbelés. J'étais aplati contre le sol et je fis attention à ne pas toucher le fil. Ce n'était pas un champ. C'était un dépôt de munitions. Je pris l'autre direction et je m'éloignai de là *à toute vitesse.*

Après un kilomètre environ, je tombais sur une modeste maison belge. Je frappai à la porte et fis ma routine d'affamé, sourd et muet. La femme Belge hésita une minute avant de m'inviter à entrer. Elle me regardait avec méfiance mais ouvrit la porte et me fit signe d'entrer. Elle m'apporta une assiette avec deux pommes de terre froides et une tranche de pain.

A la façon dont elle me regardé, de haut en bas, elle savait que j'étais un fugitif. Sa maison n'était pas loin de la frontière. Elle devait en avoir vu d'autres avant moi. Cela me rendait d'autant plus reconnaissant pour le risque qu'elle prenait. Les Allemands surveillaient constamment les maisons frontalières.

Elle confirma mes soupçons peu de temps après. Alors que je me levais pour partir, elle toucha mon bras et leva son index pour me signaler d'attendre. Elle fouilla dans un bureau et sortit un morceau de dentelle fantaisie. Elle insista pour que je prenne cette douce dentelle belge avec moi. J'en avais autant besoin qu'un éléphant d'un rasoir. Sa prévenance et sa gentillesse m'émouvaient. Je lui mis un billet de deux marks dans la main. Elle le refusa. Elle ne voulait rien accepter en retour.

Les mots flamands *Charité* et *Espérance* étaient cousus sur la dentelle. J'ai compris ce que ces mots signifiaient. Cette femme avait dû comprendre ma détresse et les tribulations qui m'attendaient. C'était pour m'encourager. Je la remerciais mais à son insu, je passais la nuit dans son jardin. Je suis parti tôt le lendemain matin avant que le soleil ne se lève.

Plus tard dans l'après-midi, je me suis approché d'une autre maison où j'ai demandé de la nourriture. Cette maison plus grande comptait dix enfants à l'intérieur, en plus du père et de la mère. J'avais pensé à partir et à ne pas demander de nourriture. Combien cela devait être difficile de subvenir à leurs besoins sans avoir à nourrir un étranger affamé ? Je donnai au père un billet de deux marks, qu'il sembla l'apprécier. Ils étaient sur le point de manger. Je participai à leur repas comme si je faisais partie de la famille. Notre repas était un énorme bol de soupe servi dans des cuvettes. J'espérais qu'ils n'utilisaient pas aussi les cuvettes pour se laver, mais j'avais tellement faim que ça n'avait pas d'importance. J'appréciais ma soupe et l'engloutissait comme l'homme affamé et désespéré que j'étais.

Le père et l'un de ses fils d'environ seize ans avaient une conversation animée. Je ne comprenais pas un mot de ce qu'ils disaient, mais il était évident qu'ils parlaient de moi en secouant la tête et en me montrant du doigt. Je restais chez eux pendant une heure de plus. J'avais apprécié cette pause dans la marche à travers les bois et j'étais déterminé à en tirer le meilleur parti.

Un jeune homme d'une vingtaine d'année se

présenta à la porte. Il semblait être là pour l'une des filles, mais quand il me vit, il s'arrêta net. Ses lèvres étaient serrées, et la sévérité de son comportement me pris au dépourvu. Il se tenait en face de moi et me fixait. Il se tourna vers le père et parla rapidement en flamand. Je supposais qu'ils discutaient de ma possible identité et même de mon destin.

Leur conversation animée me donna l'occasion d'observer les alentours. Il y avait trois pièces. Elles mesuraient environ 4 mètres sur trois. Ils avaient des lits superposés dans les chambres. Comment pouvaient-ils loger douze personnes dans cette pièce ? C'était un mystère pour moi. Juste à l'extérieur de la cuisine, on pouvait entrer directement dans l'étable. Ils avaient deux vaches. Ils étaient riches selon les normes belges de l'époque.

Je ne comprenais pas pourquoi ce jeune homme était si hostile à mon égard. Je ne doutais pas qu'il s'opposait à ma présence auprès de la famille. Peut-être que c'était parce que je ne portais pas de sabots en bois. Pendant et après la guerre, la plupart des Belges portaient des sabots en bois. Je ne serais jamais capable de trouver une paire qui m'irait. Presque tous les paysans que j'ai rencontrés en portaient. Le manque de cuir en avait fait une nécessité. Au fil de la guerre, même les Allemands avaient adopté les sabots en bois pour les travaux agricoles.

Le jeune homme s'en alla en colère. Je devais sortir de là. Et s'il prévoyait d'aller voir les autorités allemandes et de me dénoncer ? Un étranger qui frappe aux portes pour demander de la nourriture ? Je ne pouvais pas lui en vouloir. Il voulait juste protéger ses amis des conséquences d'avoir aidé un fugitif.

Je n'allais plus prendre de risques et attendre pour voir. Je m'éloignais de cet endroit aussi vite que possible. Je marchais pendant encore quelques heures. Quand la nuit tomba, j'étais à la frontière de la Hollande. La liberté était en vue. Encore un défi à surmonter et ce cauchemar serait terminé.

ARRIVÉE EN HOLLANDE

J'attendis qu'il fasse complètement nuit. Je m'étais approché prudemment de l'obstacle étincelant, tranchant et intimidant.

C'était pire que ce que je pensais. Cette barrière était exactement ce dont j'avais entendu parler. Elle était formidable et solide. Ce ne serait pas facile de m'en sortir. Je venais de si loin, je devais trouver un moyen. Qu'est-ce que je savais de cette barrière ? Elle couvrait chaque mètre de la frontière entre la Hollande et la Belgique dans les mêmes dimensions et avec la même solidité. Elle avait été construite avec trois buts distincts : empêcher les Belges de s'échapper en Hollande. Empêcher les ennemis, comme moi, de s'échapper à travers les lignes allemandes. Et empêcher les soldats allemands de déserter.

Un seul regard sur cette œuvre d'art tranchante et mortelle suffirait à convaincre n'importe qui. J'entendis des pas s'approcher. Je me laissai tomber sur le sol comme une pierre. Je m'éloignais en rampant. J'avais besoin de trouver un endroit pour réfléchir. Je trouverais un nouveau plan et demain soir, je traverserais.

J'avais trouvé un endroit dans l'herbe tendre, bien caché dans un champ. J'avais décidé de ne pas faire de saut à la perche. Même si j'étais un bon sauteur à la perche. Les trois clôtures s'étendaient sur plus de six mètres. Il faudrait que je puisse faire plus de 3;50 mètres de large et au moins 3 mètres de haut. Si je touchais la clôture électrique, je serais tué sur le coup. Je n'aurais pas de seconde chance si j'échouais.

L'idée des échasses ne pouvait pas fonctionner car il n'y avait pas de bois ni d'outils appropriés pour les construire. Je devais trouver un moyen d'escalader et de passer cette ligne de clôture. Peut-être que je pourrais trouver une ouverture ? Ou au moins, je pourrais trouver un endroit qui m'offrirait une meilleure chance.

Je luttais contre la frustration et un sentiment de désespoir. À quelques mètres de là se trouvait la liberté. Trois fichues clôtures m'empêchaient d'entrer en Hollande. Je pensais à mon avion. J'avais souhaité qu'une fée vienne le poser devant moi. Je passais la nuit et la plupart du jour suivant caché dans mon herbe douce. Je ne m'éloignais que pour mendier de la nourriture auprès des paysans belges qui passaient par là. Les Belges que je croisais là étaient tous plus difficiles. C'était compréhensible. Ces Belges vivaient dans la terreur. Le fait d'être juste à la frontière hollandaise ne faisait qu'intensifier la peur et l'angoisse. Presque toutes les maisons abritaient des soldats allemands.

J'abandonnais l'idée d'approcher les paysans belges et de leur demander de la nourriture. Non seulement je me mettais en danger, mais si mes actions conduisaient à la mort d'innocents Belges ? Je pouvais revenir à mon régime de légumes crus. Il y en avait plein dans les champs, qui n'attendaient que d'être cueillis.

Cette nuit-là, je trainais dans les environs et j'examinais la clôture. C'était si bien construit. Je n'avais trouvé aucune faiblesse. Je marchais vers l'ouest, guidé par l'étoile polaire, ma vieille amie. Un kilomètre sur deux, je me rapprochais de la barrière pour voir si les conditions étaient plus favorables, mais c'était la même chose à chaque fois que je m'arrêtais. J'étais comme un animal sauvage dans une cage. Comment pourrais-je m'échapper ?

La partie de la Belgique dans laquelle je déambulais était boisée et dense. Je n'avais aucun problème à rester caché. Je continuais à avancer dans les bois tout en cherchant un moyen de contourner cette barrière. Je passais la plupart de la journée à marcher, à réfléchir, à me cacher. Comment pourrais-je atteindre la liberté ?

J'avais pensé à fabriquer une échelle. Une énorme échelle. Je cherchai pendant plus d'une heure pour des branches ou un arbre tombé. J'avais besoin de quelque chose pour m'élever à trois mètres dans les airs. De là, je pouvais sauter par-dessus la barrière. Et si je construisais une simple échelle et que je l'appuyais contre l'un des poteaux qui tendaient le fil électrique ? Ce serait mon plan. Je passais cette nuit à construire mon échelle de liberté.

J'avais trouvé plusieurs pins tombés. Certains faisaient même plus de six mètres de long. J'avais choisi les deux plus solides et j'avais arraché toutes les branches. J'avais transformé les branches en échelons. Je les avais attachés avec des bandes déchirées de mon mouchoir et de l'herbe. Ce n'était pas une échelle sûre une fois finie. Ça ressemblait plus à une échelle de corde qu'à une échelle en bois. Je l'appuyais contre un arbre pour l'essayer. Elle tremblait et vacillait. Je la resserrais là où je pouvais. Je devais croire qu'elle servirait à quelque chose.

Je cachais l'échelle dans les bois toute la journée. J'attendis moins que patiemment l'obscurité pour pouvoir mettre ma création à l'épreuve. Si ça marchait, mes problèmes seraient terminés. Je serais dans un pays neutre. Hors de danger et libre. Si j'échouais, je ne voulais pas réfléchir aux conséquences.

Je passai les heures suivantes à renforcer mon échelle. J'avais trouvé une clairière d'environ 100 mètres. Je posai mon oreille sur le sol et j'attendis que la sentinelle me dépasse. Une fois partie, je me suis précipité à travers la clairière et j'ai poussé l'échelle sous la première barrière. Je la suivais en rampant, mais mes vêtements restèrent accrochés. Je me dégageais vivement et rampais jusqu'à la clôture suivante.

Dans mon idéal, je plaçais l'échelle contre l'un des poteaux, je grimpais au sommet et je sautais. J'absorberais une chute de plus de 3 mètres. Je pouvais me casser la jambe ou me tordre la cheville. Si c'était le prix de ma liberté, je le paierais volontiers.

J'écoutais si j'entendais la sentinelle s'approcher. Pas de bruit. J'appuyais l'échelle contre le poteau. Je grimpais L'échelle glissa. Tout se passa si vite à partir de ce moment. Je me déplaçais rapidement. Je sautai sur l'échelon suivant au moment où l'échelle tombait dans la clôture électrifiée. Le courant passa à travers les branches de pin humides et dans mon corps. Un flash bleu. L'odeur de la chair brûlée. Pas de douleur, juste un bruit sourd et engourdi. Je volais dans les airs et atterris sur le sol avec un craquement.

Je clignais des yeux. Combien de temps étais-je resté allongé sur le sol ? Heureusement, l'échelle avait absorbé la plupart du courant, sinon j'aurai été grillé. La peur me saisit. Pas la peur de frôler la mort par électrocution ou de voir mon corps paralysé - j'entendais le garde allemand arriver. Si je ne cachais pas cette échelle, mes douleurs seraient le dernier de mes problèmes. Encore une fois, la chance était de mon côté. Pas de clair de lune et une nuit presque noire.

Je tirai l'échelle de son chemin et m'aplatis au sol. Il passa à moins d'un mètre de moi. Il était si près que j'aurais pu le faire trébucher avec l'échelle. Et si je repassais sous la première barrière et que j'attendais qu'il passe à nouveau ? Je pourrais surgir des bois et le frapper à la tête. Je n'avais eu aucun scrupule à prendre sa vie. Les seules pensées qui traversaient mon cerveau : *Va en Hollande. Traverse le barbelé. Prends ta liberté.*

Le garde était passé. S'il ne revenait pas tout de suite, je pouvais en profiter. Je tendais l'oreille et je me déplaçais entre ses patrouilles. Je considérais mes options. J'en avais fini avec l'échelle. Ça n'allait pas marcher. Il n'y avait aucun moyen de faire tenir cette échelle. Ma peau picotait encore à cause du courant. Le choc m'avait déstabilisé. Je me sentais comme une tranche de pain grillé. Comment allais-je passer cette barrière ? *Attends.* Et si je passais en dessous ?

Le fil du bas était à cinq centimètres au-dessus du sol. Et si je creusais assez profondément pour pouvoir me faufiler en dessous ? Je me mis à quatre pattes et je creusai avec mes mains comme une taupe. J'étais descendu d'environ quinze centimètres. Je tombais sur un câble souterrain. Je connaissais suffisamment l'électricité pour savoir que ce câble n'était pas électrifié parce qu'il était en contact avec le sol. Cependant, il n'y avait pas assez de place pour ramper. Je devais choisir entre creuser plus profondément ou trouver un moyen de retirer ce câble.

Le câble souterrain était aussi épais qu'un crayon. Il n'y avait aucune chance de le casser. J'avais perdu mon couteau au début de cette aventure. J'ai pensé à le marteler avec une pierre, mais ça aurait attiré l'attention.

Je continuais à creuser. Lorsque la distance entre le fil sous tension et le trou était d'un demi-mètre, j'attrapais le câble souterrain et je tirais dessus. Il ne bougea pas. J'essayais à nouveau, j'ancrais mon talon au bord du trou et je me penchais en arrière pour tirer. Il ne voulait toujours pas bouger. Je suivi le câble. Il était tendu le long de l'étroit fossé. Peu importe la façon dont je tirais, tirais et tirais encore, il ne bougeait pas.

J'étais sur le point d'abandonner et de réfléchir à une autre solution. J'ai tiré une dernière fois. Une agrafe céda dans le poteau le plus proche. On aurait dit un coup de feu. Je tirai sur le câble pour en déterrer une bonne longueur, et une autre agrafe cassa. C'est devenu plus facile. Je tirai avec tout ce que j'avais jusqu'à ce que les huit agrafes cèdent.

Après chaque claquement d'agrafe, je collais l'oreille au sol pour écouter si le gardien revenait. Aucun bruit. Je déterrai assez long de câble pour continuer à creuser. Mes ongles étaient ensanglantés et cassés. La peur m'envahissait par vagues. J'étais terrifié à l'idée de retoucher accidentellement le fil électrifié et d'être grillé. Je continuais à creuser. La Hollande et la liberté étaient si proches.

Finalement, j'eus assez d'espace pour ramper. J'avais creusé plus profondément pour m'assurer qu'il y avait assez de place entre mon dos et le fil électrique. J'ai senti dans ma poche la dentelle que la Belge m'avait donné. Je la voulais comme souvenir, mais elle faisait gonfler ma poche. Ça pourrait me faire électrocuter. J'en fis un paquet que je jetais par-dessus la barrière.

Je me suis mis à plat ventre et je me suis tortillé comme un serpent qui s'approche furtivement de sa proie. Je passais sous le fil, les pieds en premier. Mon corps tremblait involontairement. Si j'entrais en contact avec le fil, c'était la mort instantanée. Je me forçais à ralentir. J'étais impatient de traverser. J'étais terrifié à l'idée d'avoir manqué un petit détail qui aurait scellé mon destin. Je faisais preuve de la plus grande prudence pour passer sous ce fil. Je pouvais me permettre de ne rien tenir pour acquis.

Je réussi à passer. J'étais si proche maintenant. Une dernière barrière me séparait de mon objectif. Je tombais à genoux et je tendis mes mains vers le ciel. Je remerciais les cieux pour ma bonne fortune et mes évasions réussies, surtout celle-là.

Je rampais finalement sous la dernière clôture de barbelés. Je me relevais et respirais enfin l'air libre de la Hollande. Je ne savais pas où j'étais, et je m'en fichais. J'étais libre. Les Allemands ne pouvaient pas me prendre. Je fis quelques centaines de mètres quand je me suis souvenu que j'avais oublié la dentelle Belge. Je l'avais jetée par-dessus la clôture. Je la voulais. À quel point est-ce que je la voulais ? Je fis demi-tour vers le sol belge. Il fallait que je sois fou pour l'envisager.

Je retournais au dernier endroit où j'avais rampé. Je collais mon oreille au sol et écoutais à nouveau la patrouille allemande. Je l'entendais. Je restai plaqué au sol jusqu'à ce qu'il passe devant moi. Et s'il voyait l'échelle ? Et si on me repérait en train de me cacher dans ce trou ? Est-ce que je pouvais vraiment être aussi stupide ? Je restais allongé pendant plusieurs minutes. Quand j'ai été certain qu'il était parti, je retournais sous les barbelés en Belgique. Je trouvais la dentelle et la mis dans ma poche. Je me précipitais à nouveau sous la clôture vers la hollande et la liberté.

DANS LES RUES DE ROTTERDAM

Je n'étais pas encore sorti de l'auberge. J'étais en Hollande. Mais je ne savais pas où. Je commençais à marcher et j'arrivais à un chemin qui partait sur la gauche. Après l'avoir suivi pendant environ 800 mètres je rencontrais une autre barrière de barbelés, comme celle que j'avais déjà franchie.

Attends. Les Hollandais ont la même clôture. Je me rapprochais. Je pouvais même voir la clôture de 3 mètres avec les fils électriques qui avaient failli me tuer. J'entendais quelqu'un arriver. Il marchait beaucoup plus vite que les gardes allemands auxquels j'étais habitué. Quelque chose n'allait pas. Je m'élançais vers sur une route et je continuais à m'éloigner de la clôture.

La lumière d'un poste de sentinelle brillait devant moi. Je fis une pause et considérais mes options. Je n'étais pas armé. Je serais arrêté uniquement si j'apportais des armes dans le pays. Il devrait être parfaitement sûr pour moi d'annoncer qui j'étais. Je marchais jusqu'au poste de garde. Je vis trois hommes en uniforme gris, la couleur de l'uniforme néerlandais. J'ouvris la bouche pour les appeler. Je changeai d'avis. Et si je me trompais ? Les uniformes allemands étaient également gris. Je pourrais perdre tout ce pour quoi je m'étais battu si ardemment. J'avais eu trop de chance pour faire quelque chose de stupide. Je fis demi-tour et retournais dans les buissons.

« Halte ! Halte ! » Ces mots injectèrent la panique dans mes veines.

Il n'eut pas besoin de crier à nouveau. Je restais silencieux et immobile. Un autre soldat arriva en courant et ils discutèrent rapidement. Je ne savais pas s'ils étaient allemands ou hollandais. Le langage était similaire, leurs deux uniformes étaient gris. Peut-être qu'ils penseraient que c'est un autre chien... ou le vent ?

L'un d'eux se mit à rire et se dirigea vers le poste de garde. Je restais accroupi puis je rampais plus près pour mieux voir. Dans la lumière, je vis la silhouette d'un casque à pointes caractéristique d'un soldat allemand. Est-ce un cauchemar ? Un autre coup de chance. Il m'aurait tiré dessus à coup sûr si je l'avais approché. Ils m'auraient enterré quelque part à la frontière et personne n'aurait jamais su. Même si j'étais techniquement en terrain neutre et protégé contre la capture ou l'attaque.

J'étais perdu. Allemands et frontières devant et derrière. Avais-je perdu mon sens de l'orientation ? Est-ce que je tournais en rond à la frontière ? Je cherchais ma fidèle amie, l'étoile polaire, qui ne m'avait jamais fait défaut. Le ciel était une nuit noire et sans étoiles. J'avançais dans la direction que j'espérais être le nord. Au loin, des lumières me montraient la voie. Un village. Ce devait être un village hollandais. Les lumières n'étaient pas autorisées en Belgique de manière aussi crue.

Je marchais plus vite. Je me mis à courir vers ce village. Je me retrouvais dans un marécage et j'essayais de trouver un meilleur chemin. Je ne pouvais pas le contourner. Je retournais dans le marais et j'entrepris de le traverser. J'étais déterminé à atteindre ce village à tout prix. Rien ne m'arrêterait. J'avais de l'eau jusqu'aux genoux, puis jusqu'à la taille. Je m'en fichais, j'avais vécu bien pire récemment. Une fois le village atteint, mes problèmes seraient terminés.

Après avoir passé deux heures à traverser le marais, j'arrivais enfin à l'orée du village. J'avançais vers un petit atelier dont la lumière brillait à l'extérieur. Trois hommes et deux garçons travaillaient dur pour fabriquer des chaussures en bois. Je pris une profonde inspiration. C'était le moment, j'allais me faire connaître et demander de l'aide. Je n'eus pas besoin d'expliquer que j'étais un réfugié, même si je ne savais pas parler le hollandais. J'avais de la boue qui m'arrivait jusqu'aux épaules. Quel spectacle misérable j'étais.

« Emmenez-moi au consul britannique », demandais-je.

Les hommes firent un pas en arrière. Les garçons se cachèrent derrière eux. Ils avaient l'air terrifiés par cette créature qui sortait des bois et parlait dans une langue étrangère. Après quelques minutes tendues de pointage de doigts, de gestes et de grimaces d'appels à l'aide, ils comprirent que j'étais un soldat britannique.

Mes nouveaux compagnons m'escortèrent dans le village. Il était minuit passé quand nous arrivèrent chez eux. Ils avaient frappé aux portes et avaient réveillé d'autres villageois. Leur famille se composait d'une vieille femme et de son fils qui était dans l'armée néerlandaise.

Des frissons secouèrent ma colonne vertébrale lorsque le soldat s'assit à côté de moi. L'uniforme gris était très semblable à celui du soldat allemand que j'avais passé les soixante-douze derniers jours à éviter.

Les voisins s'étaient entassés dans la petite maison pour me regarder manger. Un sentiment de gêne m'envahissait alors que les villageois me dévisageaient pendant que je mangeais. Je devais avoir l'air d'un animal sauvage étrange qui venait d'être capturé. J'essayais de ne pas y faire attention. Qu'est-ce que ça pouvait me faire ce que les autres pensaient de moi à ce moment-là ?

Je sorti tout l'argent qu'il me restait et j'essayais de le leur donner. Ils me firent remarquer que j'en aurais besoin pour payer le train pour Rotterdam. Ils me conduisirent dans une chambre où je m'assoupis dans le confort et la sérénité pour la première fois depuis des mois. Le lendemain matin, ils m'aidèrent à me nettoyer un peu et m'offrirent un petit-déjeuner. Ces généreux villageois m'escortèrent jusqu'à la gare et payèrent le reste de mon billet de troisième classe. Je n'oublierai jamais la gentillesse des Hollandais de ce village. J'avais entendu de nombreuses histoires sur le refus des Hollandais d'aider les réfugiés. Je pouvais voir que ce n'était pas le cas. Je garderai toujours une place chaleureuse dans mon cœur pour ces personnes gentilles et généreuses.

Une foule s'était rassemblée autour de moi pendant que j'attendais le train. Ils applaudirent lorsque mon train quitta la gare. J'avais du mal à retenir mes larmes. Est-ce que tout le village s'était rassemblé pour me souhaiter bon voyage ? Je repassais les événements dans ma tête, pensant à la dernière fois que j'avais pris le train pour rejoindre le camp de prisonniers de guerre de Strasbourg. Je poussais un grand soupir. Quelle chance j'avais d'avoir échappé à ce camp de prisonniers. J'étais un homme libre. Bientôt, je pourrais envoyer des nouvelles que j'avais réussi à m'échapper.

Sur le chemin de Rotterdam, deux soldats néerlandais entrèrent dans mon compartiment. Ils me regardèrent avec dégoût. Ils ne savaient pas que j'étais un officier britannique. Même si les villageois m'avaient aidé à nettoyer, j'étais encore dans un sale état. Mes vêtements étaient encore hagards après avoir traversé la frontière. Je n'avais pas été capable d'enlever toute la boue du marécage de mon corps et de mes vêtements. Je ne m'étais pas rasé ni même taillé la barbe depuis des jours. Je ne pouvais qu'imaginer l'apparence que je donnais. Je ne leur en voulais pas du tout d'aller s'asseoir aussi loin de moi que possible.

Quand le train arriva à Rotterdam, je trouvais un policier devant la gare. Je lui demandais où se trouvait le consul britannique, américain ou français. Il avait l'air ennuyé et essayait de me faire repousser. Je demandais encore et encore. Je n'arrivais pas à lui faire comprendre ce que je voulais. J'essayais à nouveau. Finalement, une lueur s'alluma dans ses yeux. Il me regarda avec méfiance.

Il arrêta un taxi auquel il parla rapidement en néerlandais. Il me fit monter et la voiture démarra. J'avais l'impression que ce trajet avait duré des heures, lorsqu'en tournant au coin d'une rue je vis l'Union Jack pendant, soufflant dans le vent léger, devant le consulat britannique.

Je fis signe au chauffeur de me suivre. Je n'avais pas d'argent pour le payer. Une fois à l'intérieur, ils comprirent tout de suite que j'étais un prisonnier évadé. Les employés du consulat payèrent le taxi et m'accueillirent à bras ouverts. Ils s'étaient rassemblés autour de moi et me posaient des questions sur mon emprisonnement et mon évasion. Après quelques minutes, le consul général me fit entrer dans son bureau.

Il me salua chaleureusement et m'offrit un fauteuil. Il s'assit en face de moi et mis son monocle sur son œil. Il était évident que seule sa bonne éducation l'empêchait de rire du spécimen ridicule assis en face de lui.

Je souriais et lui dit « vous pouvez rire. Il est impossible de m'offenser aujourd'hui. »

Il n'a pas eu besoin d'une deuxième invitation, et nous avons tous deux ri aux éclats. Il s'approcha de moi, me tapa dans le dos et demanda à entendre toute l'histoire. Quand j'ai eu fini de résumer mes aventures, il me dit que je pouvais avoir tout ce que je voulais.

« Un bain, une coupe de cheveux et un rasage », demandais-je. « Aussi, un télégramme à ma mère en Amérique pour lui dire que je suis sain et sauf et en route pour l'Angleterre. » Le consul fit venir un soldat parlant néerlandais qui était interne depuis le début de la guerre et lui a dit de me procurer tout ce dont j'avais besoin.

Je me promenais maintenant librement dans les rues de Rotterdam. Je respirais l'air frais et libre et appréciais le poids qui avait disparu de mes épaules, cette peur d'être capturé et ramené en prison ou d'être abattu s'était envolée. Je devais pourtant faire attention aux espions allemands qui pullulaient en Hollande. Même s'ils ne pouvaient pas me capturer à nouveau, ils voudraient tout savoir sur les Belges qui m'avaient aidé à m'échapper.

Mon guide me présenta à d'autres soldats qui

s'étaient échappés de Belgique lorsque les Allemands avaient pris Anvers. Ils étaient internés parce qu'ils étaient arrivés en Hollande sous les armes, les lois de la neutralité les obligeant à rester sur place pendant toute la durée de la guerre. La vie d'un homme interné n'était pas idéale. Il pouvait se rendre chez lui un mois par an. Il s'agit d'une forme d'emprisonnement qui, même si elle n'est pas aussi grave qu'un camp de prisonniers de guerre allemand, consistait à être retenu contre son gré. La possibilité de s'échapper était là. Mais les pays neutres avaient passé des accords entre eux pour renvoyer immédiatement les réfugiés.

Je n'allais rester qu'une journée à Rotterdam avant que mon passage en Angleterre ne soit organisé. Je m'embarquais cette nuit-là. Alors que nous sortions du port, l'un de nos destroyers nous éperonna. Il avait tellement endommagé notre navire que nous avons dû retourner au port. Et si mon bateau était coulé dans le port de Rotterdam et que je me faisais tuer en route pour l'Angleterre ? Je chassais cette pensée de mon esprit. Cet accident n'avait causé qu'un court retard, et on nous avait assigné un autre destroyer pour nous escorter dans le dangereux passage vers l'Angleterre.

J'arrivais enfin à Londres. Mes nerfs étaient à vif et le stress que j'avais réussi à contrôler pendant plus de deux mois faisait des ravages. J'étais figé par la peur. Je n'arrivais pas à trouver le courage de traverser la rue de peur d'être écrasé ou piétiné. Je restais sur le trottoir comme une vieille femme dans une ville inconnue, attendant qu'un policier ou un bon samaritain la guide pour traverser. Il n'avait pas fallu longtemps pour que quelqu'un vienne à mon secours et me guide à travers la rue.

Il était courant à l'époque que les officiers anglais rentrent chez eux : *reprenant leurs esprits*. Un temps prolongé au front pouvait user les nerfs et le courage de l'homme le plus fort. Il me fallut un peu de temps pour que je retrouve mes facultés et que je sois en pleine forme.

Je passais les cinq jours suivants à répondre aux questions des autorités militaires britanniques. Ils voulaient connaître mes observations et les conditions allemandes derrière les lignes. Une sténographe enregistrait mon histoire. Je leur disais tout ce que j'avais vu. Des experts de toutes les formes de gouvernement se relayaient pour me poser des questions. Je passais une journée entière à répondre à des questions sur le moral des troupes allemandes, les tranchées de première ligne et les tactiques. Ensuite, l'Air Corps voulait des renseignements sur les équipements et les méthodes de l'armée de l'air allemande. Ils voulaient connaître les conditions et la disponibilité de la nourriture en Allemagne, en Belgique et au Luxembourg. J'ai vécu de mes récoltes pendant plus de soixante-douze jours. J'imaginais que les informations sur les conditions agricoles leur étaient été utiles.

Après avoir répondu aux questions des autorités militaires britanniques, j'allais voir mon banquier Cox & Cox à Londres. Lorsqu'un pilote est porté disparu, un de ses camarades est chargé de trier ses affaires. Il examine tout, détruit ce qui n'a pas de valeur et envoie le reste au banquier ou au domicile du disparu. Si le pilote est déclaré mort, ses effets personnels sont envoyés à ses proches.

On supposait que j'avais été tué. Mon meilleur ami Owen Wrinn avait été chargé de cette tâche. J'avais appris que ma malle était ici à Londres, chez Cox & Cox, et j'étais allé la réclamer. Je demandais à l'employé au guichet où se trouvaient mes affaires. L'employé était suspicieux et dédaigneux. Il m'a dit que le nom que je lui donnais était un prisonnier de guerre en Allemagne. Il ne pouvait pas remettre ses effets à moins que je puisse prouver qu'il était mort et que j'étais son représentant légal. Je n'avais pas envie de jouer avec lui.

« Je peux vous assurer que le lieutenant Ryan n'est pas mort », ai-je dit. « Je n'ai pas oublié ma propre signature. Je peux vous montrer si ça vous aide. » Je griffonnais ma signature sur un morceau de papier et la lui donna. Il l'examina avec une loupe. Il la compara à une autre de mes signatures. Puis il sauta de sa chaise et sorti de son guichet pour me serrer la main. Il secouait ma main de haut en bas et voulait connaître mon histoire. Une autre douzaine d'employés de la banque nous rejoignirent et je racontais à nouveau mes aventures.

J'étais en Angleterre depuis dix jours lorsque je reçu un télégramme. J'eu le souffle coupé lorsque je vis de qui il venait. Le comte de Cromer au nom du roi d'Angleterre souhaitait me rencontrer. Il était écrit :

Sa Majesté le roi est soulagé d'apprendre que vous vous êtes échappé d'Allemagne. Sa Majesté vous recevra au Palais de Buckingham le vendredi 7 décembre à 11 heures. Veuillez accuser réception.

La lettre tremblait dans mes mains. Était-ce la peur ou l'adrénaline qui me traversait ? Pourquoi avais-je si peur de rencontrer le Roi ? Je devrais être excité. Cela n'avait pas d'importance. Je devais y aller. Le Roi était le commandant en chef, et j'étais un officier de l'armée. J'envoyai un télégramme de retour disant que je serais là comme prévu.

Le temps que je passais à attendre de rencontrer le Roi était rempli d'anxiété et de peur. Je me suis dit que j'aurai préféré passer un jour de plus dans cette misérable maison vide en Belgique, ou quelques jours de plus à Courtrai, plutôt que de rencontrer le roi en personne.

Les ordres devaient être suivis et il n'y avait aucun moyen d'y échapper. Je retrouvais le courage que j'avais utilisé dans les champs et les villages pour retourner en Angleterre. Je souriais J'allais rencontrer le roi d'Angleterre.

RENCONTRE AVEC LE ROI

Je hélais un taxi. Après avoir grimpé, je me penchais par la fenêtre de séparation. J'indiquais au chauffeur de m'emmener à Buckingham Palace du ton le plus normal que je pouvais trouver. Le chauffeur me regarda et gloussa. Il me dit : « Vous payez votre visite matinale au Roi alors ? »

Je hochais la tête, et il démarra. Le garde à la porte du palais me demanda qui j'étais et me laissa passer directement par l'entrée principale du palais. Je fus accueilli par un officier avec des rangées et des rangées de médailles fièrement affichées sur sa poitrine. Il me guida à l'intérieur et me conduisit en haut d'un escalier vers la salle de réception de Earl Cromer. On me débarrassa de mon chapeau et de mon pardessus et on me présenta à plusieurs nobles.

J'avais entendu dire qu'avant qu'un homme ne rencontre le Roi, il est renseigné sur ce qu'il devait dire et comment il devait agir. J'attendais patiemment cette leçon, mais elle ne vint jamais. Earl Cromer me parla et m'interrogea sur mon évasion. Peut-être que c'était ma répétition pour le Roi. Raconter l'histoire au Comte Cromer et aux autres nobles me donnait confiance pour ma rencontre avec le Roi. J'avais à peine terminé qu'une porte s'ouvrit, et un préposé a annonça :

« Le roi va recevoir le *sergent* Ryan. »

Je fus introduit dans la présence du Roi. S'il m'avait annoncé que le Kaiser était dehors avec une escouade de soldats allemands prêts à me ramener à Courtrai, mon cœur n'aurait pas battu plus fort.

Je suivis le Comte après avoir été annoncé et j'arrivai dans un autre salon. Le Roi me pris la main et me félicita. Il me mettait à l'aise avec son comportement confortable et chaleureux. Il me demanda comment je me sentais et si j'étais en état de lui raconter mon histoire.

Il voulait savoir si j'avais été moins bien traité par les Allemands parce que j'étais américain. Il avait entendu dire que les Allemands abattraient tout Américain capturé et servant dans l'armée britannique comme un meurtrier, car à l'époque, l'Amérique était neutre dans la guerre.

Je lui ai dit que j'avais entendu des rapports similaires, mais que je n'avais pas remarqué de différence dans mon traitement par rapport aux autres prisonniers de guerre britanniques. Il était un auditoire réceptif lorsque je lui racontai les détails de mon histoire. Il écoutait attentivement, ne m'interrompant qu'occasionnellement pour clarifier un point ou poser une question.

Il me dit que mon évasion était la plus remarquable qu'il ait jamais entendue. Il me complimenta sur mon courage et ma volonté. Il espérait que les autres Américains servant dans l'armée britannique donneraient un aussi bon compte rendu d'eux-mêmes que moi. Je m'attendais à ne rester que quelques minutes, mais une heure s'était écoulée. Il me fit l'impression d'être un roi gracieux, alerte et agréable. Nous restâmes seuls pendant tout l'entretien et j'en ai tiré le plus grand respect pour lui.

Le Roi me demanda quels étaient mes plans pour l'avenir, et je lui annonçais que je voulais rejoindre mon escadron dès que possible. Il sourit et posa sa main sur mon épaule. Il me dit que c'était hors de question. Il ne voulait pas risquer que je sois abattu et à nouveau capturé. Il m'a dit que si cela arrivait, je serais abattu à coup sûr.

Je lui demandai s'il était possible de servir à Salonique ou en Italie

Le Roi m'informa que ce serait tout aussi dangereux, sinon pire. Il me suggéra de suivre des cours avancés de pilotage ou de servir en Égypte. Aucune des deux solutions ne me séduisait. Il me dit que j'en avais déjà fait assez pour le roi et le pays, et il me souhaita bonne chance.

Earl Cromer m'attendait dans la pièce adjacente. D'après son regard, je pouvais dire qu'il était surpris par le temps que j'avais passé avec le Roi. Il m'accompagna jusqu'à la porte et me remercia pour tous mes sacrifices envers le pays. En sortant, un garde et un policier se mirent au garde-à-vous. Peut-être avaient-ils pensé que le Roi m'avait donné une médaille ?

Je pris un taxi pour retourner à l'hôtel. Mon esprit

repassait les différents événements des neuf derniers mois. J'avais déjà traversé tellement de choses. Et voilà où j'avais fini : reçu par le roi au palais de Buckingham. Quelle aventure !

DE RETOUR À LA MAISON

Cette nuit-là, fut le premier des nombreux banquets organisés en mon honneur à l'Hôtel Savoy. Je me disais que mon plus grand danger maintenant était de me laisser aller à la consommation de tous les aliments riches qui m'étaient proposés quotidiennement. Il n'y avait pas si longtemps, je vivais de légumes crus et de la gentillesse d'inconnus.

Il était temps de quitter Londres et de rentrer chez moi J'avais une mère aimante qui souhaitait avoir plus de preuves de mon évasion que les quelques lettres et télégrammes qu'elle avait reçus. Je l'informais que je serais à la maison pour Noël.

Je remarquai un visage familier dans la pièce. C'était le lieutenant Harty de mon escadron. Je m'approchais de lui et lui donna le choc de sa vie. Je lui tendis la main. Il me fixa pendant au moins une minute.

« Vous ressemblez à quelqu'un que je connais », me dit-il. « Qui êtes-vous ? »

Après l'avoir convaincu de mon identité, il continua à

me fixer et à secouer la tête. Il ne pouvait pas y croire. Nous étions dans cette dernière bataille ensemble quand je fus abattu. Il me dit que la dernière fois qu'il m'avait vu, j'avais une balle dans le visage et mon avion était en piqué. Il n'avait jamais cru le rapport selon lequel j'étais un prisonnier de guerre. Il pensait que personne n'aurait pu survivre à cette chute.

Une fois le choc initial passé, il me donna une triste nouvelle. Il était l'un des rares hommes encore en vie de notre escadron en France. Il me raconta les histoires de tous mes vieux amis. La plupart avaient été tués, sauf deux qui avaient été cloués au sol pour des réparations. Il me dit qu'il était en route pour l'Australie pour récupérer et retrouver ses nerfs. Il avait vu deux fois plus de combats que moi. Nous avons passé des heures à échanger des histoires. J'ai remarqué qu'il me fixait, comme pour s'assurer que je n'étais pas un imposteur et que toute cette histoire n'était pas un canular.

Je suis arrivé au Nouveau-Brunswick, puis dans mon petit village de Waldron, dans l'Illinois, sur la rivière Kankakee la veille de Noël. Ma mère se tenait dans l'embrasure de la porte pour m'accueillir avec une grosse embrassade et des larmes dans les yeux. Ses larmes d'émotion continuèrent à couler pendant plus d'une heure.

Je n'ai jamais été aussi heureux d'arriver dans un pays que lorsque je suis rentré en Amérique. Maintenant que je suis de retour, des morceaux de mon aventure me reviennent dans mes rêves. Parfois, je me lève en sursaut et je cherche autour de moi de l'herbe douce et tout signe d'un uniforme allemand. Depuis, j'ai appris à fermer les yeux et à me rendormir.

TROISIÈME PARTIE

MISSION EN IRLANDE

Une histoire vraie de la Première Guerre mondiale où l'on échappe à la marine britannique pour faire de la contrebande d'armes sur la côte irlandaise.

INTRODUCTION

Au début de la Première Guerre mondiale, Sir Roger Casement organise une rencontre à New York avec le plus haut diplomate allemand, le comte Bernstorff. Il propose un plan selon lequel si l'Allemagne vend des armes à l'Armée républicaine irlandaise, les Irlandais se révolteront contre les Anglais.

Sir Roger croyait que « la difficulté de l'Angleterre est l'opportunité de l'Irlande » Ce plan détournerait les troupes, les fournitures et l'attention du front occidental. Bernstorff est intrigué et envoie le message au haut commandement allemand à Berlin.

Au cours des deux années suivantes, Sir Roger négocie avec le gouvernement allemand pour obtenir des troupes, des armes, de l'argent et des fournitures. Les Allemands refusent de débarquer des troupes sur les côtes irlandaises, mais acceptent de fournir aux rebelles des armes, des munitions et du matériel pour soutenir le soulèvement.

C'est l'histoire vraie du capitaine Karl Spindler. Un

capitaine de navire allemand qui reçoit l'ordre de faire passer 20 000 fusils, 1 000 000 de munitions, 10 mitrailleuses et des explosifs sur la côte sud-ouest de l'Irlande. Ces armes ont été essentielles pour soutenir le soulèvement de Pâques de 1916.

Une mission impossible qui ne convient qu'aux hommes les plus courageux et les plus intrépides.

LES VOLONTAIRES S'ENGAGENT

Je viens de rentrer d'une mission épuisante et j'ai prévu de me reposer confortablement dans ma cabine, loin de cette tempête, je vais pouvoir peut-être même glaner quelques heures de sommeil. On frappe à la porte. Un messager a apporté une note urgente de mon commandant. Je me stabilise sur le bateau qui roule. Le rugissement d'un violent coup de vent s'élève sur la mer. Des nuages gris-bleu traversent le ciel. La pluie s'abat sur les vitres des fenêtres à chaque bouffée d'air sauvage qui tente de s'engouffrer.

Il voulait me voir à 17 heures. J'ai espéré que le messager avait apporté l'ordre au mauvais endroit, mais l'adresse confirme qu'il était pour moi. Je savais que ce n'était pas bon signe de recevoir une invitation aussi formelle. Le messager a probablement lu dans mes pensées quand il m'a dit que tous les officiers avaient des ordres similaires. Son commentaire m'a détendu sur le crime que j'ai pu commettre. Peut-être que je n'avais pas à m'inquiéter ? Je commençais à m'angoisser. *De quoi s'agissait-il ?*

La longue marche sous la pluie battante a porté ses fruits.

Notre navire a reçu l'ordre d'envoyer une troupe de volontaires. Un officier, cinq sous-officiers et seize marins, pour une mission militaire inconnue. La flottille a reçu l'ordre d'envoyer sa meilleure escouade.

Tous les officiers voulaient y aller. Une fois les entretiens terminés, mon chef me fait un clin d'œil et me dit qu'il m'avait proposé pour la mission.

« Qu'est-ce que tu en dis ? » m'a-t-il demandé. Je ne pouvais pas refuser. Mon désir le plus profond était de faire partie d'une opération extraordinaire. Maintenant, l'opportunité frappait à ma porte. Comment pourrais-je refuser ? *J'avais l'impression d'être l'homme le plus chanceux du monde.*

On ne m'a pas donné de détails sur l'expédition. Tous les membres de l'équipage doivent être des hommes célibataires et n'avoir aucune personne à charge. Le premier indice que nous avons été choisis pour une tâche extraordinaire.

Je rassemble et je m'adresse aux hommes de mon équipe à 5 heures du matin. Je n'avais aucune idée de la mission. J'ai mis l'accent sur les dangers du travail et leur ai dit de ne pas se précipiter pour se décider.

Quand j'ai été sûr qu'ils avaient l'idée de ce pour quoi ils avaient été choisis, j'ai donné l'ordre : « Volontaires - trois pas en avant - marche ! »

J'ai apprécié l'enthousiasme dont les hommes ont fait preuve lorsqu'ils ont avancé. Ils étaient prêts à faire partie de quelque chose d'exceptionnel. Quelque chose dont on se souviendra pour tous les autres. Les hommes mariés ont été laissés derrière, même s'ils n'avaient pas de personnes à charge. Un choix difficile. L'équipage de cette opération mystérieuse ne devait pas être âgé de plus de vingt-deux ans. Après un examen minutieux, j'ai décidé de ne prendre que des hommes forts, dignes de confiance et courageux.

À mon retour après quatre jours de garnison monotone, j'ai appris que j'étais le chef du *Libau* – le nom du navire mystérieux restant à confirmer. Je n'ai pas perdu de temps pour rassembler mes hommes et me rendre au port pour me présenter à bord. Le commandant Fortsmann, chef de la flotte, a prononcé un discours sec et concis et nous a fait ses adieux.

On a fait nos bagages et on s'est assuré de partir par train avant midi. Notre mission est encore inconnue. Est-ce une mission suicide ? Allions-nous servir d'appât pour une attaque massive contre les Britanniques ? Tout était un « sous secret » Nous n'étions pas autorisés à partager des informations avec nos amis ou nos compagnons. Le moindre mot entendu par un espion pourrait mettre en danger la victoire de notre mission. Nous resterions silencieux même au prix de nos vies.

Le jour suivant, nous avons pris le train pour rejoindre Hambourg. Notre nouveau bateau nous attendait sur le fleuve l'Elbe. J'étais choqué à la vue de mon nouveau commandement. Ce n'était pas le navire de guerre qui nous mènerait à une victoire rapide sur les Britanniques et scellerait mon nom dans les annales de l'histoire. C'était un bateau à vapeur britannique désorganisé et médiocre. Pas du tout ce que j'imaginais. Pas de bateau de patrouille avec les derniers équipements. J'ai jeté un coup d'œil aux regards tristes de mes braves hommes. Nous avons hoché la tête en nous regardant les uns les autres en signe de déception.

J'avais rêvé de commander un navire de ligne. Ce n'était pas ça. Il s'agissait d'un grand bateau vide dont les parties supérieures étaient vraiment surélevées au-dessus de l'eau. L'inspecteur portuaire *Hafenmeister* m'a expliqué que le *Libau* était un nouveau paquebot venu de Grande-Bretagne et qu'il portait le nom de *Castro* lorsqu'il appartenait à la ligne Wilson de Hull. Il avait été capturé dans les premiers jours de la guerre.

Tout était encore dans le même état que lorsqu'il a été pris aux Britanniques. Un fouillis de pièces bizarres, de tiroirs ouverts et de papiers jonchant le sol. Le port a réparé les chaudières et le moteur et a rénové l'espace d'amarrage pour les marins.

En outre, le navire, le pont et la salle des cartes semblent négligés. Comment étions-nous censés l'utiliser pour notre mission encore secrète ? Comment allais-je diriger des hommes sur un bateau à vapeur britannique ?

Le lendemain matin, nous avons commencé la première étape de notre expédition. Il n'y a plus de point de retour pour les volontaires maintenant. Nous nous sommes installés dans les nouveaux quartiers. À l'exception de deux hommes, nous avons déballé nos affaires et nous sommes installé dans nos quartiers rapidement. Le steward et le cuisinier étaient les exceptions - tous deux étaient d'excellents hommes à tout faire, aussi importants que n'importe qui sur le navire.

Pour eux, le *Libau* était un bateau spacieux et magnifique. Ils étaient habitués à travailler dans des deux par quatre surpeuplés, avec de l'eau jusqu'aux genoux les jours de pluie et d'orage, où l'on avait besoin d'utiliser utilise souvent les deux mains pour tenir la barre. Habitués à cette pénible existence athlétique, ils ont trouvé ces vastes quartiers assez grands pour avoir autant d'espace que nécessaire. Ils ont secoué et organisé, arrangé et réarrangé leurs affaires plusieurs fois pendant la nuit.

J'étais là, dans mes quartiers. J'ai passé la nuit à réfléchir sur les deux dernières années. Tant de travail, tant de missions, de sacrifices, et une obsession aveugle à suivre les ordres.

Mes rêves de gloire et d'accomplissement se réalisaient. À 28 ans, je devais devenir le commandant d'un navire de haute mer. Cet objectif m'a échappé pendant si longtemps, comme si ce n'était qu'un rêve. Mais maintenant, ce rêve est devenu réalité. Qu'est-ce que je pouvais faire ? Pourrais-je mener ces hommes vers l'inconnu ? Me respecteraient-ils ? Me suivre ? Mourir sur mes ordres ?

NOTRE NAVIRE MYSTÈRE

Le jour suivant, nous avons navigué vers Wilhelmshaven. Lorsque nous sommes arrivés pour terminer les préparatifs restants, le processus s'est accéléré. J'ai choisi deux de mes hommes pour s'occuper des détails. À part mes hommes et les dockers, personne n'avait accès au vaisseau. Pas même les officiers les plus gradés.

Sur le rivage, des regards curieux nous scrutent alors que nous nous amarrons à côté de l'énorme *Mowe*. Il était rentré après son premier essai en mer réussi.

Le matériel chargé sur le navire - une grande partie - était manipulé par des hommes sur le quai. Toutes les précautions pour garder tout ce qui concerne le navire caché ont été suivies.

Malgré tous nos efforts, nous n'avons pas pu nous empêcher d'éveiller la curiosité des navires voisins. Nos anciens compagnons de la flottille de l'avant-poste étaient intrigués par notre secret et notre mystère. J'ai lancé une rumeur selon laquelle on partait pour Libau. Pour rendre le tout plus authentique, j'ai ordonné que nos flancs soient peints avec les lettres Libau. Notre destination était inconnue, même pour moi. Une chose dont j'étais sûr, c'est que peu importe où nous allions, ce n'était pas Libau.

À chaque heure qui passe, le secret s'accroît. L'une des écoutilles menant à la cale était condamnée, limitant l'accès à l'ensemble de l'équipage. Comme à Hambourg, le navire était gardé en permanence.

Dans l'une des cabines, cachée sous un canapé, se trouvait l'entrée d'une cale secrète du navire. À l'intérieur se trouvait une série de trous d'homme et d'échelles cachées. Le compartiment s'étendait d'un côté à l'autre du navire et avait suffisamment d'espace pour accueillir cinquante hommes. De ses deux extrémités, l'une est en cloison de fer, l'autre en bois. Le côté en bois le recouvrait bien. Il donnait l'impression d'être en fer et aurait pu faire croire à n'importe qui qu'il était étanche et dépourvu de toute ouverture.

Celui qui connaissait ce secret pouvait enlever une ou deux planches et trouver une issue de secours cachée. Notre vaisseau avait un autre compartiment à un niveau inférieur à celui-ci, utilisé pour abriter la réserve excessive de charbon, qui ne devait pas être divulguée pendant cette mission.

Notre navire mystère était plein de surprises.

SIR ROGER CASEMENT

Pendant la préparation du navire, j'ai été appelé à Berlin. J'ai appris que notre destination n'était pas Libau, et que le chef des Sinn Feiners irlandais était en Allemagne.

Sir Roger Casement était un fanatique passionné qui méprisait l'Angleterre. Il pensait que cette guerre mondiale offrait à son pays une chance de se libérer de l'oppression anglaise. À cette époque, la situation des puissances centrales est prometteuse, et l'Allemagne semble être victorieuse. Si les Irlandais décidaient de s'opposer à l'Angleterre, ils avaient besoin d'armes pour se battre. Le soulèvement prévu à Pâques leur offrirait la meilleure chance d'indépendance qu'ils aient jamais eue - ou qu'ils auront jamais.

Sir Roger, dans ses écrits, a prédit cette guerre mondiale il y a longtemps, et l'opportunité qu'elle offrirait à l'Irlande. Toujours un fervent partisan et un ami de l'Allemagne. Pour lui, la coopération avec l'Allemagne est le seul espoir de délivrance de l'Irlande. Il a promu cette idée par des discours et des écrits, avant et après la guerre. Sir Roger revendique le soutien d'un très grand nombre d'Irlandais, connu sous le nom de « parti Sinn Fein »

Le principal soutien financier à l'origine du mouvement a été fourni par les républicains irlandais aux États-Unis. Des représentants de ces Américains d'origine irlandaise ont contacté l'ambassadeur d'Allemagne à Washington plusieurs mois auparavant. Ils ont demandé au comte Bernstorff de transmettre leur plaidoyer en faveur d'un soutien militaire allemand au soulèvement en Irlande.

L'Allemagne a refusé d'envoyer des forces terrestres mais accepte d'apporter son aide à la proposition du comte Bernstorff. Elle accepte d'envoyer un navire avec des armes et des munitions en Irlande. Cela servirait de preuve de la volonté de l'Allemagne d'aider les Irlandais opprimés. Et si, par hasard, le soulèvement irlandais réussissait, cela raccourcirait la durée de la guerre. L'Angleterre sera obligée de retirer ses forces du front, afin d'endiguer le violent soulèvement irlandais.

Nous avons planifié notre mission en même temps qu'une démonstration navale sur la côte est de l'Angleterre. C'était l'occasion de débarquer des armes et des munitions sur la côte ouest de l'Irlande, pendant que les Britanniques étaient distraits.

Le déchargement des navires sur les quais et la réussite du soulèvement irlandais dépendaient l'un de l'autre et représentaient un risque énorme. L'exécution de l'un sans l'autre rendrait toute l'opération inutile.

Après le retour du *Mowe*, succès d'une récente percée et attaque du croiseur auxiliaire *Grief*, nous pensions que la sécurité du blocus serait renforcée.

Il n'allait pas être facile de tenir le blocus. Les Irlandais insistaient pour que le soulèvement ait lieu à Pâques. Selon le calendrier, la lune serait pleine à Pâques, la dernière chose que je souhaitais en approchant de l'île. Sir Roger était en contact étroit avec ses compatriotes de l'autre côté de l'eau. Il les avait consultés et nous avait assuré que toutes les précautions nécessaires avaient été prises.

Nous avons discuté du plan dans tous ses aspects avec Sir Roger. J'avais été sélectionné pour une tâche qui exigeait un haut degré de courage et de prudence. J'étais heureux. Ma chance de prouver mon héroïsme était arrivé. Je ne laisserais pas tomber mes hommes, mon pays, ou les Irlandais.

BONJOUR CAPITAINE

Sir Roger a rejeté l'idée de nous accompagner sur le *Libau*. Le haut commandement allemand a décidé de lui donner un sous-marin à utiliser à sa disposition. Sir Roger et ses compagnons, un sergent irlandais, Bailey, et le lieutenant Monteith, utiliseront le sous-marin pour monter à bord du *Libau* lors d'une réunion dans la baie de Tralee. J'irais de l'avant à partir de là, selon ses instructions.

Pour éviter que la destination du *Libau* ne soit exposée, j'ai reçu l'ordre de quitter Wilhelmshaven et de me diriger vers la Baltique. Les trains transportant nos armes et munitions ont reçu l'ordre par télégramme de se rendre à Lubeck la nuit suivante. Ils sont arrivés en même temps que nous. Les autorités ferroviaires ne savaient pas où ils allaient. Ils ont fait attendre les trains pendant des jours dans différentes gares d'Allemagne centrale.

. . .

Nous sommes partis à 14 heures. Les commandants des barrières et des navires de garde avaient l'ordre de ne pas nous empêcher de passer. Une fois que nous avons passé le phare « Roter Sand », nous avons remonté de grandes caisses par une écoutille secrète. Nous avons distribué nos uniformes norvégiens à l'équipage. Des costumes bleus unis, des pulls, des casquettes, du linge, tous originaux dans leurs moindres détails. Même les boutons noirâtres portaient le nom d'une société norvégienne.

Nous avons changé de vêtements et sommes devenus des Scandinaves en quelques minutes. L'un des soutiers, un grand Bavarois, a demandé pourquoi les soutiers n'avaient pas de longues rapières fines comme les marins. Je lui ai expliqué que c'était juste pour le travail et que plus tard, tous auraient des couteaux et des armes à feu appropriés.

Après avoir enfilé notre déguisement, nous avons éliminé toute allure et tout mouvements militaires. Pour jouer nos rôles correctement, nous avons dû nous familiariser avec les modes de transport marchand. Je pensais que cela serait simple pour les hommes, mais ce n'était pas le cas. Je n'ai pas pu résister à un sentiment de fierté devant la difficulté pour les hommes de se débarrasser de leur polissage militaire.

Après quelques encouragements, ils ont cessé de claquer des talons et m'appelaient Cap'n, plutôt que *Herr Leutnant*. Ils parlaient dans un dialecte allemand qui pouvait passer pour du norvégien. Je les ai autorisés à laisser pousser leur barbe.

Nous avons fait nos adieux à un groupe de navires qui se dirigeaient vers l'Elbe. Dans la nuit, nous avons traversé le canal de Kiel. Le lendemain matin, nous avons quitté le bateau-phare Bulk, et nous avons traversé le détroit de Fehmarn par un temps printanier radieux. Après quelques heures, nous étions à Lübeck.

J'avais choisi d'accepter mon rôle de capitaine de négoce. Vêtu de l'ensemble de débarquement adapté à mon statut. Je suis arrivé au bureau personnel du port de commerce. J'ai été accueilli par un courtois « Bonjour, capitaine » - une irritation brûlante a envahi mon corps. J'ai hoché la tête, j'ai pris une grande inspiration, j'ai fermé les yeux et je me suis réprimandé pour m'être énervé. J'ai accepté l'aide de la compagnie et des travailleurs secrets pour l'aménagement final du *Libau*.

L'emballage des marchandises posait un problème. J'ai pris en considération la quantité de charbon et d'eau nécessaire à notre voyage. Notre tirant d'eau serait surchargé, et si nous avions du gros temps, nous pourrions chavirer. Nous devions prendre moins de charbon pour faire de la place pour toutes les armes et munitions que nous transportions en Irlande.

Les débardeurs étaient occupés avec le charbon, les arrangements et l'eau. Par la suite, ils se sont attaqués au chargement du fret. Pièce par pièce, il a été soigneusement descendu dans la cale. Les caisses étaient séparées par les estampilles standard des expéditeurs en rouge et noir. Les hommes devaient soupçonner un acte criminel. Pourquoi un paquebot allemand aurait-il des marchandises en pièces détachées portant des noms comme Gênes et Naples ?

J'ai informé quelques hommes choisis que le *Libau* allait à Libau. Du bouche à oreille sous le plus strict sceau du mystère. De cette façon, je suis certain qu'il va faire le tour de la ville. J'ai laissé entendre une fois que j'allais embarquer des troupes à Libau, et ensuite me rendre en Finlande. Ça semblait crédible. Le lendemain matin, l'un des hommes à qui j'ai parlé du secret me dit que plusieurs inconnus britanniques et russes lui avaient demandé d'envoyer des soldats à Libau. J'essayais de me retenir de sourire. Je m'attendais à ce que les ragots parviennent aux oreilles des espions anglais. Une situation idéale si les Russes disposaient également de cette désinformation.

Dans les cabines avant *du Libau* se trouvait un large éventail de matériel norvégien certifié. Le nom de la société y était apposé ainsi que les derniers papiers Christiania et les registres norvégiens. Nous appelions l'entrée secrète de la cale par la couchette du canapé, la « caisse du prestidigitateur ».

Cela cachait notre matériel allemand des yeux fouineurs. Nos uniformes, nos armes, nos explosifs, nos bombes et nos engins marins allemands étaient conservés dans la cale secrète. Nous avions assez de provisions pour nous maintenir en bonne santé pendant six mois - sauf pour le charbon, que nous n'avons emporté que pour quarante-cinq jours.

Nous avons vérifié deux fois ce que nous avions encore sur le pont. N'importe quel objet allemand, même un bouton de pantalon portant le nom d'une entreprise allemande, pouvait nous faire découvrir.

Nous avions tout ce que nous voulions. Lampes de poche électriques, instruments de toutes sortes, bandages, peinture, pinceaux et matériel pour la voile. Bois et béton pour différents usages, rideaux, literie et céramique. Tout ce qu'un bateau norvégien devait avoir.

Les papiers de nos navires nous représentaient clairement. Nous disposions d'un grand nombre de journaux, d'articles et de manifestes de la salle des machines. Ils authentifieraient le vaisseau, l'équipe et la charge utile, prouvant notre validité au-delà de tout doute.

On m'a remis une fausse lettre qui incitait notre navire à ne pas suivre la voie habituelle des paquebots. Elle disait que c'était sur cette piste que les sous-marins allemands avaient fait de si terribles dégâts. Cette lettre pourrait convaincre le bon type d'idiot anglais de ma décision à suivre une voie si étrange.

Après que le chargement d'armes a été déplacé à bord, nous avons arrangé le « chargement de couverture » pour le masquer. Douches en fer-blanc, produits en acier émaillé dans des caisses, portes en bois, contours de fenêtres et articles de valeur comparative. Ces estampilles, montraient que leur destination était Gênes ou Naples.

Pendant le chargement, mon second s'est efforcé de donner au navire un aspect marchand conventionnel. Le nom *Libau* avait été éclaboussé de boue. Puisque la nouvelle de notre arrivée prévue en Finlande avait circulé, il ne pouvait pas y avoir de mal à cacher notre nom.

J'ai attendu des nouvelles de Berlin, où des problèmes majeurs devaient encore être résolus. La mission pouvait ne pas avoir lieu. La décision serait prise dans vingt-quatre heures. La nuit suivante, j'ai reçu l'ordre par télégraphe de poursuivre la mission. Mon attente était enfin terminée.

Le lendemain matin, nous nous sommes préparés pour la haute mer. Nous attendions les dernières retouches avant de prendre la mer. Nous avons attendu notre chien. Un chien est indispensable sur un navire de commerce. Il est arrivé et maintenant nous étions prêts à partir.

Nous avons eu besoin de l'aide d'un traducteur de langue norvégienne. On m'a donné un dictionnaire de poche, mais malgré l'absence de nos connaissances linguistiques, nous étions confiants. Nous dépendions de notre patois *Plattdeutsch* pour nous faire passer pour des Norvégiens. Les Anglais n'étaient pas des maîtres en linguistique. Seulement si nous étions abordés et l'équipage interrogé par un traducteur norvégien, nous pourrions être pris dans notre propre tissu de mensonges.

L'AUD NORVÉGIEN

L'horloge du clocher d'une église voisine a sonné six coups. Le *Libau*, sous pavillon commercial, a quitté le quai. Un dimanche charmant et tranquille s'est étendu sur le port. Mes hommes ont considéré cela comme un bon présage.

Nous avons dépassé Travemünde en quelques secondes à la nuit est tombée. J'étais triste de quitter cette agréable petite ville. J'ai ordonné à la salle des machines d'avancer à toute vapeur. Notre voyage vers l'inconnu avait commencé.

Il était temps d'informer l'équipage de notre mission et du but du voyage. J'ai évité de dire quoi que ce soit en rapport avec notre parcours ou notre destination. J'ai laissé de côté la plupart des données que je connaissais et j'ai évité les détails spécifiques.

Si des membres de l'équipage étaient faits prisonniers, ils pourraient dire qu'ils ne savaient rien. J'ai donné à chacun un nom norvégien et un rang. Certains noms n'ont pas été bien traduits et étaient plus que gênants. J'ai dit à l'équipage qu'à partir de maintenant, on n'utiliserait pas de noms allemands. Chacun devait s'habituer à son nouveau nom et à son nouveau classement.

Les hommes ont absorbé avec enthousiasme mes informations et mes explications. J'avais choisi les hommes convenables pour cette mission. Nous avons fait en sorte que tous les objets que nous utilisons au quotidien - vêtements, drapeaux, livres, instruments - aient l'air vieux et bien utilisés. Nous avons modifié les documents du navire, les différentes lettres et d'autres documents à bord pour qu'ils soient conformes à notre ruse. Nous avons utilisé la fumée d'une bougie pour brunir les papiers. Nous avons frotté nos mains avec de la poussière provenant de sous un tapis. Nous avons fait des marques d'huile et des taches grasses avec des boules de coton de la salle des machines. Nous avons plié et froissé les papiers pour ajouter à leur aspect final.

Nous avons donné aux livres un traitement spécial. Nous les avons jetés par terre, nous avons déchiré leurs coins, et nous avons corné les pages. Nous avons ensuite réparé les livres déchirés, tachés, avec de la colle. La folie de la pilosité faciale a inspiré les hommes. Chez ceux dont la moustache poussait plus lentement, nous l'avons colorée avec de l'huile et de la poussière de charbon.

Sur les écoutilles, j'ai fait faire des marques à la craie et peint des chiffres, montrant que les inspecteurs précédents avaient été passionnés par leur travail. Des boîtes de viande norvégiennes vides et de vieux journaux Christiania étaient éparpillés dans l'accostage.

Notre équipage était conscient de ce qui était en jeu. Et les milliers de personnes qui attendaient avec zèle l'apparition du *Libau*. L'équipage était fou de joie à l'idée de ce que nous allions faire. Personne n'a envisagé le danger qui nous guettait. Nous étions animés par un seul désir. Dans et à travers la tanière de l'ennemi et ensuite, retour à la maison, couvert de gloire.

À minuit, le temps s'est dégradé au large de Warnemünde. La montée de l'océan m'a obligé à changer mes plans. On ne passerait plus par le détroit en tant que Suédois pour se transformer en Norvégien dans le Kattegat.

Nous avions besoin de repeindre et d'assumer notre couverture de norvégien rapidement. Par ce temps, c'était impossible. Nous devions essayer. J'ai donné l'ordre de faire une tentative. Des échafaudages pendaient de chaque côté du bateau. Les hommes travaillaient à la lumière de leurs lampes de poche électriques. Ils ont peint et teinté le nom *Aud-Norge* en lettres d'un mètre et demi de long sur les côtés.

Notre travail était fréquemment perturbé par le passage de bateaux à vapeur et de bateaux de pêche. Quand ils se rapprochaient, nous éteignions nos lampes électriques. La mer montante est passée par-dessus les échafaudages et nous trempait, effaçant nos tentatives de peinture.

Sans peur et avec l'aide de quelques gorgées d'alcool pour se protéger du froid, les hommes se sont accrochés à leurs postes. Au matin, le travail était terminé. Lorsque le premier rayon de l'aube est apparu, l'*Aud*, secoué par la houle de la Baltique, était prêt pour le dernier coup de pinceau.

LE LONG DE LA CÔTE DANOISE

Le drapeau de la Norvège flotte sur la poupe. Après le lever du soleil, l'*Aud* a levé l'ancre. Nous étions maintenant des marchands. Nous déambulions sans grâce, tirant des bouffées de nos petites pipes, et avions l'air de baroudeurs.

Après avoir croisé le récif de Gjedser, nous nous sommes dirigés vers Falsterbö. Nous avons accroché nos canots de sauvetage à l'extérieur du navire. Plus pour notre bien-être et notre sécurité que parce que c'était nécessaire. À minuit, je m'attendais à être en territoire ennemi.

Nous nous sommes occupés de préparer le navire pour un affrontement avec l'ennemi. Si nous avions besoin de faire exploser le bateau rapidement, un nombre important d'explosifs était dans une cache d'un mètre de large sous des sacs de béton. Plus l'ennemi serait proche, plus on en en ferait couler avec l'impact de l'explosion. Les mèches des explosifs couraient le long des cloisons et étaient masquées des regards indiscrets. Nous avons caché nos armes, nos outils et nos obus, sur le pont et en dessous, dans des endroits qui nous semblaient à l'abri de l'exposition et de l'humidité.

Notre chef a eu une idée splendide. Partant du principe qu'il serait libéré - même l'Anglais le plus en colère a besoin de quelqu'un pour cuisiner - il avait dissimulé une énorme quantité d'armes et de pieds-de-biche sous une masse de cendres dans un incinérateur. Il nous a assuré que si on en arrivait là, il libérerait chacun d'entre nous.

Dans tout le vaisseau, du conduit aux murs de protection, se trouvait un instrument d'annihilation caché, prêt à être utilisé si le besoin s'en faisait sentir. Nous avons caché nos insignes et nos drapeaux de la marine avec la même stratégie.

L'alcool et les boissons connexes étaient une affaire facile. Des provisions suffisantes étaient à portée de main - du whisky White Horse et du Fine Old brandy - des bouteilles à moitié vides laissées ouvertes de manière alléchante.

Notre procédure suivante était « entraînement en cas d'urgence ». L'affectation de chaque homme à son poste spécifique. Nous nous sommes préparés pour un incendie, une attaque ennemie et d'autres cas similaires. Il était essentiel d'être prêt à faire face à toutes les crises qui pourraient survenir. Nous pouvions rapidement cacher tous les télescopes, les sextants allemands, les diagrammes et les cartes, les documents et les journaux de bord, ainsi que d'autres éléments essentiels de la route, pour les remplacer par des éléments norvégiens.

En cas d'abordage, nous mettrions toute la contrebande dans un énorme sac qui pendait sur le pont. L'un des hommes le déplacerait jusqu'à la cuisine où le chef en attente le transférait à l'endroit secret. Tout cela prendrait deux minutes.

Les ponts et les zones des moteurs seraient dégagés pour l'activité. Mathieson, qui avait l'apparence un peu danoise et scandinave, prendrait la barre sur le pont, pour assumer le rôle de l'officier de quart. Un uniforme de premier lieutenant était conservé dans la salle des cartes, au cas où.

L'un des soutiers irait s'asseoir sur l'écoutille avant pour fumer paresseusement sa pipe et irriter le chien jusqu'à ce qu'il commence à aboyer. Au signal, les membres de l'équipage, à l'exception des ingénieurs et des soutiers, se déplaceraient comme des serpents vers leurs couchettes pour faire semblant de dormir.

Quiconque verrait l'innocence paisible dépeinte par notre navire crasseux serait trompé. Nous avions pratiqué des signes sourds-muets et un signal préétabli au cas où nous serions obligés de couler le bateau.

Nous longions la côte danoise jusqu'à Falsterbö où nous allions rencontrer notre premier obstacle. Des bateaux de guerre de tous types attendaient. Notre trajectoire actuelle nous mènerait directement dans leur essaim.

UN VENT NOUVEAU SUR LE KATTEGAT

Un membre de l'équipage cria : « Un destroyer arrive par l'arrière. » Une seconde plus tard, nous entendions la vague de proue du tueur, et la cloche de son message de vérification. *Qu'est-ce qu'ils veulent, bon sang ?*

Une voix au-dessous de nous demanda : « D'où venez-vous, commandant ? »

Avec un amplificateur à proximité, un sous-lieutenant se tenait sur la traverse du navire en mouvement, ses tuyaux au niveau de notre pont supérieur. Aussi près qu'il se trouvait de nous, les officiers de la garde nous fixaient à travers leurs lunettes. Les hommes sur le pont nous observaient avec surprise. Essayant de ne pas être exposé, j'ordonnais à mes hommes de descendre. Je me tenais fermement à la rampe, en secouant la tête. Je fis savoir au sous-lieutenant que je ne comprenais pas la langue allemande qu'ils parlaient.

« Évidemment, » je pouvais entendre le petit homme se plaindre, « un autre commandant stupide qui ne peut pas communiquer dans une langue civilisée ! »

Maintenant, essayant une nouvelle fois, il cria dans le mégaphone d'un ton grinçant : « D'où venez-vous ? Répondez ! »

Je secouais à nouveau la tête, c'est tout ce que je pouvais faire pour ne pas ricaner alors que je reconnaissais son accent. J'avais discuté avec lui dans les ruelles de Kiel quelques jours plus tôt.

Il grogna et dit quelque chose à un signaleur. Le marin courut immédiatement vers l'arrière et revint avec un lieutenant.

Il me cria dans un anglais familier : « Hallo, Cap'n, d'où venez-vous ? »

« Danzig », ai-je répondu.

« Où vous destinez-vous ? »

« Christiania. »

Pendant qu'il faisait une pause, je fis semblant de jouer avec le chien, juste pour montrer que je n'avais pas besoin de poursuivre la conversation.

Pendant la pause, j'entendis le sous-lieutenant dire : « Vous sentez quelque chose d'étrange ici ? Ça ne me semble pas correct. »

J'enroulais mon écharpe grise et sortis ma petite pipe. Je soufflais les débris dans leurs yeux. Mathieson montra son allure norvégienne dans l'embrasure. Il cria au destroyer : « D'accord, chef ? »

Ils répondirent en faisant un signe de la main, ce qui, à mon sens, signifiait qu'il était temps de partir.

Nous avions passé notre premier test. À cinq cents mètres de la barrière, un paquebot danois arborant le drapeau d'un pilote s'approcha de nous. Notre premier vrai danger. Aucun navire de commerce n'est autorisé à traverser la rivière Flint-Rinne et le Sound sans pilote.

J'avais discuté de ça avec mes officiers et de ce que nous allions faire. Si un pilote nous abordait, il serait difficile de maintenir notre fausse identité de Norvégiens. Si nous refusions son aide, cela pourrait rendre les autres méfiants à notre égard. Ma tête battait la chamade et mes mains transpiraient car je n'avais que quelques secondes pour prendre une décision.

Avant qu'il ne s'approche trop, je fis des signes pour indiquer qu'on n'avait pas besoin de pilote. Mais le pilote insistait et a continuait en faisant des signes et des gestes pour dire qu'il allait quand même le faire.

Je pris l'amplificateur et lui criais en anglais : « Je n'ai pas besoin de pilote, je connais la route. » Le pilote s'énerva encore plus et demanda qu'on lui pose une échelle.

Mathieson lui cria en danois : « On n'a pas besoin de vous, on connaît le canal. » Puis je me suis tournais vers le port. Il leva les mains, son visage tordu d'un air dégoûté et il partit à toute vapeur. Il se dirigea vers le bateau-phare danois au passage de la rivière Flint-Rinne.

Les Danois étaient contre les Allemands. Le bateau-phare avait une installation à distance où ils pouvaient nous signaler aux Anglais, « Paquebot douteux passé, continuant sur un cap nord »

Nous avons attendu dans l'attente et la crainte pendant cinq heures après avoir passé Helsingborg. Aucun contact avec un croiseur anglais. Pour aggraver les choses, nous avons repéré un yacht danois dans l'étroit canal. Il était près de notre arrière aux les quais de Lübeck quand nous étions un paquebot allemand.

Je ne pouvais qu'espérer avoir encore de la chance, et

qu'on s'en sorte. Copenhague et Malmö étaient loin maintenant. Nous avons été accueillis par un vent nouveau dans le Kattegat. Une barquentine, à pleine voile, nous dépassa en silence. Elle n'avait pas de lumières, et la silhouette effrayante de sa toile ventrale se dessinait sur le ciel sans lune. Elle disparut dans une profonde obscurité.

Puis, sur le côté bâbord, les lignes d'un torpilleur sont apparues. Les faisceaux des projecteurs ont traversé l'air et ont disparu. Une autre lueur vers le haut, le cône s'élargissant de plus en plus. Il nous avait vu. Sur les ponts de l'*Aud*, il faisait clair comme le jour, nos yeux aveuglés par les rayons. En quelques instants cône a disparu aussi vite qu'il était venu.

Le torpilleur danois qui surveillait le passage, nous a tenu une seconde sous sa loupe, regardant nos marquages - il nous a fait passer pour un navire neutre inoffensif.

À TRIBORD TOUTE

Quinze minutes s'étaient écoulées depuis que nous avions croisé le chemin du torpilleur danois. Maintenant, nous étions en territoire ennemi. Nous étions en alerte. À tout moment, nous pouvons tomber nez à nez avec un croiseur, un sous-marin ou un destroyer anglais.

Des observations de sous-marins anglais ont été signalées entre Lasö et le Sound quelques jours auparavant. Nous avons reçu des rapports sur la présence de plusieurs navires de guerre anglais, des Destroyers et croiseurs, naviguant entre Skagen et Göteborg, le Skager-Rack, et au large des côtes norvégiennes de Lindesnaes et Jäderen. À 14 heures, nous étions à cinq milles de l'est de l'île d'Anholt. Je devais prendre une décision importante.

Les Anglais avaient émis une notification qui obligeait tous les navires à vapeur à emprunter une route dans un rayon de dix milles autour des côtes scandinaves. Le but était de presser l'habilitation de sécurité de chaque bateau à vapeur avec les navires de guerre anglais. Les petites nations n'avaient pas le pouvoir de refuser cette règle, elles devaient obéir. Le seul neutre qui avait osé s'opposer aux Anglais était le vapeur norvégien *Aud*.

J'avais deux bonnes raisons de prendre cette décision. Suivre la côte suédoise signifiait perdre beaucoup de temps. Deuxièmement, j'étais certain que les Anglais ne s'attendraient jamais à ce qu'un neutre soit assez audacieux pour défier leurs ordres. Si nous passions au milieu du Kattegat et du Skager-Rack, cela nous donnerait une avance de vingt-quatre heures. Peut-être que nous pourrions éviter l'inspection tout court. C'était un risque. Nous pourrions être soumis à une recherche et un examen plus approfondi pour avoir défié leurs règles. Nous devions essayer. Cela me semblait être le meilleur choix parmi les deux mauvaises options disponibles.

Nous avons mis le cap entre l'île de Lasö et Göteborg, pour rejoindre Skager-Rack un peu plus haut, au nord de Paternoster. Cette route avait un inconvénient. Si on se faisait prendre, aucun mensonge ne pourrait nous sauver. Tous les laisser-passer que nous avions n'étaient pas valables en dehors de Christiana, notre port d'embarquement.

Nous dépendions de notre chance. Ce risque n'était pas plus grand que si nous avions suivi la voie assignée et avions été contrôlés par un interprète anglais-norvégien. Dès que nous avons perdu de vue la terre et les autres navires, j'ai ordonné à mon équipage d'accélérer le rythme. Mon but était d'atteindre un chemin qui vérifiait le début de notre voyage depuis Christiana. Si on était pris au milieu, ce serait notre fin. Si nous nous en sortions à temps, nous aurions gagné.

Le matin approchait, le vent était tombé, le ciel était encore nuageux. Une légère brume s'était installée au nord-ouest, signe avant-coureur de brouillard. Si quelqu'un voulait un brouillard à ce moment-là, c'était moi. Nous étions tous sur le pont, à l'affût de la moindre déviation météorologique. Ceux qui veillaient en bas avaient décidé de ne pas dormir. Chaque minute qui passait, le brouillard s'épaississait. Je me suis tenu près de la côte suédoise pour déterminer notre position exacte grâce aux relèvements de la côte.

Les navires de guerre anglais patrouillaient la totalité de la côte norvégienne jusqu'à un point situé au nord de Bergen. À huit heures du matin, le quart a signalé qu'un navire était en vue à l'avant. C'était un petit croiseur.

J'ai qualifié la situation d'urgence. Tout le monde s'est précipité à son poste. Le croiseur était loin. Il était presque impossible de lire son drapeau déformé par le mauvais temps.

Que se passerait-il s'il était anglais ? Nos documents ne contenaient aucune information pour soutenir notre présence dans cette zone. Une pensée me traversa l'esprit. Nous devions faire quelque chose. Toute cette planification minutieuse et ce dur labeur ne pouvaient pas être perdus maintenant. Les Irlandais dépendaient de nous. L'Allemagne avait besoin de nous. Mes hommes dépendaient de moi.

Je fis signe à mes hommes de réduire la vitesse du navire et de préparer le drapeau de quarantaine. Je les mis au courant de mon plan, et ceux qui n'étaient pas requis sur le pont allèrent rejoindre leurs quartiers. Ceux qui sont restés sur le pont se sont enveloppés dans des manteaux épais jusqu'au cou.

Si le navire anglais s'approchait, j'allais hisser le drapeau de quarantaine et les informerais que nous étions en route pour Christiana depuis Danzig, atteints de diphtérie. Je leur demanderais d'informer le port de notre arrivée et de notre état. Il y avait de fortes chances qu'ils ne nous abordent pas. Pour authentifier ma stratégie, je fis verser une bouteille d'acide carbonique sur le pont pour imiter l'odeur de l'infirmerie.

Le croiseur se dirigeait rapidement vers nous. Dans dix minutes, il serait sur nous. La situation était tendue, tout reposait sur le succès de notre jeu. Il fit un virage serré en direction du nord-est, ses drapeaux étant visibles et révélant à nos yeux effrayés et anxieux les couleurs suédoises.

Nous pouvions respirer. En un clin d'œil, les malades se sont sentis bien, et tout ce qui était caché est apparu au grand jour. Cette répétition générale avait été un succès.

Peu de temps après, derrière le vapeur suédois, se trouvait la petite île de Paternoster. Nous sommes restés à une distance considérable de celle-ci pour éviter les enquêtes de la patrouille anglaise. Le brouillard s'est dissipé, et la côte est devenue visible à l'avant du navire. J'ai eu une excellente occasion d'accoster. Au lieu de cela, j'ai décidé de continuer à naviguer vers le nord avant de modifier notre route vers l'ouest.

À la mi-journée, nous avions parcouru une grande distance vers le nord et nous étions maintenant en bonne position pour nous diriger vers le milieu du Rack Skager.

Nous avons pris notre mesure de relèvement en tenant compte du phare du continent. Ainsi qu'une mesure de profondeur pour aider à déterminer notre position. Ensuite, nous nous sommes dirigés vers l'ouest à toute vitesse. Si seulement le brouillard durait encore six heures, nous pourrions affirmer avec confiance que nous venions de Christiana. Les anges du ciel étaient à nouveau en notre faveur, le brouillard non seulement persistait mais s'épaississait.

L'équipage savait à quel point la situation dépendait de la vitesse de notre navire. Ils faisaient tourner les moteurs au maximum. À trois heures, nous étions le long de Skagen, et j'ai mis le cap sur le sud-ouest.

Pour éviter une collision dans le brouillard, nous nous sommes fiés uniquement à nos yeux et à nos oreilles. J'ai renoncé à l'utilisation de la sirène, un silence de mort sur le pont. Nous entendions le battement des pistons, le gargouillement de l'eau à la proue, la vitesse de notre navire était à douze nœuds.

Pendant deux heures, nous avons navigué à ce rythme jusqu'à ce qu'un haut volume sombre apparaisse dans le brouillard, un vaisseau avec toutes ses voiles.

À tribord toute ! La roue pivota à la vitesse de l'éclair. Pendant un long moment, nous avions l'impression que la manœuvre avait échoué. L'*Aud* a répondu mais la réponse a été lente. Heureusement pour nous, l'autre navire a compris la situation et a viré de bord, nous manquant de 50 mètres. La barque hissait une banderole rouge, qui devait être un drapeau norvégien, et nous l'avons acclamée pendant qu'elle passait.

Le soir, nous étions sur une si bonne route qu'il était plus facile pour nous de défendre le fait que nous étions partis de Christiana. Désormais, nous tenons un journal de bord norvégien. Il pourrait être vérifié comme preuve de notre voyage. Nous tenions deux journaux, un pour la navigation, l'autre pour la salle des machines. Nous sommes partis de notre position actuelle et avons parcouru la distance jusqu'à Christiana pour déterminer l'heure à laquelle nous aurions dû partir. Il fallait également tenir compte de l'heure à laquelle le pilote avait été déposé. Toutes ces informations devaient être classées sous des rubriques définies.

Notre parcours réel, nos positions, notre consommation de charbon, nos vitesses, etc., seraient différents des valeurs mentionnées dans les journaux de bord norvégiens. Par la suite, il est devenu compliqué de maintenir l'exhaustivité de ces registres. Ces fausses entrées ont été mon introduction aux secrets de la « double comptabilité »

LE MÉRIDIEN DE GREENWICH

Le temps a changé à l'approche de neuf heures. Un vent léger soufflait de l'ouest et faisait dissoudre le brouillard. Il laissait derrière lui une vue claire et une visibilité améliorée. La lune s'est levée et brillait derrière les nuages. Cela rendait l'ombre de notre vaisseau à peine perceptible.

Minuit approchant, nous avons estimé que nous devions être à côté de Lindesnaes. Ici, nous nous attendions à ce que la côte soit surveillée de près par les Anglais. Le trafic venant de toutes les directions, qu'il s'agisse du nord, de l'est ou de l'ouest, devait passer par ce point de contrôle situé dans le sud-ouest de la Norvège. J'ai ordonné l'allumage des phares de mât et des phares latéraux. J'ai fait frotter les lentilles avec de la suie, pour atténuer les lumières afin qu'elles ne soient visibles qu'à une distance de bateau.

Nous pourrions prétendre que toutes les lampes du navire fonctionnaient et accuser leur faiblesse sur le régleur de lampes. Les autres feux du navire étaient soigneusement masqués. Nous avons attendu anxieusement pendant des heures avant de nous approcher de Lindesnaes. Pourrions-nous passer inaperçus ?

Un éclair tomba du nord. Au-dessus de l'horizon, quatre projecteurs sont apparus, leurs faisceaux formaient un motif entrecroisé, illuminant notre pont. L'un des faisceaux s'est posé sur nous un instant - on était pris. Non, il était passé au-dessus et a éclairait l'eau derrière nous. Cela a duré cinq minutes mais m'a paru une éternité. Chaque seconde, le projecteur s'arrêtait. Mon estomac me tombait dans les genoux. Puis les faisceaux se sont élevés haut dans le ciel, se concentrant vers l'est, loin de nous. J'ai ordonné l'extinction des feux et je me suis dirigé vers le nord-ouest vers la haute mer.

À partir de ce moment-là, j'ai gardé à l'esprit un point important lors de la planification de mes courses futures. Je me tiendrai à une distance d'au moins un jour de voyage du port de Kirkwall, où les Anglais avaient envoyé tous les navires suspects. Si jamais nous nous faisions prendre et qu'un équipage abordait notre navire pour nous emmener au port, vingt-quatre heures nous donneraient suffisamment de temps pour rassembler des ressources, nous battre et récupérer notre navire.

Le jour suivant passa. Nous avons rencontré un couple de bateaux de pêche hollandais et un bateau à vapeur norvégien. Le bateau à vapeur n'a pas aimé notre apparence. Il s'est éloigné de nous rapidement avec le plus épais nuage de fumée que ses fourneaux pouvaient produire. Il avait changé de cap après s'être éloigné de nous. Nous avons trouvé qu'il valait mieux être un chasseur qu'une proie.

Après quatre jours, nous n'avions vu la Grande flotte

anglaise que deux fois. Je passais la nuit dans la cabine de pilotage, ne sortant que pour une sieste rapide, lorsque des hommes criant sur le pont me réveillèrent.

J'entendis des cris « Nuage de fumée à bâbord »

Merde ! Quel genre de vaisseau était-ce ? Cela pourrait être un navire de commerce, ou un navire de guerre, puisque nous nous dirigions vers le cordon des Shetland.

Pendant quinze minutes, rien n'était visible à part un énorme nuage de fumée. Son épaisseur variait. Il donnait l'impression d'être produit par plusieurs cheminées. J'ai envoyé mon premier lieutenant au sommet avec une lunette Zeiss. Il est redescendu en disant qu'il avait vu un haut mât avec un observatoire. Il n'avait pas identifié le haut des cheminées. Un navire de guerre. L'intrigue s'est épaissie.

J'ai donné l'ordre : « Tout le monde aux postes de secours. Cap au nord-est, salle des machines réduisez la fumée. » Un cap nord-est était la meilleure option, pour éviter les autres navires de guerre sur cette route. Nous n'avions aucun moyen de déterminer la direction du croiseur.

Réduire la fumée a été un succès. Le plan a fonctionné car ces types de navires marchands n'étaient pas équipés pour manipuler des feux sans fumée. Seuls les militaires étaient formés pour ces circonstances.

Les moments suivants ont passé comme une bombe à retardement. Le croiseur s'est dirigé vers nous à plein régime, le mât supérieur non attaché, maintenant vu du pont et du dessus.

« Un deuxième mât inférieur », rapporta la vigie. La position des mâts indiquait clairement que le navire anglais se dirigeait vers le nord-est. J'ai dirigé le navire à quatre points sur tribord, le but étant que nous fassions actuellement route vers l'est. Peut-être qu'on pourrait s'échapper.

La différence de hauteur des mâts signifiait que nous avions affaire à une version plus récente et plus rapide de croiseur anglais. S'il nous localisait, toute tentative d'évasion était inutile. Nous espérions que la vigie anglaise nous manquerait. Il est bien connu que lors de quarts qui impliquent de naviguer pendant longtemps dans des eaux similaires, ne croisant pratiquement rien d'autre que le même océan et le même ciel, la vigilance du marin peut s'émousser.

Notre chance a encore prévalu.

La vigie a signalé que le croiseur s'éloignait. Nous l'avons regardé changer de cap. Le croiseur a opté pour le cap ouest. Cela impliquait qu'il ne nous avait pas vus. Dans peu de temps, aucun mât ne serait visible, à la place, il n'y aurait plus que de deux filaments lumineux, ou de fumée sur une ligne d'horizon brumeuse. Je ne pouvais pas croire à notre bonne fortune.

J'ai trouvé notre position. Nous étions à soixante-quinze miles à l'est des Shetlands. Un léger banc de brouillard nous cachait du croiseur - rien d'autre ne nous était visible dans aucune direction.

C'était peut-être le croiseur le plus à l'est de la ligne. Quelques semaines auparavant, cela avait failli être catastrophique pour le *Möwe* qui revenait. On avait peut-être échappé au cordon des Shetland. Avions-nous échappé à la première barricade ? Allions-nous sortir de la mer du Nord et entrer dans l'Atlantique ?

Je devais choisir notre prochaine course avec soin. Les plus limitées étaient entre les Orkneys et les îles Féroé. Le parcours plus sinueux entre les îles Féroé et l'Irlande nécessiterait huit jours de navigation à une vitesse normale. Il y avait aussi la principale barricade, composée d'énormes croiseurs, patrouillant sur plus de deux cents miles d'eau indomptée.

On pourrait faire le tour du nord de l'Islande. Mais cela dépendait des conditions de la glace. Je n'avais pas de données sur les conditions actuelles. Tout dépendait tellement du vent et de la météo qu'il aurait été inutile de prendre des dispositions plus d'un jour à l'avance. Le parcours à travers l'Islande et les Féroé offrait les meilleures possibilités. J'ai choisi d'aller vers le nord et d'essayer de me faufiler.

Vers le début de l'après-midi, le ciel était nuageux, un brouillard n'était pas loin. Nous devions nous diriger vers la côte, nous orienter grâce à la sonde à main ou à la route côtière. Nous nous sommes dirigés à plein régime vers Bremanjerland sur le Nordfjord.

Trente minutes plus tard, le banc de brume devant nous s'est levé. Une ombre longue et basse planait sur l'eau. Elle s'est développée en longueur et en hauteur jusqu'à ce que le contour de la côte apparaisse. La brume s'est dissipée, le soleil a percé et, en moins de dix minutes, une scène magnifique s'est déroulée devant nous.

L'eau était bleu foncé, lisse comme un miroir, la brise est tombée, et les amas de neige du Bremanjerland s'élevaient glorieusement. Dans les creux des montagnes s'étalaient des zéniths de roche, la neige scintillant dans les rayons adoucissants du soleil. À l'est, les montagnes étaient plus hautes, une progression de masses glacées. On aurait dit qu'on avait été envoyés dans les Alpes. Je me suis accroché à ma trajectoire jusqu'à ce que je sois près de la côte. À l'aide de mes graphiques et de mes caps de croisière, j'ai trouvé ma position actuelle.

Le changement brusque du climat a joué au diable avec mes plans. Il aurait été impossible de traverser les Shetlands dans un climat aussi clair. J'ai choisi de me tenir à bonne distance - quelques centaines de miles au nord-est des Féroé - là où le cercle polaire converge vers le méridien de Greenwich.

LA MER EST CALME

Nous sommes arrivés le lendemain, à 4 heures. L'air était clair, la mer calme, aucun signe de changement. Jusqu'à présent, nous n'avions pas vu de glace. Mais lorsque nous nous sommes approchés du bord de l'océan Arctique, la voie vers le nord autour de l'Islande n'était pas possible. La glace ne s'était pas encore brisée en morceaux.

La pleine lune approchait. Dans ces hautes latitudes, la nuit n'existe pas. J'ai arrêté les moteurs et j'ai attendu de voir ce qui se passerait dans les jours à venir. Ce type de temps ne pouvait pas durer longtemps. Mon rendez-vous en Irlande était encore dans quelques jours, j'avais le temps. C'était l'endroit parfait pour se cacher. Aucun navire sain d'esprit ne s'aventurerait si loin au nord.

Le seul danger ici viendrait de nos sous-marins. Ils n'avaient pas été informés de notre mission et n'avaient pas eu de détails sur notre voyage.

Nous avons profité de ce temps pour effectuer les réparations et l'entretien nécessaires sur le navire. Il s'agissait d'une affaire sérieuse, nous n'avions aucune idée des tâches importantes que nous allions devoir accomplir dans les jours à venir.

Les matelots entreprirent de repeindre les drapeaux et la calligraphie sur nos flancs. Le temps et l'eau avaient transformé le nom et les marques de notre navire en un mystère de points et de gouttelettes. La question urgente était de savoir comment gérer les vingt-quatre heures suivantes. Je convoquais une réunion avec mes officiers dans notre petite cantine.

Nous devions passer par la ligne anglaise devant nous ou faire le tour de l'Islande par le nord. La route autour de l'Islande était la plus dangereuse. Une barricade naturelle, nous risquions de nous heurter à la glace et de couler. Notre navire n'a pas été construit ni équipé pour gérer ce passage. Notre alternative était d'essayer de nous faufiler entre au moins dix croiseurs anglais.

La trajectoire vers les Féroé depuis l'Islande était de près de deux cents miles nautiques. Nous pouvions compter sur une vitesse moyenne de quinze nœuds. Sans un épais brouillard, il était insensé de penser que nous pourrions nous faufiler. Les espaces entre les croiseurs de garde seraient minces et bien gardés.

Je passais la nuit à réfléchir et à calculer les parcours possibles. Chaque voie maritime accessible et chaque cap de voilier furent calculés. Je me penchais sur des diagrammes et des tableaux avec des crayons et des règles. J'examinais les arguments et les points de divergence. Nous devons essayer de passer. C'était la meilleure et la *pire des* options. Nous essaierons le lendemain, en espérant que le temps nous soit favorable.

. . .

Un sifflement retentit dans le tuyau et j'entendis une voix près de ma couchette.

« Qu'est-ce que c'est ? » Je me frottais les yeux et me suis assis sur ma couchette.

« Trombe d'eau à tribord. Capitaine, venez vite ici », criait un homme depuis la passerelle. Je me suis précipité sur le pont. Une grande colonne d'eau sombre, de plus de cinq mètres de diamètre, avec moins de largeur au centre, s'est élevée dans les nuages.

Elle se déplaçait rapidement sur l'eau tranquille, planant au-dessus de la surface. Sa puissance jaillissait du tourbillon à sa base, soulevant une mousse furieuse.

Nous l'avons évité et avons viré à bâbord toute. Si nous nous étions approchés de sa trajectoire, nous aurions été déchiquetés.

OUVREZ L'ŒIL, ET LE BON

La température avait chuté. Des brumes sombres et désordonnées de tempête s'élevaient de l'ouest. De vives griffes de chat étaient apparues sur l'eau, depuis le nord ou l'ouest, puis depuis le sud-ouest. Un changement de temps s'annonçait. Le second regarda l'horizon avec sa lunette et marmonna pour lui-même.

Je me suis dirigé vers la barre et j'ai cherché à voir au loin. « Je parie que c'est un nord-ouest. Vous le sentez ? Un temps pluvieux et brumeux arrive. »

Il plissait les lèvres en fronçant les sourcils. « Je ne pense pas. Ça ressemble à... »

Une vague d'irritation m'envahit. « Je peux sentir la brume qui arrive. Asseyez-vous et regardez. »

À 8 heures, une ombre terne est apparue sur l'eau vers le sud. Ma main tremblait quand j'ai attrapé ma lunette. Du *vent*. Un vent du sud, exactement ce que nous avions espéré. Dans quelques instants, il nous atteindrait. L'eau ondulait dans l'air frais. La ligne d'horizon s'est effondrée.

La division entre l'océan et le ciel semblait se soulever et se gonfler, promettant une brume à venir. À 10 heures, la brise a rebondi vers le sud-ouest et s'est renouvelée. De légères volutes de fumée flottaient sur notre proue bâbord. Après trente minutes, la ligne d'horizon s'est rétrécie au point qu'il était difficile de la voir.

« Vos ordres, Capitaine ? » demanda la vigie. Il me jetait un regard perçant.

« Non », m'écriais-je. « Réduisez la vitesse de moitié. Route au sud-ouest. »

La salle des machines et la soute étaient sous tension. La vis tourne, l'écume s'agite dans notre sillage, l'*Aud* se met en route. La salle des cartes était une foire de calculs et d'estimations. Nous avons choisi de continuer à vitesse réduite sur une trajectoire nord. Si, en arrivant à ce point, le temps était encore brumeux et vaporeux, nous aurions pris de l'avance et nous nous faufilerions chez les Anglais.

En début d'après-midi, nous avons évalué la qualité de la brise à 3. Averses légères occasionnelles d'une fine bruine. Toujours à un jour de vapeur de la ligne anglaise. Le moment était parfait, la lune était obscurcie par la brume. Le baromètre avait baissé. Le courant était encore trop fort pour permettre une tempête rapide. Si la température continuait de baisser à ce rythme, une tempête pourrait se produire. J'ai choisi une route vers le sud, à travers la barricade.

Nous avons multiplié les quarts de guet. Même le chef cuisinier devait faire le guet. Notre devise de veille était : « Ouvrez l'œil, et le bon. » Devant nous attendait une flotte de croiseurs anglais.

Le jour suivant était le 16 avril. À 4 heures du matin, j'ai inscrit dans le journal de bord : « Nuageux, brumeux, grosses averses périodiques, torsion, sud-ouest 4, rafraîchissant, mer relative »

Nous avons déterminé l'itinéraire et la longueur de la voie. Il y avait cent cinquante miles nautiques jusqu'à la ligne où l'ennemi attendait. Si nous pointions droit vers le centre de cette ligne, nous devrions arriver à 20 heures le dimanche.

Nous comptions sur une certaine distraction de l'ennemi. Nous espérions que les marins anglais se plongeraient dans leurs rations d'alcool et ne se concentreraient pas sur leur tâche fastidieuse. Avec le temps nuageux et de mauvais augure, il ferait nuit noire à 8 heures. Avant l'aube, nous pouvions couvrir 60 miles et être hors de vue.

Plus nous naviguions vers l'ouest, plus l'air froid et la puissance de l'océan augmentaient. La pluie tombait en rafales et nous nous sommes blottis dans nos cirés. L'après-midi a été un choc agréable. L'averse s'était transformée en brume. Vers 16 heures, on ne voyait pas à 800 mètres devant nous. Notre situation s'améliorait de minute en minute. Comment avons-nous eu cette chance ?

Nous nous déplacions vers le sud-ouest à vitesse maximale. Toute personne qui nous aurait observés aurait pensé que nous étions sortis de la mer polaire. Si un navire anglais sortait de la brume près de nous, il serait difficile de lui faire croire que nous étions un navire de commerce transportant du charbon.

Jusqu'à 6 heures, nous ne pouvions voir que trois ou quatre longueurs de bateau devant nous. Notre équipage était en alerte. Aucun des hommes ne s'était reposé. Ils étaient restés vigilants. La brume au-dessus de l'eau persistait, sombre et accablante. Cette étrange tranquillité a ébranlé nos nerfs à vif. Nous ne quittions pas nos jumelles des yeux, même pour un instant. Chaque seconde, nous écoutions et nous attendions à quelque chose d'étrange. De l'écume blanche s'écrasait sur la proue de *l'Aud*, éclaboussant l'échafaudage et le navire. Chaque jet d'eau sur la proue augmentait mon stress alors que nous approchions de la ligne anglaise.

« Quelle heure est-il ? » Demandais-je.

« Sept heures dix, Capitaine », répondit une voix derrière moi.

« Surveillez bien. On est près de la ligne. »

Les aiguilles de la pendule arrivèrent sur 19 h 15. Le navire s'anima. À tribord, une matière sombre et terne est apparue dans la brume.

« À bâbord toute », criais-je. « Toute vapeur. Postes d'urgence. »

Le gouvernail se déplaça rapidement vers bâbord avec un mouvement si vif que le câblage de l'émetteur de la salle des machines grinça comme s'il était endommagé. Comme un oiseau de mer choqué, l'*Aud* fit un virage rapide à bâbord.

Merde ! Un croiseur anglais. Sa forme était apparue - deux mâts, de hauts ouvrages supérieurs, un canal épais.

« Réduisez la vitesse de moitié. Route, sud-ouest, » ordonnais-je.

On ne pouvait pas s'échapper. Nous étions exposés au navire anglais. Je l'estimais à une distance de deux cents mètres. S'il continuait sur sa lancée, il sera à côté de nous en quelques minutes. On allait pouvoir jouer.

À l'alerte initiale, les membres du personnel de quart - qui observaient sur le pont se dirigèrent vers leurs couchettes. Nous étions sur la passerelle. Mon cœur battait dans ma poitrine. L'équipage était passé à sa routine de baroudeurs : calmes et posés, les mains dans les poches, crachant et fumant. Nous nous sommes assurés de ne pas montrer d'anxiété évidente au croiseur.

Nous avons continué à regarder avec nos lunettes, en hochant la tête toutes les quelques minutes, comme les marchands que nous étions. Pour un étranger, nous étions un inoffensif bateau à vapeur. Nous avons navigué à côté du croiseur anglais pendant ce qui nous a semblé une éternité sans communication.

Je voulais absolument savoir ce que faisait le bateau anglais. Ils nous étudiaient avec leurs jumelles. J'envoyais mon premier officier à la salle des cartes. Par la fenêtre de la salle des cartes, il pouvait mieux me décrire le croiseur anglais.

« Beaucoup d'armes énormes à l'avant - de même à l'arrière ».

Sur le croiseur, des hommes se tenaient sur le pont, nous regardant fixement.

Nous avons attendu un ordre du navire anglais. Allaient-ils nous ordonner de nous arrêter ? Nous tirer dessus à blanc ? Absolument rien. Allaient-ils nous suivre dans les Féroé ? Ces îles rocheuses étaient devant nous. Encore un jour de vapeur d'ici.

Le temps passait. Nous avons attendu, nous préparant à tout ce qui pourrait arriver. À 19h30, j'ai ordonné un coup de « 7 sonneries » à la cloche du bateau. Le marin qui nous observait au bastingage du croiseur s'est éclipsé. Le croiseur anglais se désintéressait-il de nous ? Il faisait froid dehors et humide sur tout le pont, et à huit heures, ce serait le changement de quart. Est-il descendu pour prendre un verre de grog fumant ?

Le soleil se couchait à l'horizon et le crépuscule allait bientôt tomber. Je donnais des instructions pour allumer la tête de mât et les feux de côté. Nos faux papiers étaient rangés sur la caisse des drapeaux. Aucune action ni mouvement sur le croiseur anglais. Même le pont était laissé aux seuls officiers de quart.

Le navire anglais a-t-il pensé que nous étions un navire inoffensif ? Comment ont-ils pu ne pas se poser de questions sur la raison de notre approche par le nord ?

Huit cloches ont sonné. C'était l'heure de changer de quart. De nouveaux gardes se sont précipités vers leurs positions sur le pont. Il était si proche de notre navire que nous pouvions voir tout ce qui se passait à bord, même alors que le soleil se couchait. Si seulement nous avions une torpille ou un sous-marin pour nous aider. Une torpille sur le croiseur anglais l'aurait détruit.

Peut-être qu'il faisait trop froid pour les marins. Ils pourraient nous suivre pendant notre voyage vers le sud. S'ils essayaient d'aborder, nous pourrions nous débrouiller.

Je ne pouvais pas comprendre ce qu'ils avaient l'intention de faire ou pourquoi. Je pouvais leur faire des signaux en Morse et leur demander notre position. J'avais besoin d'obtenir des informations de leur part. Quelque chose, n'importe quoi sur leurs intentions.

Le navire anglais avait accéléré son rythme et avait avancé de trois cents mètres devant nous. Il avait mis son gouvernail à fond et était passé par-dessus notre proue sur un cap SSE. Le croiseur anglais n'avait pas l'intention de se rapprocher de nous. Il disparut dans la brume épaisse et terne. J'essayais de le voir à travers la brume. Rien.

« Les Anglais sont partis. » Les hommes ont crié et applaudi.

Nous devions sortir de là aussi vite que possible. J'ai ordonné, « vitesse maximale » Nous avons éteint les lumières et aussi vite qu'on a pu, on s'est dirigé vers le nord-ouest.

Nous devions nous éloigner de la ligne des croiseurs aussi vite que possible. Nous avons passé les trois heures suivantes sur notre parcours jusqu'à ce que j'ose repartir vers l'ouest.

Nous étions dans l'Atlantique Nord, nous rapprochant de l'Irlande.

À minuit, le vent soufflait si fort que nous avons dû attacher tout ce qui n'était pas boulonné au pont. J'avais des lignes de vie pour m'agripper. La brise tourna vers l'ouest, puis vers le nord-ouest. La brume avait disparu. Une pluie diluvienne nous avait trempés. La température avait chuté. C'étaient les signes de l'approche d'un nord-ouest.

Le petit *Aud* fouettait l'océan perplexe, fendant l'eau

qui lavait ses étraves. L'avant et ses voiles supérieures nous protégeaient du vent froid. Notre vitesse était passée de dix nœuds à cinq, puis à quatre, jusqu'à ce que nous bougions à peine.

J'avais mis la trajectoire au sud, en essayant de rester à l'écart de la barricade anglaise à l'ouest des Hébrides. Même dans la brume la plus dense, on n'était jamais à l'abri des Anglais. Rien ne garantissait que notre prochaine rencontre avec les Anglais serait en notre faveur.

La brise venait du nord-ouest. En milieu de journée, la brise nous malmenait et mettait à l'épreuve la solidité de notre navire. J'étais persuadé que notre navire était suffisamment solide et en état de naviguer pour braver une violente tempête. La cargaison m'inquiétait. Les munitions n'étaient pas stockées de la manière la plus sûre. Avec l'océan qui s'abattait sur nous, nous n'avons pas pu les ranger. Les cales se remplissaient d'eau dès qu'elles étaient ouvertes.

L'océan tourbillonnait. Les rafales de vent se succédaient. Un orage s'est formé.

Les deux derniers jours nous avaient amenés à un endroit très éloigné de notre itinéraire choisi. Était-on toujours en Islande ou en train de fronder vers les côtes irlandaises ? Je devais prendre nos repères. Nous devions arriver au bon endroit, à l'endroit convenu. Je ne pouvais pas risquer de naviguer au jugé sur la côte irlandaise. Après un travail intense de navigation, je découvris que nous étions à un jour des Rockalls.

Caché par l'Atlantique, à plus de deux cents milles nautiques à l'ouest de la côte écossaise, se trouvait un récif très étendu. Les Rockalls étaient un banc de sable traversé par des milliers de petits rochers. Son périmètre était de trois miles nautiques et s'étendait d'est en ouest. À son extrémité ouest, un seul roc dépassait de l'eau. Ce rocher solitaire était de la taille d'une maison conventionnelle à deux étages. Ce rocher était la principale partie apparente du récif, et les différents côtés étaient sûrs.

Là où les bancs se fermaient, le plancher de l'Atlantique tombait à deux mille mètres. Même sur les grandes cartes anglaises, les Rockalls étaient séparés par une pointe de la taille d'une tête d'épingle. De nombreux bateaux avaient été détruits sur ces rochers. C'était un cimetière marin. Les mesures que les graphiques donnent sur les berges sont peu nombreuses. Un petit nombre de marins avait bravé les Rockalls pour les cartographier correctement. Le bon sens voulait qu'on ne s'en approche pas. J'acceptais ce défi. Je me suis armé de mes nerfs et j'ai mis le cap sur la limite ouest du littoral.

La tempête hurlait. Les rafales de vent nous transperçaient de volées de grêlons. L'océan bouillonnait contre nous. La brume et le brouillard se sont transformés en une averse qui a ajouté à l'obscurité de la nuit. Il faisait nuit noire et il était impossible de voir quoi que ce soit. Puis, venu de nulle part, à travers une fissure dans les nuages, la lune a brillé.

À l'avant tribord, une ombre terne est apparue. Une structure longue et maigre avec quelques ponts de promenade, deux hauts canaux élancés et deux mâts. Était-ce un paquebot de ligne ou un croiseur anglais ? C'était trop vague pour le dire.

J'ai tout de suite diminué la vitesse. Nous avons dû faire abstraction de l'océan déchaîné qui submergeait notre navire. Une soudaine averse de grêle nous a recouverts. Le paquebot n'avait pas de lumières et naviguait à une vitesse modérée. Mon instinct me disait que c'était un croiseur de surveillance, mais je devais en être sûr.

Nous avons attendu sur le bord pendant encore quinze minutes. De nulle part, le paquebot a semblé se réveiller. Il a accéléré et s'est éloigné. Nous étions maintenant séparés par plus d'un kilomètre. La chance nous avait encore souri. Il n'avait pas dû nous voir. Voilà pour la fameuse vigilance de l'armada anglaise. Nous étions encore passé à travers leur filet.

UN CHAUDRON DE SORCIÈRE

La tempête s'était intensifiée. La mer rugissante ballotait chacun d'entre nous autour du navire et tentait de balayer tous les objets mobiles à bord. Les côtés du navire étaient malmenés. J'ordonnais à l'équipage de répandre de l'huile sur l'eau pour réduire les dégâts. Je changeais de cap vers le sud. Nous avons pu diminuer le roulis et passer à travers les vagues avant qu'elles ne deviennent trop hautes.

À l'aube, nous avions les Rockalls devant nous. Un rocher au-dessus de l'eau - la seule chose visible - les vagues s'y fracassaient et les colonnes d'eau s'élevaient tandis que les mouettes le survolaient. Le temps devenait de plus en plus difficile. La pluie et la grêle sur l'océan montagneux rendaient difficile de voir quoi que ce soit.

Depuis 8 heures du matin, je nous avais conduits vers l'autre côté du banc. Le rocher était à trois kilomètres de là, vers l'est.

À 11 heures, la mer déchaînée avait développé des vagues plus profondes sur un banc peu profond. Où étions-nous ? Personne n'osait l'admettre, mais tout le monde cherchait le banc à l'aide de jumelles. Nous ne pouvions rien voir, pas de surf, pas de rocher, pas d'oiseaux.

Il était midi. Nous devions être très près. « Pas encore là », fut la réponse de la sonde à main utilisée sous la supervision du premier officier. Plusieurs rapports faisaient état d'hommes projetés contre les rochers lorsqu'ils étaient happés par la mer. J'ai ordonné à mes hommes par le mégaphone d'arrêter et de verser plus d'huile sur les ponts.

Quelqu'un a crié que le fond était à soixante-trois unités.

« Ralentissez et concentrez-vous davantage. » Je hurlais dans le mégaphone.

Nous savions tous ce qui était en jeu. Cinquante, cinquante-six, soixante-deux, soixante-dix, vingt, huit. *Merde !* Une carte spéciale placée sous le couvercle en verre de la passerelle indiquait chaque brasse de profondeur. Elle a averti que ces mesures étaient inexactes.

Devrions-nous changer de cap ? Mais de quel côté ? Je n'avais pas le temps de penser. Je pouvais risquer la vie de mes hommes et mettre en péril la mission en fonçant dans la bande de récifs devant moi. Toutes les routes se ressemblaient jusqu'à ce que nous apercevions le rocher à une distance de visibilité de 800 à 1000 mètres. Une peur et une hésitation passagères m'avaient envahi. Je rassemblais mon courage pour tenir bon.

Un homme de quart sur le pont inférieur cria : « Briseurs de grève à tribord. »

« A bâbord toute. Bâbord. » Je criais au timonier.

Le navire réagit lentement à sa barre. Le temps

passait, des secondes aux minutes. Nous avons essayé de déterminer la position des déferlantes en nous protégeant le visage avec nos mains de l'eau et du vent. Nous ne pouvions voir qu'une volée d'écume non-stop. Les vagues environnantes étaient aussi hautes qu'une maison. Elles crachaient la tempête et projetaient l'eau dans l'air comme des bombes. Je ne pouvais pas dire si la marée se partageait entre le récif et l'océan qui déferlait.

L'*Aud* tenait bon pendant cet enfer de brassage. Nous avons changé de cap de l'est. La poupe du bateau était punie par les vagues. Nous avons augmenté la vitesse du vaisseau, sans résultat.

On n'aurait pas pu dire si les déferlantes touchaient notre tribord. Nous étions toujours au beau milieu des bancs de sable et des récifs engloutis. Nous les imaginions comme des tourbillons et des taches sombres dans l'eau à cause de la plongée dans la mer déferlante. Les fortes pluies et les embruns de la tempête nous brouillaient la vue. C'était comme si nous regardions les évènements se dérouler derrière un voile.

La mer a sauté sur l'*Aud* par-dessus le côté tribord. Je pensais qu'il ne pourrait jamais s'en remettre. Après chaque roulement, notre côté bâbord était sous l'eau, mais nous avons récupéré. Deux oiseaux sont apparus sur la mer à deux cents mètres du bas tribord. Les rochers devaient être proches.

« La barre à gauche », ai-je dit avec trop d'anxiété dans la voix.

« Le compas », a crié le quartier-maître. Il s'agrippait frénétiquement à la barre, essayant de l'empêcher de se renverser. Notre chance avait-elle tourné ? La boussole était devenue folle. Elle tournait comme un teetotum, tourbillonnant de plus en plus vite. Seule la direction de la mer nous indiquait que nous allions vers la gauche. Nous avons dû nous diriger en fonction de la mer, le compas était inutile. Un moment, il pointait vers le nord, le suivant vers le sud-ouest.

Les cris de l'équipage étaient du charabia. Ils essayaient de nous montrer les mesures en faisant des signes avec les doigts. C'était inutile à cause de la distance de profondeur.

Des oiseaux sont apparus sur notre côté tribord. Puis une nuée tout entière tourbillonna dans les airs. Je n'avais aucun doute. Vers le sud, des rochers pointus attendaient de nous couler. Nous étions au bord de la destruction.

« A bâbord toute. Vite, mon gars, vite », je criais avec toute la force de mes poumons. Je pointais vers la gauche en vain - personne ne comprenait rien. C'était la pire phase de l'ouragan. Le vent hurlait et sifflait comme une furie hurlant au combat - personne n'entendait rien.

Le premier officier avait déjà mis la barre à fond avant d'attendre les ordres. Il nous avait sauvés. C'était la seule chance que nous avions de franchir les récifs. Nous nous sommes précipités dans un tourbillon écumant et féroce qui attendait de nous aspirer au fond. Les moteurs étaient à pleine vitesse. Nous n'avions qu'une seule voie ouverte pour nous délivrer de ce tourbillon sauvage. Nous avons évité les tourbillons de destruction de quelques mètres.

Je regardais le chaudron de sorcière que nous venons de passer. *Nous avions réussi.* La chance nous avait encore souri. Mon corps s'est figé. J'ai regardé mes hommes, nous étions vivants. Je n'avais aucune idée du type de danger dans lequel nous étions. Je ne pouvais pas dire si c'était la pluie, la sueur ou les larmes qui coulaient sur ma joue jusqu'au coin de ma bouche. Je fis un signe de tête au premier officier et au quartier-maître. Nous étions en vie. Nous avions survécu au danger le plus mortel et le plus fatal que nous ayons rencontré depuis le début de cette mission.

Comme si l'épreuve précédente ne suffisait pas, de violentes rafales de grêle ont commencé à nous frapper. Elles étaient comme des montagnes d'eau qui arrivaient dans une rafale de pluie. Comme des monstres montrant leurs mâchoires ouvertes à leurs proies, ces montagnes d'eau se sont déchaînées contre notre navire, se jetant sur le pont et menaçant de nous engloutir. Chaque pièce de bois de l'*Aud* a tremblé et frémi. À chaque nouvel assaut, il semblait que notre vaisseau allait se briser.

Les membres d'équipage avec leurs lignes de vie se tenaient sur le pont arrière dans leurs cirés trempés. Ils refusaient de quitter leurs positions, malgré le fait qu'ils étaient ballottés et que mes signaux manuels leur ordonnaient d'avancer.

« Trente-trois brasses », cria le premier officier.

Puis, « Vingt-huit brasses - vingt-trois - dix-huit - quinze - douze - huit. » Un choc soudain et violent secoua le vaisseau. Il fit trembler les mâts, la cheminée, les derricks, les roufs, les ventilateurs et tout le navire pendant plusieurs secondes. Tout a tremblé.

Ma première pensée a été que nous nous étions échoués. Le chef mécanicien s'est précipité par l'échelle, haletant. Il a signalé qu'il n'y avait pas d'eau dans la salle des machines. Il croyait qu'on s'était échoué. Je mis la barre à bâbord, puis à tribord, en vain. Le vaisseau ne bougeait pas d'un pouce.

La raison m'est apparue.

Une grande quantité d'eau de mer s'était engouffrée à bord, bloquant les écoutilles et bouchant les dalots. Cette eau alourdissait le navire et nous ne pouvions pas bouger avec tout ce poids supplémentaire. Nous l'avons manqué parce que nous nous étions concentrés sur le possible récif à tribord. Est-ce que certains de mes hommes avaient été emportés par-dessus bord ?

Plusieurs minutes s'écoulèrent avant que l'*Aud* ne réponde à son pilotage. Quand il se mit à bouger, nos esprits se sont élevés. Si nous pouvions nous accrocher à cette route nord-est encore un peu, nous serions libérés des récifs. Heureusement, nous avions quelques heures de soleil devant nous.

Pendant deux heures, l'*Aud* avait lutté contre l'orage. Il semblait que nous allions être surpassés. Puis la rafale s'est calmée. En moins d'une heure, l'océan s'est calmé. Le pire était derrière nous.

Nous sommes sortis de la zone de danger. Nous avons commencé à filer à une vitesse modérée en direction de l'est. La boussole fonctionnait à nouveau. Je n'arrivais pas à savoir si c'étaient les violentes vibrations de l'océan ou le magnétisme du récif qui avait désactivé notre boussole.

ENFIN SORTIS DE LA TEMPÊTE

La nuit s'était levée et la brise s'était orientée vers le nord-ouest. Nous avons croisé deux autres bateaux de croisière anglais, mais aucun d'eux ne nous a remarqués. Comment cela a-t-il pu arriver ? Était-ce de la chance ? Les Anglais connaissaient-ils nos plans ? Attendaient-ils de nous capturer sur la côte irlandaise ?

Mes ordres étaient de me trouver au point de rendez-vous dans vingt-quatre heures. Après avoir consulté mon quartier-maître et revu les cartes, nous avons constaté que nous allions arriver à Tralee Bay un jour trop tôt. J'ai ralenti notre rythme et pris un cap au sud-est. J'ai tracé la route avec mon doigt sur la carte en suivant la côte irlandaise.

Un coup frappé sur le cadre de la porte du pont a attiré mon attention. J'ai fait signe au marin de parler.

« Capitaine, un autre croiseur anglais. »

« Où ? » Demandais-je.

« Un peu plus de trois miles à tribord. » Le signaleur

pointait du doigt un contour gris terne à l'horizon. « Nous l'avons regardé sortir de la tempête. »

J'ai pris les jumelles et j'étudiais la forme. C'était un long bateau à vapeur sombre qui venait vers nous rapidement. J'ai ordonné aux hommes de se mettre aux postes de secours, et de vérifier que le « sac à malices » et la « boîte de l'illusionniste » étaient bien rangés et étanches. Je suis sorti sur le pont pour mieux voir le navire anglais qui se dirigeait vers nous comme un projectile. Le chien aboyait et sautait en rond sur le gaillard d'avant.

Le croiseur anglais a arrêté ses moteurs à cinq cents mètres de nous. J'ai gardé l'*Aud* sur sa trajectoire actuelle et réduit notre vitesse à cinq nœuds. Plus on gardait de distance entre ce croiseur et nous, mieux on se portait. Les uniformes anglais se pressaient sur le pont. Ses canons de 3 pouces étaient dirigés vers nous. Il comblait lentement l'écart et examinait notre côté tribord. Puis il passa dans notre sillage arrière et remonta sur notre côté bâbord.

Je nous ai fait avancer, en essayant d'augmenter notre distance. Les marins anglais nous regardaient comme si nous étions une créature animale étrangère. Le navire anglais a augmenté sa vitesse et a presque touché notre côté bâbord. Puis il a changé de cap et s'est dirigée rapidement vers l'est.

« Je ne comprends pas. » Dit le second. « Capitaine, on accélère pour Tralee ? »

Pourquoi ne nous ont-ils pas interrogés ? « Oui, vitesse maximale. Mettez le cap sur la baie de Tralee. »

Étaient-ils incompétents ? Pourquoi nous ont-ils flairés et sont partis ? Ça ne me semblait pas correct. Ça devait être un piège.

. . .

La jauge de température avait augmenté. Les rayons du soleil se répandaient sur l'eau et un air chaud apaisant dégelait nos âmes et rehaussait nos esprits. J'ai organisé une réunion avec mes officiers afin de planifier notre stratégie pour les jours à venir. Nous avons décidé de changer notre apparence une fois de plus. On déplaçait la salle des cartes dans la salle des machines. Cela nous camouflerait au cas où ils essaieraient de nous identifier. Nous aurions également coloré nos tuyaux et nos ventilateurs dans des couleurs plus sombres avec un thème jaune. Nous continuerions ce voyage sous le drapeau de l'Espagne. Lorsque nous arriverions sur la côte irlandaise pour rencontrer Sir Roger, nous serions prêts à transférer notre cargaison.

Nous n'avions aucun moyen de contacter Tralee ou le sous-marin transportant les rebelles irlandais. La côte ouest de l'Irlande connaîtrait-elle les mêmes problèmes et restrictions que Dublin ? Sur la côte est de l'Irlande et dans les principaux ports, la loi militaire était en vigueur. Si toutes les côtes d'Irlande étaient soumises à une loi militaire stricte, nos plans étaient en péril. La bonne décision a été de se retenir et de voir comment les choses évoluent. Nous serions au bon endroit au bon moment et nous ferions face aux événements au fur et à mesure qu'ils se dérouleraient.

Nous avons rassemblé nos armes et les avons nettoyées pour les utiliser. Nous avions quatre mitrailleuses prêtes à combattre en cas d'abordage par un équipage anglais. Nous avons créé des armes factices pour effrayer et intimider tout navire menaçant. Nous avons fait des répliques de six canons de 10,5 cm. Bien que nous n'ayons pas de munitions ni même de vrais fusils, nous tirions avec les mitrailleuses et faisions un bruit de fond pour effrayer les ennemis.

J'ai rassemblé l'équipe et les ai informés de tous les détails. Il était temps que tous sachent dans quoi ils s'embarquaient et quel était le but de notre mission. Les hommes étaient excités et prêts. Ils ont crié d'enthousiasme et se sont donnés des tapes dans le dos.

La vigie a crié : « Sous-marin, quatre points à l'avant bâbord. »

Je me suis efforcé de voir une forme sombre se déplaçant à quelques centimètres au-dessus de l'eau. Étaient-ils allemands ? Anglais ? Je devais être sûr. « Augmentez la vitesse », ordonnais-je. « Route croisée ». Attention au sillage des torpilles. »

Nous nous sommes rapprochés pour vérifier. 1500, 1200, 800 mètres, de plus en plus près. Nous avons vu le périscope comme une boîte de conserve de viande non remplie dans le sillage de l'eau.

Le 20 avril était un jeudi matin frais et glorieux. Nous nous rapprochions de la côte ouest du littoral irlandais. Le vent s'est arrêté et l'air chaud est resté immobile. Les vagues du nord-ouest étaient le seul mouvement sur l'eau. Nous avons terminé la peinture du faux revêtement et du faux marquage pendant la nuit.

Nous avons mis à jour les armes et les munitions et les avons préparées pour le transfert à la baie de Tralee. Nous avons ouvert les écoutilles et jeté toutes les marchandises inutiles hors du vaisseau. En moins d'une demi-heure, le pont ressemblait à un grand magasin. Les cadres de portes et de fenêtres, les seaux en zinc, les baignoires en fer blanc étaient tous jetés sur le côté en un flot continu. Notre route était jonchée de débris qui bordaient l'horizon. J'ai gardé quelques accessoires à bord pour le lendemain, par précaution.

À midi, notre position indiquait 52° N. 11° O - à seulement quarante-cinq miles de Tralee. La décision serait prise dans les vingt-quatre heures. Les deux heures suivantes, nous nous sommes occupés des préparatifs de débarquement. Nous avons découvert les entrées, préparé les treuils à vapeur et les blocs de déchargement pour un débarquement rapide.

Si tout se passait comme prévu, on pourrait avoir terminé en moins de huit heures. Je m'attendais à un problème lorsque nous avons atteint la baie. Les autorités militaires et portuaires nous inspecteraient ainsi que nos papiers. Ils poseraient des questions sur notre pays de départ et pouvaient s'acharner si nos réponses ne les satisfaisaient pas.

Tralee était à trois miles du port de rendez-vous. Le port s'appelait le Fenit, relié à Tralee par un chemin de fer. Si l'alarme était déclenchée, nous pouvions nous attendre à voir des soldats anglais en moins de trente minutes. Nous avions nos quatre mitrailleuses à utiliser contre eux. Nous pourrions ouvrir certaines des cargaisons d'armes destinées aux Irlandais et les utiliser dans le combat si nécessaire. J'ai disposé des explosifs sur la proue et les ai fait câbler pour qu'ils soient prêts à être utilisés si nécessaire. J'ai préparé le drapeau de la marine allemande, au cas où nous devrions montrer notre vrai visage.

J'ai ordonné à mes hommes de se nettoyer avant de revêtir les uniformes norvégiens. Chaque homme avait un surin et un pistolet glissé dans sa ceinture. Après une heure, la côte est apparue. Des bancs de nuages bleutés et un long horizon bas indiquaient la côte irlandaise.

J'ai donné le dernier briefing à mes hommes. Les ingénieurs pompaient les réservoirs d'eau pour réduire le poids afin d'entrer dans le canal peu profond de Fenit. J'ai distribué des boîtes de premiers soins et des bandages dans tout le navire.

J'ai fait comprendre aux hommes que s'ils étaient pris, je ne pourrais pas les sauver. Ils seraient tués. Les hommes ont ri et ont plaisanté, « les Anglais devront nous attraper d'abord » J'avais choisi les hommes corrects pour cette mission. J'ai ordonné à chaque homme de rejoindre sa place.

LE RENDEZ-VOUS À TRALEE BAY

Un soleil radieux nous a accueillis à notre approche. Des falaises colossales et surplombantes s'élevaient à plus de deux cents mètres de l'eau. Des parcelles d'herbe verte et des arbustes bas jonchaient les crêtes dentelées des hautes collines. Les îles et les rochers du large sont apparus. Y avait-il une côte plus dangereuse ou inhospitalière que celle-ci ?

J'ai demandé à notre vigie de rechercher les phares, les bâtiments fermiers, tout signe de vie sur la côte. Rien, que des rochers nus. J'ai vérifié ma trajectoire par rapport à la carte, nous étions proches. Ce devait être la baie de Tralee. Nous avons cherché l'entrée. En moins de quinze minutes, nous avons trouvé un petit rocher connu sous le nom de « Three Sisters » (Les Trois Sœurs) sur le côté sud. La côte s'inclinait brusquement vers le nord-est, puis décrivait une large courbe vers le nord-ouest. Le fond de la baie était caché, mais la ligne côtière s'étendait depuis la mer. J'ai changé de cap et j'ai fait une boucle vers les « Three Sisters »

Une petite tache triangulaire au loin scintillait sur notre proue bâbord. Ça ressemblait au contour d'une voile lointaine. Était-ce les Irlandais qui nous attendaient ? Je ne me permettais pas d'être excité. Notre navigateur m'informa que nous nous dirigions vers l'île de Loop Head. Je changeais notre trajectoire à tribord. J'ai vu des rochers nus et pointus qui sortaient de l'eau. J'ai scruté l'horizon avec mes jumelles. Le courant nous attirait vers le rivage. Nous avons ajusté par petits incréments et avons calculé que les « Three Sisters » était maintenant à deux milles par le travers tribord.

À 200 pieds au-dessus de l'eau, au-delà d'une large falaise, surgit un haut mât de signalisation avec des antennes sans fil. Une demi-douzaine de museaux noirs se trouvaient à l'arrière de leur vaisseau. *Merde !* Peut-être qu'ils ne nous remarqueraient pas ? J'ai envoyé en bas tous les hommes dont on n'avait pas besoin sur le pont. Le vaisseau a continué à s'approcher. Pas de signal ni de tir. De petites îles sont apparues. On pouvait voir de misérables petites maisons et des pêcheurs hirsutes sur les bords de la baie. Les maisons isolées et les habitants de Fenit nous regardaient depuis la rive. Nous nous sommes dirigés vers l'île d'Inishtooskert.

Sur le côté tribord, une tour de couleur claire qui ressemblait à un vieux château se dressait sur la ligne d'horizon des montagnes. Nous nous sommes rapprochés de notre objectif. Rien ne bougeait, c'était trop calme. Un sentiment étrange m'a envahi. Toujours aucun mouvement nulle part. L'autre vaisseau était hors de vue. J'ai reconfirmé une fois de plus que j'étais au bon endroit. Nous attendions. Où étaient les Irlandais ?

J'ai relu à nouveau mes ordres secrets :

« Si vous arrivez et attendez pendant plus de deux heures sans aucun signe de vie ni de communication, vous pouvez continuer à attendre, poursuivre ou faire demi-tour. La décision est entre vos mains. »

Qu'est-ce que je pouvais faire ? Laisser tomber et repartir ? *Aucune chance.* Je n'abandonnerais en aucun cas, tant qu'il y avait une lueur d'espoir. Sans communication, j'étais piégé. C'était insensé. Quelque chose n'allait pas. Mon équipage s'est pressé autour de moi sur le pont. J'ai informé les hommes de notre situation. Pas un seul homme ne voulait faire demi-tour avant d'avoir accompli notre mission.

Deux heures, six heures, la nuit a passé. Les Irlandais n'avaient-ils pas réussi à déchiffrer le message original ? La rébellion irlandaise avait-elle déjà été réprimée ? Les Sinn Feiners ont-ils tous été capturés et jetés dans une prison anglaise ? Ou exécutés ? Mon esprit s'est emballé avec les possibilités. Y avait-il un blocus et les Irlandais attendaient ailleurs pour nous rencontrer ? Où diable était Sir Roger Casement ?

Je ne pouvais pas attendre ici plus longtemps. J'explorerais la baie pour trouver des réponses. À faible vitesse, je suis passé entre Fenit et Kerry Head. J'ai atteint le côté nord d'Inishtooskert. Je cherchais des signes de vie - personne nulle part. Nous sommes arrivés au phare de Fenit. C'était un spectacle déprimant. Sans sentinelle, le phare se trouvait au sommet de hautes collines nues entourant la baie.

J'ai continué. Au fond de mon esprit, la pensée que cela pourrait être un piège me trottait dans la tête. Nous avons navigué autour de l'île, à la recherche de signes de vie. Le jour s'est transformé en une autre nuit. La lune éclairait notre chemin alors que nous retournions à notre point de rendez-vous pour un autre passage. Les Irlandais nous attendraient-ils à notre retour ? Nous avons passé une autre nuit sans contact avec les Irlandais. Je détestais l'idée de faire demi-tour. Pourquoi se retirer ? Combien de temps pouvions-nous rester ici avant d'être découverts par les militaires ?

Un de mes hommes cria : « Vapeur à l'avant tribord. »

Je me suis précipité sur le pont et me suis appuyé sur la balustrade. Est-ce qu'il transportait le pilote pour nous faire passer par Kerry's Head ? J'ai attendu d'avoir une meilleure vue avant de commander le signal à hisser. Le bateau à vapeur avait un drapeau britannique au lieu d'un drapeau irlandais. J'ai fait un signe de tête à mon second et je me suis précipité dans ma cabine. Nous nous étions entraînés pour ce scénario et l'officier de garde savait ce qu'il fallait faire.

J'ai jeté un coup d'œil derrière un rideau dans ma cabine. Du mouvement sur le pont. J'ai vérifié ma montre, 5 heures du matin. Le navire anglais n'était pas pressé. Il s'est rapproché et a tourné autour de nous plusieurs fois. Leur équipage nous a observé avec des jumelles. Un officier britannique en uniforme se tenait sur le pont de son navire, un mégaphone à la main. Ses hommes se tenaient à côté de lui, armés de pistolets et de fusils.

WHISKY POUR LE CAPITAINE ANGLAIS

« D'où venez-vous ? » Cria le capitaine anglais.
Silence.
« Hallo, d'où venez-vous ? »
Le second restait silencieux.
« *Bon sang*, d'où venez-vous ? » Le capitaine anglais avait hurlé.
Le second répondit : « Bonjour. »
« Bon sang, économisez vos formalités. Quelle est votre origine ? »
« Identifiez-vous, monsieur. » Répondit le second.
« Je suis le commandant de ce vaisseau. Vous êtes le capitaine ? »
« Non monsieur, je suis le second. »
« Où est votre capitaine ? »
« Il est endormi. »
« Eh bien, réveillez-le tout de suite. »
Le second se dirigea vers le plat-bord du navire et s'appuya sur la ligne de vie : « J'ai peur de le réveiller. Il a du caractère et pourrait me tuer. »

Le visage du capitaine anglais rougit. Il resta rigide et silencieux pendant plusieurs secondes. « Bien, je vais le réveiller. »

« Vous voulez vous faire tuer ? » Demanda le second. La poignée de marins sur le pont de l'*Aud* gloussa.

Le capitaine anglais redressa ses épaules et tordit ses lèvres en un sourire. « Permettez-moi de vous montrer comment un capitaine au service de sa majesté réveille votre capitaine. »

« Vous pouvez toujours essayer. » Le second s'éloigna des lignes de vie.

Le navire anglais s'est rapproché de nous et j'ai entendu le bruit sourd de plusieurs paires de bottes qui montaient à bord. J'ai entendu le capitaine anglais crier : « Où est-il, comment y aller ? »

Les bruits de pas se sont rapprochés et j'ai fermé mes rideaux. Ils se tenaient devant ma porte.

« Arrêtez de crier, monsieur », dit le second. « Vous ne voulez pas l'énerver. C'est le commandant le plus dangereux de Norvège. »

Un coup frappé à la porte s'était transformé en un tambourinement féroce. Je me suis décoiffé et j'ai essayé de faire comme si je venais de me réveiller. J'ai crié du charabia avec un faible accent allemand dans l'espoir de prouver notre origine norvégienne.

J'ai ouvert la porte. « C'est quoi ce bordel ? » J'ai fait de mon mieux pour avoir l'air fatigué et contrarié.

« Bonjour, monsieur. » Dit le capitaine anglais a dit. « Je m'excuse de vous avoir dérangé. » Il tenait un pistolet rouillé dans sa main gauche. Il m'a salué de la main droite, portant la main à sa casquette grasse. Six soldats anglais en uniforme se tenaient derrière lui, entièrement armés.

J'ai pris un ton dur, « Si vous voulez me parler, laissez-moi m'habiller. » J'ai claqué la porte.

Je suis resté derrière la porte et j'ai attendu. Plusieurs longues secondes de silence s'écoulent. Le capitaine anglais dit : « Tous les capitaines en Norvège sont-ils aussi *bornés* ? »

Le second répondit : « Je ne sais pas pour les autres capitaines, mais le nôtre a une réputation. Monsieur, pourriez-vous attendre notre capitaine au mess ? »

J'ai entendu un grognement à travers la porte. Le second avait bien joué son rôle. J'ai passé une demi-heure à faire des allers-retours dans ma cabine. Je me suis couché sur ma couchette et je me suis étiré, les coudes derrière la tête. J'ai réfléchi à la manière de mieux jouer à ce jeu dangereux - les enjeux devenaient réels.

Le capitaine anglais avait l'autorité de nous abattre s'il sentait que nous étions une menace. Et si le parti anglais commençait à fouiller les cales ? Et s'ils trouvaient notre cachette d'armes et de munitions pour les Irlandais ?

J'ai sorti la réserve de whisky de sous ma couchette. Je l'ai disposée pour qu'elle soit visible à tous ceux qui seraient assis sur le canapé. J'ai ouvert la porte de ma cabine et j'ai crié que j'étais prêt à recevoir les Anglais. Le capitaine est entré et s'est assis sur le canapé. Son attention s'est immédiatement portée sur les six cruches de whisky que j'avais placées dans le coin de la cabine.

Mon manteau d'uniforme, ma ceinture et mon coutelas étaient suspendus au lavabo. J'ai jeté la serviette avec laquelle j'avais séché mon visage au second et j'ai fini de m'habiller. Le capitaine anglais a commencé par les questions habituelles, « D'où venons-nous et où allons-nous ? »

Je lui ai dit que nous avions un problème de moteur et que nous nous dirigions vers Tralee Bay pour faire des réparations. Il a demandé à regarder dans les cales. J'ai haussé les épaules et j'ai accepté. J'espérais que les hommes avaient profité de ce délai pour cacher à nouveau notre cargaison de contrebande. J'ai dit au second de demander à quelques hommes d'enlever les verrous de la cale numéro 2. Le second a hoché la tête et m'a fait un de ses clins d'œil perspicaces.

J'ai conduit le capitaine anglais dans les cales pour qu'il les inspecte. J'ai suivi le groupe d'embarquement. J'ai pris de grandes respirations silencieuses et j'ai essayé de cacher mon anxiété. J'ai tripoté la gâchette de mon pistolet Browning dans ma poche. Je tuerais s'il le fallait. Je ferais tout pour protéger mes hommes et cette mission.

Le capitaine s'est déplacé dans les cales de manière méthodique. Il a fouillé tous les coins et recoins, mais mes hommes avaient eu le temps de dissimuler nos armes et nos munitions. Nous avons laissé des morceaux de bois cassés et endommagés dans les cales. Lorsque le capitaine anglais a demandé pourquoi, nous lui avons dit que cela provenait de la tempête précédente qui avait endommagé nos chaudières. J'ai à nouveau expliqué pourquoi nous devions effectuer nos réparations à Tralee Bay.

Le capitaine anglais a hoché la tête et semblait satisfait de ma réponse. Je lui ai demandé s'il voulait que les cales inférieures soient ouvertes. J'ai posé un marchepied et j'ai indiqué la direction des cales du fond, sombres et humides.

Il a écarté le marchepied et a dit : « C'est bon. » Il m'a ensuite raconté à quel point la tempête était violente ici et comment elle avait failli couler son bateau. Il s'est détourné des cales et je l'ai fait raccompagner à ma cabine. Je lui ai demandé s'il voulait voir nos papiers. Il a hoché la tête et je lui ai fait signe de s'asseoir sur le canapé. Je lui ai offert un gros Havane et demandé deux tasses d'expresso au steward.

Quand le steward est arrivé avec l'expresso, le capitaine anglais l'a repoussé. Il était concentré sur les pichets de whisky.

« Peut-être un petit whisky alors », ai-je dit en montrant le coin de la pièce.

Le visage du capitaine s'illumina d'un sourire éclatant : « Vous êtes l'homme qu'il me comprend, monsieur. » Il s'est levé, m'a tapé sur l'épaule et s'est dirigé vers les cruches de whisky. Il a pris la bouteille du White Horse et je lui ai tendu un gobelet.

Je lui ai offert une bouteille d'eau. Il a ricané et l'a repoussée du poignet. « Pas d'eau. Je ne sais pas comment on boit du whisky en Norvège... » Il descendit un grand verre, s'est essuyé les lèvres du revers de la main et a rempli à nouveau son verre. Après quelques verres supplémentaires, il a fouillé dans les papiers du bateau et m'a tendu un livre à signer. J'ai écrit : « Niels Larsen, capitaine du paquebot norvégien Aud, avec des accessoires et des marchandises de Christiania, pour Cardiff et Gênes. »

Le capitaine anglais a continué à remplir son verre et à boire. Il nous a ensuite mis en garde contre les détestables sous-marins allemands qui coulaient tous les bateaux qu'ils trouvaient. Et comment les rebelles irlandais avaient semé le trouble sur toute la côte.

Je lui ai demandé quelques journaux anglais et s'il connaissait des nouvelles récentes de la guerre. Il a crié à un de ses hommes d'envoyer les journaux depuis sa cabine personnelle. Pendant que nous attendions, il a continué à cracher sa haine pour notre Kaiser bien-aimé et les meurtriers allemands sauvages qui avaient déclenché cette guerre. Mon estomac s'est noué, s'est retourné et a grimpé en flèche. Je me suis mordu la lèvre et j'ai hoché solennellement la tête à ses descriptions des diables allemands.

Le whisky l'affectait et il avait du mal à parler. J'ai fermé les yeux et j'ai imaginé écraser mon poing dans sa grosse bouche. J'ai feint un sourire et hoché la tête. Un de ses hommes est arrivé dans la cabine avec une grande pile de papiers sous le bras. J'ai offert un whisky à l'homme et j'ai parcouru les titres des journaux - toute nouvelle concernant les victoires allemandes ou la rébellion irlandaise.

Oh non. Le titre du second journal détaillait l'histoire d'une poignée de rebelles du Sinn Fein capturés à Fenit. Ils étaient accusés de trahison et avaient été capturés dans la baie de Tralee deux jours plus tôt. L'article décrivait ensuite un pilote irlandais également capturé et inculpé. *Capturé.* Il était très certainement notre pilote et ces hommes étaient les Irlandais envoyés pour accepter le transfert de notre cargaison. Maintenant, qu'allais-t-on faire ?

Je me suis gratté le côté du cou et j'ai tendu le journal au premier lieutenant. J'ai gardé mon pouce sur le passage que je venais de lire. Il m'a fait un signe de tête et une lueur de déception a terni son visage.

Le capitaine anglais m'a tapé dans le dos et m'a dit d'un ton doux et réconfortant : « Cap'tain, ne vous inquiétez pas pour les sous-marins. Je veillerai sur vous. »

J'ai hoché la tête et je l'ai remercié.

« Votre lieutenant a dit que vous aviez peur des sous-marins », a-t-il poursuivi, « j'ai aussi compris que vous allez être marié dans quelques mois et que vous étiez prêt à rentrer chez vous »

J'ai regardé le second et j'ai souri. Il a haussé les épaules et m'a fait un clin d'œil.

Le capitaine anglais a rempli son verre, vidant la bouteille de whisky White Horse. « Ne vous inquiétez pas. Pendant que vous êtes ici à vous réparer, je vais jeter l'ancre à l'entrée de la crique et m'assurer qu'aucun sous-marin n'y entre. Je demanderais juste une autre bouteille de ce White Horse pour l'emporter avec moi. »

Merde ! C'était un désastre. « Merci, capitaine », ai-je dit, « Je vous suis reconnaissant. » J'ai pris sous ma couchette une autre bouteille de White Horse et je la lui ai tendue. Et si Sir Roger essayait d'entrer dans la baie dans le sous-marin allemand ? Il allait se montrer d'une seconde à l'autre ? Peut-être qu'il avait déjà été capturé ?

Je me suis excusé auprès du capitaine d'avoir à superviser les réparations du moteur et lui ai donné une autre bouteille de whisky pour ses hommes. Je l'ai remercié pour son aide et j'ai refoulé l'envie de le tuer alors qu'il se balançait devant moi comme l'idiot ivre qu'il était. Nous nous sommes serré la main et je l'ai accompagné jusqu'au plat-bord de notre navire. Une fois partis, j'ai fait un signe de tête au premier lieutenant - il devait savoir que nous devions parler.

Je me suis tenu avec lui et les autres officiers et nous avons discuté de notre prochain plan. Mes hommes dans le gaillard d'avant m'ont dit que les soldats anglais qu'il avait amenés à bord étaient complètement ivres et pouvaient à peine se tenir debout. Donc, si nous avons renvoyé les hommes, alors quoi ? Nous n'avions pas besoin de leur navire. Si nous le coulions, nous allions attirer l'attention sur nous.

En raison des captures effectuées dans la région de Tralee, il est fort probable que toute la région soit soumise à la loi militaire. Il serait inutile d'essayer d'entrer en contact avec les Sinn Feiners. Nous n'avions pas d'autre choix que d'envoyer le reste de notre whisky au navire anglais. Peut-être qu'ils s'abîmeraient encore plus dans un trou noir. Nous partirions tôt demain matin. Nous donnerions une nuit de plus à ce rendez-vous avec les Irlandais. Si d'ici demain nous n'avons toujours pas pris contact avec notre cible irlandaise, nous devrons élaborer un nouveau plan.

Lorsque notre bateau ponton est revenu après avoir apporté au navire anglais plus de notre whisky, nous avons entendu des voix résonner dans la baie. Ce n'était pas un chant, plutôt un horrible braillement d'ivrogne. *Profitez de la vie.* J'ai fermé la porte derrière moi après être entré dans ma cabine. Le second m'a tendu une photo qu'il avait prise de ma cabine. J'ai souri et ricané. Je lui ai dit que cette photo de ma fiancée était en fait ma sœur.

Je suis retourné dans ma cabine et me suis écroulé sur ma couchette. J'avais besoin de temps pour récupérer, rassembler mes idées et planifier. Il était tard, presque 3 heures du matin. Le navire anglais a été arrosé de toutes les bouteilles de whisky que nous avions à bord. Je ne m'attendais pas à parler ou à rencontrer les Sin Feiners. Cette opération est maintenant terminée et quel gâchis. Nous étions entrés dans un nid de guêpes et nous allions probablement survivre. Un nouveau plan m'est venu à l'esprit. J'ai sauté de ma couchette et appelé tout l'équipage sur le pont supérieur pour les informer de mon plan.

Au cours des prochaines heures, nous passerons devant le navire anglais ivre et ferons trente milles dans l'Atlantique avant que la lune ne se lève. J'étais convaincu que la chance était de notre côté. On s'enfuirait. Nous pourrions vendre notre cargaison d'armes et de munitions en Espagne - à une journée de navigation seulement. Si ce n'est pas là, alors au Mexique. Nous pourrions alors rééquiper notre vaisseau avec plus d'armes et d'hommes. De là, nous pourrions chasser et détruire les navires de commerce anglais dans l'Atlantique.

ENTOURÉ PAR L'OCÉAN ATLANTIQUE

Nous sommes passés devant le bateau anglais endormi qui gardait la crique. Notre plan de les arroser de whisky avait fonctionné. Nous avons eu droit à un signe de la part de leur vigie alors que nous passions. En début d'après-midi, nous étions de retour dans l'Atlantique, en route vers l'Espagne.

Un autre navire avait été repéré s'approchant de nous par le nord. Il était trop loin pour la voir à cette distance, même avec des jumelles. J'attendais. Comme il se rapprocha, mon estomac s'est affaissé. Un long canon entièrement exposé est apparu sur son gaillard d'avant. A son côté tribord se trouvait un autre grand patrouilleur anglais. Les deux vaisseaux ont changé de cap et se sont dirigés vers nous.

J'ai ordonné à tout le monde de se mettre aux postes de secours et de passer à la vitesse maximum. Les hommes ont rejoint leur poste en quelques secondes. J'ai entendu le *toc toc* depuis la salle des machines, et j'ai crié : « Cap plein ouest. » *Peut-être qu'on pouvait les distancer.*

La bannière de la flottille à la tête de son mât signifiait leur changement de cap vers le sud-ouest. Ils allaient essayer de nous couper la route. Nous avions besoin de passer à la vitesse supérieure plus rapidement. J'ai ordonné à tout le monde de se rendre à la soute. Le plus petit navire anglais se rapprochait. Nous avions besoin de plus de vitesse. J'ai appelé la soute depuis le conduit vocal pour les encourager à travailler plus vite. Ils travaillaient comme des forcenés et nous avons commencé à prendre de l'avance sur nos poursuivants.

Les croiseurs anglais ont augmenté leur vitesse et se sont rapprochés. Nous n'étions pas de taille pour eux. Les armes à feu de leur batterie sont apparues. Ils nous visaient. Les deux vaisseaux nous entouraient. Nous étions pris en tenaille. Le plus petit croiseur semblait vouloir nous attaquer de face tandis que l'autre nous bloquerait.

Le croiseur de tête hissa un signal : *Arrêtez-vous sans perdre un instant.*

J'ai ordonné que tous les explosifs de notre navire soient amorcés. Je mettrais le gouvernail à tribord et si nous devions couler, je m'assurerais d'emmener au moins l'un d'entre eux avec nous. Et si je nous faisais foncer à vitesse maximale sur le croiseur anglais de tête ? Et s'il s'écartait de notre chemin ? Et nous faisait couler avec ses canons ?

Nous attendions. Le capitaine anglais se tenait sur le pont de son bateau et nous regardait. Si j'avais encore du whisky, je le lui aurais jeté. Est-ce que ça marcherait encore ? Nous étions dans une impasse. *Pour le Kaiser.* J'ai donné l'ordre de préparer l'explosion du vaisseau. Nous les ferions payer et entrerions dans l'histoire comme des héros. Le drapeau allemand a été préparé pour être hissé. Le chef artilleur attendait avec le détonateur pour faire exploser le vaisseau.

Comme si le croiseur anglais connaissait notre plan, il partit en avant. Ils avaient un mile nautique d'avance sur nous. Nous étions toujours dans le champ de leurs armes à feu. Le second vaisseau s'est repositionné derrière nous. Nous avions été dépassés. Pouvait-on s'échapper ?

J'ai donné la barre au second et je suis descendu. Les soutiers travaillaient avec courage. Les chemises enlevées et la sueur coulant sur leurs corps. Ils brillaient par contraste avec la chaleur rayonnante. Ils travaillaient aussi vite que possible. Mais ce n'était pas suffisant. La voix du second résonnait dans le conduit vocal : « Augmentez la vapeur. Les Anglais sont en train de combler l'écart. »

Le chef mécanicien me vit et dit : « Skipper, si nous continuons comme ça, les chaudières vont exploser. La vapeur est bien au-delà de la limite rouge. »

J'ai hoché la tête. « Nous avions encore une chance. Faites travailler vos hommes comme si le diable les talonnait. Parce qu'il est là. »

L'ingénieur en chef a salué et a tourné les talons. Il criait, jurait et encourageait les hommes à travailler plus fort et plus vite. Le second a appelé dans le tube, demandant ma présence sur le pont. Je suis sorti de la soute, j'ai traversé les passages et monté les marches, deux par deux. Un troisième vaisseau s'était joint à la poursuite. Nous serions bientôt submergés. Notre vitesse avait ralenti à treize nœuds.

Nous étions dans l'Atlantique. Notre bannière norvégienne flottait. J'avais fait savoir au capitaine ivre de la baie de Tralee que nous nous dirigions vers Cardiff, puis vers l'Italie. Les Anglais n'avaient aucune raison de nous détruire. Ils n'avaient rien contre nous. Pourquoi ne pas sauver les apparences ? Inutile de donner à ces navires de guerre anglais des raisons de se méfier. Nous continuerions sur notre lancée et convaincrions les Anglais que nous n'étions pas une menace. Ou on allait en tuer autant qu'on pouvait avant de tomber.

SUIVEZ-NOUS JUSQU'À QUEENSTOWN

Un vent du nord soufflait fort. Les vagues écumaient et le courant était en notre faveur. J'ai demandé à l'ingénieur en chef de faire reposer les chaudières et les hommes. Les trois croiseurs anglais nous entourent et nous accompagnent mais gardent leurs distances. Un autre navire à l'avant bâbord est apparu. Un bateau de commerce norvégien. Tout comme nous. Peut-être qu'elle était le vrai *Aud* ?

Pendant quatre-vingt-dix minutes, nous avons continué. Comme si nous faisions partie de la flottille anglaise. Nous nous sommes faufilés dans l'Atlantique. Combien de temps cela pourrait-il durer ? Le temps était clair et chaud. Aucun espoir de brouillard. Il restait encore plus de quatre heures de jour, et je souhaitais voir le crépuscule arriver. Était-ce notre seul espoir d'évasion ?

Nous avons planifié pour l'avenir imprévisible. Nous avons mis la touche finale à nos armes factices. L'équipage était de bonne humeur. Ils plaisantaient et parlaient de l'impatience qu'ils avaient à l'idée de couler des navires marchands ennemis.

À l'approche de 18 heures, un nuage de fumée remplit le ciel du sud-ouest. C'était un bateau à vapeur avec deux cheminées. En se rapprochant, nous avons identifié les têtes de mât, le mât de repérage et les mâts de la radio. Pas de confusion possible, un autre navire de guerre anglais. Nous avons calculé que sa vitesse était de vingt nœuds. Si nous essayions de fuir, il pourrait nous rattraper en moins d'une heure. S'il ne nous tirait pas dessus en premier. Rester calme et garder la tête froide. C'était notre seul choix, avec un peu de ruse.

Le navire de guerre avait atteint sa vitesse maximale. Lorsqu'il devint complètement visible, nous l'avons identifié comme un croiseur auxiliaire anglais. J'ai réduit notre vitesse de moitié. J'ai de nouveau donné l'ordre de préparer le vaisseau à l'autodestruction et j'ai fait mettre tout en place. J'ai ordonné que tous nos matériaux suspects soient remis dans les cales et cachés. Nous étions de nouveau en train de nous comporter comme au bon vieux temps du navire marchand.

Il ne faisait aucun doute que ce croiseur avait été appelé par le navire radio. Nous serions examinés à fond. Si nous étions assez chanceux pour survivre à un autre capitaine anglais et à une fouille, nous serions sûrement emmenés au port le plus proche. Notre cargaison serait déchargée, et notre ruse exposée. Je ne laisserai pas cela se produire. J'emmènerai autant de ces foutus Anglais avec moi quand je ferai exploser ce vaisseau.

Le croiseur le plus récent à apparaître s'est approché de nous à bâbord. Nous étions maintenant coincés sur les quatre côtés. Ses quatre canons de 5 pouces étaient braqués sur nous. Il zigzagua autour de nous pendant dix minutes. Si seulement il se rapprochait, je pourrais le couler avec nous, juste un peu plus près. Son équipage était sur le pont. Armés de mitrailleuses et nous regardant comme les créatures curieuses que nous étions. Nous avons continué à avancer à notre rythme lent. Si seulement je pouvais m'échapper et aller vers l'est.

Nous avons continué ainsi jusqu'à ce que le soleil se couche enfin. Le reflet de l'eau était éblouissant et il était difficile de scruter l'horizon. Une fois le soleil disparu derrière l'horizon, à l'avant tribord, un cinquième navire est apparu. Qu'est-ce qui se passait ? Tous des croiseurs anglais lourds. Nous étions piégés dans le canal. Cernés dans toutes les directions, sans échappatoire.

Les croiseurs anglais avaient des canons modernes et bien armés. À part nos faux canons en bois et nos armes légères, nous n'avions rien pour nous battre. Pourtant, les soi-disant héros de la mer devaient s'attendre à recevoir une torpille de notre part à tout moment. Ils gardaient leurs distances et se déplaçaient en zigzag autour de nous. J'avais envie de leur rire au nez.

Nous avons poursuivi notre route à mi-vitesse. Peut-être que c'était une garde d'honneur. Finalement, juste après sept heures, le croiseur à bâbord, le *Bluebell*, nous fit signe de nous arrêter. Les autres vaisseaux gardaient leurs distances. Leurs fusils nous visaient. Notre chien aboyait et grognait sur le gaillard d'avant en direction du croiseur anglais qui se rapprochait. D'autres signaux étaient arrivés : *Quelle est votre cargaison ? D'où venez-vous ? Où allez-vous ?*

Je pourrais m'en tenir au plan et leur parler de Cardiff. Mais nous étions si loin du but. Me croiraient-ils ? Et Gênes ou Naples ? Nous avions encore plusieurs cadres de portes et de fenêtres avec cette adresse. Nous avions besoin de plus de temps. Pourrions-nous nous éclipser dans le noir ? J'indiquais à un membre de l'équipage de rompre la drisse au moment de hisser notre prochain signal. Tout délai serait utile. Peut-être qu'un sous-marin allemand viendrait à notre secours ?

Les Anglais ne pouvaient pas s'attendre à ce qu'un paquebot à vapeur ait une drisse de rechange à bord. Mais nous avons accroché un drapeau après l'autre pour montrer aux Anglais que nous essayions de communiquer avec eux. Nous avons attendu sur pendant encore quinze minutes. Après une pause, le *Bluebell* a utilisé ses projecteurs pour communiquer avec les autres croiseurs. Un crépitement constant résonnait au-dessus de l'eau. Cela devait signifier qu'il utilisait aussi sa radio pour communiquer avec les autres vaisseaux. Les signaux étaient tous dirigés vers le cinquième croiseur à tribord. Il devait y avoir le commandant de la flottille à bord.

Le *Bluebell* nous faisait signe de continuer. Impossible. Je ne comprenais pas. C'était un autre tour ou un piège ? Je me préparais à toute éventualité, mais pas à ça. On avait le droit de partir sans être inquiétés ? Je n'ai pas hésité. J'ai ordonné au second de mettre le cap à l'est et d'augmenter la vitesse à fond. Avions-nous encore trompé les Anglais ? Ont-ils cru que nous étions l'*Aud* norvégien ? Combien de temps notre chance pourrait-elle encore tenir ? Quelque chose n'allait pas.

Les navires anglais s'étaient regroupés sur notre poupe comme une nuée de sauterelles. Ça ressemblait à un conseil de guerre. Est-ce qu'ils réévaluaient leur décision stupide ? J'ai demandé à la voix d'augmenter la vitesse au maximum. À huit heures, l'essaim de croiseurs anglais a accéléré et s'est approché de nous comme une meute de chiens.

Le croiseur de tête a émis le signal familier : Arrêtez immédiatement. J'ai ordonné à l'*Aud* de s'arrêter et de couper ses moteurs. Je n'avais pas d'autre choix. Si nous ne nous étions pas arrêtés, ils auraient pu nous engager. Nous avons attendu pendant cinq longues minutes. Mes nerfs commençaient à s'agiter. Le *Bluebell* s'est à nouveau approché de nous. J'ai fait signe de demander pourquoi on nous avait ordonné de nous arrêter.

Il n'a pas répondu. À cent cinquante mètres de distance, il a abaissé un cotre, avec deux officiers et une douzaine de marins armés. L'équipage anglais d'un abordage. Nous pourrions les capturer et les tuer si nécessaire. Nous aurions eu du succès avec cette mission ratée. Le second a pointé du doigt et a crié : « Attention. L'équipage d'abordage est en route. » Les hommes ont applaudi. Nous avions prévu cela et chacun connaissait son rôle. Nous avions une chance de faire enfin quelque chose.

Le cotre anglais s'effraya et fit demi-tour vers le *Bluebell*. Était-ce à cause du treuil à vapeur réparé qui faisait un vacarme épouvantable ou de la boîte de conserve vide flottant dans l'eau et confondue avec un périscope ? En quelques minutes, nous avons entendu les télégraphes de la salle des machines s'entrechoquer et la flottille a décollé comme si elle avait été frappée par la foudre.

Combien de temps ce jeu du chat et de la souris allait-il durer ? J'ai fait signe au *Bluebell* pour avoir la permission de continuer. On m'a dit d'attendre. Les croiseurs se sont approchés prudemment, et je leur ai fait signe en demandant : *Pourquoi attendre ?*

Ils ont répondu : *Suivez-nous jusqu'à Queenstown, cap au sud 63 est.*

Un frisson m'a parcouru. Ils ont dû comprendre. Nous étions finis. Si seulement l'équipage d'abordage était monté à bord comme prévu. Nous aurions pu nous occuper d'eux et tirer une petite victoire de cette mission. Les croiseurs lourdement armés ont à nouveau bloqué notre chemin de tous les côtés. Nous ne pouvions pas les distancer. Même dans ce nouveau brouillard épais et cette nuit noire, nous étions piégés.

J'ai répondu à leur signal : *Pas compris.* Tout ce que je pouvais faire maintenant était de les retarder et de les frustrer, pour qu'ils renvoient l'équipage d'abordage à notre vaisseau. Le *Bluebell* continuait à envoyer le même signal de différentes manières pour s'assurer que nous comprenions. Nous avions l'air d'idiots incompétents, incapables de comprendre leurs signaux.

Le *Bluebell* tira sur ses drisses de signaux et modifia sa trajectoire. Leurs drapeaux flottaient au vent. Nous avons continué notre ruse. Combien de temps encore avant que les Anglais comprennent qu'on les ridiculisait. Le *Bluebell* s'est approché si près de nous que même une personne à moitié aveugle pouvait lire son message. J'ai secoué la tête et montré mon carnet de route. Le capitaine du *Bluebell* a levé les mains et a de nouveau pointé le drapeau. Nous étions maintenant à seulement 50 mètres de leur navire. Un peu plus près et nous pourrions les emporter avec nous dans une explosion.

Nos tactiques de retardement fonctionnaient. La nuit était tombée et il était maintenant vraiment difficile de lire les signaux. Un homme avec un mégaphone est sorti sur leur pont. J'ai sauté avec mon mégaphone et j'ai dit : « Puis-je abaisser l'échelle pour l'équipe d'abordage ? »

Peut-être que mon enthousiasme l'a effrayé, ou qu'il a reçu de nouvelles commandes, mais il m'a fait comprendre que mon invitation amicale était refusée et qu'ils n'avaient pas l'intention d'envoyer une équipe d'abordage. Notre situation était sombre. Nous étions encerclés par les autres bateaux de croisière. Leurs armes nous visaient. Ils nous tireraient sûrement dessus si on tentait quelque chose. Nous serions détruits et avec la distance que les autres croiseurs gardaient avec nous, nous péririons seuls.

Un petit lieutenant se tenait sur la passerelle de signalisation. Il avait le plus grand mégaphone que j'avais jamais vu et criait sans cesse : *Suivez-nous jusqu'à Queenstown, sud soixante-trois est.* Que pouvions-nous faire maintenant ? J'étais fatigué de jouer les idiots. Le capitaine du *Bluebell* semblait perdre patience. Il arracha le mégaphone du lieutenant et, avec une multitude de gestes, hurla des ordres.

Le *Bluebell* changea de cap et passa sur notre bâbord. Un flash. *Boum.* Un obus s'était élevé au-dessus de notre proue. Ils avaient repositionné leurs armes. Il était clair que le prochain obus ne serait pas tiré sur notre proue, mais sur le pont. Ce jeu était terminé. Je me suis précipité sur le pont et j'ai agité mes bras. J'ai porté mes mains à ma bouche et j'ai crié : « En avant toute, sud, 63 est. »

Le capitaine anglais s'est tenu debout, les bras croisés, et a fait un bref signe de tête. J'ai dit au chef mécanicien par le tube que nous ne devions en aucun cas dépasser une vitesse de cinq nœuds.

À notre rythme actuel, nous atteindrions Queenstown à 10 heures du matin. Nous devions suivre le bateau de croisière. Je ne pouvais pas penser à une autre option pour résister. Les autres croiseurs anglais étaient répartis autour de nous. Nous avions une escorte spectaculaire. Le vent changea de direction vers le NNW puis tomba. Les derniers nuages avaient disparu et avec eux notre dernière chance de nous échapper.

Le *Bluebell* nous faisait signe avec son projecteur. Il n'était pas satisfait de notre lenteur. Plus il nous faisait signe, plus je réduisais notre vitesse. Nous utilisions une petite lampe à paraffine et faisions les points et les tirets en morse en tenant une main devant. Je ne peux qu'imaginer à quel point cela rendait le capitaine anglais furieux.

Ils continuaient à faire des signaux : *Plus vite, avancez plus vite.*

Je répondais : *Je ne comprends pas* et après j'ai envoyé *: Impossible.*

Bluebell : *Pourquoi ?*

Aud : *Mauvais fonctionnement du moteur.*

Plusieurs minutes s'étaient écoulées sans réponse. Je suis sûr qu'ils avaient eu une discussion animée sur la façon de nous faire aller plus vite. Le message suivant alla droit au but : *Accélération immédiate. Ou nous vous y obligerons.* À part être grossiers et durs, que pouvaient-ils vraiment faire ?

Tous ces efforts pour nous amener au port le plus proche. Est-ce qu'ils nous tireraient dessus pour notre lenteur ? Peut-être qu'ils seraient frustrés et enverraient une équipe d'abordage. C'était notre meilleur scénario pour le moment. J'envoyais un message aux Anglais pour leur dire que c'était notre vitesse maximale en raison d'un dysfonctionnement du moteur et je les invitais à monter à bord et à voir par eux-mêmes.

    Encore une fois, les Anglais avaient refusé. Ils ont dû accepter leur sort car nous n'avons plus reçu de signaux de leur part. Nous avons continué à ramper derrière eux. Ils zigzaguaient à gauche et à droite. Est-ce qu'ils s'attendaient à ce qu'on leur lance une torpille ? Si seulement on avait une torpille.

LA DESTRUCTION DE L'AUD

À minuit, notre escadron de croiseurs d'escorte est parti en direction de l'ouest. Il ne restait donc que le *Bluebell*. Il était derrière nous. La nuit claire rendait notre situation actuelle facile à voir. Vers le nord, les lumières d'autres navires brillaient de temps en temps. Si seulement un sous-marin allemand pouvait nous aider. La lune éclairait l'eau devant nous. Notre destin n'était plus qu'à quelques heures.

J'ai rassemblé l'équipage sur le pont. J'ai fait comprendre aux hommes que nous avions échoué dans notre mission. Si aucune aide n'arrivait d'ici le matin, nous avions le devoir de détruire l'*Aud*. Nous ne pouvions pas le laisser tomber entre les mains de l'ennemi. Les hommes se tenaient debout en accord solennel. Ils connaissaient les risques. Après quelques minutes, le chef mécanicien et le second ont entamé une longue série de jurons à l'encontre des Anglais. Je me suis permis un sourire. Mais la réalité de notre situation était que nous étions impuissants dans les griffes de l'ennemi.

J'ai ordonné de brûler tous les documents secrets. Nous avons jeté dans l'océan tous les objets de valeur que nous ne pouvions pas brûler. Au cas où notre explosion ne serait pas efficace, nous ne pourrions laisser aucun indice à l'ennemi. J'ai pensé à décharger les mitrailleuses destinées aux Irlandais et à tirer sur notre ennemi lourdement armé. Mon équipage n'était pas formé à leur utilisation et nous aurions couru le risque de ne pas réussir à détruire l'*Aud*.

J'inspectais notre navire avec le second. J'étais satisfait que nos explosifs soient tous en place. J'ai examiné chaque détonateur, charge explosive et bombe incendiaire. Notre drapeau naval allemand était prêt à être hissé à mon signal. Je voulais attendre la bonne occasion pour incendier notre vaisseau. Peut-être qu'un autre croiseur s'approcherait. Je ne voulais pas mourir seul et en vain.

La lune était haute et claire. La nuit était calme, et les étoiles scintillaient sans un brin de nuage pour bloquer leur lumière étincelante. L'océan était lisse comme du verre. Seule une légère brise troublait sa surface. Dans des conditions normales, je n'aurais pas pu demander mieux.

Les lumières des bateaux à l'extrême nord sont apparues. D'autres bateaux sans lumière ont croisé notre route. Certains d'entre eux se sont approchés assez près pour que l'on puisse voir leur équipage. Peut-être même assez proche pour les emmener avec nous en enfer. La majorité étaient des destroyers et des bateaux de garde anglais. Ils naviguaient sans lumières par peur de nos sous-marins allemands qui surveillaient la mer. Si seulement nous pouvions contacter un sous-marin et leur dire notre position. Ils pourraient détruire ou distraire le *Bluebell* et nous pourrions nous échapper.

Nous avons continué, kilomètre après kilomètre. Une longue bande sombre qui ressemblait à un banc de nuages bas révélait la côte. Nous nous rapprochions du port de Queenstown. Il était temps de choisir le lieu de notre destruction. J'ai cherché sur les cartes où nous pourrions faire le plus de dégâts avec notre explosion.

Le soleil se levait à l'horizon. Le *Bluebell* avait modifié sa trajectoire vers la côte. « C'est un jour parfait pour mourir, monsieur. » Dit le second a derrière moi. « Vous avez décidé où ? »

Je me suis retourné, j'ai secoué la tête et j'ai posé ma main sur son épaule. « Le dimanche de Pâques est un jour comme un autre. »

Les autres vaisseaux de notre escorte étaient revenus. Ils nous encerclaient mais gardaient leurs distances. Ils étaient curieux de savoir ce que nous faisions. J'avais ordonné aux hommes de porter leurs uniformes allemands sous les tenues norvégiennes. Quand je leur donnerais le signal, ils enlèveraient leurs manteaux en peau de veau et arboreraient les couleurs appropriées.

Nous avons contourné le passage et le phare de Cookroom est apparu. Plus que quinze minutes avant notre arrivée. Pourrions-nous nous approcher suffisamment d'un navire de guerre amarré et le couler avec nous ? Il était temps de prendre une décision. Pas besoin de sacrifier tous les hommes à bord. J'ai demandé à trois volontaires de rester avec moi pour faire exploser l'*Aud*. Un homme pour hisser les couleurs allemandes, les deux autres pour coordonner l'explosion et assurer notre destruction.

Les hommes, presque à l'unisson, ont crié : « Non. Nous resterons jusqu'à la fin. » Ce sont les hommes les plus courageux que j'aie jamais connus et je leur serai à jamais reconnaissant de leur loyauté intrépide.

Je fis signe au *Bluebell* et je leur demandais : *Où devions-nous nous amarrer ?*

Ils ont répondu par : *Anticipez d'autres ordres.*

Il était temps. Voyons s'ils avaient pu anticiper ça. Le second me tapa sur l'épaule et me montra un grand paquebot anglais qui se déplaçait rapidement sur une route transversale. Un plan brillant me vint à l'esprit.

J'appelais le quartier-maître : « Dix points à bâbord », « Gardez-le en ligne. » L'*Aud* grinça et gémit puis changea de cap. « Tout le monde aux quartiers. Préparez-vous à hisser les couleurs. » Les hommes ont sauté dans l'action. Nous étions à moins de huit cents mètres du paquebot anglais. Le paquebot changea de cap pour passer à tribord toute. Elle nous avait dépassés de loin.

Notre chance avait-elle finalement tourné ? Le phare était à moins de deux cents mètres devant nous. Je cherchais n'importe quel signe d'un périscope dans l'eau. Rien. Pas même une boîte de conserve de viande qui ressemblait à un périscope. Il était temps d'accepter notre destin.

« Tout est prêt », criais-je aux hommes rassemblés et attendant mon signal.

« Chaque marin est prêt et capable de faire son devoir, capitaine. » Le second répondit après confirmation par l'intercom vocal. Je donnais le signal.

L'*Aud* fit une forte embardée à bâbord et se coucha au centre du canal. Le pavillon de la marine allemande fut hissé. Les membres de l'équipage jetèrent leurs manteaux norvégiens sur le côté du navire. Nous avons acclamé le Kaiser aussi fort que nous le pouvions. Une explosion sourde. Les hommes sont tombés à plat ventre sur le pont. L'*Aud* a tremblé de la proue à la poupe. Des piliers et des éclats ont volé dans toutes les directions, suivis d'un nuage de fumée noire et épais. Des flammes jaillirent de la salle des cartes et du gaillard d'avant.

Je me suis mis debout. J'ai crié : « Tout le monde dans les pontons. » L'*Aud* coulait. Mais je pouvais encore sauver mes hommes d'une tombe aquatique avant que les munitions dans les cales n'explosent.

Le ponton de bâbord a été poussé sous la direction du premier lieutenant. Le ponton tribord était coincé. Les flammes se rapprochaient. De plus en plus chaudes. Le timonier a coupé le cordage avec une hachette. J'ai suivi mes hommes et j'ai été le dernier à entrer dans le ponton. La proue était basse dans l'eau et coulait lentement.

« Tout va bien », ai-je dit de la voix la plus calme que je pu.

« Oui, oui, monsieur. » Répondirent les hommes sur le ponton.

L'autre ponton nous avait rejoints alors que nous faisions une tentative désespérée pour échapper à l'*Aud* qui coulait. Une autre explosion sauvage enflamma le milieu du navire. D'autres suivirent avec d'épaisses volutes de fumée sulfureuse. Ce devaient être les armes qui explosaient au contact des flammes. Un coup de canon. Le *Bluebell* tirait sur l'*Aud*. Je n'ai pas pu voir où l'obus avait frappé à travers les flammes. Les croiseurs se sont tournés vers nos pontons. Est-ce qu'ils nous attaqueraient ? J'ai ordonné à mes hommes de lever une bannière blanche sur chaque ponton. Les Anglais ignoreraient-ils la loi mondiale et nous massacreraient-ils ici ?

La proue de l'*Aud* s'était brisée et fut submergée. De l'huile et des débris jonchaient la zone autour des restes de notre vaisseau. Pas d'autres explosions. J'ai regardé la mer remplir l'énorme trou dans le flanc du bateau. L'eau s'est engouffrée et il rebondissait sous le choc. En quelques secondes, les mâts ont vacillé, et la poupe a plongé dans le canal avec un *bruit* et un *craquement* géants.

Je me suis levé sur le ponton et j'ai regardé l'océan vide où se trouvait l'*Aud* quelques secondes auparavant. Notre *Libau* et ensuite *Aud* avait disparu.

LES LOIS DE LA GUERRE

Je me suis levé et j'ai fait face au *Bluebell*. J'ai brandi mon drapeau blanc et j'ai crié : « Marins allemands. Nous exigeons la confirmation de notre reddition. »

Pas de réponse. J'ai ordonné aux hommes de ramer pour rapprocher notre ponton du navire anglais. Accepteraient-ils notre reddition ? Vont-ils tirer une volée sur nous une fois que nous serons plus proches ? On aurait dit que chaque marin anglais du croiseur avait une arme pointée sur nous. Une vague d'effroi me traversa. Pensaient-ils que nous allions couler leur croiseur avec nos pontons ?

Le ramassis d'hommes armés nous regardait. Des marins et des soldats non lavés, non rasés, avec des chemises informes. Même le capitaine portait des jeans délavés et une veste d'uniforme ternie. Les hommes sans fusils avaient des armes blanches à portée de main. Sabres, coutelas et autres armes semblaient avoir été déterrés du 18ème siècle.

La haine sur leurs visages était claire. Nous serions

traités avec le même mépris que les Anglais traitaient les militaires allemands. Un petit lieutenant s'est avancé et a fait signe à notre ponton de ramer vers l'arrière. Une échelle s'est abaissée pour que je sois le seul à monter à bord du *Bluebell*. Après m'être hissé sur leur pont, six hommes à l'air nerveux et armés de fusils m'entourèrent. Un projecteur m'éclairait depuis le pont supérieur. C'était ridicule. J'étais un officier ennemi capturé en guerre et je devais être traité avec respect. Comment les Anglais pouvaient-ils ignorer les règles de la guerre ?

Le lieutenant aboya un ordre d'une voix étouffée. Les six hommes armés en arc de cercle autour de moi firent un pas de plus et se préparèrent à tirer. D'autres membres de l'équipage s'étaient rassemblés sur le pont. C'était en train de devenir une attraction. J'ai fermé les yeux et pris une profonde inspiration. J'entendais les cris de « Tirez sur le cochon allemand » et « Tuez le chien allemand » Était-ce ainsi que j'allais connaître ma fin ? Être descendu sur un navire anglais comme un vulgaire criminel ? Et qu'arriverait-il à mes hommes ? Seraient-ils traités de la même manière ?

Je fis un geste pour m'avancer vers le lieutenant. Le canon froid d'un fusil s'écrasa sur ma poitrine. Le lieutenant aboya un autre ordre à ses hommes, et ils portèrent leurs armes à l'épaule. Le groupe était devenu plus bruyant et agité. Les cris de « Pendez les pirates » et autres huées se sont poursuivis avec des sifflets, des applaudissements et des piétinements.

Je regardais mes hommes dans les pontons par-dessus mon épaule. J'ai secoué la tête vers le second et j'ai espéré qu'il comprendrait ce que je voulais dire par rester calme et ne rien faire. J'avais besoin de désamorcer cette situation et d'obtenir des conditions honorables. Dans mon meilleur anglais, j'ai dit : « Emmenez-moi voir le capitaine. Nous sommes des marins allemands et, selon la loi mondiale, nous devons être traités comme tels. » J'ai lancé un regard furieux au petit lieutenant.

Il hésita. Il semblait incertain de ce qu'il devait faire. Il m'a regardé pendant une longue seconde, puis a regardé ses hommes comme s'il cherchait un conseil. J'ai pensé à l'incident de Baralong. Un scandale mondial qui avait déshonoré la marine anglaise. Peut-être que ça nous sauverait. J'ai rassemblé mon courage et j'ai crié : « Nous sommes des prisonniers de guerre légitimes. À moins que vous ne prévoyiez de commettre un autre crime de guerre et de nous abattre comme vous l'avez fait à Baralong pour les marins allemands qui se rendaient. »

Ça allait peut-être marcher. Les marins qui m'entouraient firent un pas en arrière et les cris de raillerie cessèrent.

J'ai continué, « Si vous n'avez pas d'honneur, alors faites ce que vous devez faire. Sachez simplement que pour chaque prisonnier allemand innocent que vous tuerez, deux Anglais seront abattus. Je n'ai plus rien à vous dire. »

Un marin anglais se précipita vers le lieutenant et lui chuchota quelque chose à l'oreille. Il hocha la tête et fronça les sourcils en me regardant. Il ordonna que les hommes des pontons soient montés à bord. Nous étions tenus en joue sur le pont central du croiseur anglais. Les marins nous fouillèrent. La frustration se lisait sur leurs visages lorsqu'ils ne trouvèrent rien d'utile.

Un marin demanda aux hommes s'ils avaient des armes cachées. Le timonier a crié « oui ». Il montrait sa grande botte gauche. Un marin anglais lui tâta la jambe, tandis que deux autres lui tenaient les bras. Ils en sortirent une énorme saucisse allemande. Cela provoqua un rire franc chez mes hommes jusqu'à ce que le soldat anglais envoie la crosse de son fusil dans le visage du timonier.

On nous a emmenés en bas, et j'ai été isolé de mes hommes. J'ai été interrogé par plusieurs officiers. Le petit lieutenant m'a assuré d'un ton désolé que nous serions traités comme des prisonniers de guerre. Le moteur du *Bluebell* a démarré. Nous étions en route pour Queenstown. On m'a fait sortir sur le pont et on m'a escorté jusqu'à l'*Adventure*. On m'a fait marcher à la pointe du fusil avec mes hommes en ligne derrière moi. À bord de l'*Adventure*, j'ai été à nouveau séparé de mes hommes.

On leur donnait une meilleure nourriture et on les traitait avec considération et respect. En l'absence de toute compassion, on me dit que notre mission ratée en Irlande avait été une « tentative astucieuse ». Après une journée entière d'interrogatoire, on m'emmena sur l'île Spike dans le port. Je cherchais désespérément des nouvelles de notre mission ou de la guerre. Les Anglais refusaient de répondre à toute question. La rébellion irlandaise avait-elle commencé ? Est-ce qu'ils gagnaient ? Où était Sir Roger Casement ?

Nos escortes se sont étoffées et d'autres officiers anglais se sont joints à la mêlée des questions. Après plusieurs heures supplémentaires, on m'a emmené dans une cellule dans les fortifications du port. Des gardes étaient alignés le long des couloirs. Une petite fenêtre ornée de barres de fer éclairait la cellule. À l'exception d'un lit en fer rouillé et d'une table fragile, il n'y avait aucun meuble. Un homme habillé en prêtre est venu dans ma cellule. Était-ce ma fin ?

Le prêtre était un patriote irlandais et était prêt à aider. Bien qu'il ne puisse pas m'aider à m'échapper ou à aider mon équipage. Il avait des nouvelles. Les Irlandais s'étaient soulevés. Le dimanche de Pâques, ils avaient pris Dublin aux mains des Anglais. D'autres régions d'Irlande se débarrassaient également de leurs chaînes. J'ai appris que Sir Roger avait été capturé par les Anglais. Il avait amené un journal récent. On y lisait qu'un navire allemand qui avait tenté de débarquer des armes pour les rebelles irlandais avait été coulé dans le port de Queenstown. Coulé par les canons anglais. Il déclarait que Sir Roger était un espion pour l'effort de guerre allemand. Les Anglais avaient maintenant bien compris notre affaire. Mais où avaient-ils appris cela ? Pas de ma part. Y avait-il un espion ? Nous avions été relégués à rien de plus que des membres d'équipage sous la direction de Sir Roger. Ces fous d'anglais.

Nous avons été interrompus et j'ai été ramené au *Bluebell*. Pourquoi ne pouvaient-ils pas décider de ce qu'ils allaient faire de moi ? J'ai passé les deux jours suivants sur le croiseur sous l'œil attentif du petit lieutenant. Dans mon ennui, j'ai pu faire des comparaisons entre les conditions sur les deux navires. Sur l'*Adventure*, c'était immaculé. Les hommes avec lesquels j'ai été en contact étaient prudents et officiels. Le *Bluebell* était le navire le plus grossier et le moins recommandable sur lequel j'avais jamais eu le malheur de passer du temps.

On m'avait offert un verre de whisky plusieurs fois pendant ma captivité. L'équipage avait été consterné que je refuse et demande un expresso à la place. Une boisson qui était indigne de ces hommes honorables. Même s'ils connaissaient notre vraie mission, j'ai continué ma toile de mensonges. Je leur ai dit que les armes et les munitions que nous transportions étaient destinées à nos troupes en Afrique. J'ai raconté une histoire où je me suis faufilé à travers la barricade anglaise pour établir une route d'assaut commerciale. La frustration sur le visage de chaque officier, sachant qu'ils avaient perdu la chance de réclamer l'*Aud* en tant que prise de guerre avant qu'il ne soit coulé, m'a enthousiasmé.

Le lendemain, le *Bluebell* prit la mer. On ne m'a pas dit quelle était notre destination et on me gardait dans les quartiers du petit lieutenant. Un garde est entré et a vissé un auvent sur le hublot - plus de vue sur l'océan. J'ai deviné que ce devait être l'endroit où nous avions coulé l'*Aud*.

Nous avons tourné dans le port pendant ce qui semblait être des heures. Peut-être que j'avais choisi le bon endroit pour le faire couler. Je ne pouvais qu'espérer que je perturberais leurs expéditions. Le croiseur prit de la vitesse. Je pouvais sentir que nous étions en haute mer. Où m'emmenaient-ils ?

FUSILLÉ DANS LA TOUR

Tôt le lendemain matin, j'ai été escorté hors du *Bluebell* par une demi-douzaine de soldats. Je me tenais sur la côte sud-ouest pluvieuse de l'Angleterre. Mon estomac grondait alors qu'on me poussait dans un train. Au cours des dix-huit heures qui ont suivi, on m'a donné deux morceaux de pain - sec - et un peu d'eau. Les soldats n'ont pas voulu révéler notre destination. Quand nous nous sommes arrêtés, des hommes sont venus à notre fenêtre et la martelaient. Ils voulaient du sang.

Une foule plus nombreuse nous attendait à chaque station. Était-ce ici que j'allais connaître ma fin ? Déchiré par une foule en colère en Angleterre. Les soldats ont essayé de calmer la foule. Je les ai entendus dire que j'allais à la tour de Londres et qu'on allait me fusiller.

Nous sommes arrivés à notre destination après minuit. C'était l'obscurité totale. Les lumières avaient dû être tamisées par crainte d'une attaque de Zeppelin. L'équipe de soldats m'a fait marcher à travers des routes sombres jusqu'à une énorme structure. Il n'y avait que moi. Qu'était-il arrivé à mes hommes ? On m'a fait monter deux escaliers en colimaçon dans l'obscurité. Une cellule attendait, ouverte pour me recevoir. Les soldats m'ont poussé à l'intérieur et ont tourné une clé géante dans la serrure. J'étais seul.

Le lendemain matin, un amiral anglais vint me rendre visite. Je l'ai salué après son entrée. L'amiral m'a jeté un regard dégoûté. Il ne m'a pas rendu mon salut, pas même avec son bâton. *Grossier personnage.* Il a posé les mêmes questions que des dizaines d'autres personnes m'avaient posées sur nos aventures. J'ai gardé mes réponses aussi courtes et trompeuses que possible. Il est parti peu de temps après avec un rictus et un haussement d'épaules.

Les jours ont passé et j'ai été laissé à moi-même. Les interrogatoires ont cessé. Le seul contact humain était le gardien qui ouvrait ma cellule pour y glisser une assiette de nourriture froide. Il devait aussi s'assurer que je ne m'étais pas pendu. J'ai passé mon temps à réfléchir. Comment pourrais-je m'échapper ? C'était mon devoir de résister. Je n'avais pas le choix. Piégé et à la merci de mes ravisseurs anglais.

Que se passait-il en dehors d'ici ? Que m'arriverait-il ? Et à mes hommes ? J'ai tapé sur les barres de fer. Les gardes ont refusé de répondre à mes questions. Un sentiment de dépression m'a envahi.

Je me suis réveillé le lendemain matin pour constater que mes vêtements - uniforme, chaussures, ce que j'avais enlevé pour dormir - avaient disparu. J'ai frappé à la porte de la cellule et exigé une réponse du gardien. Il s'est approché en traînant sa massue en bois contre les barreaux, faisant un bruit de cliquetis en se rapprochant. Essayait-il de m'intimider ?

« On les a pris pour les recoudre. » Le garde a souri. « J'ai entendu dire que le tailleur a trouvé plein de billets de banque danois cachés dans tes vêtements. Ça ne va pas être très bon pour toi - sale Boche »

Je n'avais rien à répondre C'était un mauvais karma et maintenant j'avais perdu ma capacité à soudoyer les gardes. Mes vêtements propres et recousus furent ramenés dans ma cellule. Un autre officier que je n'avais pas encore vu se tenait à l'extérieur de ma cellule et me conduisit au premier étage. Je suis passé devant une cellule pleine de mes hommes. Je n'ai jeté qu'un coup d'œil rapide en passant devant, mais ils semblaient en bonne santé. L'officier anglais me poussait en avant. Où est-ce qu'il m'emmenait, bon sang ?

Une fois dehors, j'ai vu que nous étions à Chatham. Nous sommes retournés à la gare. Une foule s'est rassemblée, mais elle est beaucoup plus calme que la foule en colère venue de la côte. Nous sommes montés dans un train pour Londres. Je me sentais comme un agneau mené à l'abattoir.

Je me tenais devant Scotland Yard. Le vent me fouettait jusqu'aux os. Mes dents claquaient. On me fit entrer et on ne perdit pas de temps pour me présenter à l'amirauté. La salle était remplie de fonctionnaires de l'état-major général, d'officiers de la marine et même du commissaire de police de Londres. J'ai décliné leur offre de traducteur. Mon anglais était assez bon pour ça.

Ils voulaient savoir où se trouvait la flotte allemande. *Ha !* Même si je le savais, je ne leur dirais jamais. J'ai dit clairement que je ne dirais pas un mot qui compromettrait les intérêts de guerre allemands. Cela les a irrités et j'ai caché un sourire.

Les Anglais ont exposé notre plan. Ils connaissaient tout dans les moindres détails. Comment cela a-t-il été possible ? Qui était l'espion ? Les Anglais n'ont donné aucune information. J'ai demandé des nouvelles de Sir Roger. Je n'ai confirmé aucune de leurs informations, mais d'après mon regard, ils avaient leur réponse. Ils ont continué à poser les mêmes questions. J'ai refusé de leur répondre jusqu'à ce qu'ils répondent à mes questions sur Sir Roger.

Après une délibération feutrée, le principal enquêteur anglais s'est assis en face de moi sur une chaise. Il m'a regardé pendant une longue seconde en silence. Essayait-il de m'intimider ? Pensait-il que j'allais lui donner des informations ? Je l'ai fixé et j'ai posé mes poignets enchaînés sur la table. J'ai penché la tête sur le côté et j'ai attendu qu'il parle.

« Sir Roger Casement est détenu dans une cellule ici. » Dit l'enquêteur. « Vous le rejoindrez à la potence bien assez tôt. Après avoir répondu à mes questions. »

Sir Roger nous avait-il vendus ? Était-ce une feinte pour me faire parler ? Je ne croyais pas qu'il était ici, je ne pouvais même pas croire qu'il soit capturé. J'avais du mal à retenir mes larmes. « Je veux lui parler », ai-je dit. « Alors, je vais vous donner les réponses que vous cherchez. » Une feinte contre une feinte. Voyons comment il allait jouer maintenant.

Dans mes tripes, je croyais que Sir Roger était retenu ici. Si Sir Roger était l'espion et qu'il nous avait vendu, nous étions finis. L'enquêteur fit une pause et regarda par-dessus son épaule. La longue pause gênante s'est poursuivie pendant plusieurs secondes. Ils ont continué à poser des questions sur notre mission et nos ordres. Je refusais de parler. Le ton de la voix de l'enquêteur est devenu plus fort et il a saisi les bords de la table en bois comme un étau.

Il s'est levé, sa chaise a glissé vers l'arrière, produisant un fort bruit. Il s'est penché vers mon visage. Son haleine sentait le tabac. « Vous avez fait exploser votre vaisseau après avoir été fait prisonnier. Vous serez condamné à mort. » Les coins de sa bouche se sont relevés dans un sourire inégal, révélant des dents jaunes tachées.

J'ai secoué la tête, « Vous mentez. À moins que vous ne prévoyiez d'échapper aux lois de la guerre et de m'assassiner. »

L'enquêteur s'est retourné et a quitté la pièce en trombe. On m'a emmené dans une autre pièce et on m'a poussé sur une chaise. Deux policiers anglais se tenaient silencieusement de chaque côté de moi. Et maintenant ? Ils ne pouvaient pas m'exécuter ? Le pouvaient-ils ? Les Anglais devraient prouver une violation flagrante du droit universel. C'était un non-sens. Un stratagème pour me faire peur. Une technique d'interrogation pour me faire trahir mon pays. Quand j'ai suivi le *Bluebell* jusqu'à Queenstown, je n'étais pas du tout un détenu. J'étais un neutre qui se conformait à leur ordre, parce qu'il n'y avait pas d'autre recours disponible. Mais les Anglais le verraient-ils de cette façon ?

Les Anglais essaieraient-ils de prouver que nous avons violé la loi mondiale en utilisant la bannière norvégienne ? Ils pourraient soutenir que nous avons agi de manière déshonorante et que nous devrions être traités comme des corsaires - pendus ou abattus.

Les jours suivants, j'ai été maintenu en isolement. Que nous arriverait-il ? Les gardes ne disaient rien et les conversations étouffées et les regards en coin me donnaient un sentiment étrange.

La nuit, les lumières vacillaient, et les murs tremblaient. Les sirènes hurlaient pendant des heures. Les cris de « Les Zepps arrivent » résonnaient dans les murs. Je ramenais mes genoux contre ma poitrine et je serrais la couverture autour de mes épaules. Peut-être que les Zeppelins bombarderaient les Anglais pour les soumettre. Mon espoir s'est évanoui. Les raids nocturnes m'ont remonté le moral. J'ai accepté ce qui allait arriver.

Plusieurs jours ont passé. Une escorte de soldats est venue me chercher un matin. J'avais arrêté de compter les jours. Ils s'enchaînaient les uns après les autres. J'étais transféré dans un camp de prisonniers de guerre. L'officier me dit que mes hommes avaient également été transférés là-bas le jour précédent. Après un long trajet en train jusqu'à Derby, j'étais à Castle Donington. Je devais être détenu au camp de Donington Hall comme prisonnier de guerre.

C'était donc vrai. Seule une menace pouvait me convaincre de trahir mon pays. Ils avaient échoué, et j'avais résisté. Et maintenant, j'étais en sécurité, mes hommes étaient en sécurité - détenus dans un camp de prisonniers - mais pas exécutés comme des criminels ordinaires.

On a défait mes menottes et on m'a conduit à travers une série de portes en fer. Chacune d'elles a claqué et s'est fermée avec un bruit puissant. J'ai été libéré dans la cour sous les applaudissements de mes hommes. Le second a été le premier à me saluer.

« Heureux de voir que vous avez réussi, monsieur », a-t-il dit. « Nous sommes devenus une véritable sensation ici. » Il m'a tendu un journal avec le titre : *Le voyage de l'Aud-Norge.*

Notre histoire était en première page du Times à Londres. Sir Roger avait atteint Tralee Bay après notre départ. L'apparition du sous-marin avait mis en émoi le capitaine et l'équipage ivres qui gardaient la crique. Sir Roger avait tenté de fuir et s'était échoué dans un ponton effondré. Il avait été encerclé et capturé par les Anglais. Sa capture avait affecté les rebelles irlandais. L'incapacité à livrer les fournitures de guerre vitales avait condamné la cause irlandaise. Ils manquaient de fusils et de munitions. Ils n'avaient rien pour écraser les gros canons anglais. Ce fut une des causes principales de l'échec du soulèvement de Pâques qui avait duré six semaines.

Sir Roger a été jugé et condamné à être pendu. Le 3 août, alors que j'étais assis dans une cellule de Scotland Yard, la sentence de Sir Roger était exécutée. Le sergent Bailey - l'assistant dévoué de Sir Roger - l'avait trahi pour sauver sa propre vie.

MA TENTATIVE D'ÉVASION

Mes pensées se sont tournées vers l'évasion. Chaque jour était consumé par des rêves de liberté. J'avais envie de rejoindre l'effort de guerre et de punir les Anglais pour avoir déclaré la guerre à l'Allemagne. Comment pourrais-je m'échapper de ce camp ?

Selon le droit universel, les Anglais ne pouvaient pas nous accuser des mêmes crimes de guerre que Sir Roger. Je ne faisais pas confiance aux Anglais et je n'avais pas l'intention d'attendre ici pour découvrir le genre de surprise qu'ils pourraient inventer. Je ne voudrais pas partager le sort de Sir Roger. J'avais le devoir de résister et de m'échapper.

Dès que j'en avais l'occasion, j'enquêtais sur mon environnement. J'ai essayé de m'approcher le plus possible des périmètres du camp et de trouver des points vulnérables. La sécurité ici était serrée. Ce n'était pas une prison pour les criminels ordinaires. Donington Hall était réputé pour être le camp de prisonniers de guerre le plus sûr d'Angleterre.

Depuis l'évasion du commandant Plüschow en juillet 1915, aucun autre prisonnier ne s'était échappé. Beaucoup avaient essayé, mais avec la guerre en cours, les gens étaient méfiants. Les rues, les gares et les docks étaient surveillés avec vigilance. Il y avait aussi le problème de la nourriture. Sans carte d'alimentation, il n'y avait aucun moyen légal d'obtenir de la nourriture pendant le rationnement.

J'ai discuté des possibilités avec mon second. Il s'était résigné à attendre la fin de la guerre dans cet endroit. Il a fait valoir que même si je pouvais passer la porte, je n'irais pas plus loin. Combien de temps cette guerre peut-elle encore durer ? Je lui ai rappelé son devoir de résistance. Il a accepté de me suivre jusqu'au bout. Mais peut-être que je serais mieux sans lui. Je ne pouvais pas faire sortir tous mes hommes. Et si je le faisais, est-ce que je les condamnerais à mort ? Non. Je m'échapperais seul. C'était mon devoir en tant qu'officier allemand. Mes hommes avaient fait leur devoir. Mais la question brûlante était : comment ?

Les mois passèrent. Je n'étais pas plus près de trouver une échappatoire. Mes hommes avaient été transférés dans une autre prison. J'avais besoin de m'occuper l'esprit et d'éviter une dépression psychologique. J'avais rencontré de nouveaux amis, des officiers allemands capturés assez audacieux pour tenter de s'échapper. Nous avons passé nos journées à réfléchir aux moyens de surmonter nos nombreux défis.

Nous avions besoin d'argent. J'avais cousu des billets dans mes vêtements pour des moments comme ceux-là.

Si nous avions de l'argent, nous pourrions soudoyer les gardes et obtenir les fournitures dont nous avons besoin. Nous étions régulièrement fouillés et, en raison de la nature sécurisée du camp, presque tout ce qui pouvait nous aider à nous échapper était illégal. Argent liquide, couteaux pliants, même le plus petit marteau, tout est interdit. On nous a donné des jetons en métal à utiliser comme monnaie de camp. Nous devions donner des reçus pour tout achat ou échange.

Comment se procurer des vêtements non militaires et des faux papiers ? Si nous avions de l'argent, nous pouvions soudoyer un officier anglais ou un des travailleurs du camp. Ils n'étaient pas très chauds pour prendre nos jetons en métal - je ne leur en voulais pas.

J'étais devenu une célébrité dans la presse anglaise grâce à nos aventures. On me considérait comme un « Sherlock Holmes » et les gardes me surveillaient de près. J'attirais l'attention presque partout où j'allais dans le camp. Les gardes trouvaient cela amusant, ils se mettaient au garde-à-vous et se moquaient de moi en me saluant : « Bonjour, capitaine Casement » ou « A vos postes ! Le capitaine Spindler arrive. »

Chaque fois qu'un nouvel officier anglais venait passer en revue les prisonniers, le commandant du camp me montrait du doigt : « Ce grand Allemand est l'homme qui a amené Casement en Irlande. » Cela devenait épuisant, je résistais à l'envie de leur dire que j'avais apporté les armes et qu'un sous-marin avait apporté Sir Roger. Après d'autres commentaires embarrassants, j'ai écrit une lettre au colonel anglais responsable. Je lui ai demandé d'arrêter de demander à ses agents de me traiter comme un animal de zoo. Il ne m'a jamais répondu, mais peu de temps après, les gardes et les officiers du camp n'en ont plus jamais parlé.

Une rumeur s'est répandue selon laquelle dans le sous-sol de la tour de l'horloge se trouvait un tunnel d'évasion menant à la ville voisine de Castle Donington. Elle était censée être utilisée par les officiers et les gardes du camp en cas d'attaque de la prison. Était-ce vrai ? Était-ce important ? Maintenant, j'avais de l'espoir. J'avais quelque chose à quoi m'accrocher et penser. Je pourrais faire un plan et s'il y avait vraiment un tunnel là-dessous, je le trouverais et l'utiliserais pour m'échapper.

J'ai passé mon temps à essayer de trouver des moyens créatifs de trouver ce passage. Je me suis débrouillé pour avoir un boulot au sous-sol de la tour. Je n'étais autorisé à y descendre que quelques heures par jour. Près des marches se trouvait un standard téléphonique et une lumière électrique allumée jour et nuit. J'ai réussi à introduire un petit couteau que j'ai caché derrière les marches du sous-sol. Je me suis relayé avec un autre captif. L'un de nous cherchait le tunnel tandis que l'autre surveillait les marches et les éventuels gardes. Notre travail consistait à enlever les gravats du sous-sol. Mais notre vrai travail consistait à trouver l'entrée du tunnel qui nous mènerait à la liberté.

Des semaines ont passé pendant que nous cherchions notre passage vers la liberté. J'ai refusé de perdre espoir. Je trouverais un moyen de sortir d'ici. La guerre avait besoin de moi. À la faible lueur de la lampe électrique, j'ai tapé sur une cloison et entendu un bruit sourd. C'était l'ouverture ? Je l'avais trouvée ? J'ai encore tapé sur la pierre. Un son plus profond, plus vide. C'était ça. Tout en moi me disait que j'avais trouvé l'entrée souterraine. J'ai fait une marque sur la pierre et j'ai monté les escaliers en vitesse. Il était temps de planifier notre prochaine étape.

Le lendemain matin, en allant au sous-sol, j'ai croisé deux serruriers. Le choc m'a gelé sur place, je ne pouvais plus bouger. Avait-on été découverts ? J'ai continué jusqu'à l'entrée derrière les escaliers du sous-sol. Verrouillé. L'entrée du pinacle qui menait au passage était sécurisée. Mais pourquoi ? Cela m'importait peu. Je devais trouver un autre moyen d'entrer dans le passage de la tour.

Les semaines passèrent avec un garde placé dans les escaliers. Ils savaient quelque chose, mais quoi ? Nous n'avons jamais été interrogés ou questionnés. Ont-ils découvert une pierre descellée ? Il était temps de penser à un autre moyen. Je savais où se trouvait le chemin, je devais trouver un moyen d'y accéder.

La chapelle du château était à vingt mètres de la tour de l'horloge. Peut-être qu'il avait accès à l'entrée ? Cette nuit-là, dans l'obscurité, je me suis faufilé dehors pour voir par moi-même. La nuit était noire. Pas d'étoiles, pas de clair de lune, je me suis frayé un chemin le long des murs et j'ai descendu les escaliers jusqu'à la chapelle.

Une fois à l'intérieur, j'ai allumé une allumette. L'odeur de soufre mélangée à la moisissure me faisait tousser. La lueur de l'allumette indiquait que je me tenais dans une rigole. Je continuais à utiliser les allumettes comme guide jusqu'à ce que je tombe sur les dernières demeures des barons de Donington, décédés depuis longtemps.

Je continuais à tousser et à me racler la gorge comme

un homme mourant. J'essayais de couvrir ma bouche pour ne pas me faire repérer. Quelque chose glissa sur mes pieds. *Des rats.* J'ai retenu mon souffle et allumé une autre allumette. J'ai baissé les yeux et j'ai vu des douzaines d'entre eux s'enfuir.

Au moins, ce n'étaient pas des fantômes. Je pourrais m'occuper des rats. Mais il faisait inhabituellement froid ici. Et si je perdais mon âme à cause d'un fantôme qui essayait de trouver la sortie ? J'ai secoué la tête pour calmer mes nerfs. *Concentre-toi. Trouve un moyen de sortir.*

Je suis arrivé à une énorme cloison de pierre. J'ai senti les pierres humides, le mortier effrité. L'une de ces pierres était-elle une ouverture vers le *passage* ? Quelque chose me disait que j'étais au bon endroit. Peut-être un fantôme, ou un rat. J'ai enfoncé une poignée d'allumettes usagées dans le mortier pourri pour marquer ma place. Ça devait être là. J'avais besoin de plus de temps pour enquêter. Mais maintenant, retour au lit avant de me faire prendre.

Je suis devenu fervent de prières peu de temps après. Je profitais de toutes les occasions de me rendre à la chapelle et de fouiner à la lumière du jour. J'ai obtenu un travail où j'apportais du chêne à la chapelle pour les constructeurs qui travaillaient à une extension. Pendant plus de deux semaines, j'ai progressé en me faufilant dans les pierres et en creusant le mortier pour trouver l'entrée du passage.

Mes plans ont été interrompus par la tentative d'évasion d'un lieutenant de la navale. Il était sorti par la clôture métallique à pointes avec une planche de bois qu'il avait fabriquée en secret. Il avait passé cinq mois à créer une structure en forme de boîte pour le protéger de la clôture. Comme il était impossible de trouver des planches dans ce camp, il avait utilisé le bois de boîtes à cigares usagées.

Bien que sa tentative d'évasion ait été impressionnante, la garde a été triplée. Nous étions beaucoup plus surveillés et notre liberté de mouvement était limitée aux zones ouvertes. Cela ferait reculer mon évasion de plusieurs mois. Notre nourriture avait été réduite à cause des dommages causés par nos sous-marins. J'avais tout le temps faim. Comment allais-je faire des réserves de nourriture ? Il me fallait au moins sept jours de réserves pour avoir une chance. Les Anglais en souffraient également. Les gardes proposaient de m'acheter un peu de mon pain parce que leurs rations étaient réduites.

La chapelle et la tour de l'horloge étaient désormais interdites d'accès et fortement surveillées. Il était temps de penser à un nouveau plan. Les échecs constants m'avaient atteint. Je ne pouvais pas abandonner. Je devais trouver un nouveau moyen. Un nouveau plan. J'ai offert mes services en tant qu'aide-soignant à la clinique d'urgence. J'ai été formé aux premiers soins de base. Mon anglais m'a aidé à établir la confiance avec les officiers. On me posait occasionnellement la question : As-tu déjà pensé à essayer de t'évader d'ici ?

Je mettrais un point d'honneur à dire que c'était une idée déshonorante et ridicule. Seul un imbécile envisagerait un tel plan, en particulier en raison de la gravité des conditions dans lesquelles la guerre se déroulait.

J'ai écrit une lettre à la cour des détenus à Londres. J'ai décrit en détail comment, sans les billets de banque danois qui m'ont été retirés, je ne pouvais pas acheter de vêtements ou plus de nourriture. J'ai demandé que les choix visant à me priver de mes biens soient réexaminés. Moins de deux semaines plus tard, tous les billets de banque qui m'avaient été retirés à la Tour de Londres m'ont été rendus. J'ai étalé les billets sur mon lit. Mon esprit s'emballait des nouvelles possibilités. Est-ce que je pourrais trouver un moyen de sortir d'ici après tout ?

Je n'ai jamais perdu l'espoir de m'échapper. Différentes idées me trottaient dans la tête et je n'ai jamais cessé d'y penser. J'ai créé un poteau à ressort construit à partir de poignées de brosses. Pourrais-je l'utiliser pour sauter par-dessus le périmètre métallique hérissé de pointes ? Lors de son premier essai, il s'est cassé en deux. J'ai essayé à nouveau. Avec un autre poteau qui s'est également cassé au premier essai. Une longue et épaisse branche d'arbre passait au-dessus de la clôture. Et si je pouvais obtenir une corde et l'enrouler autour de cette branche pour sortir ? Le lendemain, les gardes ont coupé cette branche et taillé l'arbre.

Une petite voiture venait régulièrement rendre visite au camp ces dernières semaines. Je me suis approché du chauffeur et j'ai essayé de faire la conversation. Il était prêt à gagner de l'argent et nous avons rapidement convenu qu'il me ferait sortir en douce du camp à l'arrière de sa voiture pour 500 £.

Le problème, c'est que je n'avais pas d'argent. Pas cette somme, en tout cas. Je pourrais en réunir une partie maintenant et après la guerre, je pourrais lui rembourser le reste. L'Anglais accepta à contrecœur - j'ai senti un certain désespoir chez cet homme. On s'est mis d'accord sur le jour et l'heure. Ça allait vraiment arriver. J'aurais une chance de m'échapper.

. . .

Trois nuits plus tard, je me suis glissé dans la cour près du garage à voitures. J'ai attendu. Trente minutes, soixante minutes. Est-ce qu'il m'avait fait passer pour un idiot ? J'allais retourner vers ma couchette quand des phares ont éclairé l'abri le garage dans la cour. La voiture s'est approchée, j'ai reconnu le conducteur - mais il avait deux officiers anglais avec lui. Étais-je trahi ?

J'ai rampé le long de la cloison dans le coin le plus sombre du garage. Mon cœur battait dans ma poitrine. J'ai fermé les yeux. Tout ce que j'entendais c'était les *boum boum* de mon cœur. Le conducteur tourna la tête. Il cherchait quelque chose - ou quelqu'un. Il avait une expression nerveuse sur le visage. Les deux officiers anglais sortirent de la voiture et se dirigèrent vers le bureau du commandant. Le conducteur appela le garde le plus proche et lui dit qu'il avait besoin d'essence. Une fois que le garde était suffisamment éloigné et que la voie était libre, je suis sorti de ma cachette.

Le chauffeur posa la paume de sa main sur ma poitrine : « Je risque une peine de dix ans de prison pour t'aider », a-t-il dit.

J'ai hoché la tête. J'ai fait un pas à côté de lui et j'ai regardé par-dessus mon épaule. Il s'est encore mis en travers de mon chemin.

« Ce n'est pas une blague », a-t-il poursuivi. « Je veux tout l'argent maintenant. Comment je sais que je serai payé, une fois que tu seras sorti d'ici. Ça ne vaut pas le coup de prendre le risque. »

Je le dépassais de 10 cm. J'ai baissé les yeux et j'ai chuchoté, « Ce n'est pas ce que nous avions convenu. On a fait un... »

« Je m'en fiche. L'argent maintenant ou pas d'accord. » Il a tendu la main, « Dépêche-toi de décider, les officiers seront bientôt de retour. »

Bâtard d'anglais qui essaie de me doubler. Je n'avais pas assez, même si je voulais le lui donner. Et si je lui brisais le cou et prenais la voiture ? Jusqu'où pourrais-je aller ? Est-ce que je serais chassé et abattu comme un animal ? Le bruit du gravier qui craque m'a sorti de mes pensées. Le gardien. Je n'avais pas le choix. Je retournais vers ma couchette. Comment avais-je pu être aussi bête pour lui faire confiance ? Que ferais-je maintenant ?

DES TOMMIES DANS LES ENVIRONS

Les échecs et les déceptions constants me portaient sur les nerfs. Ces stratégies n'allaient jamais réussir. Je devais trouver quelque chose de nouveau, d'innovant, quelque chose que personne n'avait osé essayer auparavant. Mais quoi ?
    J'avais besoin d'un plus grand plan. Quel était le but de l'évasion de ce camp ? Se faire piéger et tomber dans une embuscade dans la campagne anglaise ? Pour vraiment m'échapper, je devais fuir l'Angleterre. Un seul problème, la mer du Nord, cette masse d'eau qui bloquait le chemin du retour. Comment j'étais censé surmonter ça ?
    Il me faudrait un bateau ou un ponton pour m'emmener en Allemagne. La côte anglaise était étroitement gardée et surveillée. Même avant les nouvelles d'une évasion. Pourrais-je voler un bateau ? Négocier pour en acheter un ? Assassiner un pêcheur et prendre son... Je n'excluais aucune option.

Le moyen le plus rapide de rentrer chez moi était l'avion. C'était de loin la meilleure façon de m'échapper de l'Angleterre. Cette idée présentait deux problèmes. D'abord, je devais trouver un aérodrome près de Donington Hall. Deuxièmement, j'aurais besoin d'un pilote. Je ne m'étais même jamais assis dans un avion. Je trouverais un moyen. Je pourrais régler les détails en temps voulu. L'important, c'est que je choisisse un plan. Maintenant, comment faire pour que ça marche ?

J'avais pu mettre la main sur une encyclopédie de Meyer. J'ai découvert que l'aérodrome le plus proche de Donington était à Nottingham. Pour atteindre Ostende en Belgique, il fallait parcourir environ trois cents kilomètres. Moins de deux heures de voyage en avion. Si je manquais de carburant, je pouvais amerrir en mer du Nord et espérer être secouru par un sous-marin.

Le carburant était encore plus surveillé que les ports et les bateaux. Je pourrais en trouver quelque part près de l'aérodrome. Je me souviens, lors de mes voyages en train à travers le pays, que le terrain d'aviation de Hendon, l'un des plus grands d'Angleterre, n'était pas gardé.

Cette idée m'est restée en tête pendant des semaines. J'étais obsédé par ça. Je n'étais plus capable de me reposer. Je serais bientôt libre et pas seulement perdu dans la campagne anglaise en attendant d'être rattrapé, mais libre et chez moi en Allemagne. Je serais un héros.

J'avais besoin d'un pilote. Pas n'importe quel pilote, un pilote capable de piloter l'un des avions britanniques les plus modernes. De nouveaux prisonniers arrivaient chaque jour. La plupart étaient capturés alors qu'ils venaient de rejoindre la guerre et n'avaient que peu d'expérience de vol. J'avais besoin d'un pilote expert. Un qui avait les compétences pour nous faire sortir de ce satané pays.

Je faisais plus attention aux avions qui survolaient notre camp. J'ai remarqué qu'ils survolaient toujours le camp en direction du nord. Où allaient-ils exactement ? Un officier anglais de la clinique d'urgence avec lequel je m'étais lié d'amitié m'a donné un vieux roman. Il avait des cartes des environs de Donington et des régions du sud de l'Angleterre. Il y avait même une partie de la mer du Nord et de la Belgique.

Les prisonniers qui passaient par Nottingham pour arriver ici étaient d'un grand intérêt pour moi. Les nouveaux détenus avaient tous entendu parler du « capitaine Casement », ils étaient impatients de m'aider et d'entendre l'histoire de l'explosion de l'*Aud* dans le port de Queenstown.

De ces hommes, j'appris qu'un aérodrome était en cours de construction près de la gare, à moins de huit kilomètres d'ici. Les deux premiers hangars avaient été construits et le troisième était presque terminé. Mes entretiens avec ces hommes m'ont prouvé qu'il pouvait être une base opérationnelle majeure avec des biplans.

Ma chance était revenue. J'ai même appris qu'un seul gardien surveillait l'aérodrome inachevé. Même s'il y avait deux gardes, je pourrais les maîtriser et les ligoter avant que l'alerte ne soit donnée.

J'avais utilisé une partie de l'argent qui me restait

pour acheter des cigarettes. Je les offrais aux travailleurs du camp dans l'espoir de me faire des amis. Un Anglais plus âgé était bavard. Nous avons parlé des avions qui nous survolaient tous les jours. Comment pourrais-je obtenir plus d'informations sur l'emplacement exact de l'aérodrome ?

Je l'ai interrogé sur le pilote britannique qui s'était écrasé quelques jours plus tôt. J'ai pointé du doigt une direction dont je savais qu'elle n'avait pas celle de l'aérodrome. Le vieil homme secoua la tête. Aucun pilote ne s'y était écrasé, car il n'y avait pas de trajectoire de vol ni d'aérodrome à cet endroit. Il m'a ensuite confirmé l'emplacement de l'aérodrome le plus proche, juste à l'extérieur de Nottingham. Je lui passais une poignée de cigarettes et lui dit qu'il se trompait. Il ne pouvait pas y avoir d'aérodrome ici. Le vieil homme me pris les cigarettes des mains et s'en alla.

Le lendemain, il me donna une grande carte cycliste détaillée de la région. Ces pots-de-vin en cigarettes faisaient des merveilles. Je glissais la carte dans ma poche arrière et je m'excusais pour m'éloigner.

Le camp de prisonniers était bondé. De nouveaux prisonniers de guerre allemands arrivaient chaque jour. Une nouvelle clôture avait été construite autour de l'ancienne. Des postes de garde avaient été ajoutés. Des règles plus récentes et plus strictes étaient appliquées. C'était comme s'ils savaient que je préparais mon évasion.

J'ai continué ma stratégie de jouer « l'homme battu ». J'évitais les jeux et l'activité physique. Je restais accroché aux grillages des courts de tennis et j'observais, complotais et planifiais mon prochain mouvement. Un après-midi, il y a eu une averse. La pluie s'était écoulée sur les courts de tennis et avait ramolli le sol environnant, formant une rigole assez large pour que deux hommes s'y couchent et s'y cachent.

Le lieutenant pilote Winkelmann était arrivé au camp. Il avait été descendu sur le front occidental. Jeune, plein de combativité et d'énergie, il s'est présenté à moi sous le nom de W. Il m'a dit que mes exploits de l'*Aud* étaient connus dans toute l'Allemagne - j'étais un héros national. Nous sommes devenus amis et je lui ai parlé de mes projets d'évasion. W n'a pas hésité. Il semblait qu'il voulait sortir de cette prison plus que moi.

Il connaissait les avions britanniques de pointe. Il avait souvent piloté des avions capturés derrière les lignes. Il parlait aussi anglais. Ça allait marcher. Avec plus d'enthousiasme que je n'en avais eu depuis ma capture, nous avons tiré nos plans.

Je suis allé voir les médecins du camp et leur ai dit que je souffrais d'un « effondrement mental » et que je devais rester au lit. Aucune communication n'était transmise aux autres gardes lors du comptage des prisonniers du soir. « Où est le capitaine Spindler ? » résonna dans la nuit.

On m'a assigné un médecin spécialiste. C'est lui qui prendrait la décision finale sur ma condition. En allant à son bureau, je suis passé devant les courts de tennis. La rigole s'était agrandie, les hautes herbes sur le bord la camouflaient. Presque assez large pour cacher W et moi.

Comment pourrais-je tromper ce docteur ? J'avais pratiqué des trépidations et fumé des paquets de cigarettes à la chaîne. Il ne savait pas quoi en penser et décida qu'il reviendrait me voir dans mon lit le lendemain. Le fait de fumer à la chaîne rendait mon cœur irrégulier et je me sentais malade. Quand il est arrivé, mon corps était en situation de tempête parfaite. Il a écouté ma poitrine et m'a recommandé du lait, des petits pains et m'a prescrit des médicaments.

Il a fait son rapport en disant que j'étais malade. Les gardes ont arrêté de m'appeler au comptage de nuit. Je me couvrais souvent la tête avec une couverture pour faire semblant de ne pas supporter l'éclat de la lampe électrique. La première semaine, le gardien soulevait la couverture et regardait mon visage.

Après une semaine, il me laissait tranquille. J'étais juste le « capitaine Casement » qui a faisait une dépression nerveuse. J'ai accroché trois serviettes au pied de mon lit. Ça empêchait le sergent de la garde de pouvoir me voir depuis l'entrée. Après plusieurs jours à venir dans ma couchette et à demander si j'étais là, je levais une main tremblante de sous la couverture, et il partait en courant. Tous les jours, je me levais et je marchais avec un bâton. J'imitais la démarche d'un vieil homme, en clopinant aux abords du camp.

Notre heure était venue. Nos interminables heures passées à planifier et à préparer allaient maintenant porter leurs fruits. Si tout se passait comme prévu, nous arriverions à l'aérodrome en moins de cinq heures. Nous avions passé en fraude assez de provisions pour une marche de vingt-quatre heures. Nous avions beaucoup de pain, de l'argent anglais, et même quelques couteaux pliants. Nous n'avions pas de pinces coupantes. Nous avions des gants épais pour nous aider à arracher les clôtures de sécurité.

Si nous arrivions à l'aérodrome en plein jour, nous pourrions utiliser les deux bonnets d'aviateur en cuir de veau et les lunettes de vol que nous avions collecté. Nous pourrions enfiler nos tabliers en peau de vache, nos lunettes de protection et on traverserait comme si on était à notre place. Si l'aérodrome comptait plus de quarante hangars, personne ne le remarquerait. W a dit que le plus grand danger serait d'approcher la côte allemande dans un avion britannique. Si tout se passait comme prévu, nous serions rentrés sains et saufs sur le sol allemand le 12 juillet 1917.

Le lendemain matin, un tournoi de tennis a été organisé. Les prisonniers contre les gardes. Le camp entier serait distrait. Plusieurs énormes sièges en osier ont été transportés sur le terrain de tennis. Les sièges étaient à trente mètres du canal. W et moi nous sommes glissés des chaises dans l'herbe envahissante et nous sommes allongés dans le canal. Tout devait se passer comme prévu. Le sergent devait croire que j'étais dans mon lit. W avait convaincu l'autre sergent d'ignorer son absence avec de l'argent et une poignée de cigarettes. Est-ce que ça marcherait ? Combien de temps devrions nous attendre avant de partir ? Si nous pouvions rester inaperçus pendant le contrôle du matin, nous serions assurés de réussir.

Le jeu a continué pendant des heures. Le terrain était bruyant : bruits de raquettes, applaudissements, insultes et énergie. Plusieurs fois, j'avais entendu des pas s'approcher. Mais jamais des gardiens, et jamais assez près pour trahir notre position. À la tombée de la nuit, le groupe a donné un spectacle en plein air pour clôturer le tournoi. C'était presque l'heure. La dernière chanson était celle dont je me souviendrai toujours. « Adieu compagnons, à cheval, à cheval. »

ÉCHAPPER À NOTRE PIÈGE

Nous avons attendu dans la rigole jusqu'au contrôle des prisonniers du soir. J'espérais que les événements de la journée avaient épuisé l'énergie des gardes. Si personne ne tirait la sonnette d'alarme, on pouvait continuer sans danger. Silence. Aucune alarme n'a été déclenchée. Aucun chien n'a aboyé, et aucun garde anglais n'a sonné le rassemblement pour organiser un groupe de recherche - pour l'instant.

J'ai donné à W le signal d'avancer et nous nous sommes tous les deux mis à genoux. *Des voix*. Les bruits de pas se rapprochaient. Nous sommes tombés à plat ventre. Mon visage a rebondi dans la boue du canal et le dessus de ma tête était enfoncé dans le talon de la chaussure de W. *Des gardes*. Nous avaient-ils vus ? Nous devions attendre.

« Avez-vous déjà vu quelque chose d'aussi insensé ? » Je reconnaissais la voix.

Une autre voix répondit : « Les Boches ont pris une

leçon de tennis aujourd'hui. » L'écho des rires et des pas se rapprochait. Ils marchaient sur le court de tennis vers notre tranchée. Mon cœur battait dans ma poitrine. J'ai fermé les yeux. J'ai cherché dans la boue une pierre pointue. J'allais sortir de ce camp ce soir, d'une manière ou d'une autre.

Les voix s'estompent dans la distance. Ils étaient passés devant nous. Nous avons attendu un peu plus longtemps. La base argileuse de la tranchée présentait une fine pellicule d'eau. Je tournais mon visage vers la droite. C'était froid, sale et inconfortable. De petites formes sombres ont rampé dans la boue. Des insectes de couleur sombre, des fourmis et d'autres insectes se glissaient dans mes cheveux et dans ma nuque. Le court de tennis était silencieux. Je me suis mordu la lèvre pour retenir tout gémissement ou halètement.

L'herbe à côté de nous remua. Il y avait quelque chose là-dedans ? Il n'y avait pas de vent. Est-ce que quelque chose ou quelqu'un venait vers nous ? Juste à ce moment-là, un sombre insecte rampant traversa mon visage. Mon corps tremblait. Il allait vers mon oreille gauche. Le petit bâtard y est entré, j'ai poussé ma tête contre la base des pieds de W pour me forcer à ne pas bouger. Je ne pouvais plus le supporter. J'ai secoué la tête et je me suis retourné pour enlever l'insecte de mon oreille. L'herbe a encore bougé. Je me suis retrouvé face à face avec un lapin qui me regardait fixement.

Nous communiquions entre nous en morse en tapant sur l'eau du fond de la rigole. L'horloge avait sonné onze heures. Nous avions passé plus de trois heures allongés dans cette rigole. J'ai levé la tête et regardé autour de moi. Il faisait sombre. Les arbres à l'extérieur de la clôture donnaient une lueur sinistre. Seule une faible lumière rouge provenant de la tour de garde éclairait la nuit.

    Nous nous sommes levés de notre rigole et avons rampé vers la clôture. Le garde qui surveillait le périmètre avait disparu ou était probablement endormi. On s'est mis à plat ventre et on a rampé dans l'herbe. Ça faisait du bien de s'étirer. Le sang coule à nouveau dans mes veines. On a rampé centimètre par centimètre. Seulement de petites étapes pour respirer et ajuster nos tabliers en veau épais sous nos tuniques. Tout ce travail à quatre pattes était difficile.

    Il s'était écoulé au moins une demi-heure avant que nous ayons atteint les chaises en osier sur le court de tennis. Nos sacs étaient en-dessous comme convenu. Nous avons pris notre temps pour nous organiser et préparer nos outils le plus silencieusement possible. W m'a fait un signe de tête et nous avons rampé jusqu'à la zone de la clôture que nous avions marquée comme la moins difficile. Nous avons rampé avec deux fois plus de poids sur le dos que précédemment. J'étais face à face avec la clôture. Elle avait l'air beaucoup plus emmêlée et coupante que lors de ma précédente évaluation négligente.

    J'ai enfilé mes gants épais et j'ai essayé de tirer sur les fils. Pas de chance. Les fils étaient enchevêtrés dans une toile compliquée sous la saleté et l'herbe envahissante. Je tirais, secouais, tordais... Mais rien ne bougeait. Mon tablier en peau de veau faisait son travail en me protégeant des coupures et déchirures. Mais nous ne faisions pas de progrès. Combien de temps pouvons-nous continuer comme ça ?

Nous avons continué à essayer. L'horloge avait sonné douze coups - minuit. Nous étions censés être à l'extérieur maintenant. Encore des voix. Les gardes venaient vers nous. Ils relevaient les autres pour le prochain quart. Qu'est-ce qu'on allait faire ? Nous ne pouvions ni avancer ni reculer. Tout ce que nous pouvions faire était de rester allongés ici et d'attendre d'être pris. Je tirais à nouveau sur le fil. Du sang coulait de l'intérieur de mon gant. Je retenais mon souffle. *Calme, reste calme, tu dois rester calme.*

Un garde marchait le long de la clôture en sifflant. Il venait droit vers nous. Je me suis retourné sur le ventre et j'ai enfoncé mon visage dans le sol. Je fermais les yeux et comptais les secondes. Trente, soixante, quatre-vingt-dix. La sueur coulait dans mes yeux et me piquait. Un peu du liquide salé descendait dans le coin de ma bouche.

Il passa juste devant nous. Il dit quelque chose que je n'ai pas pu comprendre et s'était arrêté devant le poste de garde. J'en avais assez. Il est temps de sortir d'ici. Je me suis tortillé à travers le fil barbelé. Je ne sentais pas les coupures ni les contusions. Je passais de l'autre côté, centimètre par centimètre. J'avais atteint le fil extérieur. J'ai fait des progrès. Je soufflais et haletais, mon corps était dynamisé par une force, une détermination à continuer. Le labyrinthe de câbles touchait à sa fin. W poussait sur mes jambes par derrière pour aider à faire passer mon corps tremblant et frissonnant.

On avait presque fini. Je me suis mis sur le dos, j'ai pris les poignets de W et je l'ai tiré de l'autre côté. Une fois que j'ai vu qu'il était en sécurité et en dehors du périmètre, je fermais les yeux et haletais dans les hautes herbes. J'étais épuisé. W m'attrapa le bras et a fit un signe de tête en direction de Nottingham. Il avait raison. Nous ne pouvions pas perdre de temps ici. Nous devions mettre le plus de distance possible entre nous et le camp, avant que l'enfer ne se déchaîne.

À LA RECHERCHE DE L'AÉRODROME

Nous courions à travers les bois. Nous nous sommes arrêtés devant deux grands arbres. L'un d'eux était pourri et creux. On a mis nos tabliers déchirés à l'intérieur. Nos vêtements civils en dessous n'étaient pas en trop mauvais état. Avec nos compétences en anglais, nous espérions nous faire passer pour des citoyens.

Nous avons continué à travers les bois et sommes arrivés à la route qui menait de Donington à la rivière Trent. J'avais entrepris d'apprendre toutes les cartes. J'étais un expert en géographie locale, même si je n'étais jamais venu ici auparavant. Le sous-bois était épais. Nous devions nous dégager un chemin avec les mains. Il faisait si sombre que je voyais à peine mes mains devant mon visage.

J'étais déchiré par les ronces et je trébuchais sur une créature qui émit une sorte de grondement. Une vache laitière au repos. Je fis un bond en arrière avant de me retrouver encorné. Un champ s'est ouvert devant nous et nous l'avons traversé en courant. Nous avons sauté par-dessus six barrières en bois et continué sur le sol cahoteux jusqu'à ce que nous arrivions à la route primitive.

Nous nous sommes arrêtés et nous nous sommes regardés. On était tous les deux épuisés et on haletait pour respirer. J'étais sur le point de demander à W s'il pensait que nous devions continuer à travers les bois, ou prendre la route. *Des voix.* Je jetais un coup d'œil par-dessus mon épaule. Ils étaient à moins de cent mètres, là où la route descendait en pente. Était-ce des gardes du camp qui revenaient de permission ?

J'ai suivi W au-delà d'une barrière de chardons dans un énorme champ de maïs. Un chien a commencé à aboyer. Je ne pouvais pas dire de quelle direction. Je n'allais pas m'arrêter pour le découvrir. Nous nous sommes rués en avant dans l'obscurité. L'aboiement du chien était plus fort. La voix de l'homme s'est éteinte. Je me suis arrêté et j'ai regardé autour de moi pour trouver ce satané chien. Aucun signe de mon ami à fourrure. J'ai sifflé doucement. *Rien.* Quelque chose remuait devant moi. Je retins mon souffle. Une grande silhouette est apparue. J'ai mis mon bras en arrière pour frapper. C'était W.

Nous nous sommes assis dans l'herbe et avons repris notre souffle. L'aboiement du chien s'était arrêté. Les voix avaient disparu. Tout était calme. J'avais tellement soif. Tout ce que nous avions avec nous pour boire était deux petites bouteilles de médicaments remplies de whisky. Ce n'était pas le moment pour ça. Nous avons continué et avons avancé dans la nuit.

Nous sommes arrivés à un ruisseau et avons avancé péniblement. W cria. Il était dans une tourbière jusqu'aux hanches. J'étais juste derrière lui et je coulais rapidement. Je ne pouvais pas voir mes jambes au-delà de mes cuisses. Nous avons reculé. J'ai pédalé comme si je faisais du vélo. J'ai attrapé n'importe quoi pour m'en sortir. J'ai rampé hors de la tourbière et aidé W à en sortir. Quelques mètres plus loin et nous n'aurions pas pu nous échapper.

Nous nous sommes allongés dans les roseaux de la plaine. Notre seule boîte d'allumettes avait été mouillée. Nous ne pouvions pas voir loin devant nous. Nous avons choisi de suivre le cours d'eau comme guide. Après une demi-heure, nous sommes arrivés à une ligne de chemin de fer. La ligne bifurquait à une centaine de mètres devant nous. Où ces rails menaient-ils ? Je ne me souvenais pas d'une intersection de chemins de fer sur ma carte. Je pensais que l'embranchement de gauche nous mènerait à la rivière Trent. Nous avons escaladé les hautes clôtures qui encadraient la voie ferrée et avons suivi la ligne sur la gauche. Était-ce le bon choix ?

Le jour se levait à l'est. Nous devrions être à l'aérodrome maintenant. Quelque chose scintillait à travers les arbres sur la droite : de l'eau. Enfin, la rivière Trent. Nous avons sauté dans l'eau et l'avons traversé en moins d'une minute. L'espoir m'a envahi. Ce côté de la Trent semblait inhabité. C'était presque l'aube quand nous sommes arrivés au carrefour. Un poteau indicateur délabré nous indiquait que nous étions à douze miles de notre chemin. *Merde !* Nous devions rattraper le temps et le terrain perdus. Mon corps était fatigué. Mon esprit était prêt à aller de l'avant. Mais mes jambes pouvaient à peine bouger.

Nous avons continué à un rythme plus lent. Après

une petite goutte de whisky et un carré de chocolat, nous avons été réanimés. J'aurais tué pour de l'eau. Nous sommes entrés dans un bourg. Nous avons croisé des travailleurs qui nous regardaient avec surprise et dégoût. J'ai marmonné un « bonjour » et j'ai continué mon chemin. Le plan était de rester aussi invisible que possible.

Un Anglais de la classe supérieure s'est arrêté pour nous demander si nous avions vu passer un cheval et une charrette. J'ai dit non. J'ai senti l'homme nous suivre des yeux alors que nous passions. Ça m'a donné un sentiment étrange et bizarre. Nous espérions donner l'impression d'être en route pour le travail. Il n'a pas fallu longtemps avant que nous dépassions la dernière maison de la ville et que nous soyons de nouveau à l'air libre.

Nous sommes restés sur la ligne de chemin de fer et l'avons suivie au sud vers Nottingham. Nous devons être proches maintenant. Je me suis senti revigoré et prêt à monter dans un avion pour la liberté. Nous avons continué pendant encore deux heures. Pas d'avions dans le ciel. Rien ne suggérait qu'un terrain d'aviation était proche. Où était-il ? J'essayais de me souvenir de cette carte, encore fraîche dans mon esprit après des mois d'étude. Nous étions au bon endroit, nous devions être proches. L'aérodrome devait être situé à moins de trois kilomètres de notre emplacement actuel. Mais où ?

« Écoute, » dit W. Il montra le ciel.

Un biplan approchait par le nord. Un biplan allemand. En quelques secondes, il fut au-dessus de nous. Il devait être à plus de 3 000 mètres. Nous avons suivi sa course, immobiles, attendant de voir où il allait atterrir. Il continua sur son cap actuel jusqu'à ce qu'il soit une tache dans le ciel. Devions-nous nous reposer ? Continuer sur notre lancée ? L'aérodrome était-il même là où nous pensions qu'il était ? L'Allemagne avait-elle envahi le pays ?

Nous avons continué. Le soleil était chaud et j'avais l'impression que mon visage était en feu. Ma gorge était serrée. Je n'avais même plus de salive à avaler. Je rêvais d'un verre d'eau fraîche. Quelque chose se profilait devant nous. Une usine de fabrication cachée par de grands arbustes. Où en étions-nous ? Nous nous sommes approchés pour mieux voir. Un ruisseau sale et odorant nous barrait la route. Il y avait des voix et des mouvements non loin de là. Je n'avais aucune idée d'où nous étions maintenant. Mais il était temps de partir d'ici.

Nous nous sommes assis à l'ombre de quelques ronces hautes et épaisses. Nous avons léché l'humidité des tiges d'herbe. J'étais si fatigué. Nous avons décidé de faire une courte pause.

W m'a secoué pour me réveiller après ce qui semblait être une minute. Un chien jappait de plus en plus fort. Avions-nous été suivis ? Le camp devait être au courant de notre disparition maintenant. Était-ce l'équipe de recherche ? J'ai passé la tête par-dessus les arbustes et j'ai scanné la zone. Un enfant jouait avec un chien en trottinant sur la route. J'ai contourné l'arbuste et me suis retrouvé devant le gamin et son chien.

J'ai laissé tomber une pièce sur la route et j'ai fait semblant de chercher quelque chose quand ils se sont approchés de moi. Le gamin m'a aidé avec enthousiasme à chercher ma pièce et quand il l'a trouvée, je la lui ai donnée pour sa peine. Je lui ai demandé s'il était au courant du pilote qui s'était écrasé dans la région il y a peu. Le gamin n'était d'aucune aide. Il ne savait rien, mais j'ai compris qu'il devait y avoir une piste d'atterrissage quelque part dans les environs. Le gamin a indiqué une direction possible mais n'avait pas de connaissance détaillée de l'endroit.

Il m'a indiqué la direction de Nottingham et m'a dit qu'il y avait deux trains quotidiens pour Londres. Je lui ai donné une cigarette et j'ai fait semblant de partir. Après son départ, je suis retourné voir W et je l'ai mis au courant des détails. Nous devrions marcher de nuit pour ne pas être vus. Nous allions traverser des petits villages et des villes et devions en rester à l'écart.

Notre manque d'eau était insupportable. Nous avons envisagé d'entrer dans une des maisons que nous avons traversées et de demander à boire. Mais c'était trop dangereux. Nous avons trouvé un bassin d'eau sale qui semblait destiné au bétail laitier. On s'est jeté dessus et on a bu. On a partagé notre seule boîte de saucisses de Francfort. Nous n'avions pas vu de légumes dans les champs - seulement de l'herbe, des canaux souillés et des clôtures de sécurité. Nos vêtements étaient sales et se déchiraient en lambeaux. Nous avions apporté du matériel de couture pour réparer nos vêtements.

Pendant trois jours, nous avons erré dans la région à la recherche de l'aérodrome. Il n'était pas là où nous pensions. Il n'était nulle part. Notre deuxième choix d'aérodromes était plus éloigné. Il faudrait prendre le train pour s'en rapprocher. Nous pourrions nous cacher dans un wagon de marchandises en tant que passagers clandestins. Notre fuite signifiait aussi que les gares et les trains seraient plus surveillés.

Nous avons passé une nuit de plus à chercher l'aérodrome. Nous nous cachions derrière de petits arbustes et mangions des morceaux de nourriture pour les poules, laissés dans les champs. Toujours rien. Nos réserves de nourriture étaient presque épuisées. Deux morceaux de pain sec et rassis et pas d'eau. Nous avons décidé qu'il était temps d'aller à Nottingham. Nous pourrions trouver de la nourriture là-bas, puis nous irions à Londres pour nous faufiler sur l'énorme aérodrome de Hendon.

Pourquoi les Anglais ne nous poursuivaient-ils pas ? Ils devaient être au courant de notre évasion maintenant. Attendaient-ils de pouvoir nous récupérer sans faire d'histoires ? Avions-nous juste eu de la chance ? Nous avons continué. Les étaient moins abandonnées et de petits lotissements parsemaient les côtés de la route. Nous entrions dans une énorme ville - Nottingham.

Un ouvrier nous a dépassés sur la route et un cycliste nous a demandé son chemin. Je lui ai donné des indications comme si j'avais vécu ici toute ma vie, bien que je n'aie aucune idée de l'endroit où je l'envoyais.

Nous avons tourné au coin d'une rue et sommes tombés nez à nez avec un officier de police. J'ai enfoncé mes mains dans mes poches. J'ai baissé les yeux et sans un mot je l'ai laissé passer. Du coin de l'œil, le policier nous a regardés de haut en bas, mais n'a pas dit un mot. Un avion bruyant est passé au-dessus de lui et a détourné son attention. Un énorme biplan qui suivait la rivière Trent à environ 300 pieds. Est-ce qu'il nous cherchait ? Les autorités anglaises faisaient-elles des recherches ?

Sur le côté gauche de la rue, nous sommes tombés sur

un petit ranch. Un enfant - le même que celui avec le chien - a souri et nous a fait signe depuis le bord de la route. Je lui ai demandé si c'était sa maison, et si oui, s'il pouvait nous vendre de la nourriture. Il s'est réfugié dans la maison et est revenu quelques instants plus tard en nous disant de rentrer. W a secoué la tête et n'a pas voulu en entendre parler. J'ai eu un bon pressentiment et lui ai suggéré de rester dehors pour faire le guet.

Je suis entré et une femme ronde d'une trentaine d'années m'a salué : « Belle soirée, monsieur » et m'a fait signe de m'asseoir dans la cuisine. Nous avons fait la conversation qui a tourné autour de la guerre et du sort des *Allemands condamnés*. Elle m'a tendu une tasse du meilleur thé que j'ai jamais bu. Elle m'a tendu un pain à la crème et au fromage enveloppé dans des feuilles de laitue et un grand pichet de thé. Je lui ai laissé quelques pièces de monnaie sur la table et je me suis précipité à l'extérieur avec mon trésor comme un chien avec un os.

Nous n'avions jamais mangé aussi bien depuis notre captivité en Angleterre. Nous devions avoir l'air d'animaux sauvages se gavant sous l'arbre, savourant notre premier repas depuis des jours. J'ai appelé le gamin, je lui ai donné la cruche de thé vide et je lui ai posé des questions sur le biplan volant à basse altitude que nous avions vu plus tôt. Le gamin nous a parlé de l'énorme aérodrome au nord de Nottingham, de l'autre côté de la rivière Trent. Pourquoi ne nous l'avait-il pas dit avant ? Il a également raconté que le petit aérodrome situé près de la voie ferrée était fermé depuis plus d'un mois. Je me suis mordu la lèvre pour ne pas l'insulter. Nos derniers jours avaient été inutiles. *Quel gâchis*. Comment l'aurais-je su ?

Nous avions les informations nécessaires pour trouver

le prochain aérodrome. Il est temps de se frayer un chemin, ce ne serait plus très loin maintenant. J'avais l'estomac plein, un sentiment d'espoir renouvelé, je débordais d'énergie pour rejoindre l'aérodrome et rentrer chez moi.

LES LUMIÈRES DE NOTTINGHAM

Nous étions de retour à la rivière Trent. À cet endroit, elle était deux fois plus large qu'avant. Il était temps de nager à nouveau, mais je ne pouvais pas lever mes bras au-dessus de ma poitrine. J'avais besoin de me reposer. Nous pourrions nous rendre à Nottingham dans la matinée. Un champ voisin s'étendait à quelques centaines de mètres sur la droite. Nous nous sommes installés pour nous reposer.

Même pas deux heures plus tard, le ciel s'est assombri, et le vent soufflait. La température avait baissé d'au moins dix degrés. La *pluie*. Un ruisseau d'eau coulait dans le champ. Tout est devenu humide et mouillé. Nous nous sommes remis sur pieds et avons suivi les lumières jusqu'à Nottingham.

Nous sommes arrivés en ville alors que le jour se levait. Les routes étaient encombrées d'ouvriers se rendant à pied à leurs usines. Nous nous sommes joints à une horde de cinquante ouvriers. Nous avons croisé plusieurs policiers en chemin qui ne nous ont même pas accordé un second regard. Nous sommes passés par l'artère principale de la ville, bordée d'affreuses petites maisons rouges et plusieurs cheminées d'usine. Les routes n'étaient pas bien entretenues, et nous devions éviter la boue et les nids de poule comme des mines.

Un petit homme âgé, aux épaules voûtées, s'en prenait aux sacs d'ordures avec son bâton. Lorsqu'il trouvait quelque chose d'intéressant, il le balayait et le mettait dans son sac. W m'a attrapé le bras et m'a montré les feuilles d'avis sur le côté d'un mur.

ATTENTION !

> De dangereux officiers allemands se sont échappés de Donington Hall samedi soir.
>
> **KARL SPINDLER** - Officier de la marine allemande, 30 ans, cheveux mats, yeux bleus, solidement bâti, 1 m 85 pouces, rasé de près, parle anglais, habillé comme un citoyen ordinaire.
>
> **ERNST WINKELMANN** - Pilote allemand, 23 ans, cheveux de couleur terreuse, yeux de couleur terreuse, mince, 1 m 80, rasé de près, parle anglais, habillé comme un citoyen ordinaire, mâchoires cassées par une balle.

Ce n'était qu'une question de temps. Samedi soir ? Ils devaient savoir que nous nous étions échappés bien avant. Pourraient-ils vraiment être aussi incompétents ? On se rapprochait maintenant. Les lignes de téléphérique nous conduisirent jusqu'à la ville. Il était environ 7 heures du matin et les boulevards s'animaient. Nous nous sommes éloignés de notre groupe massif et j'ai acheté quelques cigarettes dans un magasin. J'ai demandé la direction de l'aérodrome. Juste de l'autre côté de la rivière, de l'autre côté d'un pont. À quelques pas de là, j'étais tenté de courir.

Nous nous sommes précipités vers le pont et sommes tombés nez à nez avec un portail fermé. Deux officiers de police se tenaient sur le côté gauche. Est-ce qu'ils nous cherchaient ? Ou est-ce qu'ils vérifiaient simplement les travailleurs ? Où était cette foule de gens maintenant ? Il valait mieux attendre cette horde d'ouvriers et se fondre avec eux de l'autre côté du pont. Nous avons trouvé un champ accueillant au bout d'une rue latérale avec une vue sur le pont et nous nous sommes installés sur un banc pour attendre.

Au bout de dix minutes, deux policiers sont arrivés sur la route avec trois prisonniers menottés. Le cling et le clang résonnaient dans le champ alors qu'ils marchaient juste devant nous. J'ai sorti un bloc-notes et j'ai fait semblant d'écrire des chiffres et d'inclure W dans la conversation. Ils sont passés sans nous porter attention. *La chance.* On aurait pu facilement être enchaînés et renvoyés au camp de Donington.

J'ai détendu mes épaules et j'ai repris mon souffle. Puis j'ai entendu : « Demi-tour, gauche. Marche. » Ils revenaient droit sur nous. Je me suis levé pour répondre aux questions. Ils se sont jetés sur nous. Même les hommes enchaînés. C'est arrivé si vite que je n'ai pas eu le temps de le comprendre. Les cinq hommes nous maintenaient au sol. Ils transféraient leurs menottes sur W et moi. J'ai reconnu le vieil homme avec le bâton. C'est lui qui nous avait trahis ? Avons-nous été attirés dans un piège ? Depuis combien de temps nous suivaient-ils ?

J'ai demandé à l'officier de me laisser m'asseoir. J'étais enchaîné à W et entouré de cinq hommes. Où pensaient-ils que nous allions aller ? L'officier en charge a hoché la tête. On s'est assis contre un arbre. L'interrogatoire a commencé.

« Je ne vous reconnais pas. » L'officier le plus âgé avec une moustache blanche en forme de guidon demanda. « Que faites-vous par ici ? »

Je me suis redressé et j'ai fait un signe de tête à W. « Je m'appelle Grieve, et voici Kendall. Nous sommes des mécaniciens. Je vais à l'aérodrome pour travailler. »

« Où habitez-vous ? » L'officier plissait les lèvres.

J'ai hésité. Quel était le nom du village que nous avions traversé ? *Merde.* J'ai ouvert la bouche pour dire quelque chose et il a posé sa main massive sur mon épaule.

Il a répondu : « Non, monsieur. Vous êtes le capitaine Spindler, et lui, c'est Winkelmann de Donington Hall, n'est-ce pas ? »

Je l'ai regardé fixement. J'étais pris. Nous avons maudit en allemand pour sceller notre destin. J'ai hoché la tête et dit « Oui monsieur, bien joué. Bien joué, en effet. »

Le vieil officier a été surpris et a semblé impressionné. Il a changé de ton et nous a traités avec respect. Il a défait nos chaînes et nous a demandé de le suivre. Au moins, nous ne serions pas enchaînés comme de vulgaires criminels et conduits à travers la ville pour être exposés. Nous avions été capturés. Toute autre tentative de s'échapper d'ici serait futile.

Nous n'avions pas beaucoup à marcher. Le poste de police était à moins de cent mètres de notre banc dans le champ. Au quartier général de la police, nous avons été fouillés et tous nos biens ont été confisqués. Le nouvel enquêteur qui nous interrogeait était étonné que nous ayons une carte de la région.

« Vous pensiez vraiment entrer et voler un avion pour aller en Allemagne ? » L'enquêteur a jeté la carte sur la table en bois tachée devant nous.

J'ai haussé les épaules.

Il a poursuivi, « Les aérodromes ont été avertis que vous pourriez tenter quelque chose. Vous auriez été abattu à vue. »

Je baillais.

Après plusieurs minutes supplémentaires de sermons et de questions, il sembla satisfait. Il ordonna aux soldats anglais en uniforme qui se tenaient là de « nous sortir ». On nous a emmenés enchaînés jusqu'à un grand camion. Nous nous sommes arrêtés à différents postes de police en cours de route pour récupérer d'autres prisonniers. Après que le camion ait été chargé de vingt-quatre prisonniers, il s'est dirigé vers un camp de base de la police.

J'ai été séparé de W et emmené dans une vraie cellule avec de solides barreaux de fer. Les gardes et les soldats se tenaient debout et me regardaient fixement. Ils me jetaient des regards méprisants et me traitaient de « chien d'allemand ». Quelques minutes plus tard, un agent de police est arrivé et est entré rapidement. Il m'a traité avec le respect qui m'était dû. Il m'a complimenté sur mon évasion astucieuse et m'a demandé si j'avais besoin de quelque chose.

J'ai demandé un petit-déjeuner chaud et quelques cigarettes. Il a fait signe à l'un des gardes et en quelques minutes, j'avais une cigarette qui pendait à ma lèvre, du thé noir et un petit-déjeuner complet devant moi. Il me représentait dans la procédure judiciaire et souhaitait savoir qui nous avait aidés à nous enfuir et sur le chemin de Nottingham.

J'ai secoué la tête et j'ai menti. « Personne ne nous a aidés. On s'en est sortis grâce à notre intelligence et notre chance. » J'ai pris une grande bouffée de ma cigarette. « Notre chance a tourné. »

Le vieil homme a hoché la tête et a souri.

Après avoir fini mon petit-déjeuner, j'ai été amené à la cour anglaise. Me feraient-ils exécuter pour évasion ? Nous avons suivi un défilé d'hommes accusés de vol et d'autres crimes. Nous étions le point culminant de la journée. Les badauds se sont pressés pour voir. W s'est assis à côté de moi, la tête baissée, et il n'a pas dit un mot. Un homme a annoncé à la foule que les deux officiers boches avaient été repris.

Un autre interrogatoire plus formel a commencé. Le tribunal ne voulait pas accepter que nous nous soyons enfuis le jeudi et non le samedi. Ils ont continué à poser les mêmes questions pendant une semaine d'affilée pour essayer de comprendre. Ils n'arrivaient pas à comprendre comment nous avions fait avec le nombre de gardes et une clôture en fil électrique. Heureusement pour nous, la clôture électrique était en panne depuis des semaines. J'ai répondu honnêtement à leurs questions, sauf pour les détails de notre escapade. C'était mon secret, je le garderais longtemps après que cette épreuve soit terminée.

Douze hommes nous escortaient. Certains étaient les

gardiens de la prison de Donington. Ils nous ont donné les détails manquants sur la façon dont nous avons été découverts. Ce n'est que le lendemain qu'un autre prisonnier, Horn, a été surpris en train d'essayer de s'échapper à travers la clôture métallique. Il n'a pas réussi à passer et s'est retrouvé coincé dans les barbelés et a appelé à l'aide. Après avoir été ramené et interrogé, il les a informés de nos projets de rejoindre l'aérodrome et de rentrer chez nous. Il a ruiné notre évasion. *Stupide.* Pourquoi lui ai-je dévoilé nos plans ?

Après son retour à la prison, Donington hall s'est mis en action. Ils ont terrifié la nation et mobilisé des hommes pour surveiller les gares et les aérodromes. Ils ont rassemblé des centaines d'hommes pour nous chercher. Des policiers à vélo, à cheval, des aviateurs, des enquêteurs, tous à notre recherche.

Nottingham a été mis en état d'alerte encore plus élevé. Des enquêteurs spéciaux du gouvernement ont été envoyés pour aider la police. C'est eux qui nous ont trouvés. Nous avons à nouveau fait la une des journaux en tant que célébrités infâmes. Le titre de l'article était le suivant :

Deux officiers allemands échappés de Donington enfin retrouvés !

Nous avons été ramenés à Donington hall après nos comparutions au tribunal. Nous sommes arrivés sous les sifflets, les applaudissements et les félicitations. Même les gardes de la prison n'étaient pas aussi contrariés que je l'avais imaginé. Bien qu'ils n'aient pas perdu de temps pour décrire en détail comment notre fuite leur avait causé beaucoup de détresse - le nom de Donington était terni - personne n'était jamais allé aussi loin que nous.

Nous avons été placés dans des cellules de confinement séparées pendant trois semaines. Nous devions attendre en isolement la décision du tribunal militaire.

Le gendarme du palais de justice m'avait dit de m'attendre à au moins six mois d'isolement. Peut-être plus parce que nous avions étudié l'emplacement des aérodromes. Ils voulaient peut-être faire de moi un exemple pour les autres officiers allemands. Il y avait une chance que je sois pendu. J'ai été emprisonné dans une cellule isolée pendant quatorze jours en attendant de connaître mon sort.

DEUX ANS DE TRAVAIL FORCÉ

J'ai été transféré dans un autre camp, à Polyport, parce que c'était trop dangereux de me garder à Donington. Le nouveau commandant était un ancien de l'armée indienne. Il a demandé à me voir. Quel horrible vieil homme. Il était clair, d'après ses manières, que je le dégoûtais et il grommelait dès qu'il me voyait. Il a ordonné que je sois maintenu en isolement.

En novembre, j'ai été convoqué à la cour anglaise des captifs. Une escorte de huit hommes armés de piques m'entourait. J'ai été emmené dans un centre de détention militaire à Cromwell Gardens où j'ai attendu pendant deux semaines. On m'a informé que j'allais être jugé. Pourquoi étais-je jugé maintenant ?

La cellule crasseuse et glacée de Cromwell Gardens m'a usé l'esprit. Les gardes là-bas me traitaient sans aucun respect. De ma cellule au quatrième étage, la fenêtre avait juste assez d'ouverture pour avoir une vue sur le ciel. Étais-je dans la région de South Kensington ? La zone extérieure avait été ravagée. Des bâtiments détruits, des églises en ruine, le bombardement avait été intense. Étais-je ici comme un bouclier contre d'autres assauts ?

Le lendemain, un camion a été envoyé pour m'amener au tribunal des détenus. Sir Samuel Evans et le procureur général, Sir Frederick Smith, ont mené le procès contre moi. Je devais être accusé de sédition et de meurtre. Ils m'ont accusé d'être un espion et ont exigé que je partage le même sort que Sir Roger Casement. J'étais exposé devant une salle pleine de juges, de traducteurs et d'attachés de presse. Je n'ai pas été autorisé à me défendre ni à parler. C'était un crime de guerre.

En trois heures, j'étais de retour dans ce même camion pour la prison. La nourriture était pitoyable. Deux morceaux de pain deux fois par jour avec ce qui semblait être du thé, une soupe grasse avec soit du hareng, soit des pommes de terre maigres. La tasse dans laquelle elle était servie était gluante et n'avait pas de poignée. Mon lit était un tapis de paille déchiré, taché de vieilles taches de sang.

Donc, retour au procès pour l'*Aud*. On m'appelait à nouveau le « skipper de Casement » et je faisais l'objet de railleries de la part de gardes hargneux. Un gardien irlandais s'est avéré être un allié. Il n'avait aucun amour pour les Anglais et a applaudi mon effort pour aider « la cause ». Il m'a parlé des captifs allemands capturés dans les sous-marins détruits. J'ai pu lui acheter de la nourriture et des cigarettes de meilleure qualité - il m'a même passé de l'argent d'un de mes camarades.

Le lendemain, la porte de ma cellule s'est ouverte et des soldats en uniforme sont venus me chercher. Ils ont refusé de dire où et pourquoi. J'ai reconnu la route depuis l'arrière du camion. L'imposante porte de Donington Hall se profilait devant nous. Toute la prison attendait mon retour dans la cour.

    Le commandant du camp a pris tout mon argent et mes biens. J'avais échappé à la peine de mort, mais si j'essayais de m'échapper à nouveau, je serais abattu. Je n'avais plus que les vêtements sales que je portais pendant ma fuite.

    Dans les mois qui ont suivi, j'ai développé une affection cutanée due à la saleté du matelas et je suis tombé malade.

    Après deux autres années de misère, de douleur et de captivité, j'ai été échangé contre des prisonniers anglais et envoyé en Hollande.

NOTE DE L'AUTEUR

Le capitaine Karl Spindler a à peine survécu à ses dernières années de captivité en Angleterre. Il est arrivé aux Pays-Bas dans un état de santé affaibli et a mis des mois à se rétablir. Il a reçu plusieurs médailles pour sa bravoure et a été promu chef de section au sein du commandement naval.

Il est parti en tournée pour raconter l'histoire de l'*Aud-Norge* et est devenu une célébrité. Il a fait l'objet d'un véritable culte aux États-Unis. En 1931, pour commémorer le 15e anniversaire du soulèvement irlandais de Pâques, le président du comité irlandais à New York a invité Spindler pour une tournée de conférences à New York, Philadelphie, Chicago, Pittsburgh, Detroit, Boston et d'autres villes...

L'événement principal a eu lieu le dimanche de Pâques dans la ville de San Francisco. Dès l'entrée dans la ville, il y a eu une parade. Market Street était drapée de bannières souhaitant la bienvenue au capitaine Spindler dans la ville. Ils lui ont remis une médaille frappée en or pur avec son portrait et une inscription disant « Celui qui, en 1916, a risqué sa vie pour la liberté de l'Irlande »

Bien qu'il retourne régulièrement en Allemagne pour voir sa famille, Spindler est resté aux États-Unis pour le reste de sa vie. Pendant la Seconde Guerre mondiale, il a été détenu dans un camp d'internement en tant qu'étranger ennemi. Il n'a jamais obtenu la résidence permanente ou la naturalisation aux États-Unis. Il a été libéré en mauvaise santé à la fin de la guerre.

Karl Spindler est décédé le 29 novembre 1951 à Bismarck, dans le Dakota du Nord.

QUATRIÈME PARTIE

VOYAGE DANS L'EDEN

Aventures de la Première Guerre mondiale dans le corps des mitrailleurs de Mésopotamie

INTRODUCTION

En 1914, l'Irak n'existait pas. La Mésopotamie était une expression géographique qui signifiait « La terre entre deux rivières ». Il s'agissait du sud de l'Irak actuel, entre l'Euphrate et le Tigre. L'Irak que nous connaissons aujourd'hui a été créé à partir de trois provinces de l'Empire turc (ottoman) : Mosul, Basra et Bagdad.

Au début de la Grande Guerre, la Mésopotamie était une zone d'ombre politique, militaire et économique de l'empire ottoman. Elle contenait les deux villes saintes chiites de Karbala et Najaf. Elle est également reliée à l'Inde et à l'Iran (Perse). La Mésopotamie était connue comme le jardin d'Eden, le berceau de la civilisation et le lieu de naissance d'Abraham à Ur. La ville de Bassora était un port important et le port d'attache de Sinbad le Marin.

Les Britanniques entretenaient des relations diplomatiques solides avec l'empire ottoman depuis 1815. La Grande-Bretagne avait même rejoint les Ottomans contre les Russes lors de la guerre de Crimée. L'Empire ottoman est un allié utile contre l'expansion en Inde et en Asie centrale.

Les marchands britanniques avaient fait du commerce dans le golfe Persique depuis le 17e siècle. Les Britanniques avaient négocié et signé des traités diplomatiques avec les cheiks du Golfe. Au XIXe siècle, les marchands britanniques et indiens dominent le commerce dans le Golfe. La Royal Navy les soutient en menant des opérations de lutte contre le trafic d'armes, l'esclavage et la piraterie dans le Golfe.

Alors que les Britanniques dominent la navigation entre Bagdad et Bassora, d'autres s'installent pour irriguer le désert dans l'espoir de rendre à la région sa fertilité passée. Tout change en 1908, lorsque du pétrole est découvert en Iran. Connue aujourd'hui sous le nom de BP (British Petroleum), une raffinerie de pétrole est créée sur l'île d'Abadan, dans la voie navigable du Shatt-al-Arab entre la Mésopotamie et l'Iran.

Dans les années 1890, l'Allemagne conteste la domination britannique dans la région. Les marchands allemands font du commerce dans le Golfe et commencent à construire le chemin de fer entre Bagdad et Berlin. Le gouvernement allemand compte sur l'Empire ottoman pour le soutenir dans sa politique agressive d'expansion impériale.

Lorsque la grande guerre commence, les Alliés font de leur mieux pour que l'Empire ottoman reste neutre. L'Allemagne fait aux Turcs une offre à laquelle ils ne peuvent résister : la restitution des territoires perdus lors de la guerre de Crimée. Les Turcs signent donc un traité avec les Allemands un jour avant que la Grande-Bretagne ne déclare la guerre à l'Allemagne. Les Turcs

Introduction

intelligents n'ont pas rejoint la guerre tout de suite - ils ont attendu avant de choisir leur camp.

La Grande-Bretagne envoya la 16e armée indienne dans le Golfe. Leurs instructions étaient simples :

Si les Turcs restent neutres, protégez le pétrole sur l'île d'Abadan.

Si les Turcs rejoignent les Allemands, protégez les installations pétrolières en capturant Bassora.

Une semaine plus tard, les Turcs attaquaient la flotte russe dans la mer Noire. La 16e brigade britannico-indienne avait capturé le bastion ottoman de la péninsule d'Al-Fao lors d'une opération amphibie étonnante.

L'armée britannique en Mésopotamie comptait plus de 400 000 hommes. La majorité (plus de 70%) de ceux qui avaient combattu étaient issus de l'armée indienne. Le reste des troupes provenait de la Grande-Bretagne et de ses autres alliés.

Ce récit n'est pas une leçon d'histoire sur les actions des Alliés en Mésopotamie pendant la Première Guerre mondiale.

C'est l'histoire de Frank Wooten. C'est un Américain qui a servi comme officier britannique dans une unité de mitrailleuses légères motorisées au Moyen-Orient. Son unité était équipée de voitures blindées Rolls Royce.

Il raconte ses expériences en Mésopotamie en tant qu'officier junior de l'armée britannique. Il conclut par son récit en tant qu'officier de l'armée américaine en service d'occupation en Allemagne à la fin de la Première Guerre mondiale.

Il a pris ses risques en tant que soldat, même s'il a été affecté à la direction de la section transport/approvisionnement de l'unité par souci de sa sécurité. Sa vision de la

Introduction

guerre dans le désert fut surtout celle d'un officier subalterne en service, sans accès particulier à la prise de décision.

Wooten avait des compétences linguistiques supérieures. Il était devenu si compétent en arabe que son unité lui avait confié des missions supplémentaires en raison de sa capacité à parler avec les habitants, y compris les fonctionnaires locaux.

La vieille armée britannique pouvait être quelque peu socialement sélective, mais il est clair que Wooten avait des contacts et des introductions préalables qui lui avaient permis d'entrer dans les tentes et les foyers de personnes auxquelles un Américain moins connecté aurait eu peu d'accès.

Mon objectif était d'incorporer un sens du service de la Première Guerre mondiale dans un contexte rarement abordé. Beaucoup sont les mêmes villes et zones que les lecteurs modernes connaîtront grâce aux actions récentes au Moyen-Orient. J'espère donner au lecteur un aperçu de la vie dans l'armée de la Première Guerre mondiale, et des échanges de bataille, sans les détails sanglants.

C'est Frank Wooten qui raconte son histoire avec ses propres mots. Rassemblés et édités à partir d'une collection de lettres, d'interviews, de coupures de presse et de son journal personnel, rédigé sous le style d'un journal de voyage, parcourons ensemble les mots de son histoire.

EN ROUTE POUR LA MÉSOPOTAMIE

Mon aventure a commencé au large des côtes du sud de l'Italie, dans la ville de Tarente. Des renforts ont été envoyés d'Angleterre. Les troupes arriveraient par le Cap de Bonne Espérance en Afrique du Sud. De là, ils parcourraient tout le chemin vers le nord. D'autres prendrait un train à travers la France et l'Italie pour traverser la Méditerranée jusqu'en Égypte. Ils prendraient le canal de Suez, descendraient la mer Rouge jusqu'au golfe Persique. Ce dernier était plus court, mais plus brutal, étant donné le terrain accidenté de la Méditerranée.

Tarente était accessible par un mince canal, large de moins de 200 mètres. La partie historique de la ville avait été construite au sommet d'une colline. Des routes sinueuses et pavées traversaient la ville. Des allées de gravier servaient de rues. Nous nous sommes promenés dans la ville, avons entendu les pêcheurs chanter, siffler et rire. Ils appréciaient la mission de la journée qui les attendait. Nous sommes arrivés à une arche en pierre entourée de plusieurs femmes assises. Elles semblaient être les générations d'une même famille. L'une des femmes les plus âgées, la grand-mère du groupe, était aveugle. Elle s'était assise pour tricoter et partager des chansons avec sa famille attentive. La grand-mère chantait sans faire de pause pour respirer. J'ai continué et j'ai été ramené à la réalité.

Les « camps de repos » de Taranto, décrits comme des rangées de tentes plantées sur de l'herbe mourante, étaient les endroits où nous attendions nos ordres. Personne ne savait ce que le commandant de la marine avait choisi pour notre sort. Ce camping semblait plus lugubre que les autres. Le commandant était l'amiral Mark Kerr. Il avait dirigé la troupe de la Méditerranée. Il avait décidé qui allait rejoindre son équipage sur le HMS *Queen*, l'un des sept navires de la Royal Navy. J'ai été choisi pour être son invité, une merveilleuse opportunité.

Dans l'Empire britannique, la marine était le service le plus prestigieux de la nation. Il était facile de comprendre pourquoi les officiers réagissaient et agissaient comme ils le faisaient. Ils avaient beaucoup voyagé et étaient très cultivés. Ils avaient partagé les récits de leurs aventures avec les écrivains et hommes d'État distingués qu'ils avaient rencontrés en chemin. Nous avons attendu que le temps s'éclaircisse pour que le voyage se déroule le mieux possible.

L'amiral écrivait des poèmes tout au long de son voyage. L'un d'entre eux s'est distingué par la « Prière pour l'Empire », que l'empereur allemand respectait. Il a ordonné qu'il soit distribué aux recrues de la marine allemande. Les sentiments du Kaiser envers l'amiral avaient fini par changer. Heureusement, l'empereur allemand avait tenu compte de l'avertissement initial :

« *Il n'y a pas de menace dans la préparation, pas de menace dans le fait d'être fort ; si le cerveau du peuple est sain et qu'il ne pense pas à mal.* »

* * *

Après cinq jours passés sur le HMS *Queen*, nous avons été transférés sur l'Union-Castle Line. Une ligne droite vers Busra, dans le sud de la Syrie. De là, nous avons embarqué dans un sous-marin et quitté le port. Deux petits destroyers japonais étaient là pour nous protéger. Nous avons ressenti la rigidité du sous-marin dans l'Adriatique. Nous n'avons voyagé que la nuit pendant la première partie du voyage. Il est difficile d'expliquer comment le sous-marin est manœuvré dans la nuit. Nous avons fait le voyage et évité les collisions.

L'après-midi suivant a été consacré à la préparation. Nous avons répété comment abandonner le navire et avons localisé les sorties et les canots de sauvetage. Nous avons élaboré des stratégies d'urgence pour faire face aux imprévus. Certains membres de l'équipage ont été chargés de sections spécifiques du bateau. Ils se sont assurés que tout était sûr, et que les radeaux de sauvetage étaient en état de marche. Le soleil s'est couché, la nuit s'est levée, et tous ceux qui n'étaient pas en service sont allés se coucher.

Trois fortes détonations ont réveillé tout le monde à bord après minuit. Le signal de danger international.

Nous connaissions nos ordres. Chacun d'entre nous a pris un gilet de sauvetage et s'est dirigé vers son poste de pont. Tout le monde s'est organisé dans un ordre parfait. Toute l'équipe a cherché à obtenir des informations et des directives. L'officier du navire a annoncé qu'il avait entendu que le bateau prenait l'eau. Il a disparu pendant vingt minutes. Tout le monde était inquiet de ce qui allait suivre. Sur le bateau suivant, j'ai écouté un capitaine écossais dire, avec un brin d'excitation dans la voix, « Il semble que nous pourrions couler. J'ai vu un rat courir le long des cordages de mon bateau ! »

De longues minutes passèrent. L'officier a annoncé que nous ne coulions pas. Notre navire et l'un des destroyers japonais étaient entrés en collision. L'impact avait eu lieu au-dessus de la ligne de flottaison. Nous avons appris plus tard que le navire japonais, bien que touché, était arrivé à bon port.

Après la collision, notre navire a accosté pendant quelques jours dans un port de la côte albanaise. Nous avons attendu qu'un nouveau Destroyer nous escorte. Nous avons apprécié ces petites vacances. La nuit suivante, nous avons navigué sur le HMS *Queen* jusqu'à la baie de Navarino, à la limite sud-ouest de la Grèce. À bord se trouvait le grand-père du lieutenant Finch Hatton, l'un des officiers qui avait commandé les forces alliées en 1827. Il avait aidé à déloger les troupes turques et à établir l'indépendance de la Grèce.

Quelques jours passèrent, et le HMS *Queen* arriva à Port Saïd, au nord de l'Égypte, dans le canal de Suez. Nous avons traversé le canal de Suez et sommes entrés dans la mer Rouge. En août, cette région était chaude et bien connue pour ses conditions tropicales. Nous n'avions aucun système de ventilation, aucun éclairage, nous étions dans un caisson de vapeur flottant. Nous étions à court de personnel, et une partie du groupe a été envoyée en bas. Si vous êtes transféré, vous ne considérerez plus jamais l'air pur comme acquis. C'était presque comme si nous respirions de la vapeur.

De nombreux membres de l'équipage ont souffert d'un coup de chaleur. Les zones médicales sur le navire bondé n'étaient pas entièrement équipées ni désinfectées. Après notre première victime, l'enterrement militaire en mer était impressionnant. Une rangée d'hommes avec des fusils, têtes baissées. Après une courte lecture standard de l'enterrement, le corps, enveloppé dans le drapeau britannique, a glissé sur la poupe du navire. À la fin, nous avons entendu la sonnerie des clairons, chantant la mélodie de « La dernière sonnerie ». La dernière note de cette chanson a été le signal pour le reste des marins de chanter « Abide With Me ».

Le lendemain matin, nous avons descendu la mer Rouge dans l'océan Indien. Nous avons évité tout contact entre nous au cas où une autre maladie ou un virus pourrait se propager parmi l'équipage. À cette époque, les tâches étaient légères. Nous passions notre temps à lire, à jouer aux cartes et à faire n'importe quoi pour passer le temps, mais aussi à rester vigilants. Les hommes jouant les Bugles se séparaient pour jouer à un jeu qu'ils appelaient « House » du crépuscule à l'aube. C'était comme un jeu de bingo, aucune compétence requise.

Chaque joueur avait des carrés de papier avec des chiffres écrits dessus. Quelqu'un tirait dans un sac de papiers marqués de numéros. Il annonçait le chiffre et ceux qui avaient le même numéro le retournait jusqu'à ce que tous les numéros aient été retournés. Le premier à terminer gagnait et collectait un penny auprès de tous les autres joueurs. Un autre jeu était plus populaire mais interdit. Connu sous le nom de « couronne et ancre », l'avantage était en faveur du banquier. Mais il faisait des profits trop importants, et c'était considéré comme injuste.

Le HMS *Queen* avait traversé le détroit d'Ormuz. Un détroit entre le golfe Persique et le golfe d'Oman. Pour ceux qui l'avaient vécu, cela rappelait l'époque de la suprématie européenne. Quand les Portugais avaient été attirés dans le détroit d'Ormuz par une force anglaise supérieure. Les renforts n'étaient jamais arrivés. Les Portugais ne pouvaient que naviguer vers l'avant et tenter la bataille. La tentative a été couronnée de succès. Mais pas avant d'avoir rejoint les deux amiraux les plus proches et leurs bateaux. Le commandant portugais a envoyé aux Britanniques un beau manteau de cérémonie cramoisi. En retour, les Britanniques ont renvoyé une épée gravée. Ils ont fait ensemble un serment et ont jeté leurs calices dans la mer. Cela montre ce qui avait changé au cours des derniers siècles.

Une inspection des cartes et des lettres a prouvé que la composition géographique était exacte. Cela a donné de l'espoir aux troupes. Le créateur de la carte était l'un des plus grands poètes portugais de l'époque. Il a écrit la plupart de son chef-d'œuvre, « La Lusiade », alors qu'il était exilé en Inde. Pendant près de deux décennies auparavant, il avait mené une vie intrépide dans l'Est. Il avait décrit plusieurs ports, les courbes du rivage et les odeurs de la mer dans ses magnifiques pièces.

    Notre prochaine destination était Busra, en Syrie, à environ 60 miles de Shatt el Arab. Un nom donné par le Tigre et l'Euphrate après leur tour de Kurna, à 60 miles au nord. En entrant dans la rivière, il y avait un banc de sable, qui bloquait la circulation des gros bateaux, comme ceux de notre convoi. Cela nous a amené à nous transférer vers des canaux et des navires indiens britanniques plus accessibles. Nous avons passé l'île d'Abadan, siège de l'Anglo-Persian Oil Company et de ses raffineries prospères. Le transport par véhicule était précieux dans cette zone. Cela permettait de maintenir les entreprises à flot.

    Au début, il n'y avait pas de vie à la campagne. Le général Dickson, directeur des ressources locales, encouragea le maintien de l'agriculture. Il avait suggéré que l'agriculture et la cueillette locales étaient les bases de la vie. Pourtant, le transport serait nécessaire. Les chemins de fer ont adopté les doubles voies. On pouvait prendre ces trains de Busra à Amara, ou de Kut à Bagdad, mais le tronçon qui combinait les deux n'avait pas été construit. Pas avant que les troupes n'aient quitté le pays.

    Sur les routes, nous avons vu plus de cinq mille Ford. Lors de bon nombre de ces voyages, elles transportaient de petits groupes d'infanterie vers et depuis la base et la destination. Les voitures pouvaient accueillir six personnes : cinq hommes, plus le chauffeur. À ce stade, tout le monde se transformait en chauffeur. Nous avions vu des trolleys en France avec des conducteurs indiens et indochinois. C'était quelque chose de nouveau, mais cela ne semblait pas déranger beaucoup les résidents.

Busra se tenait sur les rives de la rivière Ashar. L'ancienne ville où Sinbad le Marin avait commencé son voyage vers les terres intérieures. Enterrée profondément sous les sables mouvants du sol du désert, Busra avait été un port au cours des derniers siècles. Avant cela, Kurna était le principal port maritime, et les deux rivières les plus proches se rejoignaient dans l'océan voisin. Elles avaient agrandi le continent et repoussé la mer. Le continent changeait à raison de 12 pieds par an. Ça ne semblait pas vouloir ralentir de sitôt.

La ville s'est développée avec l'arrivée du Corps Expéditionnaire. La plupart des améliorations nécessaires consistaient à réparer les routes et les vallées. Il en a résulté une structure permanente pour accompagner les changements dans le peuplement de la terre. Les Britanniques ont apporté des améliorations frappantes à la région mésopotamienne. Si vous voulez conquérir un pays, vous devez le développer. Les Britanniques ont construit des chemins de fer, des routes, des ponts et des réseaux de lignes électriques. Nous ne voulions pas prendre le contrôle d'un pays en ruine.

Après être arrivé à Busra, nous avons eu le temps de nous mêler aux autres et de visiter les environs. Nous avons essayé de prendre nos marques. Des bazars étaient disséminés à travers le pays, également appelés « Souks » par les Arabes. Les meilleurs bazars étaient à Busra. Ce ne sont pas les objets en gage ou les trésors d'art qui attiraient les gens, mais la façon dont les vendeurs les abordaient. La façon dont ils vous influençaient, comment ils regroupaient les articles pour encourager une plus grande vente. On pouvait trouver tous les types de personnes dans les allées étroites du bazar. Arabes, Arméniens, Indiens, Kurdes, Chaldéens, et j'en passe. Ils se rassemblaient et s'attardaient dans ces points chauds. Près des entrées, il y avait des stands de lampes et de lanternes. *Aladdin-Ibn-Said* inscrit au-dessus était une référence à la fin de l'esclavage.

Quelques jours après notre arrivée à Busra, on nous a donné un bateau à roues à aubes. On s'en est servi pour remonter le courant sur 800 km jusqu'à Bagdad. Le long des rives du fleuve s'étendaient des kilomètres et des kilomètres de palmiers. Les Arabes travaillaient sur les plantes, les fertilisaient et les taillaient. Ces arbres dépendaient du contact humain pour transférer le pollen. À Kurna, un village d'Égypte rebaptisé *Al Qarnah*, nous sommes entrés dans le jardin d'Éden. Je me souviendrai toujours de ce spectacle majestueux et du sentiment de me promener dans les pages de l'histoire. Un de nos membres d'équipage, Tommy, a dit : « Si c'est le Jardin, il faudra plus qu'un ange avec une épée flamboyante pour me ramener. »

Il semble que tout le monde ne partageait pas mon respect et mon émerveillement. Des feuilles de palmier tombaient continuellement des arbres. On les entendait et voyait tomber partout. Nous regardions les indigènes se régaler avec les fruits.

Au nord de Kurna, la rivière n'était plus bordée de palmiers. Elle avait pris une odeur de marécage, une sensation de désert, l'habitat de lézards et d'alligators des marais arabes. L'alligator se montrait, puis retournait dans l'eau et en sécurité lorsque les membres de la troupe s'approchaient trop près. Sur les rives du Tigre se trouvait la tombe d'Esdras. Elle était en bon état. C'est un lieu sacré et saint pour les musulmans, les juifs et les chrétiens.

La nuit suivante, notre bateau à rames a accosté à Amara, en Nubie. La nuit est calme, et le vent est légèrement froid. C'était un soulagement pour les conditions désertiques des jours précédents. Lorsque nous avons débarqué, nous avons été libres d'explorer les alentours. Le long de la rive et sur le pont, des soldats montaient la garde. Ils étaient propres, efficaces et en alerte. Si quelqu'un s'approchait, on entendait l'écho d'un « Halte, qui va là ? »

En dehors des bateaux blindés et des surveillants, le trafic fluvial était contrôlé par le service de transport fluvial (IWTS). Les officiers qui y avaient été placés en commandement venaient de partout. La plupart estimaient que rien d'autre ne comptait que ce que l'officier de l'IWTS confirmerait pendant la navigation. Une charge légère, mais suffisante pour répondre aux exigences. Tout, des bateaux de rivières aux bateaux de croisière Thames River Craft, emprunterait cette voie.

Sur le HMS *Queen*, il était habituel d'avoir des barges attachées de chaque côté. Les barges étaient remplies de troupes, de chevaux et de fournitures. Le suivant serait le premier régiment du Bengale. Une nouvelle expérience par les partis politiques actuels. Les Bengalis sont les Indiens s'étaient rapidement adaptés aux habitudes européennes. Rabindranath Tagore était le plus célèbre à l'avoir fait. Ils sont allés à l'université de Calcutta et ont appris les bases de la langue anglaise. Ils ont également acquis des connaissances générales sur le contexte de leurs destinations. Cela a aidé les Bengalis à former la classe Babu, dont beaucoup étaient employés par le système ferroviaire. Ils ont travaillé sur les mots de vocabulaire les plus difficiles. Par la suite, ils étaient prêts à apprendre, à grandir et à s'adapter. En tant que race, on leur a appris à être vaniteux mais positifs. Ils se préparent à traiter tout grief contre le gouvernement britannique. Les Britanniques ont estimé que cela les mettrait à l'aise d'être recrutés et envoyés en Mésopotamie. Ils ont commencé par des exercices et ont finalement été utilisés pour attaquer Bagdad.

En quittant Amara, nous avons continué en amont. Un bateau quelques heures plus loin ne représentait que quelques centaines de mètres à travers le désert. Les berges étaient un terrain extrêmement plat. Cela donnait l'impression que les autres navires étaient sur la terre ferme. L'embarcation fluviale arabe était flatteuse à l'œil - au coucher du soleil, elle avançait à pleine voile. Les femmes arabes marchaient sur la rive le long du bateau. Elles ramassaient des paniers d'œufs, de poulets, et tout ce que le marché avait ce jour-là. Depuis le bateau, les marins essayaient d'acheter des articles, et cela se transformait généralement en un troc en va-et-vient.

Une nuit, le navire s'est arrêté là où, il n'y a pas si longtemps, la dernière des batailles de Sunnaiyat avait eu lieu. Pendant des mois, les Britanniques avaient été retenus. Leurs troupes à Kut avaient entendu les coups de feu et espéraient que ces sons ne se rapprocheraient pas. La première partie de la campagne a été traîtresse. Comme la guerre des tranchées en France.

La semaine précédente, une tentative d'attaque avait échoué, juste avant la reddition de la garnison. Un an plus tard, le poste sera occupé par un autre. Cette zone avait une atmosphère lugubre, même pour un champ de bataille. Des tonnes de douilles d'obus, de grenades non explosées et d'ossements parsemaient le terrain.

À Kut, il y aurait encore 100 miles à parcourir pour arriver à Bagdad en train. C'était mieux que de prendre la route la plus longue à travers les rivières sinueuses et les canaux rugueux. Un risque plus élevé d'être pris par des dunes de sable en mouvement. À première vue, Kut pourrait passer pour une terre peu prometteuse. Une chaleur torride et des maisons de sable et de boue. Malgré son apparence, c'était une ville prospère.

Les chemins de fer traversaient le désert, suivant l'ancienne route des caravanes vers Bagdad. À mi-chemin, nous avons traversé Ctesiphon, qui fait presque 150 pieds de long et 80 pieds de large. L'arche s'élevait à 85 pieds de haut et était entourée de l'ancienne ville aujourd'hui recouverte de monticules de sable. Incomparable à la plus ancienne Mésopotamie, fondée par Alexandre le Grand.

Lors de notre première nuit à Bagdad, le général Maude a invité quelques marins dans sa maison sur la rivière. C'était un homme de type militaire, mesurant bien plus d'un mètre quatre-vingts. Sa carrière militaire est impressionnante. Il a débuté dans les Coldstream Guards, faisant son nom en Afrique du Sud. Au début de la guerre actuelle, il a été blessé en France. Pendant sa convalescence, il a pris en charge la treizième division. Il a commandé la campagne de Gallipoli, qui s'est ensuite étendue à la Mésopotamie. Quand il a atteint l'Est, la situation était désagréable. Le général Townsend a été encerclé à Kut, et les Turcs ont réussi à s'en sortir. À la fin du mois d'août 1916, quatre mois après la chute de Kut, le général Maude a pris la tête des forces armées mésopotamiennes.

L'année suivante, le 11 mars, il occupe Bagdad pour rétablir le prestige britannique. L'une des plus grandes erreurs de calcul commises par l'Allemagne concernant la situation en Inde. Ils ont essayé de provoquer suffisamment de chaos pour renverser la domination britannique tout distrayant les Anglais par d'autres soulèvements. Cela a suscité le désir d'envoyer des troupes en Inde plutôt que dans un autre pays. L'émir d'Afghanistan a probablement fait plus que tout autre citoyen pour dépasser l'intrigue allemande.

Quand le général Maude a pris le commandement, la guerre sainte n'était pas encore terminée. La guerre sainte était prêchée dans les mosquées. Le djihad proposait d'unir uniquement les croyants les plus fidèles pour combattre les envahisseurs chrétiens. Ils voulaient donner à la guerre un ton plus religieux. Les Allemands espéraient que cela entraînerait une mutinerie dans les troupes mahométanes. Cela gênerait les forces britanniques et ajouterait de l'huile sur le feu des Turcs en essayant de rallier autant d'Arabes que possible à leur cause. Les Turcs ont opprimé les Arabes, ainsi que les Orientaux, en raison de leur traitement brutal. Sous le régime britannique, les règles du jeu étaient plus équitables. Quand une race a été négligée pendant si longtemps, elle se retrouve soudain à égalité avec ses ennemis. Cela a provoqué un sentiment négatif de part et d'autre.

La plupart des marins avaient lu *Les mille et une nuits* dans leur jeunesse. Ils se souvenaient de l'attrait du luxe et de la romance de l'Orient. Le glamour de ce livre était loin de la réalité. Sous le soleil éclatant, la Mésopotamie avait l'air rude et pauvre. De nombreuses années avaient été consacrées à la recherche de la terre étrangère. Préparer des systèmes et des plans, pour les temps déprimants à venir. Il est regrettable que les attentes standard aient changé. Ce qui s'approchait par le sud venait maintenant de toutes les directions. La vue de la ville semblait plate. À l'extérieur, les palmiers bordaient à nouveau le bord de mer, et les mosquées les surplombent. Plus loin, il y avait des forêts, des toits plats et des dômes bleus.

Nous occupions plusieurs heures de notre journée dans les bazars couverts. Je m'asseyais pendant des heures dans un café et je regardais les gens à travers les fenêtres. Les femmes arabes de la classe inférieure, la femme voilée, et les porteurs portant leurs livraisons. À côté, il y avait un marché d'or et d'argent. Juifs et Arméniens se tenaient près de feux de charbon de bois et marchandaient avec les clients et les passants. De nombreuses femmes portaient leurs enfants. Il me semblait impossible que les enfants - avec un système immunitaire aussi faible - puissent survivre dans cet endroit. Ils semblaient être bien nourris et en bonne santé.

Bagdad n'est devenue distincte qu'au 8ème siècle en tant que résidence des califes abbassides Elle devint une position influente. Sa grandeur a commencé vers la fin du 8ème siècle, sous le règne de Haroun-el-Raschid. Elle est ensuite devenue un centre de commerce et d'industrie. Elle a néanmoins souffert de sièges et de conquêtes, comme beaucoup de régions environnantes. En 1258, les Mongols ont pris Bagdad sous le commandement de Genghis Khan. Ils l'ont gardé pendant plus de cent ans. Ils l'ont cédé aux Turcs, puis à Murad IV. Après tous ces changements et le site de nombreuses batailles, elle n'était pas été recherchée par les califes.

Il y a un petit rocher en Mésopotamie, aussi appelé « berceau du monde ». Ceci est dû aux traces de tant de races et de citoyens qui ont réussi à gouverner le pays. Lorsque la hauteur du Tigre baissait pendant les mois d'été, des briques étaient extraites de sa rive. Des carrés de 18 pouces qui traçaient le sceau de Nabuchodonozor. Tout ce qui restait avant l'arrivée des califes.

ARRIVÉE À BAGDAD

Quelques jours après son arrivée à Bagdad, l'équipe est partie pour Samarra, qui était à l'époque le front du Tigre. La plupart des troupes faisaient partie des Royal Engineers dirigé par le Major Morin, un officier avec un CV impressionnant de son temps en France et en Mésopotamie. Le troisième corps d'armée indien est l'armée de tête sur le Tigre, sous le commandement du général Cobbe. Ses troupes ont été surnommées la Croix de Victoria.

Soixante-dix kilomètres de voie ferrée séparaient Bagdad et Samarra. Construite par les Allemands, elle constituait la partie mésopotamienne de la célèbre ligne ferroviaire Berlin-à-Bagdad. Bien construites, avec des plates-formes solides, des rails lourds et des poutres en acier fabriquées par Krupp. Pendant leur retraite, les Turcs étaient trop pressés pour détruire davantage que de brûler quelques gares et faire sauter des châteaux d'eau. La majorité de ce qu'ils ont laissé était intact.

Pas de wagons de passagers, on ne pouvait voyager

qu'en wagon plat ou en wagon couvert. Nous avons suivi la coutume indienne de transporter des matelas roulés, et un lavabo en cuir avec un kit de lavage, avec une chaise ou un tabouret compact. Aucune eau de voyage n'était fournie, et nous ne savions pas pourquoi. Les trains étaient équipés de canons anti-aériens. Les avions turcs larguaient des bombes, il était plus difficile de toucher une cible en mouvement.

Les trains quittaient Bagdad dans les heures sombres de la nuit et au petit matin. Les ponts de bateaux étaient fermés la nuit, ce qui obligeait les troupes à dormir sur les quais des gares. Les généraux et les officiers d'état-major avaient une voiture qui leur était assignée. On les reconduisait pour qu'ils puissent se coucher pour la nuit. Souvent, le voyage était reporté. Le sergent-major invitait quelques amis pour qu'ils profitent d'une bonne nuit de sommeil. Le voyage en train a duré 12 heures, mais en utilisant un sac de grains comme chaise, le temps ne passait pas aussi vite que nous l'espérions. Les membres de l'équipage ont apporté des livres, comme le très distribué *Vingt Ans Après*, pour aider à passer le temps dans la chaleur étouffante.

Encore loin de Samarra, nous avons vu le soleil briller sur les sommets dorés des dômes des mosquées. Elles avaient été construites sur l'ouverture où le douzième Imam aurait disparu. Le mythe voulait qu'un jour il réapparaisse pour rétablir la vraie foi sur terre. De nombreux Arabes ont prétendu être le douzième Imam. Cela a causé beaucoup de problèmes, selon leurs adeptes. Le plus tristement célèbre serait un homme qui avait encerclé Khartoum et capturé le général asiatique Gordon et ses hommes. Maintenant, vingt-cinq ans plus tard, nous sommes passés par le Soudan. Il restait peu d'hommes d'âge moyen, beaucoup avaient été éliminés sous le règne effrayant du Mahdi. Il avait peut-être servi de modèle aux Allemands en Belgique.

Samarra est ancienne. Elle a traversé des périodes de grande dépression et d'expansion de taille égale. En 363 après J.-C., c'est ici que l'empereur romain Julien est décédé des suites de ses blessures lors de la bataille de Ctésiphon. L'âge d'or a duré 40 ans. En 836, le calife Hutasim transfère les capitales de là à Bagdad. La ville s'étendait sur vingt et un kilomètres le long de la rivière. Bordée de superbes palais dont certains sont encore debout, d'autres en ruines. Le village actuel s'est rétréci par rapport à sa taille initiale. Mais c'est toujours une beauté à regarder avec ses murs solides et ses immenses portes. Les résidences les plus proches des murs étaient en ruines ou inoccupées.

À une époque plus paisible, le climat de Samarra attirait les familles de Bagdad. Elles venaient y passer les mois d'été, l'utilisant comme un lieu de villégiature. La plupart des résidents étaient persans, en raison des onzième et douzième imams chiites enterrés sur place dans la plus grande des mosquées locales. Les deux principaux adeptes de l'islam sont les sunnites et les chiites. L'ancienne forme de trois califes qui ont suivi la voie de Mahomet comme ses successeurs. Beaucoup pensaient que son gendre, Ali, ainsi que les fils Husein et Hasan, étaient les héritiers du prophète. Ali a été assassiné près de Nejef, une ville sacrée, et Husein a été tué à Kerbela. Ces deux villes étaient connues comme les plus grandes pour les sanctuaires chiites. Les Turcs appartenaient presque sans exception au secteur sunnite. Les Perses et la plupart des Arabes vivant en Mésopotamie étaient des chiites.

Autour de Samarra se trouvait un environnement dont le caractère était similaire à celui du sud de l'Arizona. Les mêmes collines arides existaient, la même chaleur torride. Elles sont faites de terre, pas de sable, broyée en une fine poussière qui imprègne chaque objet. La déshydratation ici était considérable. Nous gardions tous nos cuirs huilés. Les couvertures de nos livres se fissuraient et se gondolaient si elles n'étaient pas graissées. Dans les plaines, le creusement de tranchées était l'une des tâches les plus faciles à gérer. Une fois que nous avons atteint les collines, les cailloux et les rochers se sont avérés plus difficiles.

Les deux camps étaient égalité quant à savoir si les Turcs essayaient de descendre le Tigre. Les choses avaient mal tourné pour les forces palestiniennes lors de la première bataille de Gaza. Mais, nous avions une position terrible, et l'opinion était que l'ennemi devrait réfléchir à deux fois avant une invasion. La base était située à Tikrit, à trente miles de là. A une dizaine de kilomètres se trouvait le petit village de Daur, où les Turcs détenaient la majorité de leurs forces. Entre Daur et Samarra, il y avait un désert, et pas grand-chose d'autre. Les gazelles et les chacals étaient les seuls habitants permanents. Dans cet environnement désertique, nous avions des patrouilles de part et d'autre, qui rencontraient des échauffourées occasionnelles. Pour le travail de reconnaissance, nous avons utilisé des voitures blindées légères. Bien connues dans l'armée sous le nom de voitures Lam, un nom créé par les premières initiales du titre de chacun. Les voitures étaient des Rolls-Royce, avec le poids du blindage qui ajoutait entre trois et quatre tonnes. Elles étaient blindées, mais seulement contre les balles ordinaires, pas contre les balles perforantes. Lorsque j'avais l'intention de faire le voyage en Mésopotamie, j'avais prévu d'être transféré dans la cavalerie. Mais après avoir vu les voitures au travail, j'ai changé d'avis et demandé à être affecté à la branche blindée du service.

On a appris que les Turcs s'étaient rassemblés à Daur, et le général Cobbe avait décidé d'aller à leur rencontre. On a déménagé une nuit et on s'attendait à faire une surprise à Abdul. Nous sommes partis trop tôt et avons été repérés par les avions turcs, ou nous avons fait trop de bruit - nous n'avons jamais su pourquoi. L'ennemi a continué à se replier, ce qui a provoqué quelques escarmouches et quelques prisonniers. Mais tout s'est arrêté. Nous n'étions pas préparés à attaquer les Daur. Nous sommes retournés à Samarra pour attendre.

J'étais occupé à chercher un serviteur arabe. Sept ou huit ans auparavant, lorsque mon père était en Afrique, j'avais appris un peu de swahili. Cela m'a aidé à apprendre l'arabe, mais j'ai oublié une grande partie de ce que j'avais appris. La majorité des officiers avaient des domestiques britanniques ou indiens, appelés « batmen » ou « bearers » (porteurs). J'ai décidé de suivre une autre voie et j'ai cherché un Arabe qui m'aiderait à apprendre la langue arabe.

Yusuf, l'un de mes candidats, était fort, et quelque peu bourru, pour n'avoir que dix-huit ans. Pas 100% arabe, il revendiquait plusieurs origines et les assumait toutes, étant principalement un Kurde. Je sentais qu'il y avait un bon pourcentage de Turc en lui puisque son père était sous-officier dans l'armée turque. Je redoutais de l'emmener en patrouille car l'ennemi n'aurait aucune pitié s'il tombait entre leurs mains. Il insistait pour venir, il ne se montrait pas très concerné pendant les combats. Il parlait plusieurs langues avec plus ou moins d'aisance : Le kurde, le persan et le turc. Tout cela est d'une excellente utilisation pour moi. Je l'ai engagé et il est devenu un serviteur fidèle et digne de confiance. Sa seule faiblesse était son haut degré de dévotion envers moi et il n'était guère utile à personne d'autre.

J'avais avec moi deux chevaux : l'un s'appelait Soda, ce qui signifie « noir » en arabe, et l'autre, je ne l'avais pas nommé. C'était un cheval qui avait la tête dure. Il avait de l'énergie jour et nuit, sans être affecté par les bruits de tirs. Il était têtu quant aux directions à prendre. J'ai trouvé un meilleur moyen de m'en occuper : j'ai engagé un Syce pour s'occuper de lui, un dresseur de chevaux. Ce Syce était un personnage sauvage, peu soigné, avec une longue barbe noire. Il semblait bien informé, mais il était à moitié idiot. La plupart d'entre eux sont plus ou moins fous, comme le veut le stéréotype. Une cause et un effet du fait qu'ils sont des derviches, où les indigènes sont dirigés sous la protection de Dieu.

Ils se promènent pratiquement nus, portant de grands bols. Ils portent également un bodkin en fer, une perche avec une boule en bois au bout, ressemblant à un bibelot de fou. Ils mènent une vie simple. Ils trouvent une maison luxueuse et s'installent près de la porte. Le propriétaire les entretient aussi longtemps qu'ils ont besoin de rester, jusqu'à ce qu'ils se remettent sur pied. S'il les chassait, les derviches les regardaient d'un mauvais œil. Il y avait peu de doute dans mon esprit qu'ils seraient capables de faire un bon usage des barres de fer et d'acier. Je n'ai jamais compris pourquoi mon derviche voulait renoncer à cette vie, mais il semblait aimer les chevaux et avoir des intentions pures. Quand il est arrivé, il était habillé d'un vieux sac à dos. Je lui ai donné une tenue kaki réglementaire.

Mes fonctions m'ont amené à faire de longs voyages à travers le pays. L'histoire étonnante de la Mésopotamie a continué à m'impressionner. Partout où je suis allé, il y avait des ruines et de grands monticules de sable. Le désert s'infiltrait et revendiquait la terre comme sienne. La poussière recouvrait tous les palais, maisons, temples et marchés de son éternelle couverture de terre. Le poids des âges était présent lorsque nous roulions parmi les ruines de ces villes autrefois habitées et animées. Maintenant disparues et enterrées, et pour combien de temps, personne ne le savait. Des noms tels que Babylone, Ur des Chaldéens, Ninive, autrefois populaires et aujourd'hui souvent oubliés, ne sont plus que des monticules désertiques.

Samarra se dressait comme une colossale tour en tire-bouchon, connue par les indigènes sous le nom de « Malwiyah ». Elle mesurait 160 pieds de haut et était construite en briques solides. Un chemin pavé s'enroulait autour de l'extérieur. Son but était inconnu, son âge a été revendiqué dans une fourchette aussi large que plusieurs milliers d'années. Des histoires racontaient que la coutume était d'exécuter les prisonniers en les jetant du haut de la tour. C'était un magnifique poste d'observation pour nous. Un grand monticule s'élevait du sol du désert à environ cinq miles en amont de la ville.

La légende voulait que lorsque l'empereur de Rome mourut de ses blessures, ses soldats construisirent un mausolée pour impressionner les indigènes. Il aurait été impossible pour une armée en retraite de s'attaquer à quelque chose de cette taille. Les habitants l'ont appelé « le silo », car ils pensaient qu'il s'agissait de sa principale utilisation. Avant la guerre, les Allemands ont fait des fouilles et découvert des puits qui traversaient les fondations des sommets du palais. Autour de la base se trouvaient quelques routes et parcelles circulaires à peine visibles. Surtout d'une vue aérienne - cela ressemblait à un système élaboré de parcelles pour le jardinage.

Nous avons reçu de fausses alertes et des rumeurs sur le plan des Turcs. Nous pensions qu'ils ne pouvaient pas nous flanquer assez fort pour être une menace sérieuse. Les seuls rapports que nous recevions étaient rares et espacés. Un après-midi, nos avions ont signalé qu'ils avaient vu une concentration de Turcs, estimée à six à huit mille, marchant sur notre flanc droit. Notre avion a été chargé de vérifier les détails. Ils sont revenus à la nuit tombée, sans aucune mise à jour de leur rapport précédent. La nuit était sombre et silencieuse. Les émotions fortes ont duré jusqu'au lendemain matin. L'ennemi vicieux a été confirmé comme étant des troupeaux d'énormes moutons.

On nous a ordonné d'effectuer une reconnaissance. Comment pourrions-nous obtenir une force assez importante lorsque nous étions entourés d'eau sur un marais ? Je suis parti dans une voiture blindée avec le capitaine Marshall de l'Intelligence Service. Le Capitaine Marshall avait passé plusieurs années en Mésopotamie. Il était bien connu et avait la confiance des Arabes le long du Tigre, de Kurna à Mossoul. Le capitaine parlait la langue mieux que quiconque dans la troupe. Il tenait cela à l'accent de sa ville natale calédonienne en Écosse. Avec nous, il y avait un couple de Sheiks plus âgés, et aujourd'hui c'était leur premier voyage en véhicule. L'un d'eux avait du mal à dissimuler sa peur et à conserver sa dignité. Nous n'étions pas sûrs de la raison jusqu'à ce que nous nous arrêtions, et qu'il s'élança hors de la voiture, malade. Il semblait ironique qu'ils fassent 90 miles sur un chameau mais ne puissent pas faire un tour en voiture sans avoir le mal des transports. Ce fut un défi de le faire remonter dans la voiture. En cherchant le Sheik, nous avons découvert de nombreux puits. Plus que ce que nous pensions exister, mais pas assez pour les utiliser dans le cadre d'une attaque de flanc.

La terre nous grattait les yeux. Les illusions d'optique rendaient les observateurs dans les ballons prudents dans leurs affirmations. Dans les premiers jours de la campagne, la bataille de Shaiba Bund s'est avérée être un mirage amical. Cela a sauvé les forces britanniques d'une défaite cuisante. Suleiman Askari était le commandant des forces turques. Ils ont découvert que les Turcs étaient en pleine retraite. Leurs dirigeants virent le mirage. Mais c'était juste une caravane d'ambulance et de ravitaillement, tellement longue qu'ils ont pensé qu'il s'agissait d'un grand corps de troupes et de renforts. Lorsque M. Askari a été informé de son erreur, il a mis fin à ses jours.

J'ai avancé sur les forces turques pendant que j'étais à Daur. Le général Brooking a fait une attaque réussie sur l'Euphrate. Il a capturé la petite ville de Ramadi. Elle se trouve sur l'Euphrate et compte près de cinq mille prisonniers. L'intention des commandants de l'armée était d'alléger la pression exercée par le général Allenby. Ses troupes en Palestine ont attaqué l'ennemi sur les trois fronts de la Mésopotamie. Nous avons marché à la tombée de la nuit, prêts à attaquer l'ennemi à l'aube. Alors que le soleil se couchait, j'ai pu apercevoir des soldats mahométans se bousculant dans la Mecque pendant les prières du soir.

C'est la fin du mois d'octobre, les journées sont criblées de rayons de soleil aveuglants, les nuits sont glaciales. Une marche de nuit avait ses avantages et ses inconvénients. En tête des colonnes, il y aurait des contrôles et des haltes. L'obscurité signifiait que les hommes à l'arrière n'avaient aucune idée si les arrêts des troupes étaient volontaires ou non. Nous frissonnons, aspirant à une cigarette, malheureusement interdite car elle trahirait notre position dans l'obscurité. Toute la nuit, nous avons marché, fait des haltes, marché. La poussière nous étouffait. Les heures se sont enchaînées jusqu'à 2 heures du matin. Le mot a fait son chemin, disant qu'il était bon de se reposer une heure.

En Mésopotamie, l'uniforme réglementaire de l'armée consistait en une tunique et un short. J'utilise le terme « short » au sens large. C'était un long pantalon coupé au-dessous du genou. Nous utilisions des jambières ou des bas en cuir pour l'isolation. Une aide massive avec la chaleur car cela laissait une action plus libre aux genoux et permettait aux vêtements de sécher plus rapidement lorsqu'ils étaient mouillés.

Nous étions ivres de sommeil, il en aurait fallu beaucoup pour nous réveiller après une heure. Mais, à 3 heures du matin, nous avons poussé et attaqué à l'aube. L'ennemi a abandonné les positions de première ligne, et nous n'avons pas eu beaucoup de résistance au début. Notre cavalerie s'est concentrée sur des points dans le lit des rivières. Elle a souffert aux mains d'un avion hostile. Les Turcs ont décidé de retourner à Tikrit, une ville d'Irak, avec une défense plus réduite. Ils auraient pu nous donner plus de fil à retordre qu'ils ne l'avaient fait. Parmi les prisonniers que nous avons faits, seule une poignée en valait la peine. Les officiers turcs étaient bien habillés et bien éduqués. Beaucoup d'entre eux parlaient français. L'une des meilleures écoles d'artillerie se trouvait à Constantinople. L'un des officiers capturés y avait été instructeur principal pendant de nombreuses années.

Nous étions accompagnés d'un officier de renseignement, le capitaine Bettelhein, né à Constantinople. Il avait servi avec les Turcs contre l'Italie, ainsi qu'avec les Britanniques contre les Boers. Cet officier d'artillerie s'est avéré être un ancien camarade du Capitaine Bettelhein pendant la guerre d'Italie. La plupart des officiers avaient appris à le connaître car il avait été le chef de la police à Constantinople. Aucun d'entre eux ne l'a cru quand ils ont découvert qu'ils servaient contre lui.

Les fournitures que nous avons capturées à Daur comprenaient un grand nombre de nos fusils et munitions que les Arabes avaient volés et vendus aux Turcs. Il était impossible d'empêcher cela. Nous gardions notre réserve du mieux que nous pouvions. Les nuits les plus sombres, les Turcs se glissaient dans notre camp. Il était dangereux de se trouver à l'infirmerie lorsque nos barges étaient amarrées à leur rive. Souvent, les Arabes montaient à bord et tuaient les blessés. Les Arabes ne font pas de favoritisme et attaquent le camp qui leur semble le plus avantageux. Pendant le combat à Sunnaiyat, les Turcs ont envoyé quelqu'un pour demander une trêve de 3 jours. À cette époque, nous avons uni nos forces contre les Arabes.

La nuit suivante, nous avons installé un camp temporaire à Daur. Nous n'avons rien vu d'autre qu'un seul avion ennemi qui est venu « pondre des œufs », alors nous avons continué vers Tikrit. Si nous trouvions un Turc voulant rester et se battre, nous devions nous retirer.

Les gazelles s'étaient introduites dans le no man's land entre les Turcs et nous. Même avec des tirs rapides et constants, elles s'arrêtaient pour regarder avec étonnement et voir la poussière retomber. Plus tard, dans une forêt française, la même chose s'est produite, mais avec des sangliers. L'ennemi semblait moins enclin à évacuer Tikrit. Nous sommes retournés au camp de la nuit précédente à Daur. Sur le chemin du retour, nous avons croisé un vieux coupé turc, abandonné et seul dans le désert.

Le lendemain matin, les instructions étaient de retourner à Samarra. Peu avant minuit, le général Maude a changé nos ordres pour avancer sur Tikrit. Nous nous sommes arrêtés et avons fait le point sur nos derniers ordres. La cavalerie avait encore une fois souffert aux mains de l'avion des Turcs. Je suis allé au quartier général dans l'après-midi. Une foule d'officiers d'état-major, assis autour d'une petite table, buvant du thé et discutant du plan d'attaque pour le lendemain. Tout à coup, un avion turc a volé à basse altitude et a largué des bombes à intervalles réguliers. Il en a lâché deux, puis une troisième au sommet d'une colline, formant une ligne droite le long du conclave. Il semblait que la prochaine bombe nous toucherait directement. Le personnel a fait la seule chose qu'il pouvait faire et s'est mis à l'abri, à plat sur le sol, comme son corps et sa nature le lui permettaient. L'espacement des boches était mauvais, et la bombe suivante est tombée trop loin. Je me souviens de l'excitation et des rires à ce que nous pensions être une blague.

Nos armes anti-aériennes étaient appelées « Archies », on les montait sur le toit de nos camions. Elles étaient difficiles à fixer en raison de leur poids important. Je n'ai jamais oublié la joie que j'ai ressentie lorsqu'ils sont enfin arrivés. Je n'ai jamais pu voir ce qui se cachait derrière les Archies, mais je ne doutais pas qu'ils ne nous bombardaient pas avec le même type d'artillerie.

Cette nuit-là, nous avons marché sur Tikrit. À l'aube, nous étions prêts à attaquer. La rosée du matin s'est dissipée. Une vue alarmante a attiré notre attention. À droite, des tracteurs transportaient nos charges les plus lourdes. Ils se sont dirigés directement vers Tikrit et avaient l'air de tanks. Ils ont découvert leur erreur et ont fait demi-tour pour adopter un meilleur rythme, environ 3 mph.

Nos armes ont causé beaucoup de dégâts. Nous avons traversé une large étendue vallonnée, rien que de la campagne, pour atteindre les lignes de front des Turcs. À la nuit tombée, la deuxième ligne des tranchées était entre nos mains. La cavalerie a encerclé le flanc qui menait en amont de Tikrit. Elle couperait l'ennemi s'il tentait de battre en retraite. La ville se trouvait sur la droite du fleuve Tigre. Nous avions une petite troupe venant de Samarra sur la rive gauche de la rivière, car il n'y avait aucun moyen de faire traverser la rivière à des équipes. On a eu plus de 2 000 victimes ce jour-là. Les Seaforth ont le plus souffert, mais pas beaucoup plus que les régiments autochtones.

En Mésopotamie, il y a eu beaucoup de changements là où se trouvaient les bataillons indiens. Les Mahrattas n'étaient pas considérés comme inhabituels, ils avaient beaucoup de fierté. Les Gurkhas n'ont pas été à la hauteur de leurs attentes. Les troupes indiennes se sont bien comportées dans l'ensemble. Il n'y avait pas beaucoup de raisons de les comparer entre elles. Le corps expéditionnaire et toutes ses branches, soit environ un million de personnes, étaient venus d'Inde. Nous nous sommes approvisionnés en Inde et en Australie. Nous préférions le bœuf en conserve d'Australie à la version américaine.

À la tombée de la nuit, la bataille s'est calmée. Nous avons reçu l'ordre d'attendre et de ne pas passer avant le lever du soleil. Je suis retourné au quartier général. Un général s'est jeté sur moi et m'a ordonné de prendre une voiture et de me rendre aussi vite que possible à Daur. Je devais ramener tout convoi de rationnement motorisé avec suffisamment de fourrage pour les chevaux ainsi que pour les cavaliers. Une voiture Ford passait à ce moment, le général a arrêté la voiture, a ouvert la porte et m'a poussé à l'intérieur. Il a donné des instructions au conducteur. À quinze kilomètres de là, le pays était découpé par des ravins et la plupart des zones avaient des routes sans issue. Ils avaient bloqué les routes à deux voies dans toutes les directions.

On a crevé un pneu à environ 5 km de Daur. Le chauffeur avait déjà utilisé sa roue de secours. Nous n'avions pas d'autre choix que d'essayer d'y arriver en roulant sur la jante. La voiture ressemblait à un wagon, et pendant que nous étions arrêtés, je faisais le point sur ce que je voyais autour de moi. J'ai utilisé le peu de vocabulaire que j'avais dans son dialecte. J'ai réalisé qu'il était trop tard pour arrêter une autre voiture et renvoyer ce type. Alors nous avons continué. À travers l'un des lits du ravin et par-dessus une colline. J'ai réussi à trouver une roue de secours pour qu'on puisse rentrer. À ce moment-là, j'ai pris le volant pour que nous puissions aller plus vite. Mon chauffeur a essayé d'expliquer qu'il ne pouvait pas non plus bien conduire la nuit, ajoutant de l'huile sur le feu. Quand rentrerions-nous ? Que dirais-je à ce général ? Si je pouvais même le retrouver.

J'ai pris ma boussole lumineuse et je me suis mis en route pour mener cette traversée du pays. J'ai croisé cinq groupes d'ambulances remplies de blessés et de mourants, qui essayaient aussi de retourner à Daur. Beaucoup étaient perdus. Certains avaient abandonné et s'étaient arrêtés. Certains étaient repartis dans la mauvaise direction, perdus dans la nuit. Nous n'avions pas non plus de phares sur les véhicules, mais je savais d'une manière ou d'une autre quel était le bon chemin à prendre. Tout ce que je pouvais faire pour aider les autres, c'était de leur suggérer la meilleure direction, mais je devais aller de l'avant. J'ai fini par trouver le quartier général. Le général m'a tendu du jambon et une bouteille de whisky, la première chose comestible que j'avais eue depuis le matin.

Cette nuit-là, les Turcs ont évacué, leurs forces étaient mobiles. Ils parcouraient des distances choquantes en vivant du strict nécessaire. Nous les avons suivis en mars et avons occupé leur ancien emplacement de camping. Des drapeaux blancs flottaient sur certaines des maisons, qui n'étaient pas aussi endommagées qu'on pourrait l'imaginer. Il était surprenant de voir combien une ville pouvait supporter sans effet notable. Il fallait un certain temps pour niveler une ville comme ils l'avaient fait dans le nord de la France. Dans cette région, les berges de la rivière mesuraient en moyenne 30 mètres de haut. Tikrit avait été construite là où ils se rejoignent, à la jonction des deux ravins. Aucune rue ne semblait être au même niveau. Les toits étaient à un niveau inférieur à celui des maisons de la rue suivante. De nombreux stands de bazar étaient ouverts, menant leurs activités comme d'habitude.

Nos hommes achetaient des cigarettes, des allumettes et les légumes disponibles. Yusuf avait vécu ici avant, alors je l'ai envoyé chercher des poulets et des œufs pour le mess. Je suis tombé sur Marshall, qui allait manger avec le maire, un vieil ami à lui. Il m'a demandé de le rejoindre, et j'ai accepté. Nous avons grimpé une colline jusqu'à une maison très confortable, construite autour d'une belle cour. C'était le meilleur repas que nous ayons mangé depuis des lustres : riz pilaf, pain et poulet. Le pain était fin, comme une crêpe. L'Arabe l'utilisait comme assiette, car manger avec les mains peut être difficile, surtout avec du riz. On vous donnait une serviette et du savon une fois le repas terminé. Une des nombreuses formalités censées être reconnues. Une autre étant que personne ne devait manger ou boire avec sa main gauche.

À Tikrit, nous n'avons pas trouvé autant de fournitures que nous l'avions espéré. Les Turcs avaient détruit la plupart des magasins. Nous avons trouvé de grandes quantités de bois, qui, dans ce pays nu et sans arbres, valait un bon penny. La plupart des résidents de Tikrit étaient des commandants de radeaux par profession. Leurs radeaux étaient fabriqués de la même manière qu'à l'époque de Xerxès et de Darius. Des peaux de chèvre gonflées servaient de plate-forme pour les poteaux taillées dans les forêts en amont. Sur ces radeaux, on partait de Mossoul, et les marchandises descendaient en flottant. Quand les produits atteignaient Tikrit, ils laissaient les poteaux derrière eux. Ils remontaient la rivière à pied, portant leurs radeaux dégonflés. Les Turcs avaient utilisé cette méthode dans les jours d'avant-guerre. Ils traversaient Bagdad, mais tombaient généralement en panne à Tikrit. Il y avait une longue route désertique qui traversait l'Euphrate. Les approvisionnements en provenance de l'amont étaient transportés dans des caravanes de chameaux.

Un aérodrome se trouvait à six miles en haut de la colline de la ville centrale. J'étais impatient d'explorer les maisons confortables que les Allemands avaient construites. J'avais trouvé un ami dont le travail nécessitait un véhicule de transport, et nous sommes partis dans sa voiture. Une tempête de sable approchait. Nous avons eu du mal à trouver notre chemin dans les tranchées. Une fois à l'extérieur, une violente tempête faisait rage, nous ne pouvions voir que quelques mètres devant nous. Nous nous sommes perdus à un moment et sommes arrivés sur le bord d'une falaise. On a abandonné et on est revenu sur nos pas.

Quand nous avons commencé ce voyage, je lisais *Anabasis*. Un capitaine du Royal Flying Corps nous avait ordonné de marcher dans Tikrit et nous nous sommes retrouvés au milieu de toute la pagaille. Je lui ai dit que j'étais proche d'être à court de matériel de lecture. Il m'a prêté un autre livre, *Les vies* de Plutarque.

Après quelques jours, des ordres sont venus pour

préparer le repli sur le voyage vers Samarra. La ligne de communication passait à travers tant de personnes, qu'il était impossible de maintenir une bonne organisation. Neuf mois plus tard, lorsque nous avons eu plus de rails de train, une ligne a été établie pour aller jusqu'à Tikrit, abandonnée par les Turcs sous la menace de notre attaque sur Kirkuk, dans les collines perses. Il était délicat d'expliquer aux membres de la troupe, en particulier aux Indiens, la nécessité de se replier. Tout ce qu'ils ont compris, c'est que nous avons repris la ville à un prix élevé et que nous étions maintenant sur le point d'abandonner.

J'ai passé des jours à aider à préparer les radeaux fluviaux pour transporter du bois et d'autres fournitures dignes d'être emportées avec nous. La hauteur de la rivière était plus basse, ce qui laissait une longue étendue de plage en dessous du village. Nous avons enlevé les poteaux. Plusieurs chameaux sont morts dans ou près de l'eau, probablement à cause des bombardements. La chaleur aveuglante en faisait des compagnons désa-gréables. Le premier jour a été assez terrible, mais le deuxième a été encore pire. Les indigènes ne semblaient pas affectés. Ils apportaient leur linge sale et travaillaient au milieu d'eux. Ils venaient près de nous pour prendre leur eau potable dans la rivière, généralement en aval des chameaux. L'eau percolait dans les pots d'argile géants pour la purifier avant d'être bue. Le troisième jour, à leur grande surprise, nous avons réussi à remorquer les chameaux.

Nous avons construit et stabilisé les radeaux, plus de 80 d'entre eux. On a pris assez de pilotes arabes pour en soigner la moitié. Le reste a été mis sur les sepoys indiens.

Ils faisaient beaucoup de bruit quand nous avons fait descendre tous les radeaux. Deux d'entre eux s'étaient brisés dans les rapides près de Daur, mais les autres ont atteint Samarra sans encombre le jour suivant.

Nous avons campé sur les falaises en dessous de Tikrit. Assez haut au-dessus de la plaine pour être au-dessus des tempêtes de sable. La perspective de retourner à Samarra était plus agréable pour moi que pour les autres hommes. Cinq jours après avoir pris la ville, nous avons fait demi-tour et marché en synchronisation jusqu'à la tête de ligne.

EN PATROUILLE À BABYLONE

Nous sommes revenus pour trouver Samarra ensevelie sous le sable, plus désolée que jamais. Une tempête de pluie est arrivée quelques jours plus tard. Après une nuit de pluie battante, l'air était clair, et nous n'étions plus enveloppés dans un nuage de brouillard. C'était un soulagement de voir que les camps frappés par la chaleur étaient dispersés. Pendant les mois d'été, nos rangs se sont clairsemés sous le soleil brûlant. Ce sont les Britanniques qui ont le plus souffert, les Indiens venant juste après. Avant que les camps ne s'organisent correctement, le taux de mortalité était élevé. Le seul traitement efficace nécessitait l'utilisation de glace, et nous étions dans le désert. Il était impossible de gérer les machines à glace et de les faire installer assez rapidement. Les camps étaient situés dans les endroits les plus frais et les plus confortables, compte tenu des conditions. Malgré tout, la mort était un résultat typique, et les guérisons ne représentaient qu'un faible pourcentage. Les hommes qui avaient un coup de chaleur étaient peu utiles au combat.

Une autre maladie estivale était la fièvre des mouches des sables, causée par les piqûres de phlébotomes, ces insectes ravageaient la terre. Parfois, elle était si grave que la victime était envoyée dans un hôpital militaire de Bagdad.

Les Tommies se sentaient passionnés par le fait de ne pas avoir besoin d'être « Cushy Blightly », dans la campagne de Mésopotamie. « Blighty » signifiait une blessure qui causait une invalidité permanente, ou provoquait le renvoi du patient en Inde, ou dans son pays d'origine, selon le cas. De ce fait, il y avait une restriction sur les congés courts. Il n'y avait pas beaucoup d'endroits où nous pouvions aller même si nous le voulions.

À un rythme de voyage rapide, le malade mettait deux semaines pour arriver en Inde. Le transport était difficile. Ce n'est que dans des circonstances spécifiques que vous étiez autorisé à partir en Angleterre. Un printemps, il a été annoncé à tous les officiers qui souhaitaient se marier ou divorcer qu'ils pouvaient demander un congé avec un taux de réussite décent. Plusieurs ont postulé, mais beaucoup d'hommes sont revenus sans s'être mariés ni avoir divorcé. Les commandants de l'armée ont restreint toutes les permissions après ça. Ils ont confié tous les dossiers de divorce à un autre agent dont le rôle principal était les affaires juridiques. Il s'est arrangé pour qu'ils soient traités sans avoir besoin de partir en congé.

Une semaine après son retour à Samarra, une rumeur circule selon laquelle le général Maude était malade du choléra. Un virus qui causait de graves problèmes d'estomac et de déshydratation. Il y avait quelques cas sporadiques, mais pas assez pour être considérés comme une épidémie. Un des officiers travaillant avec le gouverneur militaire de Bagdad était mort. Nous avons également appris que le commandant de l'armée avait une autre forme de ce virus, et personne ne connaissait ses chances de guérison. L'annonce du décès a été difficile à accepter, l'émotion de tout le site était couverte de morosité.

L'armée entière avait la plus grande confiance en son chef et pleurait sa perte. Les rumeurs typiques de poison et de machination ont fait leur apparition. J'ai appris du colonel Wilcox que c'était le même cas que l'officier de Bagdad. Le colonel Wilcox était un praticien renommé et avait été avec le général Maude pendant toute la durée de la maladie. Le général n'a jamais pris de mesures préventives contre la maladie. Peu importe combien de fois Wilcox l'a poussé à le faire.

Le Général Marshall a pris le relais, il avait commandé la 13e division du général Maude. La 17e avait perdu le général Gillman, qui était depuis devenu chef de cabinet. C'était une perte importante pour leur division. Il était l'idole de beaucoup de membres de la troupe.

Mon transfert au Corps de mitrailleurs motorisés a été approuvé. J'ai été affecté à la quatorzième batterie de véhicules blindés légers, commandée par le capitaine Nigel Somerset. Son grand-père était Lord Raglan et est mort alors qu'il commandait les Britanniques pendant la guerre de Crimée. Somerset était dans l'infanterie au début de la guerre, où il avait été blessé deux fois en France. Un leader fantastique, avec un excellent jugement et un magnétisme sans effort. Une batterie était composée de huit voitures blindées, réparties en 4 sections. Il s'agissait de voitures Rolls-Royce, ainsi que de quelques Napier et Ford.

À cette époque, il n'y avait que quatre batteries dans tout le pays. Nous étions une armée de troupes. Nous n'étions pas assignés à une division ou un corps d'armée. Nous étions temporairement affectés à des postes dispersés au fur et à mesure que le besoin s'en faisait sentir.

Lors des attaques, nous avons travaillé avec la cavalerie, il y a eu des occasions où ils ont essayé de nous utiliser comme des chars. Ce ne fut pas un succès car notre plaque d'armure était trop fine et légère. Nous avons été amenés à faire des raids et à réprimer les soulèvements arabes. Cela nous a permis de nous rapprocher des officiers politiques. Un groupe intéressant d'hommes, certains issus de l'armée, la plupart de la vie civile. Ils avaient pris en charge l'administration civile du territoire nouvellement revendiqué. Ils défendaient fièrement la justice indigène.

Certains de ces hommes avaient consacré leur vie à l'étude des rouages de la diplomatie orientale. Ils se distinguaient par des languettes blanches sur le col de leurs uniformes. De nombreux officiers politiques avaient été exécutés dans les villes isolées des districts non colonisés. Nous emmenions souvent un officier politique avec nous lors de raids ou de reconnaissances. Nous utilisions leurs connaissances du dialecte et des coutumes. Sir Percy Cox était le chef des affaires politiques, et avait le même niveau de grade qu'un général. Sa carrière remarquable dans le Golfe Persique était due à la gestion bien planifiée de situations délicates en Mésopotamie.

Mlle Gertrude Bell assistait Sir Cox et le chef du bureau arabe. Elle était en relation directe avec les forces expéditionnaires. Elle parlait couramment l'arabe et commença à s'intéresser à l'Orient alors qu'elle rendit visite à son oncle à Téhéran, la capitale de l'Iran, où il était ministre britannique. Elle avait effectué d'importantes expéditions en Syrie et en Mésopotamie. Elle avait écrit de nombreux ouvrages précieux, dont *Armurath à Armurath* et *Le désert et la semence*. Elle occupait une position très prisée et devait paraître sûre d'elle. Surtout quand l'attitude des mahométans envers les femmes était qu'elles étaient une classe soumise. Mlle Bell travaillait sans relâche, et sans congé dans la chaleur. Son jugement était solide et inébranlable. Ses actions contribuèrent au succès britannique.

Le quartier général qui supervisait les différentes batteries était situé à Bagdad. Là, nous avions un ensemble permanent de magasins et de cantonnements, des installations militaires temporaires. Nous étions souvent ordonnés en sections pour garder nos distances, mais nous faisions rarement partie de chaque batterie pendant plus de deux mois. L'agent de l'atelier était responsable et avait pour tâche de maintenir les voitures en état de marche. L'offre et la demande de pièces détachées pour véhicules étaient difficiles à gérer. Il fallait un haut niveau de compétence pour réussir, le lieutenant Linnell du quatorzième a été nommé.

Quelques jours après mon arrivée, je suis parti avec Somerset et un autre officier de la batterie, le lieutenant Smith du Black Watch. Nous avons patrouillé dans les ruines de Babylone. Kerbela et Nejef, les grands sanctuaires chiites, étaient rarement amicaux avec les Turcs, qui étaient sunnites. Les tribus du désert étaient également sunnites. Leur instinct naturel de pillage les avait poussés à profiter des suspensions gouvernementales. Nous avons organisé une imitation de troupe de police qui était plus pour l'apparence que pour l'efficacité. Ils étaient armés de toutes sortes d'armes, dont l'âge variait de plusieurs siècles, et d'origines différentes. Nous appelions les sauvages du désert les Budus. Ils étaient souvent armés des fusils qu'ils nous avaient volés, ce qui rendait les chances loin d'être égales.

Nous nous sommes installés à Museyib, une ville située sur les rives de l'Euphrate, à sept miles au-dessus du pont Hindiyah. C'est un barrage qui avait été terminé quelques années plus tôt, conçu à l'origine pour attirer une clientèle plus aisée dans le pays. Nous avons patrouillé sur la route des caravanes du désert vers Bagdad, jusqu'à Hilleh, dans les ruines de l'ancienne Babylone. La saison des pluies avait commencé, nos patrouilles étaient irrégulières, à l'opposé de la pluie. Une pluie de douze heures rendait impossible de faire rouler nos voitures lourdes pendant deux ou trois jours d'affilée. Nous avons eu une agréable compagnie avec des officiers du bataillon d'infanterie punjabi, ainsi que de la cavalerie indienne. Nous avons volé une ancienne caravane-sérail, spécialement pour les billets. Nous avons utilisé notre temps d'arrêt pour la nettoyer et la rendre aussi étanche que possible avec les circonstances et les matériaux donnés. Un baril de pétrole était aussi long qu'un poteau télégraphique en fer planté dans son sommet pour fournir un endroit utilisable pour s'asseoir quand il pleuvait. On y jouait souvent au bridge.

J'étais prêt à perdre un peu de poids et à faire de la place pour d'autres livres. *Charles XII* de Voltaire a été le premier livre qui m'a transporté dans leur monde à ce moment-là. Je gardais toujours un livre sur moi. Je trouvais de l'ombre sur le capot ou le coffre de ma voiture et je lisais pendant les haltes. Deux volumes étaient mes préférés, *Les premières aventures* de Layard étant l'un d'eux. L'écrivain était un assyriologue renommé, étudiant en histoire et en agriculture, et auteur de *Ninive et Babylone*. Le livre que j'ai lu avait été écrit au début de la vingtaine, mais n'avait été publié que quarante ans plus tard. Layard avait commencé sa vie comme clerc de juriste à Londres, mais on lui avait proposé un poste en Inde, où il s'était épanoui. Avant Bagdad, il s'était arrêté au Kurdistan, en Irak. Il avait été captivé par le mode de vie des tribus. Il avait choisi de vivre avec eux pendant deux années riches en aventures.

J'avais terminé une traduction de Xenophon et j'ai trouvé que c'était un livre différent de celui que j'avais lu quand j'étais enfant. J'ai ressenti cela parce que je l'ai lu avec un regard différent. C'est une scène vivante de la bataille de Cunaxa, Babylone, en vue des Grecs, et par la perte d'un chef. J'ai apprécié le chef-d'œuvre qu'était la retraite. Xénophon l'appelait le « mal des neiges », plus simplement dit : la famine ou la mort par le froid ou une combinaison des deux. Des hommes sont morts sur les bancs de neige des hauts plateaux d'Anatolie. Il a écrit que si l'on faisait du feu et que quelqu'un apportait de la nourriture, la maladie disparaîtrait.

La pluie continuait, elle transformait la terre en boue,

tout s'enfonçait de plus en plus. C'est tout ce que les Arabes pouvaient faire pour acheminer leurs produits sur le marché. Le bazar n'était pas grand mais il était toujours florissant. J'avais l'habitude de m'asseoir dans l'un des cafés et de boire du café ou du thé en fumant une longue pipe à eau appelée narghilé. À ce stade, mon arabe était courant pour une conversation ordinaire. J'essayais d'écouter les ragots des Arabes pendant que je me frayais un chemin. Les rumeurs de bazar étaient un moyen d'avoir un avantage en matière de renseignement avant d'être rapporté par les officiels.

À Bagdad, j'ai entendu dire que nous avions lancé une attaque. Lorsque je me suis rendu au siège, j'ai mentionné la rumeur que j'avais entendue, personne là-bas n'en avait encore entendu parler, mais ensuite, c'est arrivé. J'avais rencontré les indigènes en Afrique et je me souvenais que pendant la guerre civile, les Noirs étaient souvent les premiers à recevoir les nouvelles de notre bataille. C'était quelque chose que je n'avais jamais entendu expliquer correctement à qui que ce soit.

Dans les cafés, en dehors de fumer et de bavarder, nous jouions à des jeux comme les échecs et le backgammon. Nous avons également joué au Mancala, connu comme l'un des jeux les plus anciens, qui remonte aussi loin que les galets utilisés dans le jeu. La planche était une bûche coupée en deux et reliée par des charnières. Nous avons creusé les trous pour accueillir les pierres et nous avons fait en sorte que cela vaille la peine.

Dans la plupart des endroits, le café était à la mode arabe, pas turque. Le café Turk est doux et épais, et la petite tasse qu'ils vous donnent contient 50 % de marc de café. Le café arabe était clair, beurré et avait une saveur délicieuse. La petite tasse en porcelaine était remplie plusieurs fois. À chaque fois, il semblait qu'une seule gorgée de liquide était ajoutée au marc de café mélangé. Le thé était servi dans des verres encore plus petits, sans lait, mais avec beaucoup de sucre. Les petites cuillères fournies avec les verres étaient munies de trous de filtrage pour remuer le thé sans le renverser.

Je ne me suis jamais lassé de regarder cette échoppe en particulier. L'homme âgé qui tenait cette échoppe était un vendeur de cornichons. Il présentait une table devant lui, pleine de bocaux et de bols contenant des cornichons de toutes les couleurs : rouge, vert, jaune, violet, etc. Des poivrons décoratifs peints étaient suspendus au-dessus de sa tête. Il avait une longue barbe grise et portait un turban vert qui complétait sa robe fluide, retenue par une corde dorée tressée. Il s'installait dans les lumières tamisées du bazar bondé.

Près de Museyib, nous menions une existence paisible. Enfermés par la boue des fortes pluies, nous avons entendu des rumeurs d'attaques sur les ingénieurs. Ils travaillaient à la construction d'un chemin de fer à Hilleh pour transporter les récoltes de céréales vers la capitale. Rien ne semblait se matérialiser. Les conditions étaient trop faibles pour inciter les Arabes à faire des raids. Un matin, alors que je me promenais dans les jardins à la périphérie de la ville, j'ai croisé des chacals. J'en ai tué un avec mon revolver Webley. J'avais tiré plusieurs fois pour le toucher. Quand je suis revenu en ville, le bruit de mes tirs avait provoqué une agitation au camp.

Au moment de Noël, les mess des officiers organisaient leurs propres célébrations. Celui que nous avions rejoint était principalement d'origine écossaise. Nous leur avons demandé de nous montrer comment faire le Haggis, le pudding de mouton, qui était arrosé au whisky. Personne ne les blâmerait si ça n'avait pas un bon goût, nous étions heureux qu'ils aient de l'alcool.

Quand le temps s'est éclairci, nous nous sommes précipités à Kerbela, une jolie ville entourée de kilomètres de jardins et de deux magnifiques mosquées. Ce jour-là, le bazar était animé et il y avait un peu de tout. Nous avons acheté des pistaches en vrac, difficiles à trouver ailleurs, et divers fruits et légumes. Aucune troupe ne campant dans cette zone, les prix étaient plus bas que d'habitude en raison d'une demande réduite. On nous a ordonné d'entrer avec des bandes armées, mais je n'ai jamais vu de raison. Il n'y avait pas d'hostilité. Les Britanniques étaient remarquables pour leur tolérance à travailler avec d'autres races et cultures.

Ils postaient des leurres mahométans comme gardes sur le toit des mosquées. Seuls les musulmans pouvaient entrer dans la cour actuelle. Sinon, il y aurait eu des perturbations et du tumulte. Constantinople était si différente. Je n'ai pas pu mettre le doigt sur la raison, mais j'ai deviné que c'était dû à l'absence d'hostilité que nous avons ressentie à Sainte-Sophie et à Jérusalem. Le fruit défendu était toujours le plus doux. Pendant la relève des gardes, un Tommy curieux a trouvé de l'*Arrick*, une liqueur brûlante qui avait été distillée il y a longtemps, stockée dans la plus sacrée des mosquées, Kerbela. Par une sorte de miracle, il l'a volée sans être remarqué jusqu'à ce que quelques heures plus tard, lorsqu'un soulèvement a commencé, les incroyants ont été massacrés dans la rue.

La mosquée de Kerbela était renommée à cause d'une tour d'horloge qui se trouvait au centre de la cour. Il était trop coûteux de recouvrir la tour d'une feuille dorée qui brillait au soleil. Un architecte créatif l'avait tapissée avec des boîtes de conserve de kérosène. J'ai imaginé qu'elle avait brillé à un moment donné, mais qu'à cause des éléments, elle était rouillée avec une teinte bleutée. Ces bidons d'huile avaient des milliers d'usages, dont beaucoup étaient utilisés par les indigènes. Je pensais que la meilleure utilisation était de transporter du pétrole de la Standard Oil Company.

Une grande partie de la population vivant à Kerbela était composée d'Indiens. Les chiites tenaient à être enterrés près d'Ali et de ses fils. Ils demandaient souvent à ce que leurs restes soient transportés après leur mort. Les Britanniques ont trouvé que c'était un moyen pratique d'honorer la demande des dirigeants indigènes.

Hilleh est un village situé dans les ruines de Babylone, aujourd'hui une ville moderne. Je n'ai pas eu l'occasion d'étudier ces ruines lorsque nous nous sommes rendus dans la zone fouillée par les Allemands avant la guerre. Je crois que c'est là que Balthazar a vu l'écriture sur le mur. Les murs de briques ont été construits et estampillés de caractères anciens cunéiformes, en forme de toile. Au milieu des dessins, il y avait un grand lion en pierre qui se tenait au-dessus de la forme d'un homme. Le lion avait été égratigné par les éclats des fusils arabes lors des escarmouches, se tenant tout seul dans sa majesté, dans des ruines désolées, entouré de tentes noires indigènes qui avaient perdu leur vie et leur maison. Ça m'a donné beaucoup de choses auxquelles penser. Les ruines de Babylone ont fait l'objet de fouilles, mais qui sait si elles ont été achevées, car la zone était si petite. La ville de Séleucie, sur le Tigre, a été construite en briques et en maçonnerie. Elles avaient été apportées par une barge venant des ruines de Babylone par un canal qui serait rejoint par les deux rivières.

La prophétie d'Isaïe s'est déroulée. Babylone, la gloire des royaumes, devait être telle qu'elle était lorsque Dieu a renversé Sodome et Gomorrhe. Elle ne sera jamais habitée, ni modifiée entre les générations. Personne ne pouvait planter une tente, et les bergers n'étaient pas autorisés à l'utiliser pour bivouaquer. Seules les bêtes sauvages du désert étaient autorisées à y vivre. Les maisons devaient être remplies de créatures lugubres, comme des hiboux.

Quelques jours après Noël, on nous a ordonné de retourner à Bagdad. Le voyage s'annonçait difficile, mais nous avions un tender Ford pour nous avertir de tout point faible. Une fois arrivé au milieu d'une tourbière sans fond, j'ai décidé de l'essayer. Il était construit comme une camionnette solide, solide et entièrement fermée, comme celle qui transporte le pain. On l'a retourné encore et encore jusqu'à ce qu'on ait dégagé la boue. Une fois que nous avons été bloqués, je suis allé dans un village arabe voisin pour demander de l'aide. J'ai dit à ce qui semblait être un chef de groupe que nous voulions des fagots de broussailles à mettre devant les pneus pour aider à la traction. Il a immédiatement envoyé ses hommes pour nous aider. Après avoir enlevé une bonne partie de la boue, j'ai vu une de ses femmes s'approcher. Je pensais qu'elle allait descendre pour nous aider aussi, mais je l'ai vue laver des vêtements dans un chaudron près du feu. Une scène qu'un Arabe ne permettrait jamais dans sa maison s'est produite. Sa femme refusait de s'éloigner de nous. L'Arabe hurlait de colère. Elle continuait à laver, sans prêter attention à sa fureur. Lorsqu'elle a terminé son lavage, elle n'a rien dit, s'est levée et s'est dirigée vers sa cabane voisine, et a refusé d'en sortir. C'était une situation inconfortable dont nous avons été témoins, mais qui ne semblait pas du tout la perturber ou la gêner. L'Arabe s'est calmé et a continué ses affaires.

Après avoir manœuvré et creusé, nous avons parcouru sept miles en quatorze heures lors de cette première journée de travail. À la tombée de la nuit, nous étions proches d'un village arabe. J'ai eu un bol de lait de bufflonne à utiliser pour le café le lendemain matin. Nous sommes repartis aux premières heures du matin. Le voyage ce jour-là a été plus simple, et nous sommes arrivés à Bagdad à 22 heures ce soir-là.

ESCARMOUCHES SUR LE FRONT KURDE

Avant de repartir, nous avons passé quelques jours à faire des réparations et à nous équiper. Nous sommes allés à Deli Abbas, en Iran, où se trouvait le quartier général de la treizième division. Cette ville se trouvait dans les plaines au pied des contreforts des montagnes perses. Elle se trouvait sur les rives du canal Khalis, à environ soixante-quinze kilomètres au nord-est de Bagdad. À l'aube, nous sommes passés par la porte nord. Près de l'endroit où le général Maude a été enterré et avait réussi à traverser le désert. Nous étions à 30 miles de Bukuba, une ville aisée sur les rives de Diyala. De cette jonction à Kurna, où l'Euphrate se jette, le cours d'eau le plus crucial du Tigre.

    Le lever du soleil semblait être l'un de ces matins brillants et lumineux où l'on est heureux d'être en vie une journée de plus. Nous avons passé plusieurs caravanes qui transportaient des tapis de Perse, ainsi que des fruits et légumes provenant du district agricole plus riche près de Bukuba. La soie qui y était fabriquée était d'une qualité exceptionnelle et était réputée dans tout le pays.

Les choses se sont corsées après avoir traversé l'aérodrome près de la ville. Nous avons lutté pour traverser Deltawa, un village couvert de fossés. Les rivières débordaient, les lacs et les marais étaient remplis, ce que nous avons évité. Cette nuit-là, l'obscurité est tombée au milieu d'un réseau de tourbières. Nous sommes tombés sur un avant-poste de Welsh Fusiliers et avons établi le camp avec eux. Nous avons cassé l'une des plaques de fond de nos voitures, et de l'huile s'est échappée du carter. Avec nos boîtes de kérosène, nous avons réparé les dégâts et sommes partis au lever du soleil. La route que nous avons empruntée nous faisait traverser des plaines, des bosquets de palmiers, des petites cabanes et la tombe d'un saint homme. J'ai vu beaucoup de chacals accroupis au loin, ou se faufilant dans les bosquets. Deli Abbas était déserte, elle avait vu des combats. Des avions turcs attendaient notre arrivée.

Nous nous sommes promenés et avons vu le *Jebel Hamrin*, « les collines rouges », au-delà des extrémités enneigées de la chaîne de montagnes kurdes. Quelques mois auparavant, nous avions emprunté ces mêmes cols vers le Jebel, nous avons donc fait des ajustements et nous savions exactement ce qui nous attendait. Nous avons essayé d'améliorer une route à travers l'*Abu Hajjar*. Les Arabes l'ont appelée la « Père des Pierres » quand nous en avons eu fini avec elle. Quand on le permettait, on partait en reconnaissance.

Nous avons commencé à l'aube et nous nous sommes dirigés vers un petit village appelé Ain Lailah, qui signifie la Source de la nuit. Un joli nom pour un petit groupe de palmiers nichés dans des contreforts arides. On a récupéré un géomètre ici, un officier qui faisait des cartes pour l'armée. Nous avons doublé d'innombrables troupeaux de chameaux. Certains avec des enfants perchés sur leur dos. Ils s'agitaient comme des marins sur un navire en pleine tempête, les chameaux évitant les voitures qui passaient à proximité. Des villages de tentes noires informes remplis de nomades étaient blotties dans les dunes désolées. On a ramassé un déserteur turc pendant notre patrouille, il avait essayé d'atteindre nos lignes. Il disait que six de ses camarades avaient été tués par des Arabes. Peu après, nous sommes tombés sur une patrouille de cavalerie. Ils se sont échappés sur un terrain accidenté avant que nous ayons pu nous en occuper. Heureusement pour le déserteur, on l'a eu avant eux. Il n'aurait pas tenu longtemps. Nous sommes revenus au camp à 20 h 30 et avions parcouru un total de 92 milles dans nos déplacements. Une bonne journée de travail.

Chaque section avait deux motos qui lui étaient assignées. Les généraux les appelaient « chacals », en raison de leur allure lorsqu'ils chassaient les lions. Les motocyclistes partaient en avant pour avoir un premier aperçu, vérifier la configuration du terrain et trouver la meilleure route à prendre. Quand on entrait en action, ils restaient un peu en retrait. On les utilisait pour envoyer des messages entre les sections et les différents camps. Le meilleur pilote que nous avions dans notre section était un Suisse nommé Milson. Il était anglais et suisse et était venu de Suisse pour s'engager lorsque la guerre avait commencé. Quand il nous a rejoints, il ne parlait qu'un anglais approximatif. On voyait qu'il était intelligent. Je n'avais jamais vu un pilote aussi habile. Il faisait avancer sa moto dans la boue quand d'autres portaient la leur, et par-dessus tout, il gardait son sang-froid dans l'action. Chacun d'entre nous était fier de servir parmi un groupe d'hommes aussi étonnants. Le Caporal Summers conduisait la voiture dans laquelle je me trouvais habituellement. Je n'avais jamais vu un meilleur conducteur avec une connaissance aussi approfondie des Kurdes. Il avait une sympathie subtile - un don que peu avaient.

Toujours au milieu de la saison des pluies, nous avons voyagé légèrement. On n'a apporté que des tentes de 40 livres, comme les American Dog Tent, avec des toits très bas, capables de résister aux vents violents et aux tempêtes de pluie. Elles nous gardaient au sec. Nous avons essayé de prendre soin d'elles et de ne pas les laisser derrière nous. Il y avait de la place pour deux hommes dans la tour d'une Rolls. Ils pouvaient fermer la bâche sur le dessus pour empêcher la pluie de pénétrer par les petites ouvertures. Le reste des hommes utilisaient une tente commune ou dormaient dans des annexes. Les grandes tentes des campements voisins s'envolaient régulièrement, mais cela semblait rarement nous arriver. Nous passions la plupart de notre temps dans l'obscurité obscure, sous une pluie torrentielle. J'essayais d'éviter les lambeaux détrempés des toiles qui tombent.

Le temps s'arrêtait lorsque la météo était mauvaise. Nous étions enfermés dans nos tentes sans même un avion à regarder. Un jour, alors que la route était trop difficile pour utiliser les véhicules lourds, je suis parti dans un tender pour visiter une autre section de notre batterie. Trente-cinq miles en direction de la Perse, près d'une ville appelée Kizil Robat. Nous avons traversé plusieurs gués. Une couche de glace au-dessus de l'eau gardait les choses immobiles. J'ai entendu les Indiens qui regardaient, crier « *Sabash, Sahib* » dans leur langue, ce qui signifiait « Bien joué ».

Quand j'ai atteint leur camp, il était vide de toute information utile. Quelques minutes plus tard, un motocycliste est arrivé avec un message indiquant que nos voitures étaient sous le feu, à une distance de 25 miles. Je me suis précipité, j'ai embarqué des hommes et huit Punjabis d'un régiment local. Nous sommes arrivés sur les lieux après qu'une voiture en panne ait été abandonnée. J'ai vu les hommes s'enfuir. Certains des Turcs ont été confinés dans un village situé à 250 mètres de là, tandis que les autres se sont accroupis derrière de hautes herbes marécageuses pour se cacher. La voiture abandonnée n'a pas pu faire demi-tour à cause de l'horrible terrain. Aucun des hommes ne savait que le village avait été occupé et ils se sont enlisés au moment où les Turcs ont ouvert le feu. En tombant en panne dans un fossé d'irrigation, l'ennemi a réussi à inonder la voiture piégée. Les Turcs ont fait en sorte que les hommes aient des problèmes pour sortir de la voiture. Des impacts de balles éclaboussaient les hommes, frappant les voitures. Nous ne pouvions pas dire combien de Turcs étaient là.

À la nuit tombée, les occupants de la voiture abandonnée ont vu ce qui s'était passé et sont partis en chercher une autre, qu'ils ont trouvée près de l'ennemi. Il lui manquait les quatre pneus et elle n'avait plus que les jantes. Nous avons décidé de rester sur place jusqu'au lendemain. Nous venions de nous mettre d'accord quand un de nos motocyclistes est arrivé avec des ordres de notre commandant de brigade. On nous ordonnait de retourner au camp immédiatement. Nous étions nerveux à l'idée de quitter nos voitures, mais les ordres sont les ordres. Nous devions obéir.

Il était minuit passé lorsque nous sommes rentrés au campement. On nous a informés qu'une petite attaque était prévue pour le matin et que nous devions aller avec les troupes pour récupérer la voiture que nous avions laissée derrière nous. Nous avons reçu l'ordre d'utiliser des chevaux d'artillerie pour tirer la voiture hors de la boue. Nous n'avons pas quitté le camp avant 15 heures, ce qui nous a donné le temps de trouver des renforts, une voiture blindée qui venait d'une autre batterie. Nous avons été retenus derrière la cavalerie la plus avancée jusqu'au jour. On pensait que les Turcs auraient déjà détruit ou volé notre voiture. Nous n'avions pas tort.

En arrivant au sommet de la colline qui indiquait l'emplacement de la voiture, nous avons vu de la fumée provenant d'une explosion et des hommes se dispersant dans le village. Nous avons réussi à traverser le village avec l'aide du 21e escadron de cavalerie. Ils avaient aidé à libérer une autre voiture cette nuit-là. C'était une épave terrible, mais nous avons eu la chance de la remorquer. Je voulais parler avec le chef du village. Je me suis dirigé vers un groupe de maisons isolées, à quelques centaines de mètres à gauche de la zone la plus animée. Comme je me rapprochais, des coups de feu ont éclaté. Je me suis mis à l'abri dans un fossé d'irrigation. J'ai changé d'avis et je suis rentré. Le pays était si mal en point qu'il était impossible de faire circuler des véhicules. Nous avons remorqué toutes les voitures que nous avons trouvées jusqu'au camp, plutôt que de conduire celles qui étaient fonctionnelles.

Nous avons campé à Mirjana, à quelques kilomètres

au nord de Kizil sur la rivière Diyala. Un pont flottant avait été placé sur la rivière. Nous avons été rejoints par une compagnie de mitrailleuses ainsi que par un bataillon d'infanterie indigène. Les lits des rivières étaient plus larges que la normale, mais leur taille limitait la quantité d'eau qui passait dans les canaux pendant la plupart des mois de l'année. Au printemps, les crues faisaient monter le fleuve et rendaient les canaux plus accessibles. On avait fait traverser la rivière aux voitures avant qu'elle ne commence à monter. Cette nuit-là, une partie du pont avait été enlevée ou soulevée, le rendant inefficace. L'eau continuait à monter. Des branches et des arbres passaient devant nous. Nous avons fait plusieurs tentatives infructueuses pour traverser ces pontons mal en points, mais nous avons abandonné et nous nous sommes retirés. Nous nous sommes octroyé des petits quarts de sommeil et avons fait des tours de garde jusqu'à ce que la pluie cesse ou que la rivière baisse. Quel que soit ce qui arriverait en premier. Si les Turcs avaient eu un peu de cervelle, ils nous auraient attaqués. Quatre jours lents se sont écoulés et le quatrième et dernier jour, la rivière s'est retirée aussi rapidement qu'elle était montée.

Nous avions des conditions de patrouille décentes, et chaque jour nous faisions de plus longues randonnées. Parfois, on tombait sur un ennemi et on avait une petite escarmouche. Nous étions connus pour notre infanterie et notre capacité à manœuvrer efficacement. L'ennemi nous tendait des pièges. Ils creusaient des trous et répandaient de la terre dessus. C'était une stratégie efficace et si nous nous y enfoncions, nous étions piégés dans un trou profond et sombre. La ville la plus proche était occupée par les Turcs, Kara Tepe, à neuf miles de là. Dans ces terres rares se trouvaient un certain nombre de petits villages indigènes, où les habitants menaient une existence désagréable. Le lendemain matin, des soldats turcs attaquèrent et tirèrent plusieurs coups de feu sur nous. Nous avons combattu jusqu'à l'immobilisation, en utilisant les voitures comme couverture et leur tirant dessus. Dans la soirée, des Kurdes sauvages se sont introduits et ont tué les soldats turcs blessés. Les Turcs ont accusé les Kurdes d'avoir partagé des informations privées avec nous. Ils ont pris des otages et les ont battus pour nous avoir rencontrés.

Un vieux cheik avec qui je m'asseyais souvent pour bavarder m'a demandé pourquoi nous n'avancions jamais sur son village. Son assistant torréfiait des baies pour notre café dans le feu artisanal voisin. Il avait longuement parlé de son souhait que les enfants du village puissent atteindre l'âge adulte sans être blessés.

Dans ce pays, le kurde et le turc sont les langues les plus parlées, après l'arabe. Mais les noms et les titres sont en langue turque. Par exemple, Kara Tepe signifie Montagne noire, et Kizil Robat signifie Tombeau des jeunes filles. Mes orthographes de ces noms diffèrent des méthodes plus conventionnelles, je ne suis pas sûr qu'on m'ait enseigné cela. À l'époque, les cartographes ne se rencontraient pas souvent, si bien que leurs appellations différaient en fonction des nombreuses traductions.

Kizil Robat était une ville pittoresque et attrayante. J'ai passé quelques matinées à me balader avec le maire, Jameel Bey, un chef kurde bien soigné de la tribu Jaf. Il possédait des jardins avec des palmiers, des oranges, des grenades et des figues. Les Kurdes travaillaient surtout sur les fossés d'irrigation, semblables à ceux dans lesquels je devais me cacher. Un tas de chiffons étendus au soleil - oh attendez, pas un tas de chiffons, mais un petit garçon. On m'a présenté le fils de Jameel. Il était blanc avec des joues roses, comme la plupart des bébés américains.

Harry Bowen, le beau-frère du général Cobbe, était l'officier politique chargé de superviser Kizil Robat. Il parlait couramment l'arabe et était respecté par les indigènes. Sa maison était une grande oasis. J'attendais avec impatience nos bons dîners et nos conversations intelligentes. La ville était petite mais possédait trois bains turcs. L'un d'eux appartenait à Jameel, mais à en juger par les enfants et les bébés qui encombraient l'entrée, il était destiné au personnel et à la famille. Nous sommes allés à un autre avec un Persan plus âgé qui comprenait l'art du massage. Une sensation fantastique après une dure journée de travail à combattre et à réparer des voitures.

Fin février, nous sommes passés par Kizil Robat avec nos anciens alliés russes. C'étaient des cosaques, un beau groupe qui montait sur ses chevaux, mais les poneys étaient petits et mal entretenus. Lorsque la Russie s'est retirée de la guerre, ils ont demandé la permission de continuer à se battre en rejoignant notre batterie. Ils n'avaient aucune considération pour la discipline. Il était difficile de les garder sous contrôle, ainsi que de les empêcher de piller les indigènes... Lorsque les Russes ont établi une connexion avec nous, quelques voitures blindées ont été envoyées pour ramener le général cosaque Leslie. Nous avons été surpris d'apprendre qu'il ne parlait pas du tout anglais. Apparemment, ses ancêtres venaient d'Écosse et étaient à la cour de Pierre le Grand.

REMONTÉE DE L'EUPHRATE

Début mars, nous avons reçu l'ordre de retourner à Bagdad. Les voitures blindées allaient être utilisées dans une attaque contre le Front de l'Euphrate. Il y a eu beaucoup de spéculations sur ce qu'était exactement notre mission. Certains ont prétendu que nous allions percer pour établir une meilleure connexion avec les forces du général Allenby en Palestine.

L'effort de guerre en France nécessitait une réduction des forces orientales. Maintenant, nous devions attendre jusqu'en octobre au lieu de mars comme prévu initialement. Le printemps aurait été idéal pour s'aventurer sur l'Euphrate, et plus pratique de traverser le désert en véhicule via la liaison Tadmor, qui relie la Syrie et la Mésopotamie.

Lorsque nous avons avancé, les routes étaient difficiles et la pluie tombait à verse. Nous ne pouvions pas attendre plus longtemps. On nous a ordonné d'attaquer. Nous avons dû sauver ce que nous pouvions, séparer l'essentiel et nous frayer un chemin dans la boue. C'était un processus lent et ennuyeux, mais nous avons réussi à arriver à Bukuba au coucher du soleil. Le fleuve s'est élevé lors de ses crues prévisibles et périodiques. Nous avons eu la chance de trouver un pont flottant construit une demi-heure avant notre arrivée. Personne ne pouvait dire combien de temps cette crue allait durer, mais il était rare que le fleuve descende en moins d'une semaine. À cette époque, les trains et les chemins de fer n'allaient que jusqu'à Bukuba. Nous avons traversé la rivière en utilisant un pont à chevalets. J'ai chargé des moteurs sur une barge et leur ai fait traverser la rivière Diyala de cette façon.

Après avoir pris des dispositions pour que cela soit fait, je me suis dirigé vers le bazar pour trouver quelque chose pour le dîner. À la manière des autochtones, j'ai acheté une miche de pain à une vieille dame, puis je me suis dirigé vers le stand des cornichons pour choisir des betteraves à fourrer dans mon pain. Je suis allé à la boucherie et j'ai pris des brochettes d'agneau rôti. La viande était découpée en rectangles de 15 cm de long et placée sur du charbon de bois en combustion. À l'intérieur des magasins se trouvaient de longues tables ressemblant à des bancs où le client pouvait organiser ses achats récents ou manger ses brochettes de viande. Ensuite, il se rendait dans les cafés pour boire plus d'une tasse de thé et quelques tasses de café pour compléter le tout. Les Arabes semblaient manger rarement. Quand je les voyais manger, ils se gavaient comme si c'était leur dernier repas.

Le lendemain matin, nous avons chargé les voitures et sommes partis en train pour Bagdad, à 30 miles de là. Les chemins de fer sillonnaient le désert. Des réservoirs d'eau étaient dispersés ici et là, toujours gardés par un régiment indigène. Nous nous sommes arrêtés dans une zone particulièrement désolée. Un jeune officier s'est précipité vers nous et nous a demandé si nous voulions prendre le thé avec lui. Nous avons accepté, et il nous a ramenés vers la tente où tout était prêt et disposé. Le pauvre homme avait à peine plus de 20 ans et semblait seul et nostalgique. De nombreux jeunes officiers blessés en France avaient été envoyés en Inde. Ils aideraient à s'entraîner et à s'acclimater aux méthodes de l'armée indienne, tout en se soignant et en récupérant. Cet officier n'avait quitté le pays que depuis un mois. Dix jours auparavant, il avait dirigé la compagnie sikhe lors d'un tour de garde.

Nous avons passé quelques jours à Bagdad pour nous ressaisir pendant que nos voitures étaient envoyées pour être peintes en camouflage afin de ressembler à des camions de ravitaillement. Nous avons pris toutes les précautions pour que les Turcs ne s'aperçoivent pas que nous nous étions regroupés en masse pour une attaque. La nuit précédant notre assaut, un message est arrivé indiquant qu'un officier politique de Nejef avait été exécuté et que la ville était en révolte. Nous avons reçu l'ordre d'envoyer une section là-bas immédiatement.

Le lieutenant Ballingal et son équipe ont été choisis tandis que le reste d'entre nous se préparait à les rejoindre avec une autre vague de troupes le lendemain matin. La première partie de l'itinéraire prévu était à travers le désert jusqu'à Fallujah, une ville agricole et prospère sur le fleuve Euphrate. La tête de ligne se trouvait au-delà d'une zone connue sous le nom de Tel El Dhubban, ou « Colline des mouches » De là, nous avons utilisé les barges arabes, appelées *shakturs*. Nous avons traversé la rivière en empruntant un pont de bateaux et avons continué le long de la rive jusqu'à Ramadi. C'est là que je suis resté, chargé d'aider à escorter le commandant de l'armée lors d'une tournée d'inspection.

Les petites villes le long de l'Euphrate étaient plus agréables visuellement que celles sur le Tigre. Cette zone était plus développée avec des jardins accueillants entourant les villages. Le village de Hit, situé à 30 km en amont de Ramadi, est de loin le plus beau, ancien et construit au sommet d'une colline, avec l'une des meilleures vues sur la rivière, il n'y avait pas un gramme de vert, mais il se distinguait nettement des palmeraies qui bordaient la rivière. Les gisements de pétrole bitumineux situés à proximité constituaient un point d'attraction pour le centre-ville. Les jarres que les femmes utilisaient pour extraire l'eau de la rivière étaient faites d'osier et non de cuivre ou de métal. L'odeur de l'huile brûlée et du soufre était horrible. Les habitants du village ont affirmé que c'est ce qui avait sauvé leur ville des épidémies de choléra. Nous avions capturé Hit quelques semaines auparavant. Les avions qui volaient à basse altitude ont déclaré que l'horrible odeur était due à la saleté et à la crasse, ce que nous savions tous être faux. « Eyewitness » (Témoin) était le journal officiel local et le mentionnait dans les articles. Alors que je traversais la ville, les habitants s'excusaient de son odeur.

Après avoir ramené notre commandant d'armée à la tête de ligne, nous avons refait les huit miles qui nous séparaient de Hit en amont, ce qui nous a dirigés vers la Syrie. La route après avoir traversé Hit était en mauvais état. Les ingénieurs y travaillaient jour et nuit pour la maintenir ouverte et partiellement fonctionnelle. Dans l'attaque que nous avons planifiée, on nous a ordonné de partir vers la Syrie, où nos voitures blindées étaient assemblées. Notre camp était près d'un hôpital turc.

Des étoiles et des croissants étaient placés pour signaler à nos avions quand commencer à larguer des bombes. L'un des deux croissants était fait de calcaire et de gazon. Les batteries sont parties en reconnaissance à tour de rôle. Elles ont essuyé de nombreux tirs croisés et explosions. La route était désagréable car nos chameaux et autres animaux de transport avaient été tués sur leur route pendant la retraite turque de Hit. Nous n'avons jamais vu de chacals ou de vautours venant se nourrir de carcasses. Après avoir examiné les positions, la progression et les défenses de l'ennemi, nous avons pris la route la plus longue pour retourner au camp.

Un matin, je suis allé sur une île au large de la rivière. Le charme frais et apaisant m'a attiré le jour de notre arrivée, il a tenu ses promesses. Le seul endroit que j'ai trouvé en Mésopotamie où il restait un fragment du jardin d'Eden. Longue de près d'un kilomètre, elle était parsemée de huit maisons aux murs épais. L'île entière était une vaste palmeraie, remplie de grenades, d'abricots, d'oranges, de figues et de vignes qui poussaient sous les palmiers. L'herbe au sol était mouchetée de fleurs bleues et roses. J'ai trouvé des champs de blé, de l'irrigation et des fossés où l'eau était propulsée par des roues à eau géantes, de trente à cinquante pieds de large. Décrites dans la bible, il semble qu'elles n'aient pas été modifiées depuis. J'en ai vu jusqu'à quinze à la suite. L'eau était aspirée par les roues, ce qui créait une cascade dans les jarres en forme de gourde fixées sur les côtés et près du fond. Une fois remplies jusqu'au bord, elles tiraient sur les essieux en bois.

La nuit du 25 mars, nous avons appris qu'une attaque aurait lieu le lendemain matin. Nos voitures étaient prêtes à partir à 3 heures du matin avant le lever du soleil. Depuis minuit, nous avions vu des silhouettes ombragées passer pour se mettre en position avancée. Une de nos batteries était partie avec l'infanterie pour avancer contre les positions défensives de Khan Baghdadi. Le reste d'entre nous était allé avec la cavalerie pour couper les Turcs sur le flanc s'ils tentaient de se retirer en amont.

Nous étions déjà bien avancés quand le jour s'est levé. Le pays est morcelé par des lits de rivières et des ravins. Nous savions que la marche serait longue et difficile, surtout avec les cartes de mauvaise qualité que nous avions. Un officier allemand que nous avons capturé avait mis la main sur notre carte la plus récente, qui comprenait un grand ravin que nous avions manqué sur la dernière version. Cela nous a convaincu que tout nouveau mouvement que nous tenterions serait un échec. Nous avons avancé sur la rive du Nullah, ce qui nous aurait conduit à Khan Baghdadi au lieu de dix miles au nord de celui-ci, comme nous l'espérions. Avec l'aide de nos avions, nous étions sur la bonne voie. J'étais en charge des hommes et des véhicules transportant les fournitures et les pneus de rechange. J'ai passé la plupart de cette journée dans la caravane de tête. De temps en temps, j'allais dans un véhicule blindé et je vérifiais certaines des missions séparées. Les Turcs avaient prévu d'être flanqués et nous ont tiré dessus.

Cet après-midi-là, nous nous sommes tournés vers la

rivière. Notre cavalerie a été immédiatement engagée. Le terrain était bien trop morcelé pour que nos voitures puissent se déplacer efficacement. À la tombée de la nuit, nous nous sommes allongés à côté des voitures et nous nous sommes vite endormis. À minuit, nous nous sommes réveillés au son des balles qui sifflaient sur les rochers près de l'endroit où nous dormions. Une attaque de nuit était en cours. Cela nous a donné un sentiment spécial d'étrangeté. Nous avons deviné que les Turcs allaient se retirer de Kahn Baghdadi et avons couru vers les avant-postes de notre batterie. En quelques minutes, nous avons riposté avec la même intensité. Les tirs des mitrailleuses des deux côtés étaient incessants. Nos ennemis nous avaient sous-estimés, car ils se sont rendus sans trop se battre. Peu après, nous avons fait 1 200 prisonniers. La cavalerie a érigé un camp de prisonniers temporaire pour que nous puissions dormir un peu plus avant le lever du soleil.

À l'aube, nous avons rencontré une autre section de 2 000 Turcs ennemis. Ils se sont repliés sur une courte distance jusqu'à ce que nous commencions à bouger au petit jour, puis ils se sont rendus. Dans ce groupe se trouvaient plusieurs officiers allemands. Ils étaient bien équipés de mitrailleuses et de fusils longs. Leurs outils et leurs fournitures médicales étaient pour la plupart de fabrication autrichienne, tout comme leurs cuisines portables. On a fait le point sur ce qu'on avait capturé et qui on avait capturé. On nous a dit que Khan Bagh-dadi détenait de nombreux prisonniers. On nous a ordonné de continuer et de prendre Haditha à 30 miles au nord. Tout le monde espérait que nous pourrions récupérer le colonel Tennant, qui était le dernier commandant du Royal Flying Corps en Mésopotamie. Il avait été abattu à Kahn Baghdadi la veille de la dernière attaque. Nos prisonniers nous ont appris qu'il avait été envoyé en amont, en direction d'Alep. La rumeur dit qu'il était détenu à Haditha ou dans un village voisin.

Des troupes ennemies s'étaient interposées entre nous et la rivière et s'étaient frayé un chemin jusqu'à une route fonctionnelle. Nous avons avancé sans trop d'opposition, à l'exception de groupes occasionnels de traînards qui essayaient de rester cachés derrière des rochers et nous tiraient dessus, sans succès. Nous les avons désarmés et ils se sont rendus. Nous leur avons ordonné de marcher à reculons jusqu'à ce qu'ils soient récupérés par notre cavalerie. La scène m'a rappelé l'enfer. La route était couverte d'équipements éparpillés et de Turcs morts et en décomposition. Il était difficile de croire que les blessés pouvaient survivre à la chaleur croissante, les morts étaient mieux lotis.

Nous avons atteint les collines qui surplombaient Haditha pour découvrir que les batteries étaient en pleine retraite. La plupart étaient partis la veille au soir. Les hommes qui restaient ont ouvert le feu sur nous, mais sans enthousiasme, et n'ont pas fait de dégâts. De nombreux habitants de la ville vivaient dans des terriers entre les collines. Ces terriers étaient remplis de douilles d'obus, des victimes gisant partout. Nous avons continué et essayé de sauver autant de matériel que possible. Nous tenions à conserver tout ce qui était écrit sur les Arabes, afin de pouvoir les contrôler. Nous devions garder la trace de nos alliés et de nos ennemis. Nous avions récupéré une bonne quantité de fournitures médicales et davantage de munitions prises à nos forces lors de la dernière campagne de Gallipoli.

La ville de Haditha était à 35 miles de Khan Baghdadi, et Ana était à la même distance de là. Nous avons décidé de pousser vers un grand pont sur une de nos cartes, à 8 miles de ce côté d'Ana. Nous devions sécuriser cette zone avant que les Turcs ne la détruisent, puis traverser de l'autre côté où un camp temporaire avait été installé. La route était en meilleur état que la dernière que nous avions vue. De nombreux petits ponts avaient été construits récemment. On s'est rendu compte que notre carte était inexacte. Nos avions avaient fait beaucoup de dégâts aux Turcs. Lorsque nous avons commencé à rattraper les plus grands groupes de cavalerie, nous avons eu des engagements tranchants. Les Arabes du désert planaient comme des vautours au loin. Ils attendaient l'obscurité et le camouflage pour piller.

Cette nuit-là, nous avons monté le camp près du pont. Au crépuscule, les ambulances de la Croix-Rouge et quelques cavaliers retardataires ont rattrapé leur retard. La cavalerie avait eu deux jours difficiles. Les hommes avaient peu à manger et encore moins pour les chevaux, mais ils avaient réussi à les pousser et à nous rejoindre. C'était le 7e hussards. On avait récupéré un de leurs sergents qui avait échappé aux Turcs. Il avait fait 65 km à pied, et les Turcs l'avaient bien traité. Les Turcs étaient de bons combattants, convenables. Nos officiers étaient bien traités, tant que l'un d'entre nous avait quelque chose à partager. Avec les hommes enrôlés, ils étaient moins prévenants.

Je croyais que c'était parce que les Turcs ne se souciaient pas beaucoup du bien-être de leurs troupes.

Cela fait qu'ils ne se soucient pas beaucoup des nôtres. Le soldat turc prospérait grâce à la famine de nos hommes. L'attitude de leurs officiers est à la fois amusante et exaspérante. Ils considéraient la nourriture et les provisions comme allant de soi, sachant qu'ils seraient traités avec les conditions d'un invité d'honneur. Ils étaient amers, et se plaignaient de ne pas avoir assez de café, alors que nous survivions sans.

Nous n'avions aucune source d'approvisionnement. Les prisonniers allemands étaient connus pour grimacer lorsqu'ils étaient capturés. Quand ils découvraient qu'ils ne seraient pas maltraités, ils devenaient arrogants. Nous avions récupéré des hommes qui avaient été captifs. Un Tommy de Manchester, pris avant la chute de Kut, s'était échappé et avait vécu parmi les tribus kurdes pendant sept mois, avant de nous trouver sur son chemin. De nombreux prisonniers indiens avaient été envoyés pour travailler à la construction du chemin de fer qui reliait Berlin à Bagdad. Mais ils s'étaient échappés entre Nisibin et Mossoul et avaient lutté pour rejoindre nos lignes.

Ce fut un soulagement quand les fournitures de la Croix-Rouge sont arrivées, et que nous avons pu les donner aux blessés. Toute la nuit, ils ont transporté des fournitures médicales vers le camp d'évacuation principal à Haditha.

Au moment où le soleil s'est levé ce matin-là, nous étions de nouveau en route. Dans la nuit noire, les Arabes avaient pillé les fournitures abandonnées. Dans certains cas, ils tuaient les Turcs blessés. Les animaux utilisés pour le transport par l'ennemi, ainsi que leurs chevaux, étaient dans un état terrible. Les mois d'hiver humides avaient rendu difficile l'acheminement d'une quantité suffisante de fournitures. En raison du froid, les routes s'étaient tellement enfoncées dans la boue qu'elles étaient impraticables. Après un autre regard sur la carte, nous avons constaté qu'au lieu d'être à 8 miles d'Ana, nous étions en fait à 17 miles.

Nous avons quand même réussi à nous en sortir sans trop d'obstacles. La ville était magnifique et couverte de jardins qui bordaient les rives du fleuve sur huit kilomètres. Outre les palmiers et les arbres fruitiers, il y avait de grands oliviers - les premiers que j'aie vus en Mésopotamie - et de rares amandiers.

La majorité des troupes de l'ennemi avait quitté la ville. Nous avons quand même capturé le gouverneur turc et une bonne partie de leur garnison, y compris ceux qui s'étaient échappés de Haditha. Le désastre laissé à Khan Baghdadi n'a été signalé que la veille, car on avait coupé tous les fils de téléphone. Le gouverneur ne croyait pas que nous avions réussi. Il avait passé la majeure partie de sa vie en Hongrie et n'a été prévenu que quelques mois avant notre arrivée. Les prisonniers que nous avons capturés à Haditha avaient des opinions différentes sur le moment où le commandant des forces aériennes ferait son prochain mouvement.

Nos voitures ont reçu l'ordre de chercher un colonel tant qu'on avait assez de carburant pour le ramener. Le capitaine Todd de la huitième batterie dirigeait ses hommes à 30 miles au nord d'Ana, lorsqu'ils ont aperçu un troupeau de chameaux entouré de cavaliers. Quelques ceintures des tireurs de mitrailleuses ont dispersé le groupe. Le colonel Tennant et son second, le major Hobart, étaient sains et saufs à l'arrière d'une de nos caravanes.

Nous avons entendu de nos captifs turcs qu'un grand convoi d'or serait renvoyé d'Ana. Certains ont dit que c'était prévu un ou deux jours avant notre arrivée. La réserve de carburant que nous avions apportée était presque épuisée, nous devions en trouver d'autre pour continuer notre poursuite. L'homme qui commandait le secteur des véhicules blindés était le Major Thompson. Il m'a demandé de faire reculer les tenders aussi loin que possible pour trouver un dépôt d'essence et d'en tirer 1 000 gallons, puisque c'est ce que le tender pouvait transporter.

J'ai vidé tous les camions et les ai chargés de soldats blessés, de prisonniers importants et du gouverneur d'Ana. C'était un homme d'âge moyen, bien informé, qui ne parlait pas l'arabe, mais couramment le français. Au milieu de l'après-midi, nous avons repris la route. Je n'avais aucune idée de l'endroit où trouver plus de carburant. En chemin, on s'est fait tirer dessus par des Turcs qui se cachaient dans les collines. Une force réduite mais déterminée avait arrêté ses voitures à des endroits épars sur la route sinueuse. De gros rochers jonchaient les collines au-dessus de nous et auraient pu être poussés sur nous. Heureusement, personne n'a eu cette idée.

En revenant sur nos pas sur une bonne centaine de kilomètres, j'ai appris qu'un dépôt de patrouille ennemi avait été découvert par nos hommes. Le colonel et son infanterie avaient gardé une réserve spéciale d'avions. Nous avons été informés que rien ne devait être utilisé comme carburant pour les véhicules. Il a coopéré avec moi, mais a refusé de lire la lettre que j'avais apportée. Il m'a permis de charger mes tenders. Les batteries d'attaque étaient bien préparées et très appréciées. Nous les avons rencontrées à plusieurs reprises. Elles nous ont rencontrés à mi-chemin et nous ont souvent aidés dans des situations difficiles.

Une fois que nous avions tout préparé pour le retour, il faisait nuit et tout le monde était épuisé. J'ai réussi à trouver du thé, mais sans sucre ni lait. La boisson forte et fumante a fait couler la maigre quantité de bœuf froid que nous avons eu pour le dîner. C'était une nuit étoilée, mais pas assez lumineuse pour distinguer les fossés de la route. Après notre départ, nous avons croisé quelques voitures blindées chargées de ramener les aviateurs secourus une fois qu'ils avaient été rééquipés et approvisionnés.

Pendant notre arrêt, mon sergent a découvert une station de secours. Un sergent plus âgé et expérimenté devrait toujours préserver son alcool. Il en avait gardé pour des moments comme celui-ci où il était d'une grande valeur.

J'avais conduit toute la journée et j'avais du mal à rester éveillé. Je me suis endormi deux fois. La première fois que je me suis réveillé, c'était à cause d'une voiture qui démarrait sur le remblai. La deuxième fois, c'était après qu'un énorme rocher ait roulé vers moi depuis la route. Nous nous sommes glissés dans Ana à près de 2 heures du matin.

LA POURSUITE DU CONVOI D'OR

Notre plan était de capturer un convoi d'or à 4 heures du matin, ce qui nous laissait deux heures entières pour dormir. Je me suis blotti à l'arrière d'une Rolls Royce qui avait été garée sur le côté de la route. À travers la rosée et la brume du matin se dessinaient les contours d'une voiture blindée garée devant moi.

Le capitaine Carr de la 13e Batterie commandait cette expédition. À moins que quelqu'un ne tire ou que nous soyons dans une zone sous le feu des mitrailleuses, l'officier et son sous-officier se tenaient derrière la tourelle. Ils se maintenaient à l'aide de boucles de cuir attachées sur les côtés.

Nos boîtes à outils se fixaient des deux côtés des camions et servaient de sièges pour les longs trajets. Lorsque nous étions engagés par des tirs, l'équipage entrait à l'intérieur et tirait sur les portes en acier pour les fermer. Les fentes se refermaient sur les côtés conducteur et passager lorsque le tir était plus important. Nous avions des judas de chaque côté, et une partie arrière qui pouvait être fermée, comme l'arrière d'une camionnette. Il y avait une zone pour glisser une arme sur la plupart des côtés qui pouvait être fermée lorsqu'elle n'était pas utilisée. Des sections d'hommes entraient et essayaient de tirer dans les petites ouvertures. Un de nos chauffeurs avait reçu une balle dans la tête exactement de la même manière près de Ramadi.

Le fond de la voiture était en bois, les balles l'avaient traversé. Si on avait utilisé de l'acier, ça aurait rendu la voiture trop lourde. Le grand réservoir d'essence à l'arrière du camion était protégé par des plaques d'acier mais restait vulnérable. Un réservoir de réserve contenait 10 gallons à l'intérieur de la tourelle. Nous avions souvent des problèmes avec les lignes de carburant pendant les journées chaudes. La tourelle ressemblait à un sauna et les pédales étaient si chaudes qu'on se brûlait les pieds.

À 40 miles au nord d'Ana, nous sommes arrivés à un grand relais routier Khan. Ces maisons étaient construites le long des routes principales. Leur conception était simple. Quatre murs, deux étages, des pièces et des cabines intégrées. Une cour fermée où les chameaux et les chevaux se reposaient pour la nuit. Dans l'ensemble, l'endroit était solidement construit, mais les routes étaient limitées aux tribus du désert. Alors que nous roulions vers une grande porte, nous avons entendu des voix fortes provenant d'un groupe de marchands juifs et arméniens qui s'étaient réfugiés là. Certains d'entre eux avaient quitté Ana en direction d'Alep avant que la nouvelle de la chute de Kahn Baghdadi n'atteigne ce village.

D'autres ont été tués par les Turcs quand ils ont entendu parler de notre avance. Ils semblaient tous avoir été pillés par les Arabes. Certains des animaux de la cargaison s'étaient enfuis sous les coups de feu. Cela rendait les marchands impuissants, incapables de bouger. Les femmes criaient et appelaient à l'aide, les enfants tombaient sur les monticules confus de marchandises. Certains Arméniens avaient des relations à Bagdad et étaient en mesure de transmettre des bribes d'informations. Tout le monde a supplié pour avoir la permission de retourner à Ana, puis à la capitale. Nous n'avions aucun moyen de transporter autant de personnes, et toute tentative était hors de question.

Une fois que nous avons fait quelques kilomètres de plus, nous avons découvert des troupes arabes qui se frayaient un chemin vers l'intérieur des terres à environ un kilomètre de nous. Nous les avons observés au-dessus des ravins. Ils avaient volé des chameaux qui semblaient en mauvais état. Deux de nos voitures ont tenté en vain de les atteindre, mais pas avant d'avoir reçu quelques tirs de leurs mitrailleuses.

Nous avons rattrapé une bande de Turcs, ainsi que plusieurs traînards isolés volés par les Arabes. D'habitude, ils se rendaient sans hésiter. Nous les avons désarmés et leur avons ordonné de retourner vers Ana. Souvent, on tombait sur la cavalerie turque. Je voyageais avec le tender Ford et quelques fournitures. Le sol était défoncé et presque impossible à manœuvrer. Quand un pneu éclatait, je sautais à terre et j'étais prêt à le remplacer. Les voitures blindées avaient de l'avance, et nous nous sommes précipités pour les rattraper. Dans ma hâte, je n'ai pas remarqué qu'ils étaient partis à la poursuite d'une troupe de cavalerie.

Nous sommes arrivés à un grand bâtiment que les

Turcs utilisaient comme caserne. Je me suis assuré qu'il y avait des voitures avant moi, en prenant soin de ne pas m'approcher de l'ennemi. J'ai trouvé ma troupe et on a roulé jusqu'à la porte. J'ai sauté de la voiture et j'ai ouvert la porte en grand. À l'intérieur de cette cour, il y avait de la cavalerie. Je n'avais que mon revolver Webley dans mon étui de ceinture. Il n'y avait rien d'autre à faire que de se montrer fort. J'ai crié en arabe à celui qui commandait. Je leur ai ordonné de se rendre comme si nos forces les avaient encerclés alors qu'il n'y avait que moi. Ils semblaient avoir été tout aussi surpris et se sont rendus immédiatement, me remettant le poste. Elridge, notre chauffeur Ford, a pris le fusil que le commandant turc avait attaché à son côté. Puis nous avons fait nos rondes avec notre captif comme escorte.

L'une des ailes de l'hôpital était un poste que nous utilisions sous la direction d'un médecin arménien, petit mais compétent. Il posa la question universelle suivante : « Quand la Grande-Bretagne libérera-t-elle son propre pays et deviendra-t-elle un État indépendant ? »

Il y avait une limite au nombre de prisonniers que nous pouvions ramener avec nous. J'ai offert une place au docteur car il serait utile pour des raisons évidentes. Lorsque je lui ai proposé, il se dirigea vers son coffre et pris une photo de sa femme et de sa jeune fille. Ils étaient coincés à Constantinople, et il ne les avait pas vus depuis deux ans. Il m'a remercié mais a refusé dans l'espoir de revoir sa famille.

Une fois les voitures prêtes, nous sommes partis à la poursuite du convoi d'or. Nous n'avons pas réussi à obtenir d'informations précises sur son état. Certains disaient qu'il était en retard, d'autres qu'il était en avance, mais nous n'avons pas abandonné. Il aurait pu être caché dans un ravin près d'une des routes que nous avons traversées. Avant Abu Kemal, une ville en Syrie au bord de l'Euphrate, nous avons capturé trois Allemands. Ils étaient terrifiés quand on les a pris. Une fois qu'ils se sont calmés, ils ont expliqué leur peur de se faire tirer dessus. Une fois que nous avons commencé à bien les traiter, ils ont dû être remis à leur place.

Pendant notre retour à Ana, nous avons récupéré quelques prisonniers de plus. Vingt-deux, c'était le maximum qu'on pouvait supporter. J'ai utilisé l'une des plus grandes voitures, elle s'est comportée plus facilement que prévu avec le poids supplémentaire des plaques de blindage. Nous étions très fiers des voitures dans lesquelles nous roulions. On leur donnait souvent un nom. Dans la quatorzième section, il y avait Silver Dart, Silver Ghost, ainsi que Grey Terror et Grey Knight. La voiture dans laquelle j'étais a tenu jusqu'à quelques jours avant l'armistice, bien après mon départ pour la France. Elle a été touchée par deux tirs directs d'un 88 autrichien.

Nous sommes rentrés à notre camp à Ana un peu après minuit, en plein dans les jardins de palmiers. Bien que nous n'ayons pas réussi à capturer de convoi d'or, nous avons obtenu de nombreux prisonniers et autres objets de valeur. J'ai trouvé des papiers qui appartenaient à un agent politique allemand que nous avions capturé. Ils contenaient des informations sur la situation arabe. Ils avaient pratiquement prouvé que les Allemands étaient les instigateurs du meurtre d'un officier politique à Nejef. Les lettres adressées par les cheiks arabes au Kaiser constituaient un excellent complément à ces documents.

Ils le remerciaient pour les croix de fer qu'ils avaient reçues. Je parie qu'il y avait des sarcasmes sous-jacents dans ces lettres. C'étaient les Arabes mahométans qui avaient résisté en Terre Sainte à l'invasion chrétienne.

Quand nous sommes arrivés à Ana, nous avons reçu l'ordre d'évacuer le lendemain matin. Ils étaient prêts à faire exploser le dépôt de munitions et une série de bâtiments qui étaient tous reliés. Nous avons prévenu les habitants et leur avons dit de se cacher dans des grottes le long des collines. Nos troupes sont retournées au même camp que celui que nous avions occupé près du pont la nuit précédant notre arrivée à Ana. Dans l'après-midi, le Major Edye est arrivé. C'était un officier politique qui ne voyageait qu'avec un accompagnateur arabe. Son accompagnateur installait le camp du major, qui consistait en une selle et une couverture juste à côté de notre camp. C'était un homme fascinant avec un réel talent pour les langues. En un an seulement, il avait appris la langue moderne, l'abyssin, lors d'un voyage en Abyssinie. Il y avait un orientaliste célèbre chez les Allemands avec qui il correspondait avant la guerre. Il avait envoyé au Major une lettre au début de la guerre, écrite en ancien abyssinien.

L'explosion principale devait être suivie de plus petites, à des intervalles de plus en plus longs. Cela a duré toute la nuit. Le général Cassels, qui commandait la brigade de cavalerie, a demandé à retourner à Ana le lendemain matin pour vérifier si le camp avait été vraiment détruit. Nous avons convenu que c'était convenable, et il a pris une escorte de voitures blindées. J'étais le seul à parler arabe dans les batteries, alors on a demandé mes services. Quand nous sommes arrivés en ville, un cliquetis de petites armes à feu poivrait le ciel autour de nous. Ça ressemblait plus à des feux d'artifice. Le général a remarqué que j'avais un appareil photo Polaroid et m'a demandé d'aller au dépôt pour prendre des photos. J'ai ravalé ma peur et me suis approché du bord du dépôt pour essayer d'avoir un bon angle. Alors que je revenais, un obus a explosé. Nous avons rapidement déplacé nos voitures.

Je suis allé chez le maire pour voir à quoi ressemblait la ville après les explosions. Le maire était un vieil homme arabe solennel. Il m'a montré les dégâts causés par les obus sans aucune expression sur son visage. Les maisons environnantes avaient été criblées de balles, mais les indigènes avaient suivi notre avertissement et s'étaient cachés. Il n'y a pas eu de morts. Après une tasse de café avec le maire dans son magnifique jardin sur la rivière, je suis revenu, et nous sommes entrés dans Haditha. Nous étions censés y rester une semaine pour permettre le transport de tout matériel capturé.

Jusqu'à présent, nous avions eu de la chance avec la météo. Mais maintenant il commençait à pleuvoir. Nous nous sommes glissés sous nos voitures avec des couvertures. Nous avons pris toutes les précautions possibles, mais cela n'a servi à rien lorsque l'ouragan a frappé à minuit. Une vague m'a fait sortir de sous ma voiture. J'avais trouvé une cabane déserte plus tôt, que j'avais remarquée avant la nuit. J'ai lutté contre les assauts de l'eau pour m'y rendre. Bien qu'abandonnés par les Arabes, ils y avaient laissé des traces de leur occupation antérieure. Pourtant, je préférais cet abri à l'orage. Ce toit était étanche.

La tempête a continué toute la journée du lendemain. Le Wadi Hauran est un grand ravin qui s'enfonce dans le désert sur 150 miles. Ce ravin est devenu un étang d'eau bouillante. Quand la tempête s'est terminée, et qu'on a traversé, il avait déjà séché. Un camion d'artillerie avec un canon anti-aérien lourd a été réduit en miettes par l'ouragan. Nous nous demandions ce qu'il était advenu de nos rations et craignions qu'il ne soit plus possible de s'approvisionner.

J'étais le seul membre de notre brigade qui parlait suffisamment l'arabe pour être utile. C'était à moi de rencontrer le maire de la ville sur une longue île. On a pris un ferry pour traverser en barges. Les méthodes des autochtones étaient plus simples : ils gonflaient des peaux de chèvre, se déshabillaient, tenaient la peau de chèvre d'une main et pagayaient de l'autre. Ils sont partis du haut de l'île et ont atteint le rivage à l'extrémité opposée. Leurs vieilles têtes et barbes grises étaient ridicules lorsqu'ils se déshabillaient et essayaient de gonfler les peaux.

Le maire s'est révélé être un homme à la fois intelligent et agréable. Les réserves de nourriture étaient rares, il ne nous a pas offert d'aide sérieuse sur le plan alimentaire. Nous avons créé un espace dans la maison d'hôtes où nous nous sommes assis en cercle, les jambes croisées sur des coussins. Au milieu, un serviteur torréfiait des grains de café avec une grande pelle en forme de cuillère. Les Arabes du désert semblaient toujours être tenus en haute estime par les proches de leur ville. Il était de notoriété publique que les anciens de Haditha étaient un groupe d'hommes exceptionnellement beaux. Nous avons reçu quelques œufs, un délice à manger après du thé noir et du bœuf en conserve.

Mes chaussures avaient été détruites quelques jours

avant que je prenne une paire à un Turc qui n'en avait plus l'utilité. Elles étaient trop grandes et trop larges, mais j'étais excité d'avoir ma propre paire de chaussures. Même dans le service des mitrailleurs, ils accordaient de l'importance à leurs chaussures. J'étais aussi impatient d'avoir un repas que d'avoir ces chaussures. Ma réserve de matériel de lecture était légère. Je n'avais que *Tancred* de Disraeli. Je me suis trouvé incapable d'éprouver de l'empathie pour les sentiments du personnage, lors d'un voyage français de Bagdad à Alep en 1808. L'auteur était un cousin du Grand Jean Jacques et appartenait à une famille connue pour être orientaliste. Né en Perse et marié à la fille du consul des Pays-Bas, une carrière diplomatique l'attendait en Orient, ainsi qu'en Afrique du Nord. Les personnes qu'il a rencontrées et les restes qu'il a trouvés dans des fouilles archéologiques étaient bien pensés et détaillés. Les villes fluviales ont peu changé au cours des 100 dernières années. Les croquis du livre semblaient avoir été dessinés hier.

Trois jours après la montée des eaux de l'Oued Hauran, celles-ci se sont finalement suffisamment calmées pour que nous puissions traverser. J'ai reçu l'ordre de retourner à Bagdad. La pluie avait apporté un changement dans le désert que nous avons traversé en montant. Pendant le trajet, les mots de Paterson, le poète australien, se répétaient dans ma tête :

> « *Car la pluie, la sécheresse et le soleil ne changent rien à la rue, à l'alignement maussade des bâtiments et au piétinement incessant, mais la brousse a des humeurs et des changements, au gré des saisons, et les hommes qui connaissent la brousse sont loyaux en toutes circonstances.* »

Le sol sec du désert était couvert d'un vert tendre avec des tas de petites fleurs, toutes délicatement façonnées. J'ai vu des coquelicots, des marguerites, des boutons d'or et des myosotis. Pendant que j'admirais ces fleurs, la pluie a recommencé. Cette fois, nous avons décidé de pousser et de nous rendre à Bagdad avant que la route ne devienne à nouveau impraticable.

CROQUIS DE BAGDAD

Je n'ai jamais passé de longues périodes à Bagdad, juste quatre ou cinq jours par mois. Dans cette ville, la vie était compliquée et excitante. Nous étions les personnes les plus étrangères, mais cette barrière n'était jamais aussi évidente qu'on pourrait le croire. J'ai eu de nombreuses occasions de me mêler aux indigènes. J'ai rencontré Oscar Heizer, qui faisait partie du consulat américain. Il avait été au Levant depuis 25 ans, dont la plupart à Constantinople. Après le début de la guerre, il était stationné dans l'un des principaux ports de la mer Noire. Il a été témoin de terribles massacres. Des foules de gens pitoyables poussés vers l'intérieur des terres pour mourir de faim. Calme et sans prétention, il a agi avec rapidité et agilité pour aider à l'approvisionnement. Il est devenu le favori de tous, tant des autochtones que des étrangers.

Je l'ai accompagné sur un ferry pour traverser la rivière et prendre le thé avec l'Asadulla Khan, qui faisait partie du consulat perse. La maison avait trois ailes construites autour d'un jardin, le mur du fond donnant sur la rive du fleuve. La cour était une jungle organisée d'arbres fruitiers en fleurs, remplis d'oiseaux qui chantaient sans s'arrêter. Nous nous sommes assis dans le jardin et avons siroté des sorbets en cassant des noix et en mangeant des graines de pastèque salées.

Un assortiment de café, de sucreries, de whisky et de scotch a été servi. Les règles du Coran contre l'alcool ne sont pas respectées par la majorité de la population. Même ceux qui ne boivent pas en public s'abstiennent rarement lorsqu'ils sont seuls. Seuls les conservateurs extrêmes obéissent aux ordres du prophète. Ils vivent principalement dans de petites villes.

Nous avons inhalé la fumée à l'ombre des arbres en regardant les bateaux passer. Les érables et les palmiers se balançaient dans le vent. Les bateaux étaient appelés *gufas*, construits comme les coracles de l'ancienne Angleterre, à la forme ronde comme un panier, avec une légère inclinaison. Aucun Anglo-Saxon ne les passerait sans penser à la comptine. « Des hommes sages de Gotham sont allés dans une mer... »

Ces gufas faisaient environ 25 pieds de large et transportaient une variété de choses : hommes, femmes, bétail et moutons. Le travail de propulsion d'un gufa était un art. Il tournait sans bouger dans les deux sens. Les indigènes utilisaient de longues pagaies à bords arrondis pour traverser la rivière en un temps record. Passer d'une rive à l'autre était un événement démocratique. Surtout lorsque les femmes revenant des marchés portaient des chapelets de poulets en bandoulière.

Le profil d'Asadulla Khan me faisait penser à une idole inca du Pérou. Parmi ses nombreux scribes se trouvaient des hommes de culture spécialisés dans la littérature persane. Sadi et Hafiz étaient considérés comme bien supérieurs à Omar Khayyam. J'ai utilisé de nombreuses filières pour obtenir un manuscrit du Rubaiyat persan-anglais. Tout ce que j'ai pu obtenir, c'est une copie lithographique qui n'avait ni lieu ni date de publication, avec une seule remarque en passant sur le fait qu'il a été imprimé pendant les mois froids de l'hiver. On m'a dit que les écrits d'Omar étaient considérés comme immoraux. Ils ne devaient pas être introduits dans un foyer religieux. Mes amis perses citaient toujours *Rose Garden* et s'extasiaient devant sa beauté.

Sous le consulat se trouvait un espace de débarquement où nos serviteurs portaient des lanternes pour signaler qu'ils étaient prêts à être pris en charge. Ils appelaient ce calvaire « *Abu Bellam* » jusqu'à ce qu'un bateau apparaisse. Le terme « Abu » m'a toujours amusé, puisque la traduction littérale est « père ». Les propriétaires de bazars étaient connus sous le nom de « père » des marchandises qu'ils avaient à vendre. Un vieil homme obèse qui vendait des pots de terre poreuse était nommé « Abu hub », ce qui signifie « le père des pots à eau ».

Mon meilleur ami autochtone était Hamdi Bey Baban, un chef kurde. Son père avait été capturé et envoyé à Constantinople. Après y avoir vécu plusieurs années en captivité partielle, il a été empoisonné. Hamdi n'a pas été autorisé à retourner au Kurdistan avant d'être un homme adulte. À ce moment-là, il avait oublié presque toute sa langue maternelle. Il parlait et lisait le français et l'anglais. Il a obtenu la permission de vivre à Bagdad à condition de rester en dehors des collines kurdes.

Hamdi a décidé d'y aller quand même. Il avait prévu une voiture conduite par un chauffeur français. De l'essence avait envoyée en avance, déposée par chameau aux points de son itinéraire. Le voyage était voué à l'échec dès le départ. Les villageois n'avaient jamais vu de véhicule auparavant et pensaient que c'était un démon. Les villageois lui ont jeté des pierres. Hamdi a été assailli et presque tué. Il s'est échappé en fonçant dans la foule à toute vitesse.

Sa vie à Bagdad était volatile. Une fois, il a été arrêté et ramené à Constantinople avant l'avancée britannique. Cela a mis sa vie en grand danger. Il ne se souciait pas des Turcs et misait tout sur une victoire des alliés.

Hamdi avait l'intention d'écrire un livre sur l'histoire de sa famille. Il achetait des livres et des manuscrits comme matériel de recherche. En Orient, de nombreux extraits d'histoire bien connus n'existaient que sous forme de manuscrits. Ils en faisaient des copies en utilisant des scribes. Cette pratique était courante chez les hommes riches qui souhaitaient se constituer une bibliothèque personnelle. Hamdi a fait transcrire par des scribes des chroniques rares sur le passé de sa famille. Il m'a montré un passage d'un long manuscrit en persan. On y parlait d'une exécution et de 17 corps décapités.

Je faisais aussi des commérages, jouais aux dominos et buvais du café avec mon ami arabe Abdul Pasha, un homme âgé et fidèle allié des Britanniques à travers de nombreuses épreuves et tribulations. Les dîners dans sa maison au bord de la rivière ressemblaient aux festins que l'on peut lire dans l'histoire ancienne. Met après met, sans menu ni plan annoncé. Chaque plat était de la taille d'un repas en soi, et toujours plus large que le précédent. Selon la coutume arabe, il y avait une règle selon laquelle le fils de la maison ne devait pas s'asseoir en même temps que son père. Avant et après le dîner, le fils discutait et fumait avec nous.

J'avais plusieurs amis arméniens. La plupart d'entre eux étaient apparentés, un parent, un frère ou une sœur, avec un autre membre de la famille chez les Turcs. Plusieurs Arméniens étaient attachés à des familles très estimées. Beaucoup d'entre eux avaient occupé des postes gouvernementaux à Constantinople. Le secrétaire au Trésor était typiquement arménien.

J'ai souvent dîné avec une famille lors de l'habituel festin oriental. Le dîner variait entre la cuisine arabe ou turque avec des plats vedettes. Tout le monde parlait français, sauf la grand-mère. Les filles avaient une bonne compréhension de la littérature. Elles lisaient des livres anglais avec une traduction française. La maison était meublée de tapis colorés et d'argenterie vieille de plusieurs générations. La plus jeune génération jouait au bridge. Comme elles étaient toutes des filles, elles s'habillaient dans leurs tenues européennes les plus élégantes. L'origine de ces vêtements était un mystère pour moi. Peut-être qu'elles les cousaient elles-mêmes. Rien n'avait été apporté depuis la guerre. Les vêtements étrangers de cette qualité n'étaient pas stockés, seulement importés. Les soirées étaient agréables, si différentes de ma vie quotidienne. Ces trois Arméniennes étaient les seules femmes avec lesquelles je pouvais parler et rire comme il se doit.

Je m'étais lié d'amitié avec un autre arabe instruit et bien informé nommé Père. Il était éditeur du journal Arabian. Toute sa vie, il a travaillé à la construction d'une bibliothèque et avait rassemblé des livres rares dans toute la Mésopotamie et la Syrie. Avant que les Anglais ne prennent Bagdad, les Allemands avaient pillé sa collection de livres. Ils avaient envoyé les plus précieux à Constantinople ou à Berlin et le reste à leurs troupes. Les soldats avaient fait plusieurs feux de joie, d'autres avaient échangé des livres dans les bazars contre des fournitures. Lorsque Père parlait du saccage de sa maison, il se mettait dans une fureur noire. Ses yeux brillaient et il maudissait les vandales qui avaient détruit ses trésors.

À Bagdad, j'ai rencontré le Major E.B. Soane qui avait écrit *À travers la Mésopotamie et le Kurdistan déguisé*. Il était né dans le sud de la France d'une mère française et d'un père anglais. Son père avait traversé les États-Unis d'un océan à l'autre au début des années 1840, il était donc né avec un esprit d'aventure. Enfant, il est allé travailler à la banque des Anglo-Perses. Il s'était intéressé à la langue et à la littérature persanes. Il avait passé la plupart de son temps au British Museum pour traduire et cataloguer des manuscrits persans. Il s'intéressait aux Kurdes. Il avait passé de nombreuses années parmi eux pour apprendre leurs coutumes et leurs dialectes tout en participant à leurs raids.

Dès que nous nous sommes installés dans les collines kurdes, Soane a été envoyé pour superviser le territoire nouvellement capturé. Ses quartiers étaient à Khanikin, à 25 miles de Kizil Robat, non loin de la frontière perse. Un matin, j'ai pris un bateau pour traverser la rivière et aller le voir. Les nuages dominaient des sommets blancs et enneigés sur un fond bleu profond. Le ciel le plus brillant que j'avais vu depuis des années. La route serpentait autour des contreforts vides. Un vaste bosquet de palmiers avec des maisons se dessinait, divisé par une rivière bordée de sept ponts. Je me suis frayé un chemin dans la rue étroite, en évitant les Kurdes en haillons. Je suis arrivé dans une maison avec une grande cour décorée d'un groupe d'hommes kurdes armés de toutes les armes imaginables. Soane administrait un plan sévère mais tactique pour la justice. Il savait comment gérer ces hommes.

Le district souffrait de la peur, occupé par une rotation de Turcs et de Russes avant que nous le prenions. Les indigènes avaient donc été volés sans pitié. Des milliers d'entre eux étaient morts de faim.

Pendant mon séjour à Deli Abbas, des groupes d'hommes affamés passaient en mendiant du travail ou de la nourriture. Soane avait un Khan qui se trouvait à la périphérie de la ville. Il l'avait transformé en maison pour les pauvres où il mettait les femmes et les enfants affamés qui arrivaient de tout le Kurdistan. Une assemblée effrayante des personnes les plus maigres que j'aie jamais vues. Lorsque certaines femmes ont été nourries et sont devenues plus fortes, il leur a confié l'administration de Khan. Il les divisait en groupes et contrôlait quels groupes étaient nourris et quand. Ils sont devenus plus sains avec le temps et ont aidé à nettoyer le village. Les Kurdes avaient beaucoup de respect pour eux-mêmes.

J'ai compris l'admiration et l'enthousiasme que Soane avait pour eux.

À Bagdad, vous viviez soit dans une cave, soit sur le toit d'une maison. Ils appelaient les caves « serdabs », une grande cheminée formée pour retenir les vents violents mais avec une ventilation suffisante pour respirer pendant les jours chauds du désert. On dormait sur les toits, on y mangeait même parfois. La ville était le quartier général de la force expéditionnaire. On tombait toujours sur un ami, ou au moins une connaissance.

Les réunions se tenaient dans des hippodromes. Chaque participant envoyait un représentant, et des Arabes se sont joints à ces réunions. Un homme de la tribu sauvage a pris une avance considérable dans la course en enlevant sa cape et en criant des chants de triomphe. L'Arabe qui arrivait après lui était moins enthousiaste et gérait l'affaire de manière plus professionnelle. Son cheval n'était pas aussi rapide que les autres. L'énergie de ces hippodromes était grandiose. Des couleurs rayonnantes, des capuchons soyeux assez lumineux pour voir à travers la foule. Depuis mon toit, les abas colorés faisaient ressembler la foule à un champ de coquelicots.

À Samarra, un incident amusant a eu lieu avec quelques femmes d'officiers capturées à Ramadi. Le commandant de l'armée ne voulait pas les envoyer en Inde et en Birmanie pour qu'elles retrouvent leurs maris. Il les a envoyés à Samarra et au-delà des lignes, chez les Turcs. Après plusieurs messages envoyés par avion, nous les avons laissées sur une colline assignée et les Turcs viendraient les chercher. Nous avions fait en sorte que les quartiers soient considérés comme quelque peu civils.

Lorsque les épouses ont été ramenées à leurs compatriotes, elles ont pleuré comme des hystériques. Nous ne savions pas si c'étaient les Turcs qui étaient sans cœur ou s'ils n'avaient pas d'utilité pour ces femmes en particulier. Vingt-quatre heures plus tard, elles attendaient toujours. Nous les avons renvoyées à Bagdad.

A l'occasion, j'allais dans un théâtre arabe. Les pièces étaient burlesques car les Arabes avaient un grand sens de l'humour. La plupart des jeux de mots me dépassaient, mais il y avait quand même beaucoup de comique de boulevard, compris par la plupart, voire la totalité, du public. Il y avait toujours de la danse, bien que médiocre la plupart du temps. Un homme âgé était un interprète remarquable et aurait été apprécié partout. Les chansons étaient amusantes et pleines d'entrain. Le refrain de l'un de mes préférés était « *Haido, Haido, rahweni passa* », ce qui se traduit par "Je dis, je dis, montre-moi ton laissez-passer ». Les espions avaient été un problème dans le passé, tout le monde montrait son laissez-passer sur demande. Un signe de bonne foi et cette chanson l'exigeait.

Le capitaine Lloyd m'a accompagné lors de nombreuses rencontres avec les indigènes. Il avait été stationné en Birmanie, puis en Inde, pendant de nombreuses années. C'était un érudit persan reconnu. Je lui ai demandé pourquoi je ne l'avais jamais vu boire du café, dans tous les cafés que nous avons visités. Il a dit qu'il avait été empoisonné par une tasse de café qu'on lui avait livrée.

J'attendais avec impatience mes voyages à Bagdad. Cela m'a donné la chance d'expérimenter une vie différente de celle à laquelle j'étais habitué. Bien que ce soit temporaire, cela m'aidait à me changer les idées sur la guerre et sur la façon dont le monde était devenu un enfer. Pourtant, chaque matin, j'étais prêt à partir pour ma prochaine destination. J'étais aussi heureux de quitter le désert que d'y arriver.

ATTAQUE SUR LE FRONT PERSE

Je suis arrivé au quartier général après l'attaque de l'Euphrate. Je m'attendais à entendre parler de mon transfert en France et à recevoir l'ordre de m'y rendre immédiatement. J'avais l'intention de rejoindre l'armée américaine une fois qu'elle serait entrée en guerre. J'ai réfléchi à la meilleure méthode pour exécuter mes plans. Lorsque les choses se présentèrent mal pour les forces alliées en mars 1918, la France était l'endroit où il fallait être. Le général Gillman, un chef d'état-major, s'était montré un bon ami à plusieurs reprises. Il m'a dit qu'il pouvait organiser un transfert en France, et qu'une fois arrivé, je pourrais trouver la meilleure façon d'entrer dans l'armée américaine.

J'ai attendu mes ordres. Le commandant de brigade des voitures blindées, le major Thompson, m'a fait venir. Il m'a mis en garde contre l'action du front kurde. Seules deux batteries étaient sorties, la 8e et la 13e. Je n'étais dans aucune des deux, mais il voulait que je vienne commander les trains d'approvisionnement. J'ai sauté sur l'occasion. L'attaque promettait d'être assez intéressante.

Nous étions prêts à bouger dans l'heure qui suivait. Plusieurs jours ont passé avec du mauvais temps qui nous a retenus. La fonte des neiges des montagnes faisait monter les rivières créait des inondations. Le Tigre a augmenté de 16 pieds pendant la nuit. Un pont inférieur s'est brisé et a été emporté. Tout a été fait pour sauver le pont supérieur et le renforcer. Chaque heure, il cédait sous la pression des eaux jaunes.

Un vieil homme arabe sur la rivière a fait remarquer que l'on pouvait dire par la couleur de l'eau, quelles rivières étaient arrivées par la crue. Quand il voyait une nouvelle couleur, il secouait la tête et disait : « Cette rivière *untel* est maintenant en crue. Le Tigre va continuer à monter. »

Dans l'obscurité de la nuit, nous avons reçu l'ordre de partir à 6 heures le lendemain matin. Nous devions pousser jusqu'à Ain Leilah. Le pays avait changé depuis que j'y étais arrivé six semaines auparavant. Le désert s'était épanoui. Nous avons traversé plusieurs kilomètres de trèfles dont l'odeur douce flottait dans l'air. L'odeur me rappelait l'Amérique, je pensais à la maison, à la famille et aux prairies de Long Island. Les coquelicots d'un rouge éclatant restaient fidèles au pays. Nous avons croisé des cavaliers indiens avec des fleurs rouge vif tissées dans leurs cheveux noirs.

Nous nous sommes approchés des collines. Elles semblaient moins mornes avec un vert tendre couvrant la petite oasis d'Ain Leilah. Elle n'était plus aussi visible qu'avant. Les routes étaient encore en bon état. Nous avons atteint le camp à 16 heures. Je suis parti avec l'une des équipes pour retrouver de vieux amis que je savais être dans les régiments voisins. J'ai remarqué que les groupes d'Arabes que je croisais jouaient un nouveau jeu. Un pieu planté dans le sol avec une corde d'environ 3 mètres de long. Quelqu'un en tenait l'extrémité avec une pile d'objets et de vêtements à ses pieds. Le groupe d'Arabes se tenait autour de lui en cercle. Le but du jeu était d'attraper quelque chose à ses pieds avant que la personne qui tenait la ficelle ne puisse vous attraper. Ils avaient l'air de s'amuser, même les vieux jouaient le jeu. C'était bien de voir un côté agréable des Arabes.

Nous étions prêts à partir avant le lever du jour. La mission était une manœuvre de flanc. L'attaque directe allait se faire sur Kara Tepe, et si elle était réussie, nous irions à Kifri. Nous devions intercepter les renforts de troupes ennemies ou couper la retraite de la garnison.

Aux premières heures, le pays donnait une belle impression avec son herbe verte et ses collines qui se profilent. Des kilomètres de marguerites avec des grappes de coquelicots rouges éparpillées partout. De temps en temps, des fleurs d'un bleu vibrant apparaissent dans les creux. Sur les rives de la rivière, il y avait des tonnes d'oiseaux colorés. C'était le plus grand nombre que j'aie vu en Mésopotamie, la seule exception étant les oiseaux vert vif à Ana le long de l'Euphrate.

La marche en colonne était lente et épouvantable, surtout après le lever du soleil, par une chaude après-midi. Nous étions couverts de poussière, pas un souffle d'air frais n'était épargné. Les kilomètres semblaient interminables. À midi, nous nous sommes arrêtés le long d'un cours d'eau étroit connu sous le nom de Oil River. Un nom commun dans cette partie de la Perse où l'approvisionnement en pétrole était important. Boire l'eau de la rivière serait mortel. Quelques kilomètres plus bas, les ingénieurs ont trouvé un bon emplacement pour construire un pont sur le ruisseau. La principale masse d'eau était dans une zone appelée Umr Maidan. Nous avons été envoyés pour former une ligne en travers de la route principale qui menait de Kara Tepe au territoire turc.

Il faisait nuit quand nous sommes arrivés au croisement. Nous avons avancé jusqu'à ce que nous arrivions à une route. Il était impossible de faire quoi que ce soit de stratégique en choisissant une position. Nous avons arrangé nos voitures du mieux que nous pouvions. Dans le désert, nous étions « en plein cœur de l'action », ce qui décrivait notre situation la nuit du 26 avril. Nous nous attendions à rencontrer du trafic dans au moins une direction, mais la nuit s'est passée sans problème.

À 4 heures du matin, nous nous sommes frayé un chemin dans l'obscurité. Quand le soleil s'est levé, nous sommes devenus visibles pour les Turcs. Ils nous ont tiré dessus. Nous avons reçu un message indiquant que Kitfri avait été évacuée et que la garnison devait se replier sur la route parallèle à celle où nous nous trouvions. Séparée par neuf miles de terres vierges, la cavalerie nous a rattrapés et a poussé pour intercepter les Turcs à cheval. Nous avons essayé de suivre, mais il était difficile d'esquiver les collines et les ravins, et nous avons fait peu de progrès. Nous sommes tombés sur une route qui nous a mené dans la direction approximative que nous voulions suivre.

En début d'après-midi, nous avons aperçu une grande troupe de Turcs. Ils marchaient sur la route parallèle, qui serpentait au pied des collines. Nous nous sommes dirigés vers le nord et avons essayé de les intercepter. Nous avons mis la pression, la cavalerie nous rejoignant par le sud. Nous avons avancé le long des routes sinueuses. La cavalerie a traversé et a chargé vers les Turcs. Une scène passionnante. Les puissants Indiens étaient assis sur leurs chevaux avec grâce et dignité. Leurs épées dégainées brillaient au soleil lorsqu'ils s'approchèrent des Arabes. Nous avons entendu des cris et des hurlements pendant qu'ils tailladaient les Turcs, ainsi que des cris de triomphe de la part des Indiens.

Les morts et les blessés étaient d'habiles escrimeurs. Le champ de bataille m'a rappelé les livres de bataille que je lisais quand j'étais enfant, plutôt que toute autre guerre que j'avais vue dans ma vie. Nous avons fait plus de six cents prisonniers, de nombreux Turcs se sont échappés dans les montagnes pour se cacher derrière des rochers et nous tirer dessus. Une bande tenace. Tout le jour suivant, alors que nous parcourions la route au pied des collines, ils nous tiraient dessus depuis des endroits cachés où il était impossible de les déloger.

Pendant que les prisonniers étaient amenés, nous avons vu un de nos avions s'écraser. Nous nous sommes rendus sur place pour constater que ni le pilote ni le copilote n'étaient blessés. Les conditions climatiques rendaient difficile le survol de la Mésopotamie. Ces avions avaient été conçus pour travailler en France pendant l'été. La chaleur et l'air sec déformaient les pales de l'hélice et toutes les pièces en bois. Cela provoquait l'entrée de poussière dans les machines lors du roulage. De nombreux pilotes venaient de France avec des records de vol étonnants. Ils mouraient prématurément parce qu'ils n'étaient pas préparés à ces conditions.

Un pauvre type était parti en reconnaissance sans eau ni nourriture s'était perdu et était tombé en panne d'essence. Il avait atterri au milieu du désert. Ils ont envoyé des voitures blindées pour le chercher. Le deuxième matin, ils ont trouvé son corps mou près du camp. Il avait marché pendant la nuit, s'était effondré et était probablement mort d'épuisement. Ses vêtements étaient déchirés à cause de la chaleur, ou d'une tentative d'agression. Une mort de ce genre me semblait plus triste que d'être tué au combat. Les batteries LAM étaient proches du Royal Flying Corps.

Lorsque nous avons appris qu'un avion s'était écrasé en plein désert, nous avons affiché un avis imprimé en arabe, en persan, en kurde et en turc. Nous avons fait savoir aux lecteurs qu'une récompense serait versée à toute personne qui ramènerait le pilote en sécurité dans les lignes britanniques.

La nuit du 27 avril, nous avons installé un camp temporaire « en plein cœur de l'action ». Une fois le soleil levé, je suis retourné à Umr Maidan pour chercher du carburant. J'ai fait un voyage rapide pour pouvoir rattraper les voitures blindées qui étaient de nouveau en action dans un champ de marécages. L'herbe était haute, le sol mou, il était difficile de faire grand-chose. Quelques petites collines constituaient de bons points d'observation, mais les Turcs le savaient aussi.

A dix miles de Tuz Kurmartli, la ville suivante connue était tenue par l'ennemi maintenant que Kifri avait été prise. C'est là que les Turcs se sont retirés quand nous les avons coupés. Nous n'étions pas en mesure de bouger aussi efficacement que nous le voulions. Nous sommes allés sur les routes de Kifri-Kirkuk pour emmener ceux qui, sur les collines, avaient encore des chameaux et des mitrailleuses. Nous sommes arrivés à un village nommé Kulawand. Il semblait inoccupé à l'exception d'une seule hutte avec des femmes et des enfants à l'intérieur. Ici, nous nous sommes arrêtés et avons attendu les ordres qui devaient arriver à la tombée de la nuit mais qui ne sont pas arrivés à temps. Je me suis assis sous un mur en ruine et j'ai lu mes deux livres jusqu'à ce que la nuit tombe.

Au milieu de la nuit, un mélange d'infanterie indigène et britannique est arrivé. Ils avaient marché ces derniers jours et étaient tous en uniformes, joyeux à l'idée de l'attaque potentielle à venir. Ils avaient encore de la volonté. Le King's Own s'est distingué et a pris une forte emprise sur l'une des collines.

À l'aube du 28, nous étions en route. On a entendu des rapports indiquant que les Turcs avaient été évacués à Tuz, en Turquie. Nous les avons retrouvés et avons découvert que ce n'était pas vrai. Non seulement ils étaient toujours là, mais ils ne montraient aucun signe de départ. Un autre petit village à 8 km au sud-ouest de Tuz était âprement disputé. Notre cavalerie avait fait un excellent travail et avait capturé quelques petites collines et installé des mitrailleuses.

Nous avons emprunté la route sinueuse qui longeait les contreforts. Un kilomètre avant d'arriver à Tuz, nous avons rencontré l'Aq Su, un grand ruisseau qui coulait dans une fente étroite entre les collines. La rivière était basse, il y avait beaucoup d'endroits où nous pouvions nous étaler et former une large ligne de front pour empêcher les voitures de nous dépasser. J'ai vidé l'un de nos fourgons Ford et je suis parti prospecter. J'ai remonté le courant en direction des montagnes, mais je me suis retrouvé dans une impasse. Je suis tombé sur un ancien fort situé à l'ouverture de la gorge qui n'avait pas été évacué. Trouvant un espace vacant en dessous de nous, je suis passé de justesse. J'ai réalisé qu'il serait difficile pour la Rolls Royce surbaissée de passer. Je craignais que le volant d'inertie ne projette de l'eau dans le moteur. J'ai envoyé un message pour que des chevaux d'artillerie fassent traverser les voitures blindées.

Pendant que nos tirs d'artillerie ralentissaient, les Turcs avaient évacué. Je suis allé voir s'il y avait des documents de valeur qu'ils auraient laissés derrière eux. J'ai descendu la route en passant devant de l'artillerie abandonnée au milieu de la route. Plusieurs soldats turcs vinrent se rendre, je leur ai dit de demander au maire de me faire un rapport.

Quand il est arrivé, je lui ai demandé de me conduire au quartier général du commandant turc. En traversant le bazar, tout était fermé. Presque personne ne marchait dans les rues, j'ai vu une poignée d'habitants regarder par leurs fenêtres. Une bonne chose que le maire m'ait accompagné, il aurait été un otage précieux. Je le surveillais de près. Il m'a amené à une jolie maison avec des portes en bois massif.

Une femme âgée est sortie et nous a fait entrer dans une grande pièce ombragée, bien meublée, avec de somptueux tapis kurdes. Ici, j'ai trouvé quatre jeunes filles. Elles formaient le « harem de campagne » du général turc Il était parti bien trop vite pour les emmener avec lui. Elles étaient kurdes et circassiennes, et le général semblait avoir peu de goût dans son choix de femmes.

Dans la tradition du Jardin d'Eden, ce groupe de femmes s'est avéré désastreux pour un autre officier. Il a entendu parler de ma capture et m'a envoyé en priorité sur les lignes de service de terrain pour transférer les messages concernant toute disposition. Les messages prioritaires n'étaient envoyés que pour les affaires de la plus haute importance. Quand j'ai quitté le pays, mon ami a été traduit en justice. Je n'ai pas trouvé de documents de valeur, alors j'ai dit au maire de me conduire aux zones de munitions et d'approvisionnement. Le temps qu'on les trouve, la cavalerie était arrivée. Je suis revenu pour aider les voitures à traverser la rivière.

Une fois que tout le monde a traversé la rivière, on a poursuivi les Turcs. La ville suivante était une ville boueuse, remplie de cabanes, appelée Tauq, à 30 km de l'autre côté de la rivière. Les voitures qui nous précédaient ont continué à avancer une fois qu'elles ont vu la ville. Les tirs ont commencé tout de suite et nous ont poursuivis tout le temps.

Les Turcs capturés étaient en plus mauvais état que ceux que nous avons pris sur le front de l'Euphrate. Ils n'avaient plus de chaussures, ils étaient en haillons et souffraient de malnutrition. Le temps nécessaire à la communication des messages les avait mis à rude épreuve. Les fournitures venaient de Nisibin, à plus de 160 km après Mossoul. Le pays étant si morcelé que le transport était un problème compliqué à résoudre. C'est un miracle qu'ils se soient battus avec autant de moral.

* * *

Les autres membres de la campagne ont montré un incroyable sentiment de fierté devant la façon dont nos soldats se sont comportés avec les indigènes. Je n'ai jamais entendu parler d'un cas où quelqu'un aurait été maltraité, homme, femme ou enfant. Des infractions mineures étaient commises, mais elles faisaient rapidement fait l'objet d'un pardon ou d'une réparation. Il ne faisait aucun doute que quelques incidents isolés de quelques méfaits se produisent puisque nous étions une grande armée. Il y avait toujours quelques mauvais œufs dans le panier. Mais cela n'affectait pas l'attitude du groupe dans son ensemble.

Cette nuit-là, nous avons campé à la périphérie de Tuz, non loin des hangars à avions britanniques. Le lendemain matin, une des batteries a été envoyée en reconnaissance. Ils ont pris une route différente de celle que nous avions pris le jour précédent. Le commandant m'a demandé de m'engager, en raison de ma connaissance de l'arabe. La route suivait les lignes téléphoniques, si bien qu'une partie du temps, nous distinguions les pays de chaque côté. Aussi agréable que cela puisse être, cela nous a montré une autre erreur sur notre carte. Nous avons réalisé que les villages n'étaient pas correctement nommés. Il fallait beaucoup plus de reconnaissance. Dans un village, nous avons dû démolir l'angle d'une maison en terre pour pouvoir tourner à droite dans les rues étroites. Les indigènes étaient dans un état pitoyable. Les Turcs avaient saisi leurs récoltes et leurs céréales. Les moutons avaient été tués, et c'était la saison des agneaux, donc les troupeaux étaient plus petits qu'ils n'auraient dû l'être.

Nous sommes sortis d'un profond ravin qui avait

causé un retard important. Nous avons repéré une jolie ville située sur une plaine escarpée au sommet plat. Une fois que nous nous sommes enfoncés dans le village, nous avons vu un homme arabe à la barbe grise et bien soignée qui montait un petit cheval gris. Il nous a dit qu'il était l'homme le plus important de la ville et à quel point il détestait les Turcs. Il a demandé s'il pouvait être d'une quelconque aide. Je lui ai demandé si l'ennemi avait évacué Tauq, et il m'a répondu que oui. J'étais sceptique et j'ai demandé s'il était positif, et il a dit qu'il pouvait en montrer la preuve. Nous l'avons suivi, mais le sentier était rocailleux, nous avons pris notre temps, et nous avons roulé côte à côte.

Nous sommes arrivés à une rivière qui coulait en face de la ville, il était impossible de faire passer les véhicules blindés sur ce terrain accidenté. Notre ami arabe nous a informé de l'existence d'un pont utilisable à six miles en amont, mais il était trop tard dans la journée pour faire une tentative. Nous avons fait demi-tour vers Tuz et avons campé. Nous nous sommes arrangés pour rencontrer un Sheikh dans la matinée.

Le lendemain, nous avons trouvé le cheik qui nous attendait. Nous étions avec lui et deux autres hommes kurdes bien entretenus. L'un d'eux avait sa femme avec lui, sellée sur un autre cheval. Ensemble, ils nous ont guidés jusqu'au pont. Nous n'avons pas pu confirmer si la route était utilisée pour les voitures, nous n'en avons pas vu pendant notre court séjour sur le pont. Ils vivaient un style de vie avec seulement des hommes et des chevaux, sans penser à laver les véhicules comme nous le faisons. On ne faisait pas confiance aux indigènes lors de nos missions de reconnaissance. Nous ne leur donnions pas trop de détails sur nos itinéraires prévus. Nous avons suivi nos guides jusqu'au pont. Nous avons découvert plus tard une autre route qui aurait réduit de moitié notre temps de trajet. Nous ne nous sommes pas attardés sur le passé.

Lorsque nous avons atteint le pont, nous n'avons pas été déçus. Solide et bien construit. Les Turcs en retraite avaient essayé de le faire sauter. Les bombes n'avaient pas explosé. Les dégâts qu'ils voulaient causer ont échoué même après six heures de travail préliminaire. Nous avons envoyé chercher des ingénieurs et sommes partis nous nettoyer dans les rapides en attendant. Tous ceux qui ont erré dans les lieux perdus du monde peuvent se souvenir de baignades mémorables. Peut-être parce qu'ils avaient pris un bain après une longue chasse et une marche épuisante. Notre baignade dans la rivière Tauq Chai a pris place parmi mes souvenirs permanents.

En début de soirée, nous sommes retournés à Tuz en voiture. Notre camp était tout sauf joyeux. Des citadins affamés rôdaient à la périphérie, prêts à se jeter sur tout ce qui était comestible. Des canettes en aluminium jetées étaient nettoyées et utilisées comme miroirs. Les hommes donnaient tout ce qui était possible pour que les impuissants puissent en tirer quelque chose. La nouvelle de la famine se répandait. Notre ligne de communication voyageait loin et vite, il était difficile de faire beaucoup de planification ou de travail de secours.

Le lendemain matin, nous avons traversé le pont avec peu d'obstacles, jusqu'à ce qu'on essaie d'aller en ville. À quelques kilomètres au-dessus du village principal, une colonie se trouvait sur une colline près de la mosquée populaire de Zain El Abidin. Le gardien de la mosquée est un poste important dans la communauté. Lorsqu'il s'est montré sur un étalon richement décoré et nous a souhaité la bienvenue en ville, nous avons compris que nous étions entre de bonnes mains. Il s'est présenté sous le nom de Mustafa, et nous l'avons emmené avec nous dans l'un des fourgons Ford.

Il était plus facile de faire passer la voiture la plus légère sur le sentier rocheux que la Rolls. Finalement, l'une des voitures de combat a réussi à nous suivre. J'ai conduit la Ford avec Mustafa sur le siège passager. Un cheval blanc galopait à côté. Les habitants chantaient et hurlaient pour annoncer notre arrivée. Nous nous sommes arrêtés chez Mustafa pour prendre une tasse de café et discuter des événements récents. Les informations que nous avons reçues se sont avérées exactes. Je l'ai fait venir en ville pour aider à identifier les leaders et s'assurer qu'on avait les bonnes personnes. Nos rencontres n'ont pas été cordiales au début. Nous avons expliqué exactement ce que nous recherchions. Puis le maire s'est déridé et s'est ouvert à nous. Il avait un visage joyeux avec une grande barbe touffue. Mustafa m'a dit qu'il était impressionné par nous et qu'il était impatient d'unir ses forces.

On a trouvé des sacs pleins de munitions, de fournitures et un talkie-walkie. Nous avons été enthousiasmés par le grand nombre de poulets qui se promenaient. Cela signifiait un bon approvisionnement en œufs à proximité. Nous avons été honnêtes en payant ce que nous avons pris et voir que beaucoup d'hommes ont fait de même était impressionnant. Les indigènes considéraient comme normal qu'on leur propose de les payer. Nous avons utilisé la monnaie indienne, la roupie. Une roupie représentait environ 1/3 d'un dollar américain. Partout dans les zones turques les plus fréquentées, la monnaie turque est la bienvenue. Les indigènes préféraient le paiement en roupies. Nous avons trouvé des habitants désireux de payer en roupies, même dans des villes comme Tauq. Le marché monétaire à Bagdad était en baisse depuis qu'une avance britannique a indiqué une baisse des devises turques. Les roupies en papier étaient partout et acceptées comme de l'argent.

Une fois de retour au camp, j'ai appris que j'étais immédiatement transféré dans l'armée américaine, et de me rendre immédiatement à Bagdad, où je serais envoyé en France. Le Major Thompson m'a demandé si je pouvais retarder mon retour jusqu'à la fin de l'avance actuelle, une décision difficile à prendre. Le plan était que nous allions pousser et attaquer Kirkuk. J'ai demandé la permission de rester quelques jours de plus pour aider à l'attaque.

Le matin du 3 mai, nous avons déplacé notre camp de l'autre côté du pont de Tauq. Quand tout a été déchargé, je me suis dirigé vers la réserve d'essence au cas où ils appelleraient à la bataille, et que je doive revenir rapidement. Le ravitaillement le plus proche autorisé à être prélevé était l'Umr Maidan, à 70 miles de là. En arrivant à Tuz, je suis tombé sur mon ami responsable du dépôt situé à cet endroit. Il m'a laissé prélever ce que je voulais pour retourner au pont avant qu'il ne fasse trop sombre.

Une voiture après l'autre a eu des problèmes de déplacement. Une avec un pneu crevé, une autre avec un carburateur perdu. Nous avons sorti des cordes de traction qui cassaient sur presque tous les dos d'ânes. L'essieu de la voiture devant la mienne a cassé, et j'ai dû attendre qu'elle soit déplacée. Pour couronner le tout, une averse orageuse et un ouragan ont commencé. Le vent soufflait si fort que j'avais l'impression que la voiture allait basculer.

L'idée que les traversées de rivières asséchées soient inondées au matin ne faisait qu'empirer les choses.

LES TURCS REFUSENT DE SE RENDRE

Deux jours plus tard, mon séjour a été approuvé. Nous avons marché sur une nouvelle ville appelée Taza Khurmatli, à 15 miles de Tauq. Nous devions y aller directement, sans nous arrêter. En chemin, nous avons entendu que Taza était occupé par la cavalerie. On espérait qu'ils se replieraient sans interrompre notre avance.

Les voitures avaient été en reconnaissance près de cette ville ces deux derniers jours. Elles étaient revenues à cause des tirs d'artillerie et de mitrailleuses. Les Turcs avaient tout préparé pour se battre et ne pas se rendre.

Dans la faible lumière de l'aube, nous avons vu des colonnes d'infanterie, de cavalerie et d'artillerie passer devant notre camp. Les forces expéditionnaires de Mésopotamie ont été rassemblées. Les casques d'acier n'étaient pas portés en été, mais seulement en hiver, en raison de la chaleur torride.

Les régiments indigènes des officiers britanniques portaient de longues tuniques avec des glands. Juste des chemises trop grandes, qui semblaient être une adaptation des coutumes autochtones. Les Gurkhas ont reçu des casques recouverts de peau, même s'ils prétendaient que ce n'était pas nécessaire. Les autorités pensaient qu'un front froid arrivait, et que le changement climatique dû au soleil de Mésopotamie serait brutal. La présence de troupes indiennes apportait des éléments inhabituels aux « Ordres généraux de routine » émis par le quartier général. L'un d'entre eux faisait référence à un festival religieux, écrit par les Sikhs, et annonçait :

> « A nos très chers frères qui servent actuellement le Bénin Roi-Empereur à l'étranger. Le chef Khalsa Dewan présente ses salutations chaleureuses et sincères à l'occasion de la Gurpurb du premier Guru. Vous défendez le nom et la renommée de Gurupurb.
>
> Nos cœurs sont avec vous et nos prières sont que Satguru et Akalpurkh puissent toujours être avec vous et vous conduire à la victoire et revenir à la maison sain et sauf, après avoir vaincu les ennemis du Roi-Empereur, avec honneur et couleurs. »

L'Empire britannique était loyalement servi par ses sujets indiens, et les Sikhs l'étaient encore plus.

Nous avons laissé tout le monde s'installer pendant quelques minutes avant de repartir dans nos véhicules. Le sentier était suffisamment large pour permettre une circulation à double sens sans interférence. Nous avons vu Taza et choisi un nouveau site pour le camp. L'ennemi avait évacué la ville avec peu de résistance. Je suis parti à la recherche du chef local pour lui poser quelques questions.

Au printemps, toutes les villes perchées de Mésopotamie étaient habitées par des volées de cigognes. Je ne les avais jamais vus en aussi grand nombre qu'à Taza. Sur presque tous les toits, les cigognes rejetaient leur tête en arrière et jacassaient d'une manière unique qui leur a valu le surnom de *Lak* en arabe. On aurait presque dit le bruit de mitrailleuses, à tel point que lorsque je suis entré dans le village, j'ai cru que les Turcs ouvraient le feu jusqu'à ce que je réalise ce que c'était. Aucun autochtone ne tuerait une cigogne, c'était considéré comme un manque de respect.

Le niveau d'eau était bas pour la rivière allant à Taza. Nous avons réussi à faire en sorte que les voitures passent sur leur propre moteur. Quelques kilomètres plus loin, il y avait un autre large canal qui se connectait à la rivière principale. Il s'est avéré qu'il était trop profond pour les voitures, nous avons donc dû traverser en utilisant les chevaux de l'artillerie. Les Turcs ont continué à tirer vers les passages à niveau. Nous avons reculé un peu pour ne pas être touchés, mais nous avons eu assez d'assistance pour passer.

Une fois la rivière traversée, nous avons fait le tour de la ville de Kirkuk. Nous devions rejoindre la route qui nous mènerait à Altun Kupri, un petit village à l'intérieur de Kirkuk. La ville, comme la plupart des autres dans cette partie de l'Irak, avait été construite au sommet des nombreuses collines. Les Kurdes d'Hamawand étaient tenaces, et il fallait une bonne dose de force pour les contrôler. En arrivant sur la route, nous avons vu notre cavalerie se préparer à attaquer. Les Turcs opposaient une forte résistance, l'obscurité approchant les aidait. Après avoir approché de la ville, nous avons reçu l'ordre de retourner dans un village vide pour la nuit, et de nous préparer à y entrer tôt le matin.

L'emplacement du village était facile à trouver sur la carte, mais il était difficile de localiser le village exact auquel ils faisaient référence. Pour ne rien arranger, un orage se préparait à l'horizon, et la noirceur de la nuit s'installait. Il s'est mis à pleuvoir. J'ai dormi sur le siège avant de la camionnette pour la nuit, une excellente idée puisqu'il a commencé à pleuvoir vers minuit. Je suis resté au sec alors que beaucoup de mes compagnons ont été emportés par les eaux. Le rabat étanche que j'avais monté résistait au vent et à la pluie et a été plus gratifiant que prévu. Des éclairs brillants ont montré que le ravin sec que nous avions repéré était maintenant un torrent rugissant et inondé. L'eau s'est précipitée devant nos voitures, à mi-hauteur des pneus. Un grand hôpital de campagne avait été mis en place près des berges de Taza. On nous a dit que la rivière était montée en si peu de temps que des tentes et même des ambulances avaient été emportées.

Le lendemain matin, la pluie s'est transformée en déluge. Nous avons compris que nous avions été pris dans certaines des collines les plus basses, et c'est pourquoi la pluie était si forte. S'il n'y avait pas eu la pluie, nous aurions fait de bonnes captures. Toutes nos voitures étaient embourbées jusqu'à leurs essieux. Pas d'autre alternative que d'attendre que la pluie s'arrête et que la boue sèche. Nous avions beaucoup de rations de nourriture et d'eau non touchées.

Notre infanterie est arrivée à l'aube et s'est pavanée dans la ville. Les Turcs avaient détruit le pont sur le Hasa Su. Ils se sont ensuite retirés vers Altun Kupri en suivant la route de la rive la plus éloignée. Du haut d'une colline voisine, nous avons tout observé, impuissants et incapables d'aider.

À midi, le ciel s'est dégagé et le soleil est apparu. Nous avons dégagé une de nos voitures Ford pour prendre la route vers Kirkuk. Nous avons découvert que la surface avait le même poids que la voiture. Nous avons fait le tour de la périphérie de la ville, avec quelques arrêts occasionnels pour creuser un trou ou pousser une voiture. Nous avons été satisfaits du nombre de kilomètres parcourus avec un minimum de soleil pour sortir les véhicules blindés de la tourbière.

Le lendemain matin, j'ai commencé à travailler sur mes tenders, même si la pluie s'est intensifiée cette nuit-là. Nous avons emmené nos voitures à Kirkuk. Nous les avons parquées dans une installation bien construite, avec une cour que nous voulions transformer en garage. Les Turcs étaient partis en toute hâte, et ils avaient tenté de détruire tout ce qu'ils ne voulaient pas emporter. Ils avaient partiellement réussi.

Dans ma chambre, j'ai trouvé des brochures sur l'armée américaine, remplies de diagrammes et de photos de plusieurs branches de service différentes. Il y avait également une carte des États-Unis montrant la population par État. L'écriture était en turc. Quel était le but de ces prospectus ?

J'ai trouvé un autre pamphlet un peu plus évident sur ce que c'était. La plupart des photos semblaient avoir été prises au Soudan et montraient des hommes africains sans tête. Je suis convaincu que ces photos provenaient des massacres arméniens. Le pamphlet indiquait qu'il avait été imprimé à la Print Press de Kirkuk.

Beaucoup de grands bâtiments se dressaient comme je l'avais vu dans le village, principalement des ateliers et des armureries, mais le plus important était l'hôpital. Les couloirs allongés et les fenêtres plus profondes semblaient intéressants. Une impression actualisée avait été créée à partir des dossiers individuels des patients. Ils avaient des rubriques pour différentes maladies imprimées à la fois en turc et en français. Les médecins étaient pour la plupart d'origine arménienne. Les résidents semblaient tous souffrir de famine et/ou de déshydratation.

Je ne voulais pas retourner à Bagdad tant que je n'étais pas certain que nos troupes n'avanceraient pas vers Altun Kupri. Nos ingénieurs étaient partis devant pour rafistoler les ponts afin de faciliter notre traversée. Nous avons suivi avec les voitures jusqu'à l'autre côté et sommes immédiatement partis en reconnaissance pour déterminer la force de la ville. Le pont était long et pouvait être détruit depuis quelques endroits, mais traverser cette rivière ne serait pas une tâche facile.

Les montagnes qui nous entouraient limitaient nos possibilités d'attaque. Dans l'ensemble, ce fut une reconnaissance difficile. Les Turcs allaient faire front. Le commandant de l'armée décida de ne plus tenter d'avancer. Les récentes inondations avaient aggravé les conditions. Nos réserves s'amenuisaient. Il semblait impossible de tenir Kirkuk, à moins que des matériaux ne puissent être acheminés par voie ferroviaire.

Je me suis promené dans les bazars en admirant les bizarreries. Les marchands avaient fermé pour une journée, mais ils étaient maintenant ouverts pour les affaires comme d'habitude. Les résidents étaient composés de nombreuses races différentes, principalement turcomanes, kurdes et arabes. J'ai également vu un éventail de Syriens, de Juifs, d'Arméniens et de Chaldéens. Le peuple juif était prospère. Trois langues étaient parlées ici : Le turc, le kurde et l'arabe. Kirkuk est une ville ancienne, mais son histoire était peu connue. Les indigènes ont indiqué une colline qu'ils prétendaient être la tombe de Daniel. Deux autres tombes appartenaient à Shadrach et Meskech, la troisième partie de leur trio ayant été perdue. Il y avait de nombreuses collines artificielles dans tout le village. Avec le temps, elles s'avéreraient utiles pour la cueillette des fruits et les terrains de chasse des archéologues.

Les bazars étaient remplis de toutes sortes de marchandises. J'ai obtenu un bon prix pour deux tapis et d'autres bibelots qui remontaient à l'époque séleucide. De nombreuses babioles en vente dans les bazars étaient déterrées par des travailleurs arabes dans le désert. J'ai vu des jardins intégrés dans des lits de camion alors que nous échangions des légumes frais contre nos rations. Pas beaucoup de luxe quand on vit de conserves pendant aussi longtemps que nous.

J'ai vu des têtes de chèvres accrochées aux portes des maisons. Les propriétaires ont dit qu'elles avaient été trouvées dans les montagnes, mais qu'elles étaient difficiles à trouver car il en restait peu. Peu de grands gibiers dans toute la Mésopotamie, ceux qui restaient habitent les montagnes. Une fois, j'ai vu une hyène rayée se tenir non loin de moi. Ce sont des animaux nocturnes et on dit qu'ils sont communs. Je n'en avais jamais vu avant d'arriver aux les ruines au sud de Samarra, un soir en rentrant au camp. Les gazelles étaient courantes, et nous en chassions occasionnellement pour leur viande.

Dans les plaines entre Kizil Robat et Kara Tepe, j'ai vu les plus grandes gazelles que j'avais jamais vues. À en juger par les anciens lions qui ont été peints dans les villes, je crois qu'à une époque, ils étaient nombreux. Dans les années 1840, Sir Henry Layard a raconté avoir rencontré des lions assez fréquemment dans le pays des collines. M. Fogg, un compatriote de la même époque, a écrit un livre intitulé Le *Pays des Mille et Une Nuits*. Il racontait qu'un capitaine anglais, à bord d'un de ses bateaux à vapeur, avait tué quatre lions en leur tirant dessus depuis le pont de son bateau. Il a écrit au sujet d'une réunion près de Hit, où il a rencontré un homme mutilé par un lion et qui a dû aller en ville pour faire soigner ses blessures. Les léopards ainsi que les ours se trouvaient dans les régions de haute montagne, tandis que les sangliers peuplaient les environs. Ils habitaient les fourrés qui bordent les rivières. Le pays autorisait le piquage de sanglier comme sport.

Les oiseaux utilisés comme gibier étaient de toutes formes et de toutes tailles. Perdrix noires et grises, oies, canards et cailles. Un passe-temps populaire pour une semaine de congé était d'aller chasser les oiseaux. Tous les types de fusils étaient utilisés, des fusils à chargement par le canon achetés dans les bazars aux créations les plus modernes envoyées par courrier depuis l'Inde.

Après avoir attendu quelques jours de plus pour être certain qu'une attaque ne serait pas ordonnée, j'ai pris le chemin du retour vers Bagdad. La rivière à Taza était encore haute. J'ai emprunté plusieurs mules à une ambulance accommodante qui a aidé à faire traverser notre voiture. Nous avons pris la route qui passait par Kifri, une ville propre, construite en pierre, que nous avons trouvée pratiquement vide. Dans la ville voisine de Kifri se trouvaient des mines de charbon dont nous avions entendu parler.

C'était le seul endroit où l'on extrayait du charbon dans ce pays, et nous espérions en faire bon usage. Nos experts ont signalé qu'il n'était pas de haute qualité et qu'il ne valait presque rien.

LA TRAVERSÉE DE LA PALESTINE

Trois jours plus tard, je suis arrivé à Bagdad sur l'un des bateaux de rivière. J'ai amené Yusuf avec moi à Busra pour m'aider à embarquer pour la transition vers l'Égypte. C'était la première fois que Yusuf se trouvait aussi loin en aval. Il a comparé ce qu'il voyait avec des choses liées à sa ville natale de Samarra. Les prix bon marché, la variété de la nourriture dans les bazars de Busra sont les seules choses qui l'ont impressionné.

Je suis tombé sur quelques vieux amis. Grâce à eux, j'ai rencontré le général Sutton, qui m'a sauvé d'un morne camp de repos et m'a permis d'entrer chez lui. Le général m'a demandé de l'accompagner à Zobeir, où il inaugurait un hôpital. Zobeir était une ville chaude et désertique d'environ 10 000 habitants, située à 15 miles à l'intérieur des terres de Busra. Le climat était plus propre et plus sain. De nombreux habitants des villes fluviales, riches et éminents, disposaient de maisons où séjourner pendant les mois d'été. Pour un étranger, c'était une amélioration par rapport à l'air chaud suffocant. La chaleur s'est répandue sur toutes ces villes côtières le long du Golfe Persique. C'était une chaleur inconfortable et étouffante.

L'histoire de Zobier a été héritée des hommes de la tribu. Plein de caravanes venant d'Arabie centrale. De nombreux Turcs estimaient que les habitants étaient exemptés du service militaire. Un aveu clair de la part du Turc. Ils n'avaient pas osé enrôler les locaux et les forcer à se battre... Cela avait donné aux Britanniques un grand triomphe et un regain de confiance dans le désert. Un hôpital avait été ouvert pour tous ceux qui voulaient introduire des idées novatrices parmi les communautés du désert.

Le cheikh de Zobier avait consacré beaucoup de temps et d'énergie à financer le transfert des terres. Le docteur Borrie, l'homme qui dirigeait l'hôpital civil, incluait Zobier dans ses visites médicales. Le Sheikh nous a montré l'hôpital. Un bâtiment frais, confortable et immaculé. L'Indien nommé médecin résident présentait tous les signes d'intelligence et de compétence.

Le Sheikh nous a offert un grand festin de style orthodoxe. Un mouton était rôti entier, d'autres plats à base de viande et une variété de légumes s'étalaient sur la table. Pendant que nous mangions, plusieurs hommes ont prononcé des discours. Le général Sutton a prononcé un discours mémorable, traduit en arabe par un interprète. Nos hôtes arabes ont beaucoup parlé, l'orateur local était si classique dans sa façon de parler que toutes les formes et tous les temps étaient impossibles à traduire. Mais j'ai compris l'essentiel de ce qu'il a dit. J'avais apporté un livre intitulé *Lusiads*, que je lisais lorsque les discours devenaient plus longs que nécessaire - ces gens avaient la langue bien pendue.

J'ai obtenu une place sur un bateau indien britannique appelé *The Torrilla*. Il transportait des passagers de l'artillerie de campagne de la 3e division jusqu'en Égypte. Alors que nous descendions le courant, j'ai vu un Yusuf inconsolable debout sur le quai. Un autre chapitre de ma vie s'est refermé, et un chapitre fascinant en plus. Je n'ai pas eu le temps de réfléchir à ce que serait ma prochaine étape dans la vie.

Ma rêverie a été interrompue par une alerte à l'incendie, à côté de l'endroit où je me tenais. Dans la zone fumeur, par les écoutilles ouvertes, les soldats se précipitent vers les ponts inférieurs. Comme le vaisseau transportait beaucoup de munitions, c'était dangereux. Seuls ceux qui étaient aux bons endroits peuvent aider à contrôler les événements actuels, j'ai décidé de rester exactement où je suis. Quelques minutes ont passé et ils ont éteint le feu.

Le voyage de 14 jours à travers le golfe Persique jusqu'à la mer Rouge a été paisible. Je n'avais pas d'ordres à suivre ni de devoirs à remplir. Je passais mon temps dans les écuries, à me balader dans les rangs des chevaux. La chaleur sur les ponts inférieurs du navire a eu moins d'effet sur les chevaux que je ne l'avais imaginé. On s'est bien occupé d'eux. De nombreux chevaux étaient des vétérans chevronnés qui avaient déjà participé à un voyage. Si les informations qu'on m'a données étaient exactes, ils n'avaient perdu qu'un seul cheval pendant tout le voyage.

J'ai passé la plupart du temps allongé dans mon fauteuil, à lire tout ce que je pouvais trouver sur le vaisseau et dans la bibliothèque. La radio est tombée en panne quelques jours après notre départ. Nous ne pouvions pas du tout communiquer avec le monde extérieur. J'ai renoncé à spéculer sur ce que serait la France quand nous y arriverions.

Le matin du 4 juin, nous avons jeté l'ancre dans le port de Suez. Nous espérions que *The Torrilla* parviendrait à traverser le canal de Port Saïd. Mais l'officier de débarquement nous a informés que nous devions décharger à Suez et continuer en train. Je l'ai fait et je me suis rendu à Alexandrie. J'ai appris qu'un convoi venait de partir en bateau et n'arriverait pas avant deux semaines. Sir Reginald Wingate était le haut-commissaire britannique et un ami de la famille. Lui et sa femme ont fait preuve de la plus grande hospitalité. Ils ont insisté pour que je déménage dans leur résidence et que j'attende le prochain bateau.

Sir Reginald m'a suggéré de profiter du délai pour passer directement par la Palestine. Les trains avaient circulé jusqu'à Jérusalem, je pouvais partir du Caire avec un seul changement en cours de route. À Kantara, je traverserai le canal et entrerai dans la zone militaire. Je suis parti à 11 h 30 et j'ai pris le train pour Ludd, où se trouvait le quartier général. J'y suis arrivé à sept heures le lendemain matin.

Tous ceux que j'avais rencontrés qui connaissaient le général Allenby était enthousiaste à son sujet. Après quelques minutes en sa compagnie, j'ai constaté que leur enthousiasme était justifié. Le général représentait le modèle du parfait soldat britannique. Le matin de mon arrivée, une attaque était en cours, j'ai entendu le bruit des canons. Le commandant m'a permis d'utiliser une voiture à ma disposition. J'ai rendu visite à de vieux amis que j'avais rencontrés en Angleterre et en Mésopotamie avant la guerre. Parmi mes amis anglais se trouvait le colonel Ronald Storrs, le gouverneur militaire de Jérusalem, avec qui j'avais passé de nombreux jours.

La vie dans la ville sainte semblait à peine affectée par la guerre. Il y avait eu une innovation à l'église de la Nativité à Bethléem. Les différentes sectes religieuses d'origine chrétienne, les catholiques grecs et latins, faisaient de l'église une cible. Il y a eu plus d'un décès. La coutume voulait qu'une relève récurrente de soldats turcs soit stationnée à l'église. Leur place était désormais occupée par les Britanniques, les Français et les Italiens.

Chaque nationalité avait une rotation pour fournir la garde pour une journée à la fois. La population de Jérusalem était mixte, la plupart étant chrétienne. De nombreux groupes partaient ensemble en Terre Sainte. Un siège vide était courant à leur table, dans l'attente que le Christ apparaisse un jour et occupe ce siège. Les Russes avaient leurs chapeaux de feutre et leurs redingotes qu'ils portaient partout. Dans la rue, les juifs se réunissaient pour célébrer la gloire de Jérusalem en inclinant la tête. Ils portaient d'anciens chapeaux derby.

L'un des rares bâtiments solides de Jérusalem était la mosquée d'Omar, surnommée le « Dôme du Rocher », construite sur le site légendaire de Salomon. Les mosaïques qui tapissaient l'intérieur étaient étonnantes.

La simplicité est ce qui m'a le plus frappé. Sans doute parce que les lieux saints chrétiens étaient criards, décorés de fleurs en papier d'aluminium et de sculptures en toc. L'espoir était que les chrétiens s'unissent un jour et débarrassent l'église du Saint-Sépulcre de tous les terribles bibelots et objets encombrants pris comme offrandes.

Les musulmans considéraient la mosquée d'Omar comme la deuxième plus grande mosquée de la ville de La Mecque. Les disciples de Mahomet y entraient pieds nus. Ils plaçaient de grandes pantoufles jaunes comme exigence pour tous les membres. S'ils portaient des chaussures, ils devaient porter les pantoufles par-dessus.

Il n'était plus nécessaire d'enlever leurs chapeaux, car ce n'était pas un signe d'irrespect envers les musulmans, puisqu'ils gardaient toujours leurs chapeaux fez rouges. La mosquée avait été construite par le calife Abd el Melek, 50 ans après la prise de Jérusalem par Omar en 636. De nombreuses briques et pierres utilisées dans le bâtiment provenaient du temple de Jupiter. Un célèbre rocher géant au centre de la ville mesurait 60 pieds de large et plus de six pieds de haut. Pour les mahométans, elle était plus sacrée que toute autre chose au monde, après la Pierre Noire de la Mecque.

On disait que c'était sur ce rocher qu'Abraham et Melchizédek s'étaient sacrifiés à Jéhovah, et où Abraham avait apporté Isaac comme autre offrande. Les scientifiques pensaient que l'autel du temple avait un canal pour évacuer le sang cramoisi des victimes de rituels religieux. Les croisés croyaient que la mosquée était le temple original de Salomon.

D'après leurs rapports, ils l'avaient reconsacrée au massacre de plus de 10 000 musulmans qui avaient fui pour y trouver refuge. L'écran de fer installé autour du rocher est toujours là. La grotte située en dessous était encore un lieu de culte traditionnel utilisé par plusieurs personnages de l'Ancien Testament, comme David et

Élie. De là, Mohammed avait fait un voyage nocturne vers le ciel, chevauchant son destrier nommé El Burak. Dans le sol de la grotte, une ouverture était recouverte d'une simple dalle de pierre. Il avait reçu l'instruction de se diriger vers le centre du monde pour servir d'appareil de communication pour les âmes des morts.

Le gouverneur militaire s'est efforcé d'améliorer les conditions sanitaires à Jérusalem. La seule eau utilisée par les indigènes était l'eau de pluie recueillie dans des réservoirs. Des années plus tôt, il a été suggéré d'amener l'eau à la ville par des tuyaux. Certains étaient déjà installés avant que les résidents ne décident que ce n'était pas réaliste. Les Britanniques ont également établi un pipeline. Il passait par le même réservoir que celui utilisé par Ponce Pilate pour amener l'eau de pluie par un aqueduc. Ils ont également construit des routes qui serpentent à travers les collines. En Mésopotamie, j'ai été frappé par l'état des bâtiments et par le fait que des améliorations étaient constamment apportées. Même pour les gens bien-pensants absorbés par leurs propres rivalités. Ils étaient sûrs de se libérer de la domination turque.

La situation actuelle en Palestine diffère à bien des égards de celle de la Mésopotamie. Plus précisément, en raison de l'avantage d'être proche de l'Égypte. A l'occasion, des congés étaient accordés pour se rendre au Caire ou à Alexandrie. Ils permettaient de faire une pause avec un changement complet d'environnement. Je n'avais jamais vu une capitale aussi joyeuse et colorée. L'hôtel Shepherd était ouvert et bondé, on y dansait aussi agréablement que jamais.

Les plages au large de Ramleh étaient très animées. Des groupes d'adeptes du bronzage se rassemblaient non loin d'Alexandrie. Les hommes les plus gradés ont prouvé leur valeur en gardant l'armée en ligne. Des sections de la plage étaient réservées aux sous-officiers et à leurs camarades. Pendant leur séjour au Caire, ils profitaient des visites guidées des pyramides et de ce que les guides décrivaient comme « d'autres points d'intérêt ».

Quand j'ai quitté la Mésopotamie, j'ai décidé de chercher un homme en Palestine. Je voulais voir s'il était retenu comme je l'étais. C'était le major A.B. Paterson, connu des Australiens sous le nom de « Banjo » Paterson. Ses deux livres les plus vendus étaient *The Man From Snowy River* et *Rio Grande's Last Race*. Ces livres étaient populaires et utilisés comme source de citations et d'inspiration quotidienne. J'espérais rencontrer un jour cet auteur extraordinaire.

Je savais qu'il avait combattu dans la guerre d'Afrique du Sud, et qu'il avait rejoint les forces australiennes en Palestine. Quand je suis arrivé, j'ai demandé à chaque officier d'apparence australienne que j'ai rencontré où trouver le Major Paterson. Localiser un seul membre d'un corps expéditionnaire n'est jamais facile, quelle que soit sa notoriété. Tout le monde le connaissait, mais personne ne savait où il était. Lorsque j'ai dit à un homme du quartier général australien que je le recherchais, il s'est tourné vers son camarade : « Dites, où est Banjo maintenant ? À Moascar, c'est ça ? »

Je ne savais pas s'ils l'avaient déjà rencontré en personne.

Sur le chemin du retour vers Alexandrie, je me suis arrêté à Moascar, le centre du service de dressage australien. C'est là que j'ai trouvé l'auteur que j'avais cherché si longtemps. Un homme d'une soixantaine d'années avec une longue moustache et des traits puissants, comme l'Américain Frederic Remington l'avait si bien dépeint. Il avait vécu tout ce qu'il avait écrit.

Au hasard de sa vie, il a cherché des perles dans les îles, gardé des moutons, monté des chevaux de trait. Ainsi que tout ce qui fait partie de la vie sauvage australienne. Les indigènes australiens m'ont dit qu'il était le meilleur cavalier d'Australie à son apogée. Il avait conduit un troupeau sur 300 miles à travers le Caire et n'avait pas perdu un seul animal. Il a prouvé le contraire à ceux qui disaient qu'un tel voyage n'était pas possible. Bien qu'il ait passé une grande partie de son temps en Angleterre, le major Paterson n'était jamais allé aux États-Unis. Il avait dit que parmi les écrivains américains qu'il aimait le plus, il y avait les œuvres de Joel Chandler Harris et de O. Henry. *Quelle drôle de combinaison.*

En Égypte, j'ai rencontré le colonel Lawrence. Il suscitait le respect et l'admiration de tous ceux qui l'entouraient. Avant la guerre, il s'était engagé dans des recherches archéologiques sous la direction du professeur Hogarth à l'université d'Oxford. Leur travail le plus réputé était lié à l'excavation d'une ville enterrée qui se trouverait sous la Palestine. Au début de tout cela, le professeur Hogarth avait rejoint les services de renseignements de la marine. Il était considéré comme inestimable pour les forces expéditionnaires égyptiennes. Lawrence avait une formation en arabe. Il organisa les tribus du désert en groupes qui attaquèrent les avant-postes turcs et détruisirent nombre de leurs lignes de communication.

Il avait établi une garde du corps de hors-la-loi téméraires. Des hommes qui, dans les vieux temps occidentaux, étaient connus comme des « mauvais hommes ». Ils lui étaient dévoués, et il comptait sur eux pour rester fidèles s'il rencontrait des obstacles. Il s'habillait comme un Arabe mais ne faisait pas d'effort pour cacher sa véritable nationalité. Il envoyait une tribu pour disperser et briser les chemins de fer, faire sauter tous les ponts, et prendre toutes les fournitures turques qui nous étaient utiles. Ils descendaient comme des faucons dans un désert ouvert. Ils frappaient avant que les Turcs ne puissent riposter. Lawrence expliquait qu'il devait réussir car s'il échouait à capturer des provisions, sa réputation auprès des locaux serait terminée. Alors, personne ne lui ferait confiance ou ne le suivrait plus.

Il a trouvé difficile de tuer ses blessés. Mais l'horreur de tomber entre les mains des Turcs était une réalité. Il a ordonné la mise à mort de toute personne gravement blessée ou ne pouvant être transportée par un chameau. Les Turcs ont offert une récompense pour la capture du colonel Lawrence et ses hommes. Une somme étonnante de 10 000 livres mort, ou de 20 000 livres si blessé, mais vivant. Les vivants avaient plus de valeur car les Turcs appréciaient une exécution publique.

Lawrence était impatient de faire venir un Anglais qui l'aiderait à trouver les meilleures méthodes pour faire sauter les ponts et les bâtiments. Mais il n'a jamais trouvé personne capable de faire un si long voyage sur un chameau.

Il avait à peine plus de 30 ans, un visage jeune et rasé et une carrure courte et mince. Si je l'avais rencontré au sein d'un groupe d'officiers, il aurait été difficile de le distinguer comme quelqu'un ayant un tel pouvoir sur les Arabes. Lawrence admirait les Arabes et appréciait leurs nombreuses personnalités. Il admirait leur intelligence et leur sensibilité.

Une fois, alors qu'il se trouvait dans les faubourgs de Damas, à l'époque, à des kilomètres derrière les lignes de combat des Turcs, Lawrence et ses hommes s'étaient arrêtés dans un palais vide dans le désert. Les Arabes lui avaient fait visiter toutes les pièces, en lui expliquant que chacune d'entre elles dégageait un arôme différent grâce aux parfums qu'ils utilisaient à l'intérieur. Bien que Lawrence ait soutenu qu'il ne pouvait pas sentir de différence, ses hommes avaient affirmé que l'un d'eux sentait des roses, un autre du jasmin et un autre de l'ambre gris. À la fin de la visite, ils sont arrivés dans une grande salle en ruine. Ils lui ont dit : « C'est la plus belle odeur de toutes », les odeurs du vent et du soleil.

La dernière fois que j'ai vu le colonel Lawrence, c'était à Paris, où il avait aidé à transporter le futur prince du Kedjaz pour qu'il assiste à la conférence de paix.

Quand je suis retourné à Alexandrie, j'ai découvert que les navires du convoi étaient toujours retardés jusqu'à nouvel ordre. Trois navires avaient subi des dommages importants. L'un d'eux avait coulé et tué plusieurs passagers, un autre avait été endommagé dans le port par des sous-marins à l'affût de tout bateau de passage. Je n'ai jamais découvert ce qui était arrivé au troisième. L'heure et les dates de départ étaient secrètes. Ils ne voulaient pas donner un préavis aux ennemis qui se cachaient dans les environs. De nombreuses troupes ont embarqué et ont attendu dans le port pendant des jours.

Les transports étaient remplis à pleine capacité, et les unités sont expédiées à la hâte pour arrêter l'avancée allemande en France. Les officiers occasionnels étaient affectés aux destroyers et aux croiseurs dans le sens de leur déplacement pour aider. J'ai été affecté à un petit destroyer japonais, appelé l'*Umi*. Il faisait environ 650 tonnes à vide. La classe des bateaux dans la marine japonaise était plus petite que la nôtre. L'Umi était propre comme un sou neuf, et l'équipe l'était aussi.

Les officiers étaient sympathiques et faisaient tout leur possible pour être aimable. Ils ont fait en sorte que tout le monde soit aussi à l'aise que possible dans ces quartiers confinés. Lors du premier repas servi à bord, nous avons utilisé des couverts en argent. Les Japonais préféraient leurs baguettes. J'ai adoré observer leur habileté à utiliser des baguettes, même dans les circonstances les plus difficiles. Un matin, alors que le bateau était plus secoué par le vent que d'habitude, je suis arrivé au petit-déjeuner pour découvrir que le steward avait apporté des œufs brouillés. J'avais hâte de voir quelqu'un manger ça avec des baguettes.

Ils ont tous mangé les œufs avec une telle rapidité et une telle facilité et sont partis accomplir leurs tâches avant que j'aie fini de manger.

Nous sommes partis d'Alexandrie avec une escorte aérienne. Un ballon d'observation nous avait également accompagnés pendant une bonne partie de notre voyage. Les dangers et les précautions étaient réels. Deux sous-marins avaient été aperçus peu après notre départ du port. La tradition japonaise étant de tout exécuter avec rapidité, nous nous préparions à l'action. Chaque membre était à son poste de combat. Tous les canons furent prêts à l'action dans ce qui semblait être un temps record après le premier signal d'avertissement. Quand nous nous sommes approchés de la côte italienne, j'ai vu ces destroyers géants au travail.

Un tir de sous-marin, une torpille rapide passant la proue d'un autre navire, le manquant de peu. C'est arrivé en un clin d'œil. Les Japonais étaient juste derrière. Ils se sont écartés l'un de l'autre comme un chat chassant une souris et le laissant s'échapper jusqu'à ce qu'il ne soit plus visible. Nous avons manœuvré dans la mer pendant une heure de plus. Nous avons jeté par-dessus bord tous les débris qui avaient secoué notre vaisseau à cause de l'explosion.

Lorsque nous sommes entrés dans le port familier de Tarente, nous avons été accueillis avec joie. Nous sommes passés par l'entrée étroite. Des destroyers ravitaillés en carburant attendaient avec impatience de pouvoir continuer le combat.

L'ARMÉE AMÉRICAINE EN FRANCE

Lors de mon transfert dans l'armée américaine, j'ai été nommé capitaine d'artillerie de campagne. J'avais espéré diriger l'infanterie. Je ne sais pas qui a pris cette mauvaise décision. Une fois dans le domaine de l'artillerie, j'ai trouvé qu'il était plus logique de rester en retrait. Je me suis senti obligé de suivre un cours avant de monter sur la ligne.

Je suis parti tout de suite à l'école d'artillerie de Saumur. Les dirigeants étaient à moitié français et à moitié américains. Le colonel McDonald et le colonel Cross étaient les Américains en charge. L'école avait une excellente réputation grâce à son efficacité. L'état-major avait l'intention de remplacer progressivement tous les dirigeants français par des dirigeants américains. À mon époque, les Français étaient encore dominants. Nous devions attendre que nos officiers supérieurs apprennent à utiliser les canons français par expérience personnelle.

Lorsque les hommes apprenaient de nouvelles conditions de combat, ils devaient être prêts à absorber tout ce qui était enseigné. Ils devaient comprendre que sous le feu de l'ennemi, les situations seraient remplies d'anxiété et de nervosité. Cette école était destinée aux officiers et aux candidats extérieurs. Les non-officiers étaient choisis parmi les troupes de sous-officiers servant sur la ligne de front. Après avoir appris cela, j'ai envoyé des hommes de ma batterie à la première partie du cours.

Un cours difficile pour toute personne n'ayant pas de formation en mathématiques, ou si elle n'a pas de pratique. Plusieurs excellents sergents et colonels n'avaient pas les bases nécessaires pour passer les examens. Ils n'auraient jamais dû être envoyés là-bas. Ça les mettait dans une position embarrassante, gênante. Il n'y avait pas de rancune s'ils échouaient. Personne ne les dépréciait.

L'officier français en charge était le Major DeCaraman. Son service dévoué en première ligne, combiné à son éthique de travail et à son esprit d'initiative, avaient fait de lui un membre inestimable de l'équipe. C'était un génie pour élaborer des idées et trouver des méthodes pour la France et l'Amérique. Sa maison semblait toujours remplie d'Américains. Cela montrait à quel point son hospitalité était importante pour les soldats de l'autre côté de l'océan. Les maisons en France nous ont été ouvertes à bras ouverts.

La sincérité et la bonne volonté que nous avons reçues ont fait naître dans mon cœur une dette que j'espère pouvoir rembourser un jour. C'était une action chérie et reconnue par tous les membres de notre troupe.

La ville de Saumur est une vieille ville charmante, en plein cœur de la France. Elle était traversée par la Loire. Le long des berges se trouvaient des grottes, certaines avec des peintures préhistoriques. J'ai tracé mon doigt sur une peinture représentant un homme parmi des bêtes, luttant pour la suprématie au cours de l'âge des ténèbres.

Un impressionnant château construit au sommet d'une colline dominait la ville. L'une des églises était suspendue parmi un ensemble de tapisseries de couleurs et de motifs variés. Les routes bien entretenues permettaient de se promener facilement le long des berges. Des pêcheurs de tous âges, sexes et races étaient assis les uns à côté des autres, sans se soucier du fait qu'ils ne semblaient jamais attraper de poisson. Une vieille dame avec un chapeau de soleil était assise sur un tabouret à trois pieds. Elle s'asseyait au même endroit presque tous les jours, tout contre les rochers. Elle avait le même parapluie noir et rouillé à utiliser si le soleil devenait trop fort.

Les bâtiments utilisés pour notre cours d'artillerie étaient également utilisés par leur école de cavalerie, connue pour être l'une des meilleures au monde. Avant la guerre, les officiers de l'armée d'Orient avaient reçu l'ordre de leurs gouvernements de suivre ces cours et d'apprendre les méthodes qu'ils enseignent. Mon vieil ami Fitzhugh Lee était l'un de ces hommes envoyés par les USA.

À la fin de mon instruction, on m'a confié le commandement de la troupe de la batterie C de la 7e artillerie de campagne pendant la bataille d'Argonne. Un matin, je me tenais dans la ville désolée de Landres, couverte d'obus. J'ai vu des lignes de « doughboys » (fantassins), venir vers moi sur la route. Une voiture Dodge abîmée et battue les précédait alors qu'ils se rapprochaient. Sur le siège arrière était assis mon grand frère Ted. Il était en pleine discussion avec un de ses officiers.

Aux dernières nouvelles, il était dans une école d'état-major à Landres pour se remettre d'une blessure. Il s'était rétablit et avait reçu le commandement du 26e régiment, son régiment d'origine. Il avait repris le service alors qu'il n'était inscrit que pour un service léger. J'ai fait signe à mon frère, je l'ai serré dans mes bras. Nous avons commencé à parler jusqu'à ce qu'une autre voiture arrive et que mon beau-frère, le colonel Richard Derby, le chirurgien de la 2e division, en sorte. Nous étions les trois derniers membres de la famille encore en service actif. Et nous étions là, exactement au même endroit et au même moment.

Mon frère Harry, l'aviateur, était mort quand les Allemands l'avaient abattu. Mon autre frère John avait été blessé à la jambe et au bras et avait été évacué vers les États-Unis. Je n'étais pas sûr de son état à ce moment-là.

Le 11 novembre, nous sommes retournés dans notre secteur d'origine après avoir brièvement attaqué Sedan. Aucun d'entre nous n'avait confiance dans la signature d'un accord. Nous pensions que les Allemands n'accepteraient jamais nos conditions. Ils pourraient au mieux tenir jusqu'au printemps ou à l'été. Après cela, nous pourrions rechercher une reddition inconditionnelle.

Puis, les tirs ont cessé. La nouvelle est arrivée que l'ennemi s'était rendu. Il n'y avait pas eu beaucoup de réactions. Nous étions prudents, nous craignions que tout puisse arriver. Pendant les deux dernières semaines, nous avions été ballottés dans tous les sens. Privés de sommeil et de nourriture, nos espoirs diminuaient avec nos réserves de chevaux et d'hommes. Les seuls signes d'enthousiasme que j'ai entendus étaient des camions occasionnels et des voitures du personnel. Ils passaient après la tombée de la nuit, les phares allumés.

Les cris de « Extinction des feux ! » nous ont assuré que le règne de la torture était terminé. Les hommes faisaient des feux et se rassemblaient, ils criaient « Extinction des feux ! » à chaque nouveau feu. Une blague qui n'a jamais cessé d'être drôle.

On nous a ordonné de marcher sur l'Allemagne et de prendre un des ponts. L'ordre a été donné d'une manière peu claire et vague. En quelques jours, nous sommes sortis des ruines désolées et entrés dans le village de Bantheville. Nous avions cinq jours à passer là-bas. Pendant ce temps, nous serions à nouveau équipés. Nos chevaux n'étaient pas dans la meilleure forme. Ils marchaient sous la pluie et la boue faisait tomber même les plus robustes des chevaux.

Pendant les interminables marches du soir, j'ai même vu deux des chevaux s'appuyer l'un contre l'autre, complètement épuisés. Comme s'ils voulaient nous dire qu'ils ne pouvaient pas s'en sortir seuls. On nous a prévenus qu'il fallait être prêt à tout et se procurer les fournitures nécessaires pour préparer nos batteries.

Les troupes afro-américaines ont reçu l'ordre de réparer les routes. Certains d'entre nous ont décidé de chanter pour les hommes, en quatuor. Nous sommes allés à l'endroit où ils construisaient des abris à partir de tôles de fer et de morceaux de ferraille qu'ils avaient ramassés en ville. À ce moment-là, nous avions rassemblé quatre chanteurs. Nous sommes retournés à la cabane de la 4e Division, où ils se dirigeaient.

Tout le monde s'est rassemblé sur une plate-forme construite près d'un feu de bois de pin qui faisait rage.

Des cloches et des chants impressionnants ont résonné dans la nuit. Le grand chanteur à la voix de basse portait son casque d'acier. Il ajoutait à son caractère tout en mettant en valeur ses traits aigus. Ses yeux brillaient dans les flammes du feu.

Le soir du deuxième jour, nous avons reçu l'ordre de partir le lendemain matin. Nous étions heureux de nous débarrasser de certains matériaux moins utiles. Les deux jours de repos et de vraie nourriture ont amélioré la situation de notre cheval. Nos instructions étaient de récupérer toutes les munitions, peu importe ce dont nous nous sommes débarrassés. Nous avons pu épargner un cheval pour l'équitation, ma jument. Elle n'était pas douée pour tirer si une voiture devait être dégagée de la boue.

Nous avons laissé derrière nous le petit cheval que j'avais monté lors de plusieurs missions de reconnaissance. Mon cheval m'amusait en ce qu'elle avait toujours eu la détermination de rester sous couverture. Elle n'a jamais voulu couper à travers les champs. Elle préférait rester dans les bois et sur les sentiers, sans avoir l'intention de s'exposer. Malgré sa prudence constante, c'est à cause de ses nombreuses blessures que nous avons dû l'abandonner. Je savais qu'elle allait récolter les fruits de son dur labeur.

Nous avions l'air triste en marchant depuis Bantheville. Mes lieutenants avaient perdu leurs sacs de couchage et leurs vêtements supplémentaires. Ils voyageaient léger et on leur a dit que tout ce qu'on laissait derrière nous serait pris en charge. Tout serait là lorsque nous serions déplacés vers un autre secteur. Presque tout avait disparu le temps qu'ils essaient de rassembler nos affaires. Bien que les chevaux soient en mauvais état, les hommes étaient aptes au service et prêts à affronter tout ce qui se présentait.

Notre prochaine destination était Malancourt, non loin de là. Les routes étaient encombrées, et c'est à la tombée de la nuit que nous avons atteint la morne colline qui nous était réservée. Il faisait froid, et nous avons ramassé des brindilles et des branches mortes pour faire un feu. Nous avons trouvé des cratères d'obus pour y dormir. Le sol en était moucheté. Cela n'aurait pas pu être fait sans une artillerie extrême.

La France était une région active en matière de guerre. La plupart des villes ont été battues et malmenées par les Allemands, puis par les Français. Nous avons pris une grande part dans la poursuite de la destruction des ruines. Les villages étaient reconnaissables aux déchets laissés sur place, et aux panneaux de signalisation plantés dans des monticules aléatoires.

Le jour suivant, nous avons marché à travers Montzeville, Bethainville, pour arriver sur l'autoroute Verdun-Paris. Neuf ou dix chars, allant du petit Renault au grand et puissant cuirassé, étaient éparpillés sur la route. Certains avaient eu leur blindage percé. D'autres étaient démantelés, leurs pièces dispersées. C'était un spectacle constant de villes en ruines et de campagnes désolées. C'était un soulagement de traverser des villages occasionnels où les maisons étaient encore debout, le début du nouveau monde.

À 22 h, j'ai fait entrer tout le monde de notre batterie à Balaicourt. Des vents violents soufflaient, le froid était intense. Je suis parti à pied chercher des bâches pour les hommes afin qu'ils aient un peu d'abri. La ville était déserte, à l'exception des quelques résidents restants. J'ai pu fournir à chacun une sorte de protection. Entrer dans ces tentes a été une bénédiction par temps venteux et pluvieux. Les hommes ont apprécié d'être en paix ce jour-là. Même s'il n'y aurait pas assez de temps pour nettoyer, prendre un bain ou faire la lessive.

Le jour suivant, nous avons marché. Notre première avancée officielle en Allemagne. Nous avons localisé l'autoroute de Verdun, qui avait joué un rôle essentiel dans notre défense. Elle avait brisé le dos de l'Allemand, un changement agréable des routes couvertes d'obus auxquelles nous étions si habitués. J'ai chevauché jusqu'à la tête de ma batterie, et sur la porte sud de Verdun. J'ai suivi les rues sinueuses de l'ancienne ville jusqu'à l'autre côté. La route sur laquelle je me trouvais avait traversé une partie de la célèbre ligne Hindenburg, intact, évacué par les Allemands quelques jours auparavant selon les termes de l'armistice.

Nous nous sommes arrêté là où un régiment de génie africain travaillait à rendre la route praticable. Un officier s'est approché de moi et m'a demandé si je voulais de la nourriture. Une question stupide quand on est dans l'armée. Un solide cuisinier africain m'a apporté de la soupe, du rosbif et du café. Je n'avais jamais apprécié l'art culinaire des Français autant que lors de ce repas. La nourriture était une merveilleuse présentation d'une cuisine roulante.

Le cuisinier avait l'air de pouvoir nous présenter à son confident français dont le Major DeCaraman m'avait parlé. Le Français se rendait à un avant-poste avec un pot de soupe chaud. Il est tombé sur un Allemand qui lui a demandé de se rendre. Le cuisinier a réagi en lui balançant le pot de soupe sur la tête et l'a ramené à nous comme prisonnier. Sa capture avait été récompensée par une médaille, la *Croix de Guerre*.

C'était intéressant de voir la méthode de défense allemande toujours debout, pas encore brisée par notre artillerie. Les câbles s'étendaient sur des kilomètres, longeant les arbres et les bords de route minés. Pour ce faire, on a creusé une rainure d'environ trois pouces de longueur et de profondeur et on l'a remplie d'explosifs. Le but était de bloquer la route au cas où nous devrions battre en retraite. Seules quelques-unes des mines semblent avoir été déclenchées.

Nous avons traversé plusieurs villes qui semblaient ne plus exister. Lorsque nous sommes arrivés à Étain, de nombreux bâtiments étaient encore debout, bien que vidés. Les caves ont été transformées en abris avec différents passages entre-elles. Nous nous sommes abrités dans des petites cabanes allemandes à la périphérie. Elles étaient bien creusées et confortablement aménagées pour une personne. Nous nous sommes préparés à y camper pendant quelques jours, conformément aux instructions. Mais à minuit, les ordres ont changé de nous apprêter à partir le lendemain matin.

Le pays était charmant et présentait peu de signes d'occupation allemande. Lorsque nous avons traversé des villages, les panneaux étaient en allemand. Il y avait peu d'originalité dans les noms de rues. Vous étiez sûr de trouver un Hindenburg, un Kronprinz, et au moins un Kaiser.

Les bornes kilométriques avaient été remplacées, mais il s'agissait de plaques métalliques abîmées de l'Automobile Touring Club de France. Depuis que nous avions quitté Verdun, nous avons continué à rencontrer des bandes de prisonniers récemment libérés. Principalement italiens ou russes, avec un peu de français et d'anglais, épuisés et sous-alimentés, leurs vêtements ressemblaient à des chiffons usés. Quelques-uns avaient mis leurs affaires sur de petites charrettes, comme celles que les enfants fabriquent à partir de caisses à savon. Les camions sont retournés à la base après avoir apporté les rations et ont ramené autant d'hommes qu'ils pouvaient transporter.

Nous avons à peine croisé des civils avant d'atteindre Bouligny. Autrefois, une ville animée et prospère, peu de résidents avaient été autorisés à rester dans leurs maisons pendant l'occupation. De petits groupes d'habitants déplacés revenaient prudemment, au compte-gouttes. Les envahisseurs avaient détruit leurs biens, les bâtiments étaient éventrés. Les habitudes des soldats allemands ont toujours été inexplicables pour moi. Ils préféraient vivre dans la crasse. Quand nous avons repris les châteaux, ils avaient été transformés en porcheries complètes.

Les résidents se sont déchaînés dès notre arrivée. Dans les petits villages, ils quittaient leurs maisons en portant des couronnes, en lançant des confettis et des fleurs. Ils chantaient la « *Marseillaise* », l'hymne national français. L'infanterie a marché en avant jusqu'au centre de la célébration. Des groupes composés de jeunes enfants, âgés de 5 ans au plus, dansaient dans les rues au son de l'hymne. Cela avait dû être enseigné et pratiqué derrière des portes fermées. Les groupes étaient souvent constitués d'un ou deux soldats américains qui chantaient à tue-tête et dansaient, en s'amusant comme des fous. Le divertissement semblait naturel, non inspiré par l'alcool.

Je le savais parce que les Allemands avaient pris avec eux tout ce qu'il y avait à boire.

Bouligny n'était pas un endroit attrayant, comme peu de villes manufacturières l'étaient. Nous avions mis les hommes à l'abri sous des couvertures imperméables, et nous avons pu faire chauffer de l'eau pour faire un peu de lessive. Mon chauffeur avait trouvé un grand chaudron pour que je puisse prendre un bain. *Luxueux*. Le premier que j'ai eu depuis plus d'un mois. Ce qui était encore mieux, c'était d'avoir des vêtements propres à enfiler une fois que j'avais terminé.

Un soir, alors que nous revenions d'un village voisin, je suis tombé sur un civil portant une grande redingote. Il m'a demandé en allemand comment aller à Étain. Je lui ai demandé qui il était, il m'a répondu qu'il était allemand mais qu'il en avait marre de son pays et qu'il était prêt à aller n'importe où ailleurs. Il ne semblait pas être un espion (et même s'il l'était, il ne m'était d'aucune utilité). Je lui ai indiqué une direction, et nous ne nous sommes jamais revus. Je me demande encore ce qu'est devenu cet homme.

Les soldats allemands ne s'attendaient pas à rendre leurs conquêtes. Ils avaient construit une énorme fontaine en pierre et en brique en plein centre de la ville. Le nom « *Hindenburg Brunnen* » était inscrit au burin Au-dessus de l'économat allemand était accroché un panneau en bois sur lequel on pouvait lire « *Gott strafe England* ». Un slogan utilisé pendant la guerre signifiant « Que Dieu punisse l'Angleterre ». Cela montre l'amertume des Boches envers la Grande-Bretagne. Il n'y avait pas de troupes britanniques dans les secteurs situés à la tête de cette section du territoire envahi.

Nous avons travaillé dur pour nous blinder et préparer notre équipement pendant les quelques jours que nous avons passés à Bouligny. Un matin, plusieurs citadins se sont infiltrés dans le village. Ils portaient leurs meilleurs vêtements, probablement enfouis dans leurs caves ou greniers, pour accueillir le Président et la Première Dame Poincaré. Ils étaient venus visiter la plus importante de leurs villes récemment libérées. C'était si joyeux d'entendre les applaudissements. Nous avons regardé tous les locaux plâtrés avec des visages souriants s'illuminant comme le soleil.

Le 21 novembre, nous avons continué. Une fois que nous nous sommes rapprochés de la frontière, nous sommes tombés sur un grand cimetière allemand aménagé de manière artistique. Un groupe massif de statues se tenait au milieu de celui-ci. Des statues de granit grandeur nature de célèbres soldats allemands en tenue de combat se détachaient. Au fur et à mesure que nous marchions, je me suis concentré sur les pierres qui marquaient les lignes de démarcation entre la Lorraine et la France. Je marchais dans l'histoire, tout en en faisant partie.

Nous sommes entrés dans Aumetz et les anciens de la ville nous ont accueillis à bras ouverts en français. La ville était remplie de couleurs vibrantes créées d'on ne sait où. Les enfants tentaient de se tenir en équilibre sur les barils des canons allemands abandonnés. Ils grimpaient partout sur les camions géants et camouflés. Sans nous rendre compte de la distance parcourue, nous étions arrivés à la frontière entre la France, le Luxembourg et la Lorraine. Nous avons passé la journée à longer les frontières de l'un, puis de l'autre, et à nous arrêter pour la nuit dans la ville française de Villerupt.

Tout le monde est devenu fou quand nous sommes arrivés. Nous étions apparemment les premiers soldats alliés qu'ils avaient vus. Nous nous sommes senti les bienvenus. Les habitants de la ville nous ont offert du champagne allemand (qui avait un goût terrible). Ils ont organisé une réception avec des discours sincères et les mots les plus gentils pour notre effort de guerre.

J'étais dans la même loge que le maire, Monsieur Georges. Après le dîner, il a sorti deux bouteilles poussiéreuses de champagne Brut. Il avait changé leur cachette au moins quatre fois et avait oublié que le dernier endroit était la cave.

Il semblait qu'elles étaient faites pour cette nuit de libération absolue. M. Georges était mince et hagarde. Il avait passé deux ans dans le secteur d'isolement de la prison pour avoir donné du pain à manger à un prisonnier français. Sa fille de 18 ans a été emprisonnée pendant un an pour ne pas avoir informé les autorités des agissements de son père - à supposer qu'elle en ait eu connaissance.

Pas une seule famille n'avait appris la langue allemande. En effet, tous les civils français étaient tenus de saluer les Allemands chaque dimanche. Ils étaient alignés sur la place du marché pour le rassemblement général. Les détails de la façon dont ils en sont venus à pardonner à leurs oppresseurs sont brumeux et compliqués.

Les hommes derrière les lignes connaissaient les conséquences de ces événements maussades. Mais les soldats sur le front croyaient que l'Allemagne avait gagné et qu'elle fixait ses conditions. Pour s'honorer, ils étaient arrivés avec des couronnes accrochées au sommet de leurs baïonnettes tout en chantant des chants de victoire.

Je me suis demandé comment ils distribuaient les vivres que l'Amérique envoyait aux habitants des districts envahis. J'ai demandé à Monsieur Georges, qui m'avait assuré qu'ils étaient prudents. Ils craignaient que s'ils ne faisaient pas preuve de prudence, les fournitures ne soient plus envoyées et qu'ils doivent puiser dans leurs propres ressources limitées. Le maire a expliqué la joie ressentie lors de la réception des cargaisons et comment les gens appelaient leurs rationnements « Going to America ».

Nous nous sommes assis et avons parlé pendant des heures dans la nuit avant d'aller nous coucher. Je me suis retiré dans un lit luxueux avec les draps les plus propres que j'ai vus depuis longtemps. Aucun problème pour trouver un abri pour nos hommes. Les habitants semblaient se battre pour savoir qui ils allaient héberger.

Je me suis réveillé le lendemain matin, déçu de devoir quitter si vite nos formidables hôtes. Mais nous avons marché jusqu'au petit duché de Luxembourg. Nous avons traversé une ville prospère appelée Esch, célèbre pour ses mines de fer. Les rues étaient remplies de drapeaux colorés, autant de drapeaux italiens que de drapeaux français, puisque Esch soutenait une importante colonie italienne. Des fanfares défilaient en notre honneur, que nous avons ensuite rencontrées dans de nombreux petits villages que nous avons traversés. Les magasins étaient pleins, et les prix élevés. Les Allemands avaient abandonné le peuple luxembourgeois à son sort. Ils semblaient heureux de nous voir, car cela signifiait probablement la fin de l'isolement auquel ils s'étaient habitués et le retour de leurs soldats chez eux.

Nous avons roulé le long de la belle campagne, remplie de champs et de collines souriantes, les villages semblaient éloignés, mais paisibles. Il était anormal de traverser un village aux maisons vides et intactes, sans avoir à s'en servir comme abri. C'est un tel changement par rapport à la France meurtrie et couverte d'obus.

Nous étions dans le sillage de l'armée allemande. Ils s'étaient retirés de manière ordonnée et avaient laissé peu de choses derrière eux. Notre première nuit, nous avons campé au village de Syren, à cinq miles de la capitale. Il était plus difficile de trouver un abri ici, car nous avions pour instruction de traiter tout le monde sur un pied d'égalité. Personne n'aimait l'idée que des soldats restent avec eux. Il semblait que les Luxembourgeois étaient amicaux envers nous, car c'était leur politique. Les marques de craie que les officiers avaient mises sur les portes n'avaient pas été effacées. Nous avons pu dire combien d'hommes pouvaient être logés en même temps dans cette maison particulière.

Où j'ai logé, semblait avoir l'hôte le plus amical, car le mien était français. Son neveu était venu de Paris en visite quelques mois avant le début de la guerre et n'avait pas pu rentrer en France. Pour éviter la hantise des camps temporaires, il s'était fait passer pour un civil luxembourgeois. Dans le régiment, beaucoup d'hommes avaient des parents qui venaient du Duché. Ils parlaient allemand et avaient acquis une certaine popularité au sein de leurs groupes de camarades. Ils se sont liés d'amitié avec certains villageois et se sont arrangés pour remettre leurs rations aux ménagères pour qu'elles les cuisinent.

Le diplomate invitait généralement quelques amis

pour profiter de ce changement bien nécessaire de la nourriture bâclée servie dans les chaudrons de la cuisine roulante de la batterie. J'ai supposé que beaucoup d'hommes de ma batterie étaient capables de parler allemand, surtout en regardant leurs noms de famille. Lorsque le moment est venu de le prouver, j'ai découvert que j'avais quatre hommes au total qui parlaient assez couramment pour servir d'interprètes.

Le lendemain matin, nous avons fait une marche sinueuse jusqu'à Trintange, puisqu'il n'y avait pas de chemin direct pour s'y rendre. Nous étions là, instruits d'être prêts à nous installer pour une semaine ou plus, nous aurions pu nous retrouver dans un endroit bien pire. Le pays était morcelé par des collines et des ravins. De petites parcelles de forêts et des ruisseaux dévalaient les canaux rocheux. Cela m'a rappelé le parc de Rock Creek à Washington. Le temps était parfait. L'air était vif le matin, puis le soleil est sorti de derrière les collines.

L'officier chargé de l'affectation des abris s'est bien débrouillé lors de notre dernière partie de la marche vers Coblence. J'avais maintenant tous mes officiers, les lieutenants Furness, Middleditch, Pearce et Brown. Pendant la bataille, ils étaient plus stricts à certains égards, mais trop détendus à d'autres.

Dans l'armée américaine, on donnait moins de responsabilités aux officiers et aux caporaux qu'en Angleterre. Plus encore dans l'esprit et l'efficacité de l'organisation entière qui dépendait de ses officiers de rang inférieur.

Nous avons eu la chance d'avoir une équipe équilibrée, dont le sergent Cushing, qui était un vétéran de la guerre d'Espagne. Il avait été marin pendant plusieurs années et, après avoir quitté la mer, il est devenu gardien de prison dans son État natal, le Massachusetts. Au plus fort de la situation, il était la seule force sur laquelle on pouvait compter parmi sa troupe et il donnait l'exemple.

Le premier sergent était un vieil homme de l'armée, connaissant bien les exercices et les routines qui étaient d'une extrême valeur. Il comprenait la profession et tout ce qui l'accompagnait. Il avait participé à la formation de nos jeunes hommes et on avait pu compter sur lui dans des conditions difficiles.

Un après-midi, je me suis promené à Luxembourg avec le colonel Collins, un commandant de bataillon. De loin, la ville avait l'air médiévale. C'est peut-être au-dessus d'un mur de château que le chevalier de Kingsley a éperonné son cheval pour son saut final. Le village d'Altenahr n'était pas loin, où les poètes trouvaient leur muse. La ville était structurée le long des falaises qui délimitaient un canyon profond et rocheux, uniquement praticable par quelques vieux ponts de pierre. Les portes d'entrée massives s'ouvrent sur les cols creusés dans les collines. Des rues larges et des places avec des passages étroits s'enroulent autour des quartiers anciens.

Je suis entré dans une grande librairie pour réapprovisionner ma bibliothèque mobile. J'ai été impressionné par la grande quantité de cartes postales sur lesquelles figuraient le maréchal, le roi et la reine de Belgique. J'ai noté qu'ils étaient imprimés à Leipzig, j'ai demandé à l'ouvrier comment c'était possible. Il m'a dit qu'il les avait eus grâce à un vendeur allemand itinérant. Il a ajouté qu'il était choqué par les échantillons qu'il avait reçus.

Le vendeur lui a assuré que les cartes postales seraient faciles à vendre au Luxembourg, et si c'était vraiment le cas, il était d'accord pour les exposer. Une carte montrait le roi Albert se tenant debout avec une épée dégainée et une légende :

« *Vous ne violerez pas le sol sacré de mon pays.* »

Une publication qui a piqué mon intérêt dans un hebdomadaire était écrite en anglais, même si elle était produite à Hambourg, en Allemagne. Elle était remplie de blagues et de notes d'Allemands qui expliquaient des mots difficiles ou des phrases mal traduites. Malgré leur haine de l'Angleterre, les Allemands continuaient à essayer d'apprendre l'anglais.

Le jour de Thanksgiving est arrivé, et nous nous sommes mis en tête de préparer un festin spécial. Le meilleur qu'on ait pu réunir. Cela s'est avéré délicat. Aucun échange n'a pu être effectué ou réglementé, de sorte que les taux inférieurs n'étaient pas valables à l'époque. Quelqu'un était venu de Paris avec assez d'argent pour nous aider à obtenir un cochon de lait. Le sergent Braun l'a rôti dans le four du prêtre. Il a même mis la traditionnelle pomme dans la bouche du porc - je ne sais toujours pas à quoi elle sert - mais la farce qui en est sortie était formidable. Nous l'avons fait descendre avec un fantastique vin blanc de Moselle. Nous n'étions qu'à quelques kilomètres des vignobles qui bordent la rivière.

Cet après-midi-là, j'ai emprunté un vélo au maire et je me suis rendu au village d'Elmen. Je suis encore tombé sur mon frère. Il venait de s'asseoir pour son propre festin de Thanksgiving servi par deux hommes asiatiques de son régiment. Après avoir parlé avec lui et m'être servi un peu plus de nourriture, j'ai repris le chemin du retour, mais pas avant d'être trempé par la pluie.

Le lendemain, nous avons payé nos hommes, la première fois depuis près d'un an pour certains d'entre eux. Pour retirer leur salaire, il fallait signer les feuilles de paie à la fin de chaque mois et être disponible à la fin du mois suivant pour les payer. Personne ne pouvait signer à moins d'avoir à portée de main les états de service, envoyés à l'hôpital par l'intermédiaire de l'armée si un homme était malade ou blessé. Les documents n'étaient remis à l'unité d'affectation que plusieurs mois après son retour.

Cela causait des difficultés pour les hommes. L'armée a essayé de réglementer le montant qu'elle donnait pour que les hommes ne le dépensent pas en alcool ou en jeux d'argent. Nous avions toujours essayé de faire en sorte que la personne la plus endettée paie une caution ou envoie de l'argent à la maison. Le secrétaire de l'YMCA était M. Harlow, il était attaché à notre régiment. Il nous a beaucoup aidés pour le transfert de l'argent aux États-Unis. Les hommes jouaient avant même que l'argent ne soit là, promettant de payer quand ils seraient payés. Ils risquaient des montants effroyablement élevés alors qu'ils n'avaient pas d'argent réel sur eux. En ce jour de paie particulier, nous savions que l'approvisionnement en vin et en bière dans le village n'était pas élevé, donc ils ne pouvaient pas causer trop de problèmes.

L'ordre avait été donné de ne pas acheter de cognac ou d'alcool fort. Bien sûr, une poignée d'entre eux ont quand même réussi à en obtenir, en regardant toujours par-dessus leurs épaules.

L'ALLEMAGNE ET LE RETOUR AU PAYS

Le 1er décembre, nous avons repris notre marche. Nous sommes passés par Wormeldange et avons traversé la Moselle pour entrer dans la Hunland. Les civils s'alignaient dans les rues des deux villages. La plupart d'entre eux venaient juste de quitter leurs uniformes, se renfrognaient lorsque nous passions, et marmonnaient des absurdités dans leur souffle. Nous avons trouvé une sortie rapide et sommes tombés sur des hommes toujours en uniformes de terrain. Ils nous ont souri mais n'ont pas prêté attention à nos hommes.

Nous avons ensuite atteint Onsdorf, notre destination prévue, et l'officier responsable a signalé qu'il était arrivé sans trop de difficultés.

Les résidents étaient désireux de faire plaisir par tous les moyens possibles. Ils n'étaient pas d'origine prussienne et en avaient assez de la guerre. Pourtant, il semblait que leur attitude était négative à notre égard, sans aucune dignité. Je n'ai pas pu dire si c'était de leur propre initiative ou s'ils avaient reçu des instructions sur la façon d'agir. Probablement une combinaison. Nous avons entendu des avertissements selon lesquels les Allemands prévoyaient d'empoisonner des officiers américains. Nous n'avons jamais vu de preuve réelle.

Le lendemain matin, nous avons traversé la rivière Saar et l'avons suivie jusqu'à son embouchure dans la Moselle. Les bois et les ravins étaient magnifiques, mais il était difficile de les traverser avec nos chevaux. Nous avons traversé la plus vieille ville d'Allemagne, Treves, qui comptait environ 30 000 habitants.

Au IVe siècle, un poète romain né en France l'appelait « Rome au-delà des Alpes » en raison de l'étendue des vestiges romains. Nous nous sommes arrêtés un moment à Porta Nigra. Elle possédait une énorme porte fortifiée qui datait du premier siècle, avec des ajouts effectués au cours du treizième. L'un des trésors les plus célèbres est le Saint Manteau de Trèves, considéré comme le vêtement le plus parfait créé et porté par le Christ lors de sa crucifixion. La religion la plus répandue dans cette région était la religion catholique romaine. Les pèlerins exposaient souvent son manteau dans la ville.

Nous avons quitté Treves le jour suivant et avons continué à descendre les rives de la rivière jusqu'à Rawen Kaulin où nous avons décidé de faire un détour de quelques kilomètres vers l'intérieur des terres. J'ai été affecté au village d'Eitelsbach, les habitants semblaient terrifiés lorsque nous sommes arrivés. Plusieurs hommes couraient et se cachaient tandis que les femmes pleuraient de terreur devant leur maison. Je suppose qu'ils s'attendaient à être traités comme les Français avaient traité les Belges. Quand ils ont compris que nous n'allions pas leur faire de mal, ils ont accepté d'admirer et de servir. J'ai pris mon premier repas à l'intérieur de la maison du maître d'école. Il avait été sous-officier dans l'infanterie. Nous avons parlé de la guerre, et il n'avait aucune mauvaise volonté. Ses filles ont joué du piano pour nous après le repas.

Le pays que nous avons traversé les jours suivants était magnifique. Nous avons suivi un sentier sinueux le long de la rivière qui faisait des virages en « S ». Les collines escarpées s'enfonçaient dans les berges de la rivière, et souvent une route était coupée. Un petit village était niché dans une plaine entre une colline et une rivière. Lorsque le soleil frappait les pentes, il donnait une exposition sud ensoleillée. J'ai vu de nombreuses vignes, plantées avec précision. Tous les coins et recoins des rochers étaient remplis. L'exploitation de cette terre devait être difficile, car le sol était recouvert de morceaux de boue.

La personne qui avait travaillé sur ce chef-d'œuvre avait dû acquérir une capacité pulmonaire impressionnante pour escalader ces pentes rocheuses. Les feuilles étaient tombées, les vignes nues couvertes de couleurs variées montrant de temps en temps des taches de feuilles persistantes.

Une ou deux fois, la route s'est séparée de la rivière et a coupé à travers les montagnes. Cela coûtait à nos chevaux une bonne dose d'énergie pour traîner le bois sur le sentier raide et glissant. Quelle était la différence entre ceux qui vivaient au bord de la rivière et ceux qui vivaient sur les plateaux plus élevés ? Ces derniers sont apparus plus atypiques et moins prospères. Les hautes terres étaient couvertes d'un brouillard. De plus loin, je distinguais les contours flous des chevaux et des hommes, comme si je dirigeais une batterie fantôme dans le brouillard.

Nous étions au milieu du pays viticole. Pour tous ceux qui apprécient une bonne bouteille de champagne, les noms de Berncastel et de Piesport sont familiers. Dans la dernière ville, j'ai été amusé en passant devant un magasin de chapeaux pour femmes portant le nom de Jacob Astor. Les petits villages ressemblaient aux contes de fées créés par Hans Anderson et les frères Grimm. Les maisons avaient des balcons en bois reliés entre eux à chaque endroit. Ils surplombaient les routes sinueuses qui plâtraient sur les pavés. Perchés sur les poutres des colonnes, des gargouilles, des nains et des démons étaient fièrement exposés, avec d'autres créatures étranges que je ne pouvais pas distinguer. Les maisons portaient des plaques indiquant la date de leur construction, avec les initiales de la première personne ou du premier couple à y avoir vécu.

Je n'ai pas vu de dates antérieures à la fin des années 1 600, bien que beaucoup de ces maisons aient été construites avant. Les portes, dans certains cas, étaient sculptées et peintes. De vieilles pompes et de vieux puits, des ponts en pierre et des sanctuaires en bord de route ramenaient cette région à des siècles en arrière. Les lignes gravés sur les murs des maisons montraient que les inondations étaient fréquentes. La plus haute marque de crue que j'ai remarquée datait de 1685, et la dernière a été marquée en 1892.

La population était bien nourrie, âgée et jeune. Il y avait des rumeurs de pénurie de nourriture, et les Allemands ont stressé sur leur approvisionnement en nourriture lors de leur reddition. D'après ce que j'ai pu voir, la nourriture ne manquait pas. Il semblait qu'ils avaient plus de nourriture ici qu'en France. Le cuir et le caoutchouc étant rares, de nombreuses femmes portaient des paires de bottes de l'armée. Les chaussures exposées dans les vitrines étaient fabriquées à partir d'une sorte de carton. Le café était moulu à partir de la baie d'une espèce spéciale d'arbuste indigène, le goût ne ressemblait en rien au café que j'avais bu auparavant. La bière avait perdu sa gloire d'avant-guerre. Malgré tout, les éléments essentiels de la vie semblaient fonctionner pour les habitants bien plus que ce que nous étions amenés à croire.

Nous n'avons pas eu trop de problèmes. Quelques cas sporadiques où des personnes se sont mises en travers de notre chemin et se sont opposées vocalement au cantonnement des troupes. Nous n'avons pas prêté beaucoup d'attention, sauf pour nous assurer qu'ils suivaient nos ordres. Nous avons eu des discussions amusantes sur les nouvelles de la guerre avec nos soldats. On avait demandé à un homme de ma troupe logé parmi la population, combien de dégâts les Zeppelins avaient causé à New York, et si Philadelphie a été évacuée à cause des Allemands.

Nos hommes se sont bien comportés pendant ce voyage. Il y avait de temps en temps des accès d'ivresse. Quelques hommes avaient profité d'un pays où le vin était proposé à bas prix. Peu de délits mineurs et d'absences non autorisées. J'ai réformé les derniers hommes qui étaient constamment en retard.

Quand on n'était pas dans les camps, c'était plus difficile de maintenir l'ordre. Ils erraient dans la ville, vivant une vie plus confortable que leurs camarades. Il a fallu beaucoup d'intégrité pour améliorer cette situation.

Chaque fois que j'en avais l'occasion, je l'empêchais d'aller plus loin. Cela a élevé l'esprit de notre groupe en tant qu'unité.

Nous avions un groupe d'hommes exceptionnels, d'où qu'ils viennent. L'un des clairons de mon groupe était né en Allemagne et avait grandi en Autriche. La liste de présence de la batterie se lisait comme une Société des Nations. Pourtant, nous étions tous loyaux envers les États-Unis.

* * *

Douze jours après avoir traversé la rivière depuis le Luxembourg, nous avons marché sur Coblence. Nous avons été logés dans de grandes baraques en briques situées à la périphérie de la ville, que les Allemands ont laissées en mauvais état. Hercule lui-même aurait estimé que nettoyer les écuries d'Augean était une tâche facile en comparaison. Nous nous sommes immédiatement mis au travail et avons mis tous les hommes et les chevaux à l'abri. L'énergie dans la ville était vibrante, les magasins étaient bien approvisionnés et le commerce était toujours florissant. Je suis entré dans un café où jouait un grand orchestre et j'ai bu une médiocre « bière de guerre ».

Je me suis dirigé vers les bains turcs. Celui que j'ai trouvé avait un directeur qui était un ancien marin de sous-marin. Dans le hammam, je me suis demandé s'il allait essayer de me jouer des tours puisque j'étais la seule personne présente. La dernière fois que j'en avais eu un, c'était dans une cuve à vin une semaine avant. J'étais prêt à tout risquer à ce moment-là pour une bonne trempette.

Nos ordres de marche pour le jour suivant sont arrivés à minuit. Un infirmier du quartier général de notre régiment nous a réveillés au milieu de la nuit avec des instructions de marche. À moitié endormi, je n'étais pas en état d'absorber cela.

Nous avons fait notre chemin, la pluie tombait à verse, la brume s'égouttait sur la ville et sur le pont de Pfaffendorf, laissant apparaître les faibles contours d'Ehrenbreitstein. Cette forteresse se dressait devant nous. Les hommes étaient fatigués et avaient froid. J'ai entendu quelques commentaires sur la taille, car ils s'attendaient à ce que le pont soit de la largeur du fleuve Mississippi. Nous avons trouvé que les pierres humides et glissantes de la rue à la rivière étaient difficiles à naviguer. C'était un moyen sûr de monter, et nous avons continué à un rythme régulier. Nous nous sommes dirigés vers le pont, nos ordres étaient d'occuper le pont pour une durée indéterminée.

Les Allemands avaient arraché les panneaux qui marquaient les routes. Comme si les routes n'étaient pas assez compliquées pour commencer. Notre horrible carte n'a pas aidé non plus. J'ai supposé que le fait d'enlever les panneaux était pour nous embrouiller - un succès.

De grandes dalles de pierre ont piqué notre intérêt, elles avaient été montées vers le 18ème siècle et indiquaient la distance en heures. Je me souviens que l'une d'entre eux indiquait qu'il fallait trois heures pour aller à Coblence d'où nous étions, et 18 pour aller à Frankfort. Jamais, ni avant ni après cela, je n'ai vu ce genre de signalisation.

Notre marche n'a pas été mouvementée. Nous pensions que notre objectif était d'arriver à Coblence.

L'idée a été modifiée en fonction de l'averse qui s'est abattue sur nous pendant notre marche dans la vallée de la Moselle. Cela a donné lieu à un long voyage inconfortable dans la boue avec nos vêtements trempés.

Nous avons atteint le village de Niederelbert. Le lieutenant Brown était l'officier chargé de l'hébergement et avait préparé nos affectations. Nous n'avons pas tardé à enlever nos vêtements trempés.

Mes officiers et moi appartenions au corps de réserve. Aucun d'entre nous ne se réjouissait d'une longue tournée de garnison sur le Rhin, ou ailleurs d'ailleurs. Le lieutenant Brown s'est distingué par son travail de liaison au sein de l'infanterie, et a occupé une commission temporaire au sein de l'armée. Il était impatient de retourner à la vie civile le plus vite possible. En Allemagne, les perspectives étaient sombres, il n'y aurait pas de mélange avec les autochtones comme nous l'avons fait en France pour alléger les moments terribles.

Quelques jours plus tard, le quartier général de notre régiment convoitait le village, et nous avons été déplacés à Holler, quelques kilomètres plus bas dans les collines. Nous nous sommes mis en route pour nous installer le plus confortablement possible. J'avais un petit Finlandais du nom de Jahoola, un homme étonnant à tous points de vue. Il prenait grand soin de mon cheval et entretenait mon abri s'il avait besoin de réparations. Il semblait faire plus avec moins et n'a jamais cessé d'impressionner.

Les hommes ont continué à bien se comporter, et les civils allemands ne nous ont pas donné beaucoup d'ennuis. Lorsque nous nous sommes installés dans nos abris, nous avons demandé aux villageois de nettoyer les rues et toutes les cours jusqu'à ce que la ville ait l'air suffisamment belle pour en être fière. Nous avons surveillé les dégâts causés et tenu les résidents responsables. Le chef de famille où j'étais installé m'a dit que son fils était capitaine dans l'armée, mais qu'il avait déserté avant l'armistice. Il est arrivé chez lui en civil trois semaines après le retrait de l'armée. Il n'a jamais été officier de guerre ni inscrit dans une école militaire. Cependant, le fait que sa famille soit fière de lui en dit long sur la discipline et le moral.

Après s'être installés et avoir établi nos propres routines, j'étais heureux d'avoir mes livres avec moi. Parmi eux, O. Henry a été mon préféré, et le plus populaire. J'avais lu tellement d'éditions différentes qu'elles tombaient en morceaux. J'ai été surpris par la popularité de ce livre auprès des Anglais.

J'ai apporté avec moi d'autres livres d'Oxford comme *Monsereau* et *Monte Cristo*, en français et en anglais, et même quelques-uns en portugais et en espagnol. Il était possible d'obtenir des livres par la poste, même si cela pouvait prendre des mois.

Peu après avoir atteint le bout du pont, des officiers de l'armée régulière sont arrivés de diverses écoles où ils avaient été envoyés pour devenir instructeurs. Nous espérions être libérés de la même manière.

Les fonctions de garnison auraient dû être assumées par des civils. Cela permettrait également aux commerçants de retrouver leurs postes habituels et nécessaires. Nous avons cherché à nous familiariser avec le pays et à garder nos unités dans le meilleur état possible. En cas d'intempéries ou de surprises ennemies. Les chevaux ont également nécessité une attention particulière. Nous nous sommes sentis récompensés lorsque nous avons vu leur santé s'améliorer. Bien souvent, nous n'étions pas en mesure d'isoler correctement nos chevaux et nos hommes, nous avons dû faire preuve d'innovation pour que cela fonctionne.

Les hommes passaient une grande partie de leur temps à se préparer pour l'inspection. Les bottes et les vêtements en une seule pièce étaient également en nombre insuffisant. Nous devions nous débrouiller du mieux que nous pouvions avec ce que nous avions. Maintenant que nous étions stationnaires, nous pouvions nous procurer presque tout ce que nous voulions. La difficulté la plus importante était le manque d'exercice et de loisirs. La salle de lecture a été ouverte et il y avait un piano à l'intérieur. Mais il n'y avait nulle part où aller pour un court voyage ou pour envoyer des hommes quelque part, et peu de choses à faire pendant leurs jours de congé. Des voyages sur le Rhin étaient prévus. Je crois qu'ils se sont avérés bénéfiques pour résoudre des problèmes de relaxation et de divertissement.

Mon père a envoyé de l'argent à mon frère et à moi pour aider à préparer un festin pour nos hommes le jour de Noël. Il était difficile de se procurer beaucoup de choses, mais le YMCA m'a aidé à obtenir du chocolat, des cigarettes et quelques veaux sur les marchés locaux. Même si ce n'était pas le festin arabe que j'espérais, nous avions l'essentiel. Les hommes avaient le moral et étaient prêts à tirer le meilleur parti de la situation.

À la mi-janvier, j'ai rejoint mon frère et nous sommes partis pour Paris. J'étais triste de quitter la batterie, on avait vécu tellement de choses ensemble. Maintenant que tous les combats étaient terminés, je voulais retourner auprès de ma femme et de mes enfants. Le train a parcouru la distance sans problème, surtout en comparaison avec une marche. Les vues familières des villages français au loin étaient *si bienvenues* pour moi.

Après plusieurs mois difficiles en service en France et en Allemagne, j'ai pris un bateau de transit de Brest à New York. J'ai salué la Mésopotamie et l'Europe... pour l'instant.

NOTE DE L'AUTEUR

Alors que la participation du capitaine Frank Wooten à la Première Guerre mondiale s'est terminée ici, sa renommée en tant que héros de guerre grandit. Il a été promu au grade de major et a reçu la médaille de la victoire de la Première Guerre mondiale pour son courage pendant la guerre. Il est devenu une célébrité instantanée après être rentré chez lui à Long Island et avoir retrouvé sa femme et ses enfants.

Frank a lutté pour se construire une nouvelle vie après la guerre. La demande constante de son temps et de son énergie devient trop importante pour lui et, comme de nombreux vétérans de la Première Guerre mondiale, il se tourne vers la boisson. En 1921, il réserve un passage de New York à La Havane à bord du SS *Toloa*. La première nuit en mer, il dîne avec le capitaine et quitte le fumoir juste après minuit.

Il avait déclaré qu'il se retirait pour la soirée mais personne ne l'a jamais revu. Je vous laisse deviner ce qui s'est passé, bien qu'il n'y ait aucune preuve dans un sens ou dans l'autre. Son corps n'a jamais été retrouvé.

À PROPOS DE L'AUTEUR

Daniel Wrinn écrit des articles sur l'histoire militaire et les récits de guerre. Ancien combattant de l'US Navy et passionné d'histoire, Daniel vit dans les Montagnes Wasatch de l'Utah. Il écrit tous les jours avec la vue sur les sommets enneigés de Park City pour lui tenir compagnie.

www.danielwrinn.com

Copyright © 2021 par Daniel Wrinn

Tous droits réservés.

Ce livre est basé sur des événements réels. Certains des personnages et des événements décrits dans ce livre sont fictifs. Toute ressemblance avec des personnes réelles, vivantes ou décédées, est fortuite et n'est pas voulue par l'auteur.

Aucune partie de ce livre ne peut être reproduite sous quelque forme ou par quelque moyen électronique ou mécanique que ce soit, y compris les systèmes de stockage et d'extraction de l'information, sans l'autorisation écrite de l'auteur, à l'exception de l'utilisation de brèves citations dans une critique de livre.

Printed in France by Amazon
Brétigny-sur-Orge, FR